Historisch-Politische Weltkunde

Deutschland seit 1945

Kursmaterialien Geschichte
Oberstufe

Von Joachim Rohlfes

Ernst Klett Verlag
Stuttgart · Leipzig

Historisch-Politische Weltkunde
Deutschland seit 1945
Kursmaterialien Geschichte
Oberstufe

1. Auflage 1 5 4 3 2 1 | 2012 2011 2010 2009 2008

www.klett.de

Autor: Prof. Dr. Joachim Rohlfes
Redaktion: imprint, Zusmarshausen

Layoutkonzeption und Umschlaggestaltung: Stefanie Kaufhold, Berlin
Karten: Ingenieurbüro für Kartographie Joachim Zwick, Gießen und Kartographisches Büro Borleis & Weis, Leipzig
Satz: Krause Büro, Leipzig
Herstellung: Katja Taubert
Reproduktion: Meyle + Müller, Medien-Management, Pforzheim
Druck: Druckhaus Götz GmbH, Ludwigsburg

Printed in Germany
978-3-12-456201-2

9 783124 562012

Einleitung

Die Bundesrepublik Deutschland ist heute rund 60 Jahre alt und die DDR hat immerhin 40 Jahre bestanden. Beide 1949 gegründete und 1990 vereinigte deutsche Nachkriegsstaaten haben die Lebensdauer der Weimarer Republik oder des sogenannten Dritten Reiches mehrfach übertroffen. Das Leben der meisten heutigen Deutschen spielte sich ganz oder überwiegend in diesem Nachkriegsdeutschland ab. Dessen Geschichte ist unser aller Geschichte.

Sie war auch eine Zeit einzigartigen historischen Wandels. Niemals zuvor hat sich in einem vergleichbaren Zeitraum so vieles so schnell und so tief greifend verändert; keine Generation der Vergangenheit sah sich derartig viel Neuem gegenüber und war zu ständigem Umlernen gezwungen. In den 1940er-Jahren waren die meisten Deutschen kaum über die Grenzen Deutschlands und oft nicht einmal über die der engeren Region hinausgekommen – heute ist die Auslandsreise eine Selbstverständlichkeit. 1947 war das eigene Fahrrad ein für viele unerfüllbarer Traum – heute kommt auf zwei Deutsche ein Auto. Damals saß der Respekt vor den Autoritäten, die Bereitschaft zum Gehorsam tief in allen Köpfen – heute sind Eigenständigkeit, Mitsprache, Selbstverwirklichung unbestrittene Leitwerte.

Lange stand das Thema „Deutschland seit 1945" in den Lehrplänen und Schulbüchern im Banne der deutschen Teilung, und deren Folgen sind noch immer spürbar. Davon ist in diesem Band vielfach die Rede. Aber er will auch die anderen grundlegenden Entwicklungen in den Blick nehmen, die unser Leben nicht weniger prägten.

In der (alten) Bundesrepublik waren dies etwa: der Aufstieg von der Mangel- zur Überflussgesellschaft, die langsame Einwurzelung liberaler Lebensstile und demokratischer Verhaltensformen, die Öffnung zu transnationalen und multikulturellen Erfahrungshorizonten, das Hineinwachsen in europäische Gemeinsamkeiten, die Abkehr von patriarchalischen Partner- und Familienbeziehungen, das Erschrecken über die Grenzen des Wachstums und die Gefährdungen der natürlichen Umwelt.

DDR-Deutsche hatten teilweise andere Lebensthemen: den Verbindlichkeitsanspruch der marxistisch-leninistischen Ideologie, die Angebote und Zumutungen des autoritär-vormundschaftlichen Staates, die Mängel der zentral gelenkten Kommandowirtschaft, die Erfahrung weitgehender sozialer Gleichheit, nicht zuletzt auch im Verhältnis von Frauen und Männern.

Indem solche Aspekte in diesem Buch die ihnen zukommende Beachtung erfahren, soll ein facettenreiches Bild der deutschen Geschichte seit 1945 entstehen. Dabei werden neben dem politischen Geschehen auch Fragen der Wirtschaftsordnung, des Rechts- und Sozialstaates, der Gesellschaftsstrukturen, des Bildungswesens, der Frauenbewegung, der Einwanderung oder des Wertewandels zu behandeln sein. Wir wollen unsere Geschichte nicht vornehmlich als Ereignisgeschichte betrachten, sondern vor allem auch als Geschichte der Strukturen und Prozesse, der Wertorientierungen und Mentalitäten, der Alltagswirklichkeit und der individuellen wie kollektiven Erfahrungen. Dass dabei stets die Probleme, die gelösten wie die halb oder gar nicht bewältigten (Arbeitslosigkeit, Überalterung, die Lasten der äußeren und inneren Wiedervereinigung), zur Sprache kommen, versteht sich von selbst – genau so wie die Einbettung der deutschen Entwicklung in ihre europäischen, atlantischen, globalen Zusammenhänge.

Inhalt

Deutschland unter den Besatzungsmächten

Die alliierten Oberbefehlshaber vor dem Hauptquartier Marschall Schukows in der Villenkolonie Wendenschloss im Bezirk Köpenick anlässlich der Berliner Erklärung vom 5. Juni 1945 – von links: Feldmarschall Bernard L. Montgomery (GB), General Dwight D. Eisenhower (USA), Marschall Georgij K. Schukow (UdSSR) und General Jean de Lattre de Tassigny (Frankreich)

Die russische Gefahr

„Es geht darum, Schritte zu vermeiden, die die Deutschen auf Dauer von uns entfremden und in die Arme Russlands treiben. Es geht darum, Flagge zu zeigen, und nicht den Eindruck zu erwecken, als ob Russland […] immer das erreicht, was es will. […] Und es geht vor allen Dingen darum, einen einigermaßen hohen Lebensstandard in Westdeutschland aufrechtzuerhalten, um die Kommunisten daran zu hindern, dass sie die wirtschaftliche Not, die die Bevölkerung leidet, zu ihrem Vorteil ausnutzen.“

Ernest Bevin, britischer Außenminister, 1946

Keine neuen Bismarcks oder Hitlers!

„Verkünden die Verbündeten, dass sie Kurs auf eine Föderalisierung nehmen, so führt das dazu, dass die Militaristen an die Spitze der Bewegung für die Vereinigung Deutschlands treten und versuchen werden, das deutsche Volk ihren Interessen dienstbar zu machen. Die Folge wäre, dass die Revancheidee wieder ihr Haupt erhebt, der Chauvinismus […] aufblüht und die Voraussetzung für das Aufkommen neuer Bismarcks oder gar neuer Hitlers geschaffen würde.“

Wjatscheslaw Molotow, sowjetischer Außenminister, 1947

Dass es vier Jahre nach der totalen Niederlage wieder deutsche Staaten mit eigener, wenn auch von den Siegermächten kontrollierter Regierungsgewalt geben würde, dass es in diesen vier Jahren gelang, aus dem schlimmsten materiellen Elend herauszukommen, hätte 1945 kaum einer zu prophezeien gewagt. Und außerhalb aller Erwartungen lag auch, was 1949 eintrat: die Spaltung des übrig gebliebenen Deutschlands in zwei miteinander verfeindete Staaten. So war die Bilanz der „Besatzungszeit" widersprüchlich: politische und wirtschaftliche Festigung hier, Verlust der nationalen Einheit dort. Wem fiel das Verdienst hieran, wem die Schuld zu? Lag alle Entscheidungsmacht bei den Alliierten oder mischten auch die Deutschen in Ost und West mit? Begann damals ein „Aufstieg aus dem Nichts". Oder versäumte man Chancen des Neuanfangs, die im „Jahre Null" vorhanden gewesen sein mögen?

Karikatur „Unter den Linden 1945" von Daniel R. Fitzpatrick

1945	7.–9. Mai – Kapitulation der deutschen Wehrmacht
	17. Juli – 2. August Potsdamer Konferenz: Die Regierungschefs der USA, der UdSSR und Großbritanniens vereinbaren eine gemeinsame Deutschlandpolitik.
1946	Die KPD und die SPD in der sowjetischen Besatzungszone schließen sich als SED zusammen.
1947	Die britische und die US-Zone bilden ein gemeinsames Wirtschaftsgebiet (Bizone).
1948	20./23. Juni – Getrennte Währungsreformen in den Westzonen und der SBZ
	24. Juni – Die Sowjetunion verhängt eine Blockade gegen die Westsektoren Berlins (aufgehoben am 12. Mai 1949).
	1. September – In Bonn tritt der Parlamentarische Rat zusammen, der eine Weststaatsverfassung erarbeiten soll.
1949	23. Mai – Das Grundgesetz tritt in Kraft.
	15. September – Der Bundestag wählt Konrad Adenauer zum ersten Bundeskanzler der Bundesrepublik Deutschland.
	7. Oktober – Gründung der DDR

1. Am Tiefpunkt: Deutschland im Jahre 1945

Menschenverluste Am Ende des Zweiten Weltkrieges, dem 55 Millionen Menschen zum Opfer fielen, war Deutschland ein aus zahllosen Wunden blutendes Land. Der Krieg und die erste Nachkriegszeit kosteten 7,8 Millionen Deutsche das Leben – ein gutes Zehntel der deutschen Vorkriegsbevölkerung. Bis 1947 mussten 12 Millionen ihre Heimat in Ostdeutschland und den angrenzenden Siedlungsräumen verlassen. Sie flüchteten im Winter 1944/45 vor der vorrückenden Roten Armee oder wurden vor und nach Kriegsende durch Polen, Tschechen oder Serben vertrieben. Den Strapazen und Verbrechen der Flucht und Vertreibung fielen – nach glaubhaften Schätzungen – mindestens 2,2 Millionen Deutsche zum Opfer.

Kriegsgefangene Bei Kriegsende befanden sich 10 bis 11 Millionen deutsche Soldaten in alliierter Kriegsgefangenschaft. Amerikaner und Briten schickten ihre Gefangenen durchweg zügig nach Hause. Dagegen suchten Frankreich und vor allem die Sowjetunion die Arbeitskraft der Gefangenen so lange wie möglich auszubeuten. Von den in sowjetische Hand geratenen mehr als 3 Millionen deutschen Soldaten überlebten über 1 Million die Gefangenschaft nicht (von den in deutsche Kriegsgefangenschaft gelangten 5,7 Millionen sowjetischen Soldaten kamen fast 4 Millionen um). Die letzten deutschen Wehrmachtsangehörigen kehrten erst im Januar 1956 aus der Sowjetunion zurück.

Displaced Persons Im Mai 1945 lebten mehr als 10 Millionen ausländischer Kriegsgefangener, KZ-Häftlinge und Zwangsarbeiter auf deutschem Boden. Bis zu ihrer Heimkehr mussten sie untergebracht und mit dem Nötigsten versorgt werden. 1949 waren im Vier-Zonen-Deutschland noch über 400 000 „Displaced Persons“ verblieben. Sie erhielten später ein Daueraufenthaltsrecht und gliederten sich allmählich in die deutsche Nachkriegsgesellschaft ein; darunter waren auch knapp 30 000 osteuropäische Juden.

Gebietsverluste und Zerstörungen Alle diese entwurzelten Menschen – hinzu kamen 3 Millionen Ausgebombte und aus den Großstädten Evakuierte – mussten ihre Existenzgrundlage auf einem Territorium finden, das als Folge des verlorenen Krieges beträchtlich kleiner und um lebenswichtige Ressourcen ärmer geworden war. Die Inbesitznahme der deutschen Ostgebiete jenseits der Oder-Neiße-Linie durch Polen und die Sowjetunion (nördliches Ostpreußen) verringerte das deutsche Staatsgebiet (in den Grenzen von 1937) um ein Viertel; das entsprach einem Verlust von 25 % der landwirtschaftlichen Nutzfläche, 17 % der Steinkohlevorkommen und 6,4 % der Industrieanlagen. Im verbliebenen Reichsgebiet, auf dem jetzt eine gegenüber 1939 um 10 Millionen Menschen gewachsene deutsche Bevölkerung lebte (hinzu kamen die vielen Ausländer), waren ein Viertel des vor dem Krieg verfügbaren Wohnraumes zerstört und ein Großteil der übrigen Wohnungen in erbärmlichem Zustand. 40 % des Eisenbahn- und Straßennetzes, darunter fast alle Brücken, waren unbenutzbar – eine in den ersten Nachkriegsjahren besonders schmerzliche Lücke, die zu katastrophalen Versorgungsengpässen führte.

Industriepotenzial Dagegen waren die Verluste an industrieller Substanz verblüffend gering. Die nicht unbeträchtlichen Zerstörungen des Luftkrieges waren durch Reparaturen und Neubauten fast vollständig ausgeglichen worden. Die Demontagen, mit denen sich die Siegermächte für ihre Kriegsverluste schadlos zu halten versuchten, schlugen nur in der Sowjetischen Besatzungszone (SBZ) fühlbare Lücken. Hier dürfte die Kapazitätseinbuße gegenüber dem Stand von 1936 gut zwei Fünftel betragen haben. Dagegen schätzt man die Substanzminderung in den Westzonen auf höchstens 5 %.

Wirtschaftliche Stagnation Trotz dieser vergleichsweise erträglichen Ausgangsbedingungen kam die deutsche Wirtschaft bis 1947 nicht in Gang. Die Landwirtschaft litt unter der unzureichenden Ausstattung mit Maschinen, Treibstoff, Düngemitteln und Saatgut. Die der Bevölkerung zugeteilten Rationen sanken im Elendswinter 1946/47 unter das Existenzminimum. Die lebensnotwendigen Nahrungsmitteleinfuhren mussten, soweit nicht die Amerikaner mit Hilfslieferungen einsprangen, mit den Erlösen aus dem Export von Kohle und Holz bezahlt werden. Diese Rohstoffe, die die deutsche Wirtschaft dringend selbst benötigt hätte, wurden jetzt zu von den Alliierten festgesetzten Niedrigstpreisen verschleudert.

Naturalwirtschaft Die Produktion stagnierte, weil es an den wichtigsten Voraussetzungen fehlte: einer hinreichenden Energie- und Rohstoffversorgung, einem funktionierenden Verkehrssystem, einer vertrauenswürdigen Währung. Deutschland fiel auf den Stand einer urtümlichen Natural- und Tauschwirtschaft zurück. Das wenige, was produziert wurde, diente, per Direkttausch, der Beschaffung von Produktionsmitteln und der Versorgung der Betriebsbelegschaft. Wer etwas Wertvolles anzubieten hatte, suchte seinen Gewinn auf dem schwarzen Markt. Hier wurden astronomische Preise verlangt und bezahlt. Ein Pfund Zucker kostete 70 bis 90, Brot 8 bis 30, Butter 230, eine amerikanische Zigarette 6 bis 7 Reichsmark. Der „Normalverbraucher“ konnte hier nicht mithalten und musste darben. Der allgemeine Mangel war ungleich verteilt. Einheimische waren besser dran als Flüchtlinge, Leute auf dem Lande und in kleineren Gemeinden besser als Großstädter. Am meisten hatten die zu leiden, die ausschließlich auf die amtlichen Lebensmittel-, Kleider- und Brennstoffkarten angewiesen waren: Hier fanden Hunger- und Mangelkrankheiten, vor allem die Tuberkulose, viele Opfer.

Die Politik der Sieger Die Sieger taten anfangs wenig, um die Not der Deutschen zu lindern: teils, weil ihnen die Mittel fehlten (nur die Amerikaner litten keinen Mangel), teils, weil die Deutschen für ihre Schuld büßen sollten. Im Übrigen litten auch viele Nichtdeutsche, vor allem in Osteuropa, große Not. Die Aufteilung (Rest-)Deutschlands in vier Besatzungszonen erschwerte die Lage. Zwar kamen die „Großen Drei" auf der Potsdamer Konferenz überein, Deutschland als eine wirtschaftliche und weitgehend auch als eine rechtliche und politische Einheit zu behandeln. Aber die gleichzeitig besiegelte alleinige Zuständigkeit jeder Regierung für ihre Besatzungszone sowie die Vereinbarung, jeder Siegerstaat solle seine Reparationsansprüche aus seinem Besatzungsgebiet befriedigen, stellten die Weichen für eine getrennte Entwicklung. So kam ein nennenswerter wirtschaftlicher Austausch zwischen den Zonen vorerst nicht zustande. Auch waren die Siegermächte entschlossen, die deutsche Industrieproduktion erheblich zu drosseln, teils, um eine Handhabe für die Demontagen zu haben, teils, um einen deutschen Wiederaufstieg zu verhindern.

Die Last der NS-Vergangenheit Zu den Kriegsverlusten und der materiellen Not kam die Schuld der Deutschen an den Gräueln des NS-Systems. Deren volles Ausmaß wurde vielen erst nach dem Krieg deutlich; zuvor hatten die Erfolge und die Propaganda des „Dritten Reiches" vielen den Blick getrübt; mancher hatte eingeschüchtert oder feige weggeschaut, bei nicht wenigen hatte die eigene Not das Mitgefühl für die Verfolgten abgestumpft. Aber auch jetzt noch fehlte vielen Deutschen die Bereitschaft oder Kraft, sich der Ungeheuerlichkeit der NS-Verbrechen zu stellen oder gar die eigene Mitschuld einzugestehen. Lag dies an einer bedenklichen moralischen Verirrung der „Hitler-Generation" oder brauchte ein geschlagenes und erschöpftes Volk einfach Zeit, um mit seiner Vergangenheit ins Reine zu kommen?

Deutschland nach 1945

Q1 Die Deutschen zur Verantwortung ziehen

Aus dem Report über die Potsdamer Konferenz (2. August 1945):

Der deutsche Militarismus und Nazismus werden ausgerottet und die Alliierten treffen nach gegenseitiger Vereinbarung in der Gegenwart und in der Zukunft auch andere Maßnahmen, die notwendig sind, damit Deutschland niemals mehr seine Nachbarn oder die Erhaltung des Friedens in der ganzen Welt bedrohen kann.
Es ist nicht die Absicht der Alliierten, das deutsche Volk zu vernichten oder zu versklaven. Die Alliierten wollen dem deutschen Volk die Möglichkeit geben, sich darauf vorzubereiten, sein Leben auf einer demokratischen und friedlichen Grundlage von Neuem wieder aufzubauen. Wenn die eigenen Anstrengungen des deutschen Volkes unablässig auf die Erreichung dieses Zieles gerichtet sein werden, wird es ihm möglich sein, zu gegebener Zeit seinen Platz unter den freien und friedlichen Völkern der Welt einzunehmen. [...]
Das deutsche Volk muss überzeugt werden, dass es eine totale militärische Niederlage erlitten hat und dass es sich nicht der Verantwortung entziehen kann für das, was es selbst dadurch auf sich geladen hat, dass seine eigene mitleidlose Kriegführung und der fanatische Widerstand der Nazis die deutsche Wirtschaft zerstört und Chaos und Elend unvermeidlich gemacht haben. [...]
In praktisch kürzester Frist ist das deutsche Wirtschaftsleben zu dezentralisieren mit dem Ziel der Vernichtung der bestehenden übermäßigen Konzentration der Wirtschaftskraft, dargestellt insbesondere durch Kartelle, Syndikate, Trusts und andere Monopolvereinigungen. Bei der Organisation des deutschen Wirtschaftslebens ist das Hauptgewicht auf die Entwicklung der Landwirtschaft und der Friedensindustrie für den inneren Bedarf (Verbrauch) zu legen.

E. Deuerlein (Hg.): Potsdam 1945. München 1963, S. 353 ff.

a) Inwieweit wurden die Potsdamer Grundsätze verwirklicht?
b) Untersuchen Sie die wirtschaftspolitischen Absichten der Siegermächte. Warum bestanden die Alliierten auf einer Dezentralisierung der Wirtschaft?
c) Erörtern Sie, warum viele Deutsche nach 1945 einer Auseinandersetzung mit dem Nationalsozialismus auswichen.

Leichenbeseitigung im Konzentrationslager Bergen-Belsen 1945. – Erst nach der Befreiung durch die Alliierten wurden die Gräuel in den Konzentrationslagern einer breiten Öffentlichkeit bekannt. Die Deutschen reagierten mit Ungläubigkeit, Entsetzen oder Scham.

Enttrümmerungsarbeiten in Berlin, Juli 1945.– Am Anfang des Wiederaufbaus stand die Enttrümmerung. Sie erfolgte überwiegend in Handarbeit, zu der häufig Frauen dienstverpflichtet wurden.

Q2 Schrecken der Vertreibung

Erlebnisbericht des Bauern F. P. vom März 1947:

Am 30.5., um halb 11 Uhr vormittags, kam der Befehl: Binnen zwei Stunden muss das Dorf geräumt sein. Einige Tage vorher wurde schon etwas gemunkelt, dass wir fort müssen, aber niemand glaubte es. Der tschechische Bürgermeister sagte auch, es sei nicht wahr. Daher arbeiteten an jenem Tag viele Leute draußen am Feld. Wir selber waren auch am Feld und wurden erst geholt. 30 kg Gepäck war erlaubt mitzunehmen. Meine Eltern waren so verwirrt, dass sie vor Jammer gar nichts fanden. Die Schwester hatte drei kleine Kinder, das jüngste ein Jahr alt, konnte auch nicht schnell einpacken. Ich allein tat noch schnell etwas ausgraben und zusammensuchen. Es war aber kaum eine Stunde vorbei, kam ein Tscheche, versperrte die Haustüre. Er durchsuchte unsere Sachen nach Schmuck, Photographapparat und tschechischem Geld. Als ich mit dem Schubkarren zum Hoftor hinausfuhr, kamen zwei Partisanen und fuhren mich barsch an, wie groß unsere Wirtschaft wäre. Ich sagte nichts, da bekam ich zwei Kolbenstöße in den Rücken, dass ich glaubte, das Rückgrat sei entzwei, und der eine meinte: „Jetzt kannst du einen Taglöhner machen, deutscher Hund." Das war der Abschied aus dem Hause meiner Väter, auf welchem unser Geschlecht seit dem Jahre 1686 war; also 259 Jahre war unser Geschlecht am Hof und nun waren wir in einer Stunde draußen. Ein Schubkarren voll Sachen war unser ganzes Hab und Gut.

Bundesvertriebenenministerium (Hg.): Dokumentation der Vertreibung der Deutschen aus Ost-Mitteleuropa. Bd. IV/2, Berlin 1957, S. 432

a) Im Potsdamer Abkommen war von einer „ordnungsgemäßen und humanen Überführung der deutschen Bevölkerung" die Rede. Erörtern Sie, warum die Realität so weit davon abwich.

b) Bis heute weigert sich die tschechische Regierung, ein „Vertreibungsunrecht" zuzugeben. Äußern Sie sich zu den mutmaßlichen Motiven dafür.

Q3 Die Schuldfrage und die christlichen Kirchen

a) *Aus dem Hirtenbrief der deutschen katholischen Bischöfe (1945):*

Katholisches Volk, wir freuen uns, dass du dich in so weitem Ausmaße von dem Götzendienst der brutalen Macht freigehalten hast. Wir freuen uns, dass so viele unseres Glaubens nie und nimmer ihre Knie vor Baal gebeugt haben. Wir freuen uns, dass diese gottlosen und unmenschlichen Lehren auch weit über den Kreis unserer katholischen Glaubensbrüder hinaus abgelehnt wurden.

Und dennoch: Furchtbares ist schon vor dem Kriege in Deutschland und während des Krieges durch Deutsche in den besetzten Ländern geschehen. Wir beklagen es zutiefst: Viele Deutsche, auch aus unseren Reihen, haben sich von den falschen Lehren des Nationalsozialismus betören lassen, sind bei den Verbrechen gegen menschliche Freiheit und menschliche Würde gleichgültig geblieben; viele leisteten durch ihre Haltung den Verbrechen Vorschub, viele sind selber Verbrecher geworden.

Amtsblatt der Erzdiözese München und Freising, 1945, Nr. 5

b) *Aus der Stuttgarter Erklärung des Rates der Evangelischen Kirche in Deutschland (1945):*

Wir sind für diesen Besuch (von Vertretern des Ökumenischen Rates der Kirchen) umso dankbarer, als wir uns mit unserem Volke nicht nur in einer großen Gemeinschaft der Leiden wissen, sondern auch in einer Solidarität der Schuld. Mit großem Schmerz sagen wir: Durch uns ist unendliches Leid über viele Völker und Länder gebracht worden. Was wir unseren Gemeinden oft bezeugt haben, das sprechen wir jetzt im Namen der ganzen Kirche aus: Wohl haben wir lange Jahre hindurch im Namen Jesu Christi gegen den Geist gekämpft, der im nationalsozialistischen Gewaltregime seinen furchtbaren Ausdruck gefunden hat; aber wir klagen uns an, dass wir nicht mutiger bekannt, nicht treuer gebetet, nicht fröhlicher geglaubt und nicht brennender geliebt haben.

G. Heidtmann (Hg.): Hat die Kirche geschwiegen? Berlin 1954, S. 20

a) Arbeiten Sie die Unterschiede im Verständnis von Schuld heraus, wie sie in den Dokumenten deutlich werden.

b) Welche deutschen Schuldgefühle bezüglich des Nationalsozialismus sind Ihnen bekannt? Setzen Sie sich damit auseinander.

2. Getrennte Entwicklung in Ost und West

Zerfall der Anti-Hitler-Koalition Das Bündnis der Siegermächte, schon während des Krieges mehr durch den gemeinsamen Feind als durch von allen geteilte politische Grundwerte zusammengehalten, wurde nach dem Sieg schnell brüchig. Die Westmächte waren über die Rücksichtslosigkeit entsetzt, mit der Stalin in Polen und anderen osteuropäischen Ländern die Kommunisten an die Macht brachte. Moskau unterstellte den Amerikanern, zumal diese seit dem Sommer 1945 als einzige über Atombomben verfügten, „imperialistische" Absichten. Die Verzögerung des längst zugesagten Abzuges der Sowjettruppen aus den während des Krieges besetzten nordpersischen Erdölgebieten einerseits, die Verweigerung eines amerikanischen Kredits an die Sowjetunion andererseits nährten das wechselseitige Misstrauen. Schon 1946 sprach der britische Kriegspremier Winston Churchill von dem „Eisernen Vorhang", der zwischen der Ostsee und der Adria niedergegangen sei.

Uneinigkeit in der Deutschlandpolitik Die Spannungen zwischen den Kriegsverbündeten schlugen sich nicht zuletzt in ihrer Deutschlandpolitik nieder. Der Alliierte Kontrollrat, bestehend aus den vier Oberbefehlshabern und als Klammer um das Vier-Zonen-Deutschland gedacht, tat sich in der Verabschiedung gemeinsamer Beschlüsse – es galt das Einstimmigkeitsprinzip – zunehmend schwer. Zumeist war es Frankreich, das alle Versuche blockierte, die im Potsdamer Abkommen vorgesehenen gesamtdeutschen Einrichtungen ins Leben zu rufen. Ein ähnliches Spiel vollzog sich im übergeordneten Rat der Außenminister. Als sich dieser im Dezember 1947 erneut ohne nennenswertes Ergebnis vertagte, war die vorerst letzte Chance zugunsten einer Bewahrung der deutschen Einheit dahin.

Abschließung der Zonen Zu dieser Zeit hatten sich die Besatzungszonen bereits stark auseinanderentwickelt. Abgesehen von der britischen und amerikanischen Zone, die seit dem 1. Januar 1947 ein gemeinsames Wirtschaftsgebiet bildeten (Bizone), war es nicht zu der in Potsdam verabredeten wirtschaftlichen Zusammenarbeit gekommen. Frankreich setzte sogar die wirtschaftliche und verwaltungsmäßige Abtrennung des Saarlandes und dessen Eingliederung in den französischen Wirtschaftsraum durch. Auch drängte es, wenngleich erfolglos, auf eine Internationalisierung des Ruhrgebietes. Ebenso verlangte die Sowjetunion eine Mitsprache bei der Kontrolle dieser damals wichtigsten deutschen Wirtschaftsregion. Zum Bruch kam es, als die UdSSR die vereinbarten Nahrungsmittellieferungen aus ihrer Besatzungszone einstellte und die US-Regierung im Gegenzug die Demontagen westdeutscher Anlagen zugunsten des sowjetischen Reparationskontos untersagte.

Konflikt um den Marshall-Plan Dass die Kluft zwischen Ost und West unüberbrückbar geworden war, erwies sich vollends bei den Verhandlungen über den Marshall-Plan. Dieses nach dem damaligen US-Außenminister benannte wirtschaftliche Hilfsprogramm der

Kalter Krieg

Als „Kalten Krieg" bezeichnet man den über 40-jährigen Konflikt zwischen den von den USA bzw. der Sowjetunion angeführten Machtblöcken in West und Ost. Der Ausdruck „Krieg" verweist auf die Feindseligkeit zwischen den beiden Lagern, die sich mit allen Mitteln, außer direkter militärischer Gewalt, bekämpften. Weil man keine Waffen einsetzte, war der Krieg nicht „heiß", sondern „kalt". Während der 44 Jahre zwischen 1947 und 1991 wechselten Phasen der Konfrontation mit Zeiten der Entspannung. Die Konfrontationsphasen (1947–1962, 1980–1986) waren durch vermehrte Rüstungsanstrengungen, Ausbau und Festigung von Militärallianzen, ein Minimum von Beziehungen zwischen den Blöcken bestimmt. Die Zeiten der Entspannung (1968–1979, seit 1986) zeichneten sich durch Rüstungskontrollverhandlungen, vermehrte zwischenstaatliche Kontakte, eine Aufweichung des Feindbildes und eine Lockerung der ideologischen Fronten aus.

USA sollte die unter den Kriegsfolgen leidende Wirtschaft Europas wieder ankurbeln. Washington verknüpfte allerdings die Gewährung von Dollarkrediten und -geschenken – Westdeutschland erhielt insgesamt 1,59 Milliarden Dollar – mit der Auflage für die Empfängerländer, die Zölle zu senken und den Außenhandel zu liberalisieren. Das geschah nicht ohne Eigennutz: Die Öffnung der europäischen Märkte kam nicht zuletzt den Absatzchancen der damals weit überlegenen amerikanischen Wirtschaft zugute. Die Sowjetunion widersetzte sich dem Marshall-Plan, weil sie eine „kapitalistische" Durchdringung ihrer sozialistischen Planwirtschaft befürchtete, und zwang auch die Länder ihres Einflussbereiches, die amerikanische Hilfe abzulehnen.

Getrennte Währungsreformen Besiegelt wurde die wirtschaftliche Auseinanderentwicklung durch die getrennten Währungsreformen im Juni 1948. Dass die wirtschaftliche Erholung Nachkriegsdeutschlands nicht ohne einen drastischen Währungsschnitt gelingen konnte, war offenkundig. Der Kontrollrat brachte es jedoch nicht fertig, sich auf ein gemeinsames Vorgehen zu einigen. Während die Amerikaner vor allem die Stabilität der neuen Währung im Auge hatten und deswegen nicht bereit waren, auf die sozial Schwächeren besondere Rücksicht zu nehmen, bestanden die sowjetischen Fachleute auf einer sozial ausgewogenen Währungsumstellung mit gestaffelten Abwertungssätzen. So verfuhr schließlich jede Seite nach eigenem Gutdünken. In den Westzonen büßten die Geldwertbesitzer den Großteil ihrer Guthaben ein (schließlich blieben von 100 RM 6,50 DM übrig). Dagegen konnten die Anbieter von Sachwerten (die ihre Produkte schon lange für den Tag nach der Währungsreform gehortet hatten) ihren Besitz ohne jede Wertminderung in die DM-Ära hinüberretten. Für den nicht geringen Preis beträchtlicher sozialer Härten und Ungerechtigkeiten gewann die neue westliche DM-Währung bald jene Festigkeit, ohne die das schnell einsetzende „Wirtschaftswunder" kaum denkbar gewesen wäre. Demgegenüber blieb die ostdeutsche Währungsreform ohne durchschlagende Wirkung. Da der Warenmangel noch lange bestehen blieb, bedeutete die Währungsreform – im Gegensatz zu Westdeutschland – in der SBZ keinen tiefen Einschnitt.

Politischer Aufbau in der SBZ Auch politisch drifteten Ost- und Westdeutschland ständig weiter auseinander. Die sowjetische Besatzungsmacht betrieb von Anfang an eine zentrale Steuerung. Schon einen Monat nach Kriegsende gestattete sie die Bildung politischer Parteien auf Zonenebene. In schneller Folge kam es zu den Wiedergründungen der KPD und SPD und den Neugründungen der CDU und LDPD (Liberaldemokratische Partei Deutschlands). Getreu der kommunistischen Volksfrontstrategie setzte die KPD-Führung (unter Wilhelm Pieck und Walter Ulbricht) den Zusammenschluss aller Parteien im „Antifaschistisch-demokratischen Block" durch; dessen Beschlüsse waren für alle untergeordneten Parteigliederungen maßgeblich.

Auch die zugleich mit den Parteien zugelassenen Gewerkschaften schlossen sich im Februar 1946 in der die gesamte SBZ umspannenden Einheitsorganisation des Freien Deutschen Gewerkschaftsbundes (FDGB) zusammen. Der FDGB verstand sich als Hilfstruppe der (im April 1946 geschaffenen) SED. Folgerichtig schuf er zwei Jahre später die Betriebsräte ab, die als basisnahe Vertretung der Belegschaften sich nicht ohne Weiteres von oben hatten lenken lassen. Ähnlich verfuhren die Kommunisten in der Jugendarbeit. Hier war es Erich Honecker, der im März 1946 den Zusammenschluss der wichtigsten Jugendorganisationen in der Freien Deutschen Jugend (FDJ) zustande brachte. Diese entwickelte sich schnell zu einer Massenorganisation, die ihren anfangs überparteilichen Charakter bald aufgab und sich in den Dienst der SED stellte.

Schon während der Potsdamer Konferenz richtete die Sowjetische Militäradministration in Deutschland (SMAD) deutsche Zentralverwaltungen ein, die den Länderbehörden Weisungen erteilen konnten. Daraus entstand 1947 die Deutsche Wirtschaftskommission (DWK), die in praktisch allen Ressorts, auch den nichtwirtschaftlichen, regierungsähnliche Befugnisse wahrnahm und den Gestaltungsspielraum der Länderregierungen und Kommunalverwaltungen stark einengte.

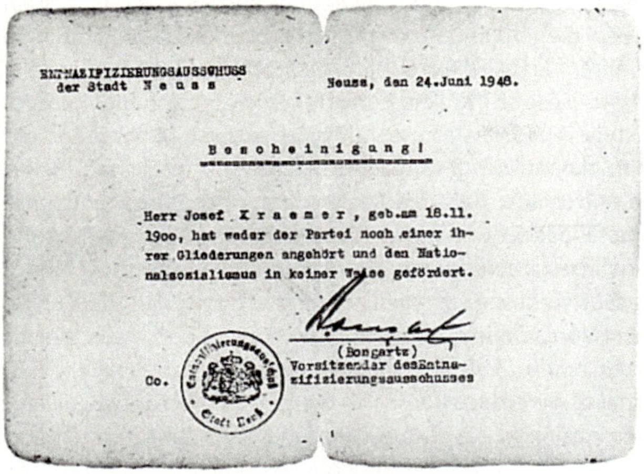

ENTNAZIFIZIERUNGSAUSSCHUSS
der Stadt Neuss

Neuss, den 24.Juni 1948.

Bescheinigung!

Herr Josef Kraemer, geb.am 18.11.1900, hat weder der Partei noch einer ihrer Gliederungen angehört und den Nationalsozialismus in keiner Weise gefördert.

(Bongartz)
Vorsitzender des Entnazifizierungsausschusses

Co.

Abbildung links: „Persilschein“, Abbildung rechts: „Patentlösung“, Karikatur von H. M.-Brockmann 1947.
Je mehr Zeit verstrich, desto großzügiger wurden Entlastungszeugnisse ausgestellt, desto lauter wurde auch die Kritik an der Entnazifizierung.

Politisches Leben in den Westzonen Im Gegensatz dazu vollzog sich der politische Aufbau in den Westzonen dezentral, von unten nach oben. Parteien und Verbände entstanden zunächst nur auf lokaler Ebene und durften sich erst allmählich zu regionalen und zonalen Organisationen weiterentwickeln. In den Jahren der Not lag die Hauptlast der öffentlichen Aufgaben bei den Gemeinden; sie mussten die Infrastruktur wieder aufbauen, die Flüchtlinge unterbringen, die Lebensmittelversorgung organisieren, die örtliche Wirtschaft in Gang bringen. Hier begann das demokratische Leben; die Kommunalwahlen von 1946 waren die ersten freien Wahlen seit 1932.

Die Länderregierungen wurden zunächst von den Besatzungsbehörden ernannt, seit 1946 nach den Ergebnissen der Landtagswahlen gebildet. Die meisten Länder bildeten sich in Anknüpfung an die überkommenen Gebietsgliederungen. Nur in der britischen Zone entstanden mit Niedersachsen und Nordrhein-Westfalen wirkliche Neubildungen. Während die französische Besatzungsmacht bis 1948 jede Zusammenarbeit der Länder ihrer Zone unterband, richteten die Amerikaner mit dem „Länderrat“ und die Briten mit dem „Zonenbeirat“ Gremien ein, die für eine Koordinierung der Länderpolitik sorgen sollten. Für die Bizone entstand 1947 in Frankfurt am Main der Wirtschaftsrat, eine von den Landtagen beschickte parlamentarische Körperschaft mit gesetzgeberischen Befugnissen. Schon im Sommer 1948 erfolgte hier, auf Betreiben des Direktors für Wirtschaft, Ludwig Erhard, und gegen die Stimmen der SPD, eine weitgehende Freigabe der bis dahin behördlich festgesetzten Warenpreise und damit die entscheidende Weichenstellung zugunsten der „Sozialen Marktwirtschaft“ und gegen die von der Opposition verfochtene Planwirtschaft.

Antifaschismus

Die Verbrechen des Nationalsozialismus beseitigten jeden Zweifel an der grundsätzlichen Verwerflichkeit dieses Systems. In dessen Verurteilung waren sich nach 1945 alle am Wiederaufbau beteiligten politischen und weltanschaulichen Gruppierungen einig. Mit dem Fortgang der Zeit verlor die Gegnerschaft gegen den Nationalsozialismus (die Linke sprach stets von Faschismus) für das bürgerliche Lager an Aktualität und Dringlichkeit – ehe mit dem Aufkommen rechtsextremistischer Strömungen Ende der 1980er-Jahre diese Frontstellung wieder wichtiger wurde. Für die Linke, insbesondere die KPD/SED, blieb der Kampf gegen den Faschismus stets ein vorrangiges Thema, ja er gehörte zum Kern des linken Selbstverständnisses. Die Kommunisten fühlten sich als die eigentlichen Antifaschisten, zumal sie im „Dritten Reich“ die Widerstandskämpfer der ersten Stunde gewesen waren. Indem sie den Faschismus als eine Ausgeburt des Kapitalismus und Imperialismus ansahen, schufen sie sich eine Handhabe, zugleich mit den Faschisten auch die Kapitalisten als unversöhnliche Feinde zu behandeln.

Vergangenheitsbewältigung Gegen die Träger und Nutznießer des NS-Regimes gingen die Besatzungsmächte in ihren Zonen gemäß den vom Kontrollrat erlassenen Richtlinien vor. Anfänglich fanden die Verfahren vor alliierten Tribunalen statt; der Großteil der Fälle oblag jedoch deutschen Instanzen. Diese stuften die Betroffenen in eine von fünf Kategorien ein: Hauptschuldige, Belastete, Minderbelastete, Mitläufer, Entlastete. Während die SBZ-Behörden nahezu alle ehemaligen NSDAP-Mitglieder aus dem öffentlichen Dienst und allen leitenden Positionen entfernten, dazu die Besitzenden unter ihnen enteigneten, gingen die Westmächte umständlicher vor. In der US-Zone musste jeder erwachsene Deutsche einen Fragebogen ausfüllen, nach dessen Auswertung das weitere Verfahren ablief. Bei solchem Verwaltungsaufwand zog sich die Entnazifizierung sehr in die Länge. Die schwierigen Prozesse gegen Hauptschuldige wurden hinausgeschoben, viele „kleine“ Täter mussten sofort büßen. Der rechte Zeitpunkt für eine klare Abrechnung mit den wirklich Schuldigen wurde verpasst. So entschieden sich die politisch Verantwortlichen ausgangs der 1940-Jahre die Entnazifizierung zu beenden und bald danach auch den Großteil der schon Bestraften zu rehabilitieren; die Gerichte sollten fortan nur noch die Hauptschuldigen zur Rechenschaft ziehen. Das trug der Bundesrepublik seitens der SED den Vorwurf der NS-Komplizenschaft ein. Die sowjetische Besatzungsmacht und die deutschen Kommunisten nutzten ihrerseits die Entnazifizierung, um die alten – adligen und bürgerlichen – Eliten zu entmachten und alle wichtigen Positionen mit den eigenen Gefolgsleuten zu besetzen. Sie gingen nicht nur gegen die wirklichen oder nominellen Nazis vor, sondern gegen alle, die sie zu Nutznießern des NS-Regimes erklärten.

„Wenn das Bäumchen wachsen soll, werde ich diese Wurzeln, die ihm die ganze Kraft entziehen, doch wohl abhacken müssen!“

Abbildung links: „Deutschland am Scheideweg“. Plakat der amerikanischen Militärregierung (o. J.).
Abbildung rechts: Das Bäumchen „Deutsche Demokratie“. „Berliner Zeitung“ vom 1. Mai 1947

Q4 Die Amerikaner und die Deutschen

a) *Aus der Weisung des amerikanischen Generalstabs für den amerikanischen Oberbefehlshaber in Deutschland (JCS 1067) von 1945:*

Es muss den Deutschen klargemacht werden, dass Deutschlands rücksichtslose Kriegsführung und der fanatische Widerstand der Nazis die deutsche Wirtschaft zerstört und Chaos und Leiden unvermeidlich gemacht haben, und dass sie nicht der Verantwortung für das entgehen können, was sie selbst auf sich geladen haben. Deutschland wird nicht besetzt zum Zwecke seiner Befreiung, sondern als ein besiegter Feindstaat. Ihr Ziel ist nicht die Unterdrückung, sondern die Besetzung Deutschlands, um gewisse wichtige alliierte Absichten zu verwirklichen. Bei der Durchführung der Besetzung und Verwaltung müssen Sie gerecht, aber fest und unnahbar sein. Die Verbrüderung mit deutschen Beamten und der Bevölkerung werden Sie streng unterbinden.

Das Hauptziel der Alliierten ist es, Deutschland daran zu hindern, je wieder eine Bedrohung des Weltfriedens zu werden. Wichtige Schritte zur Erreichung dieses Zieles sind die Ausschaltung des Nazismus und des Militarismus in jeder Form, die sofortige Verhaftung der Kriegsverbrecher zum Zwecke der Bestrafung, die industrielle Abrüstung und Entmilitarisierung Deutschlands mit langfristiger Kontrolle des deutschen Kriegspotenzials und die Vorbereitungen zu einem späteren Wiederaufbau des deutschen politischen Lebens auf demokratischer Grundlage.

K.-J. Ruhl (Hg.): Neubeginn und Restauration. München 1982, S. 59

b) *Aus den Richtlinien (JCS 1779) der US-Regierung für den amerikanischen Oberbefehlshaber General Clay (1947):*

Ihre Regierung ist der Ansicht, dass sich das deutsche politische Leben am besten entwickeln kann, wenn deutsche Bundesstaaten (Länder) und eine zentrale deutsche Regierung, deren Aufgaben und Machtvollkommenheiten sorgfältig definiert und begrenzt sind, gebildet werden. Alle Befugnisse, mit Ausnahme derer, die ausdrücklich der Zentralregierung vorbehalten bleiben, sollen den Ländern übertragen werden. Ihre Regierung will Deutschland nicht ihre eigenen, geschichtlich entwickelten Formen der Demokratie und der gesellschaftlichen Ordnung aufzwingen und ist ebenso fest davon überzeugt, dass ihm keine anderen, fremden Formen aufgezwungen werden sollten. Sie strebt in Deutschland die Bildung einer politischen Organisation an, die vom Volke ausgeht und seiner Kontrolle untersteht […] und deren Ziel es ist, die grundlegenden bürgerlichen und menschlichen Rechte des Einzelnen zu sichern. […]

Sie werden weiterhin die Politik verfolgen, alle politischen Parteien zuzulassen und zu ermutigen, deren Programme, Tätigkeit und Struktur die Treue zu demokratischen Grundsätzen beweisen. Die politischen Parteien sollen miteinander konkurrieren und durch freiwillige Zusammenschlüsse von Bürgern gegründet sein, bei denen die Führer ihren Mitgliedern verantwortlich sind. Keine Partei soll bevorzugt werden.

K.-J. Ruhl (Hg.): Neubeginn und Restauration. München 1982, S. 376 f.

c) *Aus einer Eingabe der Vertreter beider christlicher Bekenntnisse an die US-Militärregierung in Bayern (20. Juli 1945):*

Es müsste das Vertrauen zu einer geradlinigen Rechtspflege auf das schwerste erschüttern, wenn die einfache Zugehörigkeit zur Partei nach einem blinden Schema unterschiedslos mit so schwerer Strafe geahndet würde, wie es die plötzliche Entlassung aus Amt und Stelle ist. […] Es bleibt doch für den Strafrichter ein gewaltiger Unterschied, ob der Beitritt zur Partei freiwillig erfolgte oder unter Drohungen laut oder leise erzwungen wurde. Ein gewaltiger Unterschied, ob die Beteiligung an der Partei in der bloßen Beitragsleistung bestand oder in fanatischer Mitarbeit und Propaganda der nationalsozialistischen Weltanschauung. […] Entlassungen in Bausch und Bogen würden nicht bloß ungezählte Familien in Not und Verzweiflung treiben, sie würden auch den ganzen Wirtschafts- und Staatapparat auf das Äußerste gefährden.

C. Vollnhals (Hg.): Entnazifizierung. München 1991, S. 132

a) Vergleichen Sie das Verhalten der US-Militärregierung mit dem Vorgehen der sowjetischen Besatzungsbehörden.

b) Versuchen Sie einzuschätzen, in welchem Maße die amerikanische Besatzungsmacht das deutsche politische Leben beeinflusst hat. Ziehen Sie dazu auch das Grundgesetz heran.

c) Deuten Sie die Abbildungen auf dieser Doppelseite im Hinblick auf die jeweils aufgezeigten Möglichkeiten zukünftiger Entwicklung.

Q5 Bilanz der Entnazifizierung

a) *Walter Ulbricht über den Abschluss der Entnazifizierung in der SBZ (1948):*

Die Auflösung der Entnazifizierungskommissionen in der Ostzone ist möglich, weil die Säuberung der Verwaltung durchgeführt wurde, weil die Betriebe der Kriegsverbrecher mit oder ohne Naziparteibuch und die Banken in die Hände des Volkes übergegangen sind und der Boden der Großgrundbesitzer, die zu den Hauptkräften des Militarismus gehörten, den Bauern übereignet wurde. Damit sind die wirtschaftlichen Machtstellungen der Träger des Faschismus beseitigt.
Im Gegensatz zu gewissen „Politikern“ in Westdeutschland sind wir der Meinung, dass nicht die Werktätigen und der Mittelstand die Träger des Faschismus waren, sondern die Konzern-, Bankherren und Großgrundbesitzer, die den Faschismus zur Macht brachten, um das eigene Volk und andere Völker besser ausbeuten und unterdrücken zu können. Deshalb wurden in der SBZ im Einvernehmen mit den antifaschistisch-demokratischen Parteien, Gewerkschaften und anderen Massenorganisationen die faschistischen Verbrecher bestraft und enteignet. Die einfachen Nazimitglieder jedoch wurden nicht vor die Entnazifizierungskommission gestellt. Der Vorsitzende der SED, Wilhelm Pieck, hatte bereits vor einem Jahre dazu erklärt: „Die Mehrzahl derer, die auf den Nazischwindel hereinfielen und Mitglieder der Nazipartei wurden, besteht aus Angehörigen des werktätigen Volkes, ihnen gegenüber muss selbstverständlich in der Beurteilung ihres Verhaltens ein anderer Maßstab angelegt werden als gegenüber den Kriegsverbrechern und Naziaktivisten.“ [...]
In der neuen Periode des Aufbaus kann nicht mehr die frühere Organisationszugehörigkeit der Maßstab für die Beurteilung des Einzelnen sein, sondern die ehrliche aufopferungsvolle Arbeit. Jedoch haben die früheren Mitglieder von Naziorganisationen die besondere Verpflichtung, durch ehrliche Arbeit frühere Fehler wieder gutzumachen.

„Neues Deutschland“ vom 28. Februar 1948

b) *Der Publizist und ehemalige KZ-Häftling Eugen Kogon, (1947):*

Es ist nicht Schuld, sich politisch geirrt zu haben. Verbrechen zu verüben oder an ihnen teilzunehmen, wäre es auch nur durch Duldung, ist Schuld. Und Fahrlässigkeit ist ebenfalls Schuld, wenn auch eine von anderer und von geringerer Art als Verbrechen und Verbrechensteilnahme. Aber politischer Irrtum – in allen Schattierungen – samt dem echten Fehlentschluss gehört weder vor Gerichte noch vor Spruchkammern. [...]
Führungsfunktionen im eigentlichen Sinne können von Nationalsozialisten erst nach gründlicher Bewährung, wenn durch bewiesene Leistung kein Zweifel mehr an ihrer demokratischen Untadeligkeit besteht, eingenommen werden. Die Möglichkeit, die jeder wieder erhält, ist „einmalig“. Wer diese Möglichkeit politisch missbraucht, wird ohne jede weitere Rücksicht endgültig entfernt. Jeder andere erarbeitet sich, nach dem Urteil der Berufsvertrauensleute, die volle Gleichberechtigung.
Diese Bewährung wird von manchen als Zweitrangigkeit empfunden werden. Wir meinen aber, dass jemand, der sich als fahrlässig, als bloß konjunkturell gesinnt oder ganz einfach als dumm erwiesen hat – ob von idealistischen Beweggründen geleitet oder nicht –, dass ein solcher Mann oder eine solche Frau kaum erwarten sollte, alle Welt werde über die Folgen des früheren Verhaltens schlicht und gutmütig hinwegsehen. [...] Politiker und Beamte jedenfalls müssen in Demokratien ihren Platz räumen, wenn sie gar zu viele Fehler gemacht haben, allzu vielen Irrtümern erlegen sind und ein unterdurchschnittliches Maß an Wissen, Können und Charakter an den Tag gelegt haben. [...]
Wie stellt man sich eine „Lösung“ denn auf Dauer vor, die so aussieht: Millionen ausschalten und sie sich selber überlassen? Sind sie nicht mehr da, weil man sie ausgeschaltet hat, „ausgeklammert“, in die Konspirationswinkel gedrängt?
[...] Also muss man sie gewinnen. Nicht indem man sie umwirbt (wozu bei uns schon wieder manche Leute und manche Parteien ebenso heftig wie verdächtig neigen), sondern indem man sich ihrer sachlich annimmt. Man muss beweisen, dass Demokratie besser ist.

Frankfurter Hefte 2 (1947), S. 641ff.

a) Erklären Sie, warum die politische Linke besonders nachdrücklich für die Entnazifizierung eintrat.

b) Welche politischen Ziele verknüpfte die SED mit der Entnazifizierung?

c) Diskutieren Sie das „Recht auf Irrtum“.

3. Die Westzonen: Neubeginn und Restauration

Langsame wirtschaftliche Erholung In den ersten Nachkriegsjahren drehte sich alles um die Wirtschaft. Sie brauchte mehr als zwei Jahre, um aus ihrem katastrophalen Tiefstand herauszukommen. Erst Ende 1947 stieg die Kohleförderung, von der aller Fortschritt abhing, fühlbar an und die vorhandenen, durchaus ansehnlichen industriellen Kapazitäten sowie der Arbeits- und Aufbauwille der darbenden Menschen trugen erste Früchte. Aber erst mit der Währungsreform vom 20. Juni 1948 begann der wirkliche Aufschwung. Lange vermisste Bedarfsgüter lagen am nächsten Tag in den Schaufenstern. Allerdings stiegen die Preise für viele Güter in den nächsten Monaten stark an, während die Löhne vorerst eingefroren blieben. Die hohe Arbeitslosigkeitsquote sank nur langsam. Dennoch hielt die bürgerliche Mehrheit im Frankfurter Wirtschaftsrat an ihrer marktwirtschaftlichen Radikalkur fest und ließ sich weder durch die sozialdemokratische Opposition, die eine Rückkehr zur staatlichen Wirtschaftslenkung forderte, noch durch einen Generalstreik der Gewerkschaften beirren. Tatsächlich pendelten sich Angebot und Nachfrage schließlich ein, der Preisauftrieb ließ nach und nach der Jahreswende 1948/49 fasste die Wirtschaft endgültig Tritt.

Markt- kontra Planwirtschaft Mit dieser Entwicklung war auch der Streit zwischen den Markt- und den Planwirtschaftlern entschieden. Unmittelbar nach dem Kriege schien die kapitalistische Konkurrenzwirtschaft hoffnungslos diskreditiert. Nicht nur die Arbeiterparteien und die Gewerkschaften, die dieses Programm seit je vertreten hatten, forderten eine Vergesellschaftung der Produktionsmittel, zumindest in den Grundstoffindustrien, sowie eine öffentliche Steuerung und Kontrolle der gesamtwirtschaftlichen Abläufe; auch die CDU der britischen Zone machte sich in ihrem „Ahlener Programm“ von 1947 für einen „christlichen Sozialismus“ stark. Die Landtage von Hessen und Nordrhein-Westfalen beschlossen Verfassungsartikel oder Gesetze, die die Überführung von Schlüsselindustrien in Gemeineigentum vorsahen. Doch diese Bestimmungen traten nicht in Kraft, weil der amerikanische Militärgouverneur sein Veto einlegte, mit der Begründung, einer künftigen deutschen Verfassung solle nicht vorgegriffen werden. Auch die Bodenreform, die den Großgrundbesitz beschneiden und den vielen aus dem Osten geflüchteten Landwirten zu einer neuen Existenzgrundlage verhelfen sollte, blieb alsbald stecken.

Politische Parteien Die Parteien hatten es anfangs schwer, bei der Bevölkerung Widerhall zu finden. Der Kampf gegen die materielle Not verbrauchte fast alle Kräfte und viele

(Soziale) Markt- und (sozialistische) Planwirtschaft

Zwei gegensätzliche wirtschaftspolitische Konzepte, von denen in den ersten Nachkriegsjahren die Planwirtschaft weit mehr Zustimmung fand, bis mit der Währungsreform von 1948 die Unions-/FDP-Mehrheit im Frankfurter Wirtschaftsrat die Marktwirtschaft, dem Anspruch nach mit starker sozialer Komponente, durchsetzte. Diese „Soziale Marktwirtschaft“ gilt vielen bis heute als ein Erfolgsrezept, dem die Bundesrepublik ihre insgesamt glänzende wirtschaftliche Entwicklung („Wirtschaftswunder“) zu verdanken habe. Es beruht auf dem Grundsatz der freien Entfaltung aller Marktkräfte und des ungehinderten Wettbewerbs. Der Staat hat dabei die Aufgabe, den fairen Wettbewerb zu gewährleisten, wirtschaftliche und soziale Härten auszugleichen. Eingriffe in die Wirtschaftsabläufe soll er nach Möglichkeit vermeiden, weil der Markt selbst, von außergewöhnlichen Krisenzeiten abgesehen, über die besten Regulierungs- und Heilungskräfte verfüge. – Ein solches Vertrauen in die Marktmechanismen teilen die Anhänger der Planwirtschaft nicht. Ihnen stellt sich der freie Markt eher als ein Kampffeld dar, in dem sich die Stärkeren mit rücksichtsloser Ellbogenkraft gegen die Schwächeren durchsetzen und das hohe Gut der sozialen Gerechtigkeit auf der Strecke bleibt. Sie verlangen deshalb steuernde und korrigierende Eingriffe des Staates, zumindest wenn die Wirtschaft lahmt und der soziale Friede bedroht ist – wie etwa bei hoher Arbeitslosigkeit oder gesunkener Wettbewerbsfähigkeit einzelner Branchen.

fühlten sich als „gebrannte Kinder", die mit Politik vorerst nichts zu tun haben wollten. Als stärkste Partei galt lange die SPD. Unter der unbestrittenen, von autoritären Zügen nicht ganz freien Führung Kurt Schumachers taten die Sozialdemokraten sich als entschiedene Antikommunisten hervor und lehnten jedes Aktionsbündnis mit der KPD ab. Während die Christdemokraten und Liberalen im Konfliktfall eher bereit waren, sich dem Willen der Alliierten zu beugen, betrieb Schumacher eine betont nationale Interessenpolitik. Umso enttäuschter war er, als die SPD bei den ersten Bundestagswahlen 1949 den allgemein erwarteten Wahlsieg verpasste. Die CDU hatte ihre Schwerpunkte anfangs in Berlin (Jakob Kaiser) und im Rheinland (Konrad Adenauer). Sie verstand sich als eine bürgerliche Sammlungs- und Volkspartei, die ihre Anhänger in allen Bevölkerungsschichten, vornehmlich aber im Mittelstand suchte. Um dem Schicksal der katholischen Zentrumspartei zu entgehen, die vor 1933 nie über die 20-Prozent-Marke hinausgelangte, betonte sie stets ihre Überkonfessionalität. Zwar hatte sie ihren Rückhalt vor allem in katholischen Kreisen, einschließlich der Arbeiterschaft, aber bei aller Kirchennähe war sie nicht klerikal. Das galt auch für Konrad Adenauer, in der Weimarer Zeit Kölner Oberbürgermeister, der trotz seines fortgeschrittenen Alters (geboren 1876) schnell zum führenden Unionspolitiker aufstieg. Als Präsident des Parlamentarischen Rates und als erster Bundeskanzler von 1949 bis 1963 prägte und beherrschte er die Union bis zu seinem Rücktritt. Diese verdankte ihren Aufstieg zur stärksten Partei der Bundesrepublik – nur 1972 wurde sie von der SPD überflügelt – weder besonderer organisatorischer Stärke (die SPD hatte stets mehr Mitglieder) noch einem ausgeformten politischen Programm (das erste offizielle Parteiprogramm kam erst 1978 zustande). Von größter Bedeutung war viele Jahre der Nimbus Adenauers – Spötter sprachen vom Kanzlerwahlverein –, daneben auch der ihr zugeschriebene Glanz der erfolgreichen Sozialen Marktwirtschaft, der sich vornehmlich mit dem Namen des 14 Jahre amtierenden CDU-Wirtschaftsministers (und späteren Kanzlers) Ludwig Erhard verband.
Da die traditionell liberale Wählerschaft, das Besitz- und Bildungsbürgertum, an Gewicht stark eingebüßt hatte, hatte die FDP wenig Aussichten, die 10-Prozent-Marke dauerhaft zu überschreiten.
Wirtschaftspolitisch trat sie für die freie Marktwirtschaft ein, in der Sozial- und Bildungspolitik für höchstmögliche Chancengleichheit. Wegen ihrer Mittelstellung zwischen der Union und der SPD bot sich die FDP jedoch nach beiden Seiten als Koalitionspartner an; das trug ihr zuweilen den Vorwurf der Schaukelpolitik ein.

Interessenverbände Auch das dichte Netz der Interessenverbände, das schon im Kaiserreich und in der Weimarer Republik eine beachtliche politische Kraft dargestellt hatte, gewann nach 1945 bald wieder neue Stärke. In den Gewerkschaften war man sich nach den schlechten Erfahrungen mit den „Richtungsgewerkschaften" der Weimarer Zeit, die sich gegenseitig das Wasser abgegraben hatten, jetzt im Wunsch nach der „Einheitsgewerkschaft" weitgehend einig; sie sollte parteipolitisch neutral bleiben, aber durchaus Einfluss auf die Politik nehmen. Die bislang vorherrschende Gliederung nach Berufsgruppen wurde zugunsten von „Industriegewerkschaften" aufgegeben. Jede Industriegewerkschaft erhielt weitgehende Selbstständigkeit. Der Deutsche Gewerkschaftsbund (DGB), 1949 gegründet, war nicht mehr als ein Dachverband, der die Politik der Einzelgewerkschaften koordinierte, aber nicht in ihre Tarifverhandlungen oder Streikbeschlüsse eingreifen durfte.
Im selben Jahr wie der DGB entstanden auch die Interessenvertretungen der Arbeitgeber neu: der Bundesverband der Deutschen Industrie (BDI), der die großen Unternehmen vertrat und erheblichen Einfluss auszuüben vermochte; die Bundesvereinigung der deutschen Arbeitgeberverbände (BDA), die für die Tarifpolitik zuständig war; der Deutsche Industrie- und Handelstag (DIHT), in dem die in der regionalen Wirtschaftspolitik einflussreichen Industrie- und Handelskammern ihre bundespolitische Vertretung fanden. Diese und zahlreiche andere Interessenverbände betätigten sich in einer Zone zwischen der Gesellschaft (bzw. der Wirtschaft) und dem Staat. Insbesondere suchten sie auf die Politik der Parteien Einfluss zu nehmen.

„Draußen vor der Tür". – Hans Quest als Beckmann in der Aufführung des Theaterstücks „Draußen vor der Tür" von Wolfgang Borchert an den Hamburger Kammerspielen 1947. Die Hauptfigur des Dramas ist ein aus dem Krieg heimgekehrter Soldat, den seine Frau abweist und der sich in der deutschen Nachkriegsgesellschaft, die die Vergangenheit verdrängt, nicht mehr zurechtfindet.

Trümmerkultur/Kahlschlagliteratur Die ersten Nachkriegsjahre waren die Zeit eines intensiven, vielgestaltigen kulturellen Lebens. Der allgemeine materielle Mangel öffnete den Blick für „geistige" Werte. Der Schock der NS-Zeit weckte das Bedürfnis nach festem Halt und überzeugender Sinngebung. Die christlichen Kirchen gewannen neues Ansehen; ihre Gottesdienste, Vortrags- und Diskussionsveranstaltungen fanden starken Zulauf. Die Existenzphilosophie (Heidegger, Jaspers, Sartre) sprach viele Intellektuelle an. Die Literatur der Goethezeit und der klassischen Moderne (von Thomas Mann bis Franz Kafka) erreichte viele Leser, genau wie die moderne ausländische (insbesondere amerikanische) Literatur, die während der NS-Diktatur den meisten Deutschen nicht zugänglich gewesen war. Kultur- und Literaturzeitschriften entstanden in großer Zahl und fanden ihre Käufer, wenngleich der chronische Papiermangel enge Grenzen setzte. Es war häufig vom „Abendland" die Rede, vom unvergänglichen deutschen und europäischen Kulturerbe; der Blick in eine große Vergangenheit sollte Mut für die triste Gegenwart und die ungewisse Zukunft machen. Eine zeitgenössische deutsche Kunst und Literatur entstand nur zögernd; im Allgemeinen dominierten die großen Namen der älteren Generation, von Bert Brecht bis Emil Nolde, von Alfred Döblin bis Max Beckmann. Eine Genaration von Künstlern, die von den Nationalsozialisten unterdrückt, verfolgt oder vertrieben worden war.

Abendland

Unter dem „Abendland" (Okzident) versteht man den Gegenpol zum vorwiegend islamisch geprägten „Morgenland" (Orient), das mit dem Ausgreifen des Osmanischen Reiches zwischen dem 14. und 16. Jahrhundert auch den Balkan einbezog. Das Abendland umfasst das westliche Europa und versteht sich als ein Kulturraum, der von der griechisch-römischen Antike, dem „lateinischen" Christentum und den germanisch-romanischen Völkern geprägt ist. Dieses seit dem Mittelalter lebendige historische Erbe wurde in der Neuzeit durch den Humanismus und die Renaissance, die Reformation und die Aufklärung, schließlich auch durch die moderne Wissenschaft und Technik im Zeitalter der Industrialisierung weiterentwickelt. Das im Einflussbereich der byzantinisch-orthodoxen Kirche liegende, slawisch besiedelte Ost- und Südosteuropa machte diese Entwicklung großenteils nicht mit und zählte darum nie zum Abendland.

Dass von diesem Abendland in der ersten Nachkriegszeit so oft die Rede war, hing mit dem „Kulturbruch" zusammen, als den man die Gräuel der NS-Zeit empfinden musste. In dem abendländischen Kulturerbe hoffte man einen Wertekanon zu besitzen, mit dessen Hilfe sich eine bessere Zukunft aufbauen ließ.

Q6 Wirtschaftlicher Wiederaufbau

a) *Entwicklung der industriellen Produktion in den Westzonen (1936 = 100)*

	ABZ	BBZ	FBZ	(SBZ)
1945/IV. Quartal	19	22	–	22
1946	41	34	36	44
1947		44	45	54
1948		63	58	60
1949/I–III		86	78	68

W. Abelshauser: Wirtschaftsgeschichte der Bundesrepublik Deutschland 1945–1980. Frankfurt 1983, S. 34

b) *Ausgewählte Indexzahlen (1936 = 100)*

	1948	1954
Bevölkerung	118	127
Reales Bruttosozialprodukt	98	162
Volkseinkommen je Einwohner	84	124
Industrielle Produktion	61	165
Steinkohlenförderung	74	124
Rohstahlproduktion	38	136
Nahrungsmittelproduktion	58	118
Wohnungen auf 1000 Einwohner	84	98

H. R. Adamsen, in: Archiv für Sozialgeschichte 18 (1978), S. 244

a) Erläutern Sie die Industrieproduktion in ihrem zeitlichen Verlauf. Erklären Sie den leichten Vorsprung der SBZ in den ersten Jahren und die Trendwende seit 1948.

b) Wo lagen in den ersten Nachkriegsjahren die Engpässe der westdeutschen Wirtschaft?

Q7 Streit um die Wirtschaftsordnung

a) *Der sozialdemokratische Wirtschaftsexperte Viktor Agartz auf dem SPD-Parteitag (1946):*

Außer den historisch gewordenen sozialen Unterschieden mit ihren laufenden Störungen des sozialen Lebens ist das kapitalistische System mit erheblichen funktionellen Systemfehlern behaftet, die seine Überwindung zur unabweisbaren Notwendigkeit machen. Die kapitalistische Verkehrswirtschaft bietet im Gegensatz zu ihren wissenschaftlichen Interpreten keine Gewähr gegen eine Wiederkehr krisenhafter Störung, keine Gewähr gegen imperialistische Tendenzen, weil diese ihr immanent sind, und keine Gewähr gegen faschistische Entwicklung. Im Gegenteil, die Krisen haben mit der Entwicklung vom Früh- über den Hoch- zum Spätkapitalismus an Heftigkeit und Ausdehnung zugenommen. Dabei ist diese Verkehrswirtschaft mit ihrem modernen Geld- und Kreditsystem selbst nicht in der Lage, die Kräfte zur selbsttätigen Überwindung dieser Krisen freizumachen. Ohne zentralen Eingriff können die jeweilig eintretenden Schäden nicht behoben werden. [...]
Über den Umfang, über die Richtung und über die Verteilung der Produktion darf zukünftig nur noch der demokratische Rechtsstaat entscheiden. An die Stelle des privatkapitalistischen Gewinnstrebens hat die staatliche Planung zu treten als Hauptregulator der neu zu errichtenden Wirtschaft. Diese staatliche Planung kann nicht ersetzt oder überflüssig gemacht werden – wie vielfach die Auffassung vorherrschend ist – durch ein noch so weitgehendes Mitbestimmungsrecht der Arbeitnehmer in den Betrieben. In den Betrieben können immer nur einzelne wirtschaftliche Teilpläne zustande kommen, niemals aber ein volkswirtschaftlicher Gesamtplan. Auf einen solchen Gesamtplan kommt es aber zur Überwindung der kapitalistischen Systemfehler an.

b) *Aus den Düsseldorfer Leitsätzen der CDU/CSU (1949):*

Die „soziale Marktwirtschaft" ist die sozial gebundene Verfassung der gewerblichen Wirtschaft, in der die Leistung freier und tüchtiger Menschen in eine Ordnung gebracht wird, die ein Höchstmaß von wirtschaftlichem Nutzen und sozialer Gerechtigkeit für alle erbringt. Diese Ordnung wird geschaffen durch Freiheit und Bindung, die in der „sozialen Marktwirtschaft" durch echten Leistungswettbewerb und unabhängige Monopolkontrolle zum Ausdruck kommen. Echter Leistungswettbewerb liegt vor, wenn durch eine Wettbewerbsordnung sichergestellt ist, dass bei gleichen Chancen und fairen Wettkampfbedingungen in freier Konkurrenz die bessere Leistung belohnt wird. [...] Marktgerechte Preise sind Motor und Steuerungsmittel der Marktwirtschaft. Marktgerechte Preise entstehen, indem Kaufkraft und angebotene Gütermenge auf den Märkten zum Ausgleich gebracht werden. [...] In einer solchen Wirtschaftsordnung ist jeder Betrieb und jeder Haushalt im Rahmen der für alle gleichen Gesetze anstelle einer lenkenden Behörde Herr seiner wirtschaftlichen Entschlüsse. Die einzelnen Betriebe planen in eigener Verantwortung, was sie erzeugen, und bieten ihre Erzeugnisse auf dem Markt an. [...]
Die „soziale Marktwirtschaft" steht im scharfen Gegensatz zum System der Planwirtschaft, die wir ablehnen. [...] Das System der Planwirtschaft beraubt den schaffen-

den Menschen seiner wirtschaftlichen Selbstbestimmung und Freiheit. [...]
Die Planwirtschaft hemmt die Erzeugung, indem sie in die Hand der Lenkungsstellen Machtvollkommenheiten legt, denen die Menschen in keiner Weise gewachsen sind. Sie mutet ihnen Aufgaben zu, die ihre Einsicht weit übersteigen. [...]
Die „soziale Marktwirtschaft" steht auch im Gegensatz zur sogenannten „freien Wirtschaft" liberalistischer Prägung. [...] Die freie Wirtschaft alten Stils hat es den Unternehmern erlaubt, sich zu Kartellen und Marktverbänden zusammenzuschließen, um die Preise zu diktieren, die Erzeugung nach Belieben einzuschränken und den Wirtschaftskampf mit Mitteln der Gewalt, der Verdrängung und der Schadenszufügung, mit Sperren, Kampfpreisen und Boykott zu führen. [...] Weil wir die unsozialen Auswüchse einer solchen „freien" Wirtschaft vermeiden wollen, weil wir in ihr eine verfälschte Marktwirtschaft sehen, fordern wir neben dem Leistungswettbewerb die Monopolkontrolle. Erst eine wirksame Monopolkontrolle verhindert, dass Privatpersonen und private Verbände Lenkungsaufgaben in der Wirtschaft übernehmen können.

E.-U. Huster u. a.: Determinanten der westdeutschen Restauration 1945–1949. Frankfurt a. M. 1972, S. 373 ff., 389 f., 430 ff.

a) Prüfen Sie die Standpunkte beider Seiten im Lichte historischer und heutiger wirtschaftlicher Erfahrungen. Inwieweit hat die tatsächliche Entwicklung die Prognosen der Nachkriegszeit bestätigt, inwieweit hat sie diese widerlegt?

b) Untersuchen Sie die Argumente, mit denen jede Seite die Position ihrer Widersacher zu entkräften sucht.

Q 8 Kahlschlagliteratur

Günter Eich schrieb das Gedicht „Inventur" in seiner amerikanischen Kriegsgefangenschaft 1945/46.

Inventur
Dies ist meine Mütze,
Dies ist mein Mantel,
Hier mein Rasierzeug
Im Beutel aus Leinen.

Konservenbüchse:
Mein Teller, mein Becher,
Ich hab in das Weißblech
Den Namen geritzt.

Geritzt hier mit diesem
Kostbaren Nagel,
Den vor begehrlichen
Augen ich berge.

Im Brotbeutel sind
Ein Paar wollene Socken
Und einiges, was ich
Niemand verrate.

So dient es als Kissen
Nachts meinem Kopf.
Die Pappe hier liegt
Zwischen mir und der Erde.

Die Bleistiftmine
Lieb ich am meisten;
Tags schreibt sie mir Verse,
Die nachts ich erdacht.

Dies ist mein Notizbuch,
Dies ist meine Zeltbahn,
Dies ist mein Handtuch,
Dies ist mein Zwirn.

H. Ohde/S. Müller-Hanpft (Hg.): Günter Eich. Gesammelte Werke. Bd. I. Frankfurt a. M. 1973, S. 73

Erörtern Sie, inwiefern das Gedicht als Musterbeispiel des literarischen Kahlschlags gelten konnte.

Zur Diskussion: Eine verhinderte Neuordnung?

In den 1960er- und 1970er-Jahren, einer Zeit der kritischen Abrechnung mit der Gesellschaftsordnung der Bundesrepublik, machte der Vorwurf der „Restauration" und der „verpassten Gelegenheiten" die Runde. Stimmt dieses Bild oder war die westdeutsche Gesellschaft nach 1945 doch eine andere als die zuvor?

Q9 Restauration oder Neuanfang?

a) *Der deutsche Historiker Günter J. Trittel (1979):*

Es bestand zumindest bis Ende 1947 ein weitgehender deutscher Konsens darüber, dass das kapitalistische Wirtschaftssystem die Schuld an der gegenwärtigen Misere trage und dass es demzufolge unmöglich sei, die vorhandene Krise durch Rekonstruktion des Systems zu lösen. Vielmehr müssten die ökonomischen und gesellschaftlichen Wurzeln des Faschismus beseitigt werden, müsste eine grundlegende Neuorientierung stattfinden, die antikapitalistisch, sozialistisch bzw. gemeinwirtschaftlich zu organisieren sei. Diese gemeinsame Überzeugung und Zielprojektion steht im Widerspruch zu dem Ergebnis jenes realen gesellschaftlichen und ökonomischen Entwicklungsprozesses, der seit der zweiten Jahreshälfte 1948 zu erkennen war. Er mündete schließlich in eine Restauration einer privatkapitalistischen Wirtschaft, deren marktwirtschaftlichem Funktionssystem zwar soziale Korrekturelemente eingefügt wurden, deren Repräsentanten aber sehr bald die traditionellen gesellschaftlichen Eliten waren. […]

So bleibt die Feststellung, dass die politischen Hoffnungen der Jahre 1945–1947 auf eine grundlegende Neuordnung der wirtschaftlichen und sozialen Strukturen vom heutigen Standpunkt aus unrealistisch waren. „Sie waren im Rahmen der internationalen und nationalen Machtkonstellationen nicht zu verwirklichen oder sie wären nur mit den größten Kraftanstrengungen und auf äußerst gefährlichen Wegen zu verwirklichen gewesen" (Th. Pirker). Die Briten als Hauptverantwortliche waren nicht bereit, diese Anstrengungen und Gefahren auf sich zu nehmen; sie zogen es vor, die tradierten Strukturen zu sanieren, um sie dann eventuell reformieren zu können. Die Unaufhebbarkeit dieses Zielkonflikts zeigte sich nach 1948. Jetzt gab es weder eine reformwillige deutsche Mehrheit, noch schien angesichts des sich abzeichnenden wirtschaftlichen Gesundungsprozesses die Notwendigkeit zu bestehen, an der restaurierten Ordnung Experimente mit ungewissem Ausgang vorzunehmen. Während im Bewusstsein breiter Wählerschichten der beginnende Aufstieg der restaurierten und verbesserten Wirtschaftsordnung zugeschrieben wurde, blieb ebenso nachhaltig die Gleichsetzung von Mangelwirtschaft in den Kriegs- und Nachkriegsjahren mit sozialistischen Planungs- und Lenkungssystemen bestehen.

G. J. Trittel: Von der „Verwaltung des Mangels" zur „Verhinderung der Neuordnung", in: C. Scharf/H.-J. Schröder (Hg.): Die Deutschlandpolitik Großbritanniens und die britische Zone 1945–1949. Wiesbaden 1979, S. 146 f.

b) *Der Politikwissenschaftler Richard Löwenthal (1979):*

Die entscheidenden neuen Ausgangsbedingungen, die von den Siegermächten geschaffen wurden, bestanden in einer weitgehenden Entmachtung oder Schwächung der traditionellen antidemokratischen Kräfte der deutschen Gesellschaft ebenso wie in der Liquidierung der Überreste des nationalsozialistischen Machtapparates. […] Die totale Entwaffnung Deutschlands bewirkte, dass der Neuaufbau der politischen Ordnung ohne den Einfluss eines Offizierskorps mit politischem Eigenwillen erfolgte, […] sodass jeder Ansatz zum Wiedererstehen einer Wehrmacht als Staat im Staat von vornherein ausgeschlossen war. […] Die „Dekartellisierung" der westdeutschen Kohlen- und Stahlindustrie und ihre zeitweise Unterstellung unter von den Besatzungsmächten eingesetzte Treuhänder hat die wirtschaftliche Macht der Schwerindustriellen nicht dauernd gebrochen, da die Versuche einer Nationalisierung ihres Eigentums vor der Schaffung der Bundesrepublik von den gleichen Alliierten verhindert wurden und nachher keine Mehrheit fanden; doch sie hat, zusammen mit den Lehren der Hitlerzeit und der zeitweisen Drohung der Nationalisierung, wesentlich dazu beigetragen, das politische Selbstvertrauen und den politischen Ehrgeiz der Schwerindustrie so stark zu dämpfen, dass diese im politischen Leben der Bundesrepublik niemals eine annähernd ähnliche Rolle zu spielen versucht hat wie in dem der Weimarer Republik. […] Durch Schaden klug geworden, zogen die traditionellen Anhänger eines autoritären Rechtsstaates nun einen demokratischen Rechtsstaat einem autoritären Willkürstaat vor.

R. Löwenthal: Bonn und Weimar, in: H. A. Winkler (Hg.): Politische Weichenstellungen im Nachkriegsdeutschland 1945–1953. Göttingen 1979, S. 14 ff.

a) Wie gewichten die Autoren die Rolle der westlichen Besatzungsmächte? Versuchen Sie eine eigene Stellungnahme.

b) Welche Bedeutung messen diese den wirtschaftlichen Machtverhältnissen bei?

4. Die Sowjetische Besatzungszone: erzwungener Umbau

Kommunistische Machtübernahme Schon vor der deutschen Kapitulation war in Moskau alles vorbereitet, um den deutschen Kommunisten eine führende Position zu verschaffen. Sobald die Kämpfe beendet waren, begannen die im sowjetischen Exil sorgfältig vorbereiteten KPD-Funktionäre mit dem Aufbau einer von ihnen kontrollierten kommunalen und staatlichen Verwaltung. Sie bedienten sich dabei der Unterstützung der Besatzungsmacht, die den deutschen „Genossen“ nicht nur materiell – mit Lebensmitteln, Räumlichkeiten, Papierzuteilungen – unter die Arme griff, sondern auch politisch Andersdenkende mit Drohungen, Absetzungen, Verhaftungen unter Druck setzte. Gleichwohl war die KPD in der ersten Zeit nicht stark genug, eine Alleinherrschaft auszuüben. Ihre unbedingte Ergebenheit gegenüber Moskau schadete ihrem Ansehen in der Bevölkerung. Sie stellte darum ihren Patriotismus heraus und sprach von einem „deutschen Weg zum Sozialismus“. Auch gab sie sich betont demokratisch und kooperativ. Der auf ihr Betreiben gebildete „Antifaschistisch-demokratische Block“ hatte sowohl die Aufgabe, alle Parteien und Massenorganisationen auf einen gemeinsamen politischen Kurs zu verpflichten und damit jegliche Opposition zu unterbinden, als auch den Zweck, die Hegemonieabsichten der Kommunisten zu verschleiern.

Die Entstehung der SED Mit kräftiger Unterstützung der Sowjetischen Militäradministration in Deutschland (SMAD) eröffnete die KPD-Parteiführung im Winter 1945/46 die Kampagne für eine baldige Vereinigung der beiden Arbeiterparteien. Zwar war die Bereitschaft dazu bei den SPD-Mitgliedern mittlerweile gesunken. Aber nachdem sich der Vorstand unter Otto Grotewohl nach einigen Bedenken und nicht ohne Nötigung der Besatzungsmacht für den Zusammenschluss ausgesprochen hatte, schloss sich auch die Parteimehrheit diesem Votum an. Nur der Westberliner Bezirksverband, der keinem politischen Druck ausgesetzt war, lehnte in einer Urabstimmung die Vereinigung ab. Die auf dem „Vereinigungsparteitag“ im April 1946 gegründete SED besetzte alle Leitungsgremien zunächst paritätisch. Dem gab die Wahl von Wilhelm Pieck und Otto Grotewohl zu gleichberechtigten Vorsitzenden Ausdruck. Doch sollte sich bald zeigen, dass dies nur taktische Winkelzüge waren, die den Führungsanspruch der Kommunisten bloß für die erste Zeit verdeckten.

Wilhelm Pieck (hier von hinten abgebildet), der Vorsitzende des Zentralkomitees der KPD, spricht 1946 auf dem Marktplatz in Gotha anlässlich der Vereinigung von SPD und KPD.

Sozialistische Umwälzung Die kommunistischen Machthaber verloren keine Zeit, eine radikale Umgestaltung aller Machtverhältnisse ins Werk zu setzen. Sie gingen unverzüglich daran, den Großgrundbesitz aufzuteilen, die großen Industrieunternehmen, Banken und Versicherungen sowie den Groß- und Außenhandel zu verstaatlichen. Damit entmachteten sie die alten Führungsschichten und schufen die Voraussetzungen für die staatliche Planung und Lenkung der gesamten Wirtschaft.

Bodenreform Den Anfang machte im September 1945 die Bodenreform. Ermächtigt durch die SMAD und unterstützt von den vier Blockparteien, verfügten die fünf Länder- und Provinzialverwaltungen die entschädigungslose Enteignung des Großgrundbesitzes über 100 Hektar, samt allen dazugehörigen Baulichkeiten und allem lebenden und toten Inventar. Die Enteigneten hatten binnen weniger Tage den Landkreis zu verlassen, in dem ihre Familien meist viele Generationen lang gelebt hatten. Die CDU-Vorsitzenden Hermes und Schreiber, die zu den wenigen gehörten, die diese Maßnahmen öffentlich kritisierten, mussten ihre Parteiämter auf Befehl der Besatzungsmacht niederlegen. Das frei gewordene Acker- und Weideland ging überwiegend in kleinen Parzellen an „Neubauern" (Landarbeiter oder Vertriebene); aus dem Rest entstanden staatliche Großbetriebe („Volkseigene Güter").

Volkseigene Betriebe In einer mit viel Propagandaaufwand vorbereiteten Abstimmung entschied die Bevölkerung Sachsens 1946 über den Verbleib der von der Besatzungsmacht beschlagnahmten Industrieunternehmen, die dem Reich, der Wehrmacht, NSDAP-Mitgliedern oder Personen gehört hatten, die man zu „Kriegsverbrechern" oder Nutznießern des NS-Regimes erklärte. Gut drei Viertel der Abstimmenden entschieden sich für eine Umwandlung in „Volkseigentum". Die anderen Länder und Provinzen übernahmen diese Regelung, ohne ihre Bürgerinnen und Bürger zu befragen. Zwei Jahre später waren je 40 % der industriellen Kapazität in staatlicher oder privater Verfügungsgewalt; die restlichen 20 % entfielen auf Sowjetische Aktiengesellschaften, die – als in Deutschland verbliebene Reparationskontingente – mit deutschen Arbeitskräften für sowjetische Abnehmer produzierten. Die Privatunternehmen mussten größere Ablieferungs- und Steuerlasten tragen als die „Volkseigenen Betriebe" (VEB). Das minderte ihre Rentabilität und trieb viele auf Dauer in den (von den Machthabern beabsichtigten) Ruin; dieser hatte stets die Umwandlung des Unternehmens in einen VEB zur Folge.

Säuberungen im Öffentlichen Dienst Besonders rigoros verliefen die Säuberungen im Öffentlichen Dienst. So gut wie alle ehemaligen NSDAP-Mitglieder verloren ihre Ämter, insgesamt mehr als eine halbe Million Lehrer, Richter, Verwaltungsleute. An ihre Stelle traten im Eilverfahren und völlig unzulänglich ausgebildete Nachfolger, deren wichtigstes Eignungsmerkmal die politische Zuverlässigkeit war. Ein großer Teil der entlassenen

Stalinismus

Zum einen eine Phase in der Geschichte der KPdSU/UdSSR (1929/30–1953) und in den ost- (mittel-) europäischen Satellitenstaaten (einschl. der SBZ/DDR) (etwa 1948–1953), zum anderen ein (von der Person und Lebenszeit Stalins abgelöster) Typus politischer Herrschaft. Offiziell ging die stalinistische Epoche mit der vom sowjetischen Parteichef Chruschtschow seit 1956 betriebenen „Entstalinisierung" zu Ende. Doch hielten sich Reste stalinistischer Herrschaftspraktiken noch lange darüber hinaus. Wichtige Merkmale des Stalinismus als Herrschaftstypus sind die Ein-Mann-Diktatur (bis hin zum „Personenkult"), die Außerkraftsetzung rechtsstaatlicher Regeln (der „sozialistischen Gesetzlichkeit"), die terroristische Unterdrückung jeglicher Abweichungen mithilfe einer allmächtigen Geheimpolizei, willfährigen Justiz und eines Netzes von Straf- und Arbeitslagern („Archipel Gulag"), die erbarmungslose Beseitigung aller Gegner, aber auch die bedenkenlose Aufopferung der eigenen Bevölkerung im Namen des „historischen Fortschritts".

alten Leistungsträger verließ die SBZ; dadurch entstand ein Fachkräftemangel, der den wirtschaftlichen und staatlichen Wiederaufbau empfindlich hemmte.

Strafverfolgung Wo Enteignungen und Entlassungen nicht hinreichten, um die alte Oberschicht zu entmachten und einzuschüchtern, bedienten sich die neuen Herren drakonischer Abschreckungs- und Strafmaßnahmen. Die sowjetische Geheimpolizei inhaftierte – zum Teil in ehemaligen NS-Straflagern wie Buchenwald oder Sachsenhausen – etwa 130 000 Verdächtigte, darunter viele tatsächlich Unschuldige. Den fürchterlichen Haftbedingungen erlagen 50 000 Menschen. Sowjetische Militärgerichte verurteilten fast 800 Angeklagte zum Tode und deportierten mehr als 20 000 in sowjetische Straflager, oft in summarischen Gerichtsverfahren, die gegen elementare rechtsstaatliche Grundsätze verstießen. Die 1950 noch nicht Abgeurteilten schickten DDR-Gerichte – so etwa in den Waldheimer Prozessen – in den Tod oder in die gefürchteten Zuchthäuser (wie Bautzen).

Kulturelles Leben Wie in den Westzonen war auch in der SBZ die frühe Nachkriegszeit von großer kultureller Lebendigkeit und Aufnahmebereitschaft geprägt. Wenn auch die SMAD-Kulturoffiziere und die KPD/SED alles taten, um den Sowjetkommunismus und die russische Kultur in ein helles Licht zu rücken, konnte von einem Monopol der marxistisch-leninistischen Weltbetrachtung anfangs nicht die Rede sein. Auch andere Richtungen der klassischen und modernen Kultur in Philosophie und Wissenschaft, Kunst und Literatur, Theater und Film, wie sie schon in der Weimarer Zeit verbreitet waren, kamen zum Zuge. Bekannte Schriftsteller wie Bert Brecht und Arnold Zweig oder der Philosoph Ernst Bloch siedelten von ihrem von den Nazis erzwungenen Exil in die SBZ über.
Die Schulreform von 1946 schuf die achtjährige Einheitsschule, ein altes Ziel der sozialistischen Arbeiterbewegung, knüpfte aber auch an die pädagogische Reformbewegung an, für die die Selbstbestimmung der Lehrenden und Lernenden einen hohen Wert darstellte.

Stalinisierung Mit der Verschärfung des Kalten Krieges seit 1947 setzte eine politische Klimaveränderung ein. Der Klassenkampf, den die Kommunisten mit ihrer Block- und Einheitspropaganda zunächst in den Hintergrund gerückt hatten, erfuhr zunehmende Betonung, während vom „dritten Weg" zwischen Kapitalismus und Sozialismus nicht mehr die Rede war. Der harte Kurs des Stalinismus, der nur Freund oder Feind kannte, bereitete der Vielfalt der Meinungen spätestens 1948 ein Ende. Die SED übernahm nunmehr ohne Wenn und Aber auch die „ideologische" Führung und war nicht mehr bereit, abweichende Auffassungen zu dulden. Sie verwandelte sich in eine „Kaderpartei", deren Mitglieder und hauptamtliche Funktionäre verpflichtet waren, überall und jederzeit die Interessen der Partei zu vertreten und die Weisungen ihrer Führung zu befolgen. Im Januar 1949 beschloss die 1. Parteikonferenz die Umwandlung in die „Partei neuen Typs". Diese machte mit der Parität von Kommunisten und Sozialdemokraten Schluss; „Sozialdemokratismus" galt alsbald als parteifeindliches Verhalten. Wiederholte Parteisäuberungen führten zum Ausschluss von Parteimitgliedern, die als unzuverlässig eingestuft wurden. Sie verbreiteten Furcht und Unsicherheit und förderten Anpassung und vorauseilenden Gehorsam. Gemäß dem Prinzip des „demokratischen Zentralismus" lag alle politische Macht bei der Parteiführung. Innerparteiliche Opposition war strengstens verboten. Nominell wurden alle Führungsgremien gewählt. Da die Wahlvorschläge jedoch der Billigung durch die oberen Instanzen bedurften, hatten diese alle Fäden in der Hand. Alle wesentlichen Entscheidungen fielen in den kleinen Gremien des Sekretariats des Zentralkomitees (ZK) und vor allem des Politbüros. Dieses war dem Namen nach ein kollektives Führungsorgan; tatsächlich aber war der Wille des Generalsekretärs ausschlaggebend. Dieses höchste Amt in der Partei (und damit in der gesamten SBZ/DDR) hatte bis 1971 Walter Ulbricht inne.

Q 10 SED versus SPD

Plakate von SED und Berliner SPD 1946.
Abbildung links: Wilhelm Pieck, KPD, (links) und Otto Grotewohl, SPD, (rechts) reichen sich die Hände.

a) Wofür stehen Liebknecht und Bebel?

b) Erläutern Sie die Bedeutung der Urabstimmung in der SPD der Berliner Westsektoren.

Q 11 Kommunistische Taktik

Das Zentralsekretariat der SED zu den Gemeindewahlen (1946):

Es ist möglich, dass die CDU und die LDP versuchen werden, aus Agitationsgründen sich stärker als bisher in der Wahlpropaganda von der SED abzugrenzen. Solchen etwaigen Versuchen, die Verantwortung für den Wiederaufbau die SED allein tragen zu lassen, ist dadurch entgegenzuwirken, dass die bisher gemeinsam durchgeführte Aufbauarbeit, die gemeinsame Verantwortung vor dem Volke und der auch in Zukunft gemeinsam zu führende Kampf für die Demokratie und ihre Sicherung weiter unbeirrbar hervorgehoben werden. Sollte vom Standpunkt des christlichen Sozialismus aus im Wahlkampf gegen uns polemisiert werden, so ist sachlich und auf hohem Niveau, ohne den demokratischen Charakter der CDU zu bestreiten, eindeutig der Beweis zu führen, dass die CDU eine bürgerliche Partei ist, während die SED als Partei des werktätigen Volkes auf dem Boden des wissenschaftlichen Sozialismus steht.

Unsere Haltung gegenüber der Kirche und Religion wird bestimmt durch absolute Toleranz. Die Zugehörigkeit zu irgendeiner Religionsgemeinschaft ist kein Hinderungsgrund für den Beitritt zur SED. Auch die Kirche ist berufen, am demokratischen Neuaufbau Deutschlands mitzuwirken. Die Partei wird durch ihre praktische Arbeit den Beweis zu liefern haben, dass sie die Freiheit der Religion und der Kultur respektiert und schützt. […] Die Stoßrichtung des Wahlkampfes hat sich deshalb nicht gegen die anderen Parteien, sondern gegen den Nazismus und die wieder erstarkende Reaktion in Deutschland zu richten. Die bisher eingehaltene Linie, auch die anderen Parteien durch gemeinsame sachliche Arbeit an das vorangetriebene Aufbauwerk zu binden, ist genauestens zu beachten.

H. Weber (Hg.): DDR. Dokumente. München 1986, S. 73, 83 f.

a) Was bewog die SED, ihre sozialistischen Absichten herunterzuspielen? Finden sich dennoch Textstellen, in denen die Partei „die Katze aus dem Sack ließ"?

b) Umreißen Sie das Feindbild der SED und untersuchen Sie dessen Funktion.

Q 12 Bodenreform aus zweierlei Sicht

a) *Aus den Erinnerungen des KPD-Genossen Hermann Wesemann:*

Von unserem I. Kreissekretär der KPD, dem Genossen Ernst Puchmüller, erhielten wir den Auftrag, in Torisdorf, Kreis Schönberg, die Bodenreform durchzuführen. Ich fuhr in den ersten Oktobertagen 1945 hin, um mich erst mal dort umzusehen und mit Landarbeitern und Umsiedlern zu sprechen. Torisdorf war ein Gut von etwa 400 Hektar. Es gehörte dem Junker Axel Bunger, einem eingefleischten Militaristen, der sich von „seinen" Leuten mit „Herr Hauptmann" anreden ließ. Im Dorf gab es einige klassenbewusste Landarbeiter, die uns halfen, durch individuelle Aussprachen eine Dorfversammlung vorzubereiten. [...] Als Referent sprach ich über die Notwendigkeit und Bedeutung der Bodenreform und erklärte das Gesetz über die Bodenreform. In der anschließenden Diskussion zeigten sich unterschiedliche Standpunkte und Unklarheiten der Versammelten. Zuerst traten die klassenbewussten Landarbeiter, wie Genosse Bruns oder der alte Kröger, auf. Sie forderten, dass mit der Gutsherrschaft Schluss gemacht werden und die sofortige Enteignung des Gutsherrn und seine Entfernung aus dem Dorf erfolgen sollte. Einige Landarbeiter drehten und wendeten sich noch mit Meinungen: „Wer weiß, wie das noch kommt, der Herr ist ja noch da, und er kann ja auch wiederkommen, dann geht es uns an den Kragen." Andere meinten: „Wie sollen wir denn mit dem Land fertig werden, wenn jeder für sich wirtschaftet? Wir haben ja nichts dazu." Die Umsiedler waren durch die Bank für die Bodenreform, gab sie ihnen doch eine neue Existenz. So gingen eine Zeit lang die Meinungen hin und her, bis schließlich alle ihre Zustimmung zur Aufteilung des Gutes gaben. [...] Jetzt musste aber der Gutsbesitzer von dem Beschluss der Versammlung offiziell unterrichtet werden. [...] Als wir zu ihm gingen, kam er uns schon schreiend und schimpfend entgegen. Ich teilte ihm in knappen Worten den Beschluss mit und forderte ihn auf, der Bodenkommission unverzüglich die Schlüssel und alle Gutsunterlagen auszuhändigen, sich bis auf Weiteres in seinem Zimmer aufzuhalten und sich jeder Einmischung zu enthalten. Er versuchte uns zunächst einzuschüchtern, erklärte die Versammlung für nicht kompetent und mündliche Beschlüsse könne er überhaupt nicht anerkennen. Auf die Frage der Kompetenz antwortend, fragte ich ihn, ob er es auf eine Machtfrage ankommen lassen wolle. Dazu käme er zu spät, sie sei bereits zugunsten des werktätigen Volkes entschieden, er und seinesgleichen hätten hier für immer ausgespielt. [...]

Hermann Wesemann: Wie wir unseren Gutsbesitzer enteigneten, in: Bezirkszeitung der SED (Hg.): Unbeugsame Kraft. Rostock 1976, S. 27–30

b) *Der westdeutsche CDU-Politiker Hans Schlange-Schöningen über einen Besuch in Thüringen im Mai 1946:*

Zu den niederdrückendsten Erlebnissen meines Aufenthalts gehörte die Besichtigung einiger großer Güter, die mir mit Stolz gezeigt wurden als kommunistische Mustersiedlungen. Diese Güter waren früher hoch intensiv, voll gefüllt mit wertvollem Vieh und leisteten enorme Beiträge zur Volksernährung. Heute waren die großen Ställe leer; auf den Höfen wurden mir die Siedler vorgeführt, keine Bauern, sondern eine völlig bunt zusammengewürfelte Gesellschaft, deren Charakteristikum war, dass sie früher nichts besessen hatte und jetzt zur kommunistischen Partei gehört. Jeder hatte etwa 20 Morgen Land bekommen, und zwar in lauter kleine Parzellen geteilt. Ich habe mich mit diesen Leuten mit der gebotenen Vorsicht unterhalten. Ihre völlige Unkenntnis landwirtschaftlicher Dinge war in die Augen springend. [...] Aller Besitz über 400 Morgen ist in Fetzen zerrissen. Der Wald ist bis zu einer Größe von 1 ha auf diese Siedler verteilt, die nun ihr Möglichstes tun, um schnellstens die guten Stämme abzuhauen und zu verkaufen. [...] Es handelt sich eben gar nicht um Bodenreform, sondern um Vernichtung der Intelligenz, wie das in Russland der Fall war. Die größeren Bauern, d. h. die Altangesessenen, sehen diesen Vorgängen völlig apathisch zu, haben aber gar nicht die Möglichkeit irgendeiner Gegenwehr und warten in dumpfer Verzweiflung nur auf den Tag, wo man auch ihnen ihren Hof nehmen wird.

Vierteljahreshefte für Zeitgeschichte. 27 (1979), S. 677

a) Beschreiben Sie den Ablauf der Enteignung. Was bewog die Machthaber, die Durchführung der Reform nicht staatlichen Stellen, sondern Dorfbewohnern zu übertragen.

b) Beide Schilderungen lassen den sozialen und politischen Standort ihrer Verfasser erkennen. Zeigen Sie dies an geeigneten Textstellen auf und prüfen Sie, ob und ggf. inwieweit die sachliche Zuverlässigkeit der Berichte dadurch beeinträchtigt wurde.

Q 13 Aufgabe der Schule

Aus einem Beschluss des SED-Parteivorstandes von 1949:

Der deutschen demokratischen Schule erwächst die Aufgabe, in entscheidendem Maße die Jugend zu Kämpfern für die Einheit Deutschlands, einen gerechten Frieden und für ein friedliches und freundschaftliches Zusammenleben der Völker, insbesondere mit der Sowjetunion, zu erziehen. Angesichts der Verschärfung und der Unausweichlichkeit dieses Kampfes können diese Aufgaben nur erfüllt werden, wenn jeder Lehrer und Erzieher alle reaktionären und neofaschistischen, militaristischen, kriegshetzerischen, insbesondere antisowjetischen Einflüsse und Theorien, jeden Glaubens-, Völker- und Rassenhass bekämpft. [...]

Seine pädagogische Arbeit muss der Lehrer mit dem Kampf um den Aufbau einer neuen demokratischen Gesellschaft verbinden. Für die Gesamtheit der Lehrer und Erzieher gilt der Grundsatz, dass ihre politische Bildung und gesellschaftliche Betätigung entsprechend ihrer beruflichen und politischen Vorbildung die unerlässliche Voraussetzung für ihre fachliche Qualifikation darstellt. Die neue demokratische Schule fordert den politisch bewussten und wissenschaftlich gebildeten Lehrer. Es ist deshalb notwendig, dass sich jeder Lehrer neben einer guten Allgemeinbildung eine objektive Kenntnis des Marxismus-Leninismus und gründliches Wissen in seinem Unterrichtsfach und in der Erziehungswissenschaft aneignet. Seine fachlich-theoretische Ausbildung muss in lebendiger Verbindung mit der Schulpraxis und der eigenen gesellschaftlichen Tätigkeit erfolgen.

Dokumente der SED. Bd. 2. Berlin (Ost) 1951, S. 324 ff.

a) Untersuchen Sie die Rolle, die das Wort „Kampf" und das darauf bezogene Feindbild in dieser Verlautbarung spielen. Was für eine Vorstellung von Erziehung steckt dahinter?

b) Vergleichen Sie die Anforderungen, die die Partei an die Lehrerinnen und Lehrer stellte, mit dem bei uns üblichen Berufsbild eines Pädagogen.

Sprachenlernen im Mai 1958 – Russisch war Pflichtfach in allen Schulen und erste Fremdsprache.

Q 14 Wege in die Zukunft

a) *Aus dem Aufruf der KPD vom 11. Juni 1945:*

Mit der Vernichtung des Hitlerismus gilt es gleichzeitig, die Sache der Demokratisierung Deutschlands, die Sache der bürgerlich-demokratischen Umbildung, die 1848 begonnen wurde, zu Ende zu führen, die feudalen Überreste völlig zu beseitigen und den reaktionären altpreußischen Militarismus mit allen seinen ökonomischen und politischen Ablegern zu vernichten.

Wir sind der Auffassung, dass der Weg, Deutschland das Sowjetsystem aufzuzwingen, falsch wäre, denn dieser Weg entspricht nicht den gegenwärtigen Entwicklungsbedingungen in Deutschland. Wir sind vielmehr der Auffassung, dass die [...] Interessen des deutschen Volkes in der gegenwärtigen Lage für Deutschland einen anderen Weg vorschreiben, und zwar den Weg der Aufrichtung eines antifaschistischen, demokratischen Regimes, einer parlamentarisch-demokratischen Republik mit allen demokratischen Rechten und Freiheiten für das Volk.

b) *Aus einer Entschließung der 1. Parteikonferenz vom Januar 1949:*

Die großen Aufgaben, die vor dem werktätigen Volk Deutschlands stehen, machen es erforderlich, das große historische Versäumnis der deutschen Arbeiterbewegung nachzuholen und die SED zu einer Partei neuen Typus zu entwickeln. [...] Die Kennzeichen einer Partei neuen Typus sind:

Die marxistisch-leninistische Partei ist die bewusste Vorhut der Arbeiterklasse. Das heißt, sie muss eine Arbeiterpartei sein, die in erster Linie die besten Elemente der Arbeiterklasse in ihren Reihen zählt, die ständig ihr Klassenbewusstsein erhöhen.

Die Partei kann ihre führende Rolle als Vorhut des Proletariats nur erfüllen, wenn sie die marxistisch-leninistische Theorie beherrscht, die ihr die Einsicht in die gesellschaftlichen Entwicklungsgesetze vermittelt. Daher ist die erste Aufgabe zur Entwicklung der SED zu einer Partei neuen Typus die ideologisch-politische Erziehung der Parteimitglieder und besonders der Funktionäre im Geiste des Marxismus-Leninismus. [...]

Die marxistisch-leninistische Partei beruht auf dem Grundsatz des demokratischen Zentralismus. Dies bedeutet die strengste Einhaltung des Prinzips der Wählbarkeit der Leitungen und Funktionäre und der Rechnungslegung der Gewählten vor den Mitgliedern. Auf dieser innerparteilichen Demokratie beruht die straffe Parteidisziplin, die dem sozialistischen Bewusstsein der Mitglieder entspringt. Die Parteibeschlüsse haben ausnahmslos für alle Parteimitglieder Gültigkeit, insbesondere auch für die in Parlamenten, Regierungen, Verwaltungsorganen und in den Leitungen der Massenorganisationen tätigen Parteimitglieder.

H. Weber (Hg.): Völker hört die Signale. München 1967, S. 242, 244 f., 246 f.

a) Die SED gibt sich in diesen Dokumenten teils patriotisch-versöhnungswillig, teils revolutionär-klassenkämpferisch. Setzen Sie diese Positionen zu den jeweiligen zeitgeschichtlichen Umständen in Beziehung.

b) Untersuchen Sie, wann und in welchem Maße stalinistische Prinzipien in die KPD/SED-Programmatik eindrangen.

Q 15 Schulung, Kontrolle, Kritik und Selbstkritik

Der 1949 aus der SBZ geflohene ehemalige hohe SED-Funktionär Wolfgang Leonhard über Kritik und Selbstkritik in der Partei (1955):

Die Fragen prasselten auf mich nieder. „Ist es wahr, dass du parteifeindliche jugoslawische Materialien an Genossen zum Lesen gegeben hast?" „Ja." Die Köpfe senkten sich. In der kurzen Pause nach meiner Antwort hatten sich alle fünf Notizen gemacht. „Ist es wahr, dass du in einem Gespräch mit einem Kursanten der Parteihochschule von zwei Typen von Funktionären gesprochen hast – von denjenigen, die im Lande illegal gekämpft hatten, und den anderen, die auf Anweisung der Partei in der Sowjetunion gewesen sind?" „Ja, aber ich habe damit ..." „Du hast nachher Zeit, dich genauer zu äußern, vorläufig hast du nur mit Ja und Nein zu antworten." „Ja." „Ist es wahr, dass du diejenigen, die in dieser Zeit im Lande selbst tätig waren, als vorbildlich hingestellt und behauptet hast, sie seien Kämpfer für eine selbstständigere Politik? Hast du in diesem Zusammenhang folgende Namen erwähnt: Tito, Gomulka, Markos, Mao Tse-tung?" „Ist es wahr, dass du einem anderen Kursanten gegenüber Zweifel an der Berechtigung der Existenz sowjetischer Aktiengesellschaften in der Zone geäußert und dich über sowjetische Berater in den volksdemokratischen Ländern negativ ausgesprochen hast?" „Ja", antwortete ich in dem Bewusstsein, dass ich sowieso nichts anderes tun konnte. Bei der letzten Frage war ich doch sehr erschrocken. Darüber hatte ich mit meinem übereifrigen Freund nicht gesprochen. Das hatte ich zwei anderen Funktionären gesagt. Die hatten es gemeldet.

W. Leonhard: Die Revolution entlässt ihre Kinder. Köln 1955, S. 537 f.

a) Erläutern Sie den Begriff „sozialistisches Bewusstsein". Warum legte die SED so großen Wert darauf? Waren ihre hohen Erwartungen realistisch?

b) Erklären Sie die Verfänglichkeit der von Leonhard vertretenen Auffassungen. Welche Aufschlüsse über das politische Klima in der Partei gibt sein Bericht?

5. Die doppelte Staatsgründung

Alliierte Weststaatspläne Als zum Jahresende 1947 auch die fünfte und vorerst letzte Außenministerkonferenz der vier Siegermächte ohne Einigung in der Deutschlandfrage auseinandergegangen war, reifte in Washington der Entschluss zu einem westlichen Alleingang. Selbst das so lange widerstrebende Frankreich, dem ein wiedererstarkendes Deutschland ein Albtraum war, fand sich schließlich, nicht ohne das Versprechen zusätzlicher amerikanischer Finanzhilfe, zu Verhandlungen bereit. Hinzugezogen wurden auch die Benelux-Staaten. Das Hauptproblem der daraus hervorgehenden Londoner Sechs-Mächte-Konferenz war es, das für die Stabilität Westeuropas als unentbehrlich angesehene westdeutsche Potenzial in die westliche Welt einzubinden und zugleich die Sicherheitsbedürfnisse der westlichen Nachbarn zu befriedigen. Dank entsprechender amerikanischer Garantien stimmten schließlich alle Verhandlungspartner der Gründung eines westdeutschen Staates zu. In den sogenannten „Frankfurter Dokumenten" forderten die Westalliierten die westdeutschen Regierungschefs auf, eine Versammlung einzuberufen, die eine demokratische Verfassung für einen westdeutschen Sonderstaat erarbeiten sollte. Zugleich machten sie klar, dass die drei Siegermächte vorerst weiterhin eine oberste Kontrollgewalt ausüben würden.

Erste Berlin-Krise Die Sowjetunion beantwortete das westalliierte Vorgehen (zu dem auch die separate Währungsreform gehörte) mit der vollständigen Sperrung der Land- und Wasserwege nach Westberlin. Aber ihre Rechnung, die Berliner Westsektoren aushungern und die Westmächte zum Verzicht auf ihre Staatsgründungspläne zwingen zu können, ging nicht auf. Über Nacht organisierten die Amerikaner und Briten eine „Luftbrücke" und brachten es fertig, die 2-Millionen-Bevölkerung auf dem Luftweg zu versorgen. Das Zusammenstehen während der Blockade brachte Alliierte und Deutsche einander näher und schuf ein politisches Klima, das die Westbindung der entstehenden Bundesrepublik sehr förderte. Die Blockade führte auch zur politischen Spaltung der Vier-Sektoren-Stadt. Als von der SED aufgebotene Demonstranten in eine Sitzung der im Ostsektor tagenden Gesamtberliner Stadtverordneten-Versammlung eindrangen, entschlossen sich die Westberliner Vertreter zur Trennung und zum Aufbau eines eigenen Regierungs- und Verwaltungsapparates in Westberlin.

Berliner Kinder begrüßen die ersten Flugzeuge der Luftbrücke. Die sogenannten Rosinenbomber bringen unter anderem Lebensmittel für die eingeschlossene Bevölkerung. – Die Aufnahme aus dem Jahr 1948 wurde nachträglich koloriert.

Für und wider die Weststaatsgründung Die dramatischen Vorgänge in Berlin bewogen schließlich auch die Ministerpräsidenten, der Schaffung eines westdeutschen Staates zuzustimmen. Zunächst hatte es nicht danach ausgesehen. Als die Regierungschefs zum ersten Mal über die „Frankfurter Dokumente" berieten, sprach sich eine Mehrheit gegen die Staatsgründung aus; sie wollte nicht einer endgültigen politischen Spaltung Deutschlands Vorschub leisten. Weil sie andererseits nicht verkannte, dass ein Zuwachs an staatlicher Organisation und deutscher politischer Selbstbestimmung dringend erwünscht war, schlug sie den Militärgouverneuren die Schaffung einer westdeutschen Verwaltungseinheit mit staatsähnlichen Zuständigkeiten, aber ohne den Charakter eines vollwertigen Staates vor. General Lucius D. Clay, als US-Militärgouverneur die treibende Kraft für eine schnelle Staatsgründung, beschwor die deutschen Repräsentanten, die begonnene Stabilisierung Westdeutschlands nicht aufs Spiel zu setzen, und drohte mit dem Wegfall des amerikanischen Schutzes. Das blieb nicht ohne Wirkung. Als in der zweiten Ministerpräsidenten-Zusammenkunft Ernst Reuter, der Regierende (West-)Berliner Bürgermeister, seine Kollegen davor warnte, mit ihrer Verweigerungshaltung der Sowjetunion in die Hände zu spielen, wendete sich das Blatt. Man einigte sich mit den Besatzungsmächten darauf, auf die Staatsgründung hinzuarbeiten.

Parlamentarischer Rat In der als „Parlamentarischer Rat" bezeichneten Verfassunggebenden Versammlung berieten 65 von den westdeutschen Landtagen entsprechend der Mandatsverteilung entsandte Abgeordnete über das „Grundgesetz" – eine von den Ministerpräsidenten empfohlene Benennung, die auf seinen vorläufigen Charakter hinweisen sollte. Zu seinem Präsidenten wählte der Rat Konrad Adenauer; in den Beratungen taten sich besonders Carlo Schmid (SPD) und Theodor Heuss (FDP) hervor. Wirklich schwerwiegende Kontroversen waren nicht auszufechten. Die Frage der Wirtschaftsordnung, bei der ein harter Streit zu erwarten gewesen wäre, wurde im Wesentlichen ausgeklammert; über sie sollten die Parlamentarier künftig auf dem Wege normaler Gesetzgebung entscheiden.

Das Grundgesetz Die Schlussabstimmung über das Grundgesetz ergab 53 Ja- und 12 Nein-Stimmen (6 CSU, 2 Zentrum, 2 Deutsche Partei, 2 KPDD). Außer dem bayerischen Landtag ratifizierten alle Länderparlamente die neue Verfassung. Sie trat am 23. Mai 1949 in Kraft. Gleichzeitig mit der Genehmigung des Grundgesetzes verkündeten die Westmächte das „Besatzungsstatut". Sie behielten sich darin die „Ausübung der obersten Gewalt" vor, stellten aber künftige Veränderungen zugunsten deutscher Hoheitsrechte in Aussicht. Zu den von den Alliierten beanspruchten Zuständigkeiten gehörten die Außenpolitik, der Außenhandel und die Devisenwirtschaft sowie die Aufsicht über die Einhaltung der Verfassungsbestimmungen.

Deutsch-deutsche Entfremdung Der Weg zum westdeutschen Teilstaat war von Sorgen und Skrupeln begleitet. Nicht nur die westdeutschen Länderchefs, auch die Bürger konnten sich mit der politischen Auseinanderentwicklung Ost- und Westdeutschlands schwer abfinden. Für die meisten Deutschen war die nationale Einheit noch lange ein hoher Wert. Zwar hatten sich das östliche und das westliche Besatzungsgebiet seit 1945 stärker auseinandergelebt, als sich viele eingestehen mochten. Aber an der Forderung, die deutsche Einheit zu bewahren, hielten alle politischen Richtungen fest. Reale Fortschritte in der Zusammenarbeit der Ost- und Westdeutschen stellten sich allerdings nicht ein – im Gegenteil: Die offiziellen politischen Beziehungen wurden frostiger. Das zeigte sich auch bei dem ersten und einzigen Versuch der Ministerpräsidenten, über die Zonen- und Parteigrenzen hinweg ins Gespräch zu kommen. Die im Juni 1947 in München anberaumte Konferenz scheiterte, bevor sie begonnen hatte. Als die Sowjetzonen-Vertreter in der Vorbesprechung mit ihrem Antrag, auch eine politische Aussprache über die deutsche Einheit auf die Tagesordnung zu setzen, nicht durchkamen – die französische Besatzungsmacht hatte „ihren" Vertretern derartige Erörterungen verboten –, reisten sie

„Der Volkskongress tanzt“, Karikatur von Mirco Szewszuk, 1948

unter Protest ab. Das hinderte aber die SED nicht daran, sich bei jeder Gelegenheit als Sachwalter der deutschen Einheit in Szene zu setzen. Sie hatte das Spiel der Sowjetunion zu spielen, die lange an dem Ziel festhielt, Einfluss auf Gesamtdeutschland zu nehmen oder zumindest die Eingliederung Westdeutschlands in das westliche Bündnissystem zu verhindern.

Volkskongressbewegung So organisierte die SED eine Reihe von Kampagnen für die deutsche Einheit. Den größten Aufwand betrieb die Volkskongressbewegung. Die als gesamtdeutsch ausgegebenen „Volkskongresse“ mit Tausenden von Delegierten, die auf höchst fragwürdige Weise gewählt worden waren und überwiegend aus der SBZ stammten, waren von der SED inszenierte Propagandaveranstaltungen, die beweisen sollten, dass die „Volksmassen“ die deutsche Einheit wollten und die „Spalterpolitik“ der westdeutschen Politiker und ihrer amerikanischen „Hintermänner“ verurteilten. Sie wurden im Westen kaum beachtet. Die sowjetzonalen Machthaber benutzten sie jedoch als Wahlgremien für den „Deutschen Volksrat“, eine 400-köpfige Versammlung, die nach einem zuvor von den ostzonalen Parteien und Massenorganisationen vereinbarten Verteilungsschlüssel besetzt wurde. Der Volksrat arbeitete auf der Grundlage eines SED-Entwurfes eine gesamtdeutsche Verfassung aus, die sich eng an das Weimarer Modell anlehnte und keine ausgeprägt sozialistischen Züge trug.

Gründung der DDR Als sich die Bundesrepublik nach den Bundestagswahlen vom August im September 1949 konstituierte, zog die SED-Führung die längst vorbereiteten Pläne aus der Schublade. Der Volksrat erklärte sich zur „Provisorischen Volkskammer“ der DDR, setzte die bereits verabschiedete Verfassung in Kraft und wählte Wilhelm Pieck zum Staatsoberhaupt sowie Otto Grotewohl zum Ministerpräsidenten. Der Regierung gehörten Vertreter aller Blockparteien an. Die Volkskammerabgeordneten übten ihr Mandat aus, ohne von der Bevölkerung gewählt worden zu sein. So fehlte der DDR bei ihrem Gründungsakt die demokratische Legitimation. Die ersten Volkskammerwahlen fanden erst 1950 statt, und zwar auf der Grundlage von Einheitslisten, auf deren Zusammensetzung die Wählerinnen und Wähler keinen Einfluss hatten.

Q 16 Ein westdeutscher Staat: Chance oder Gefahr?

Aus der Antwort der westdeutschen Ministerpräsidenten auf die Frankfurter Dokumente vom 10. Juli 1948:

Die Ministerpräsidenten sind davon überzeugt, dass die Notstände, unter denen Deutschland heute leidet, nur bezwungen werden können, wenn das deutsche Volk in die Lage versetzt wird, seine Angelegenheiten auf der jeweils möglichen höchsten territorialen Stufe selbst zu verwalten. Sie begrüßen es daher, dass die Besatzungsmächte entschlossen sind, die ihrer Jurisdiktion unterstehenden Gebietsteile Deutschlands zu einem einheitlichen Gebiet zusammenzufassen, dem von der Bevölkerung selbst eine kraftvolle Organisation gegeben werden soll, die es ermöglicht, die Interessen des Ganzen zu wahren, ohne die Rechte der Länder zu gefährden. Die Ministerpräsidenten glauben jedoch, dass, unbeschadet der Gewährung möglichst vollständiger Autonomie an die Bevölkerung dieses Gebietes, alles vermieden werden müsste, was dem zu schaffenden Gebilde den Charakter eines Staates verleihen würde; sie sind darum der Ansicht, dass auch durch das hierfür einzuschlagende Verfahren zum Ausdruck kommen müsste, dass es sich lediglich um ein Provisorium handelt. [...] In Anbetracht der bisherigen Unmöglichkeit einer Einigung der vier Besatzungsmächte über Deutschland müssen die Ministerpräsidenten besonderen Wert darauf legen, dass bei der bevorstehenden Neuregelung alles vermieden wird, was geeignet sein könnte, die Spaltung zwischen West und Ost weiter zu vertiefen. [...]

Mit besonderem Ernst haben die Ministerpräsidenten die Probleme geprüft, die mit der Ordnung der Ausübung der Besatzungsherrschaft zusammenhängen. Sie haben mit Genugtuung von der Absicht Kenntnis genommen, die Beziehungen zu den Besatzungsmächten auf eine klare Rechtsgrundlage zu stellen. Die Ministerpräsidenten sind jedoch der Ansicht, dass der Erlass eines Besatzungsstatuts durch die Militärgouverneure schon vor der Aufnahme der Tätigkeit der mit der Beratung des Grundgesetzes für das Gebiet der drei Zonen beauftragten Körperschaft eine dringende Notwendigkeit ist; nur dann wird diese eine sichere Arbeitsgrundlage haben. Sie sind weiter der Meinung, dass in dem Besatzungsstatut deutlich zum Ausdruck kommen sollte, dass auch die nunmehr geplanten organisatorischen Änderungen letztlich auf den Willen der Besatzungsmächte zurückgehen, woraus sich andere Konsequenzen ergeben müssen, als wenn sie ein Akt freier Selbstbestimmung des deutschen Volkes wären.

Th. Stammen (Hg.): Einigkeit und Recht und Freiheit. München 1965, S. 178 ff.

Betrachten Sie die Vorbehalte der Ministerpräsidenten im Lichte der weiteren Entwicklung der „deutschen Frage". Wie schätzen Sie die Chancen einer deutschen Wiedervereinigung ein, wenn es damals nicht zur Gründung der Bundesrepublik gekommen wäre?

Q 17 Das Scheitern der Berlin-Blockade

a) *Aus der amerikanischen Protestnote vom 6. Juli 1948:*

Um auf keinen Fall ein Missverständnis über diesen Punkt aufkommen zu lassen, erklärt die Regierung der USA kategorisch, dass sie ihren Sektor in Berlin besetzt hält und auf freien Zugang zu ihm Anspruch hat, in Ausübung eines festgelegten Rechtes, das sich von der Niederlage und Übergabe Deutschlands herleitet und in formellen Abmachungen der hauptsächlichen Alliierten bestätigt ist. Die Regierung der Vereinigten Staaten erklärt weiterhin, dass keine Drohungen, kein Druck und keine Handlung sie zur Aufgabe dieser Rechte veranlassen können. Es steht zu hoffen, dass die Sowjetregierung sich über diesen Punkt keinerlei Zweifel hingibt.

b) *Aus der sowjetischen Antwortnote vom 14. Juli 1948:*

Die Sowjetregierung ist der Meinung, dass die gegenwärtige Lage in Berlin infolge der durch die Regierungen der USA, Großbritanniens und Frankreichs erfolgten Verletzung der von den vier Mächten vereinbarten Beschlüsse über Deutschland und Berlin entstanden ist, die in der Durchführung einer separaten Währungsreform, in der Einführung einer besonderen Währung für die westlichen Sektoren von Berlin und in der Politik der Spaltung Deutschlands zum Ausdruck kam. [...] Das Abkommen über die Viermächteverwaltung von Berlin stellt einen integrierenden Bestandteil des Abkommens über die Viermächteverwaltung Deutschlands als Ganzem dar. Nachdem die USA, Großbritannien und Frankreich durch ihre Separathandlungen in den westlichen Zonen Deutschlands das System der Viermächteverwaltung Deutschlands zerstört und in Frankfurt am Main die Hauptstadt für die Regierung Westdeutschlands zu schaffen begonnen haben, haben sie damit auch die rechtliche Grundlage untergraben, die ihr Recht auf Teilnahme an der Verwaltung von Berlin sicherte.

W. Heidelmeyer/G. Hindrichs (Hg.): Die Berlin-Frage. Frankfurt a. M. 1965, S. 48 ff.

a) Wie beurteilen Sie die rechtlichen Argumente der Kontrahenten? Macht ein – hier einmal unterstellter – partieller Vertragsbruch sämtliche Verträge hinfällig?

b) Versuchen Sie eine Einschätzung der langfristigen Folgen der Berlin-Blockade.

Q 18 Die beiden deutschen Staatsgründungen aus unterschiedlicher Sicht

a) *Otto Grotewohl in seiner Regierungserklärung vom 12. Oktober 1949:*

Die Handlungen der Regierung werden durch nichts anderes bestimmt als durch die vom Deutschen Volksrat beschlossene, vom 3. Deutschen Volkskongress bestätigte und durch die Volkskammer in Kraft gesetzte Verfassung der Deutschen Demokratischen Republik. Die Regierung geht aus der ersten unabhängigen deutschen Volksbewegung hervor, sie ist damit die erste unabhängige deutsche Regierung. Durch ihre Herkunft aus dem deutschen Volke selbst unterscheidet sie sich schon von der aufgrund der Bonner Verfassung errichteten westdeutschen Separatregierung. Die Bonner Verfassung ist nur die Ausführungsbestimmung des Besatzungsstatuts der westlichen Alliierten. Der in Westdeutschland errichtete Verfassungszustand ist keineswegs als der Ausdruck einer eigenen deutschen politischen Willensbildung anzuerkennen. Der westdeutsche Sonderstaat ist nicht in Bonn, sondern in London entstanden. Bonn hat nur die Londoner Empfehlungen, die in Wahrheit Befehle der westlichen Alliierten waren, ausgeführt. […]
Die Westmächte haben das von ihnen feierlich unterzeichnete Abkommen gebrochen. Statt der im Potsdamer Abkommen vorgesehenen Demokratisierung, Entmilitarisierung und Entnazifizierung Deutschlands sind sie bestrebt, die von ihnen besetzten Teile Deutschlands in eine Kolonie zu verwandeln, die mit den traditionellen Methoden imperialistischer Kolonialherrschaft regiert und ausgebeutet wird. […] Die von Anfang an sorgfältig konservierten Kräfte der deutschen Reaktion, verstärkt durch den in Westdeutschland immer mehr um sich greifenden Neofaschismus, haben mit aktiver Unterstützung der Besatzungsmächte die alten Machtpositionen wieder eingenommen.

O. Grotewohl: Reden und Aufsätze. Bd. I. Berlin (Ost) 1959, S. 490 f.

b) *Konrad Adenauer in einer Regierungserklärung vor dem Bundestag am 21. Oktober 1949:*

Die jüngsten Vorgänge in der Ostzone und in Berlin sind kennzeichnend für den tragischen Weg des deutschen Volkes seit 1933. Sie unterstreichen mit aller Klarheit und Deutlichkeit noch einmal die Zerreißung des deutschen Gebiets in zwei Teile, in einen östlichen Teil, bewohnt von rund 18 Millionen Deutschen, die in der Unfreiheit sowjetischer Satellitenstaaten dahinleben, und einem westlichen Teil mit 45 Millionen Einwohnern, der sich zwar noch nicht im vollen Besitz der Freiheit befindet, in dem aber die Souveränitätsrechte eines demokratischen Staates immer mehr in deutsche Hände gelegt werden und in dem – ich hebe das auf das Nachdrücklichste hervor – die Menschen sich der persönlichen Sicherheit und Freiheit erfreuen, ohne die ein menschenwürdiges Dasein für uns nicht denkbar ist. […]
Es wird niemand behaupten können, dass die nunmehr geschaffene Organisation der Sowjetzone auf dem freien Willen der Bevölkerung dieser Zone beruht. Sie ist zustande gekommen auf Befehl Sowjetrusslands und unter Mitwirkung einer kleinen Minderheit ihm ergebener Deutscher. […] Das, was dort geschieht, wird nicht von der Bevölkerung getragen und damit legitimiert. Die Bundesrepublik stützt sich dagegen auf die Anerkennung durch den frei bekundeten Willen von rund 23 Millionen stimmberechtigter Deutscher. Die Bundesrepublik Deutschland ist somit bis zur Erreichung der deutschen Einheit insgesamt die alleinige legitimierte staatliche Organisation des deutschen Volkes. […] Sie erkennt Erklärungen der Sowjetzone nicht als verbindlich für das deutsche Volk an.

Verhandlungen des 1. Deutschen Bundestages. Bd. 1. Bonn 1949, S. 207 ff.

a) Prüfen Sie die Argumente, mit denen jeder Redner die Legitimität des eigenen und die Unrechtmäßigkeit des anderen Staates zu beweisen sucht. Inwieweit kann hüben und drüben von einem frei bekundeten Volkswillen die Rede sein?

b) Worauf gründet Adenauer den Alleinvertretungsanspruch der Bundesrepublik? Äußern Sie sich zu dessen politischen Konsequenzen.

Zur Diskussion: Wer war schuld an der Teilung Deutschlands?

Wie konnte es vier Jahre nach Potsdam, wo sich die „Großen Drei" zur deutschen Einheit bekannt hatten, zur „doppelten Staatsgründung" kommen? Waren die Deutschen in Ost und West überhaupt aktiv beteiligt oder mussten sie sich dem Willen der Siegermächte fügen? Und vor allem: Gab es ernsthafte Alternativen oder war die Spaltung unter den Zwängen des Kalten Krieges letztlich unvermeidlich?

Q 19 Die unvermeidliche Spaltung?

a) *Der Politikwissenschaftler H.-P. Schwarz über die „Konvergenz westalliierter und westdeutscher Politik" (1980):*

Wenn sich die Deutschen […] schließlich doch mit eindeutiger Mehrheit für die Westbindung entschieden haben, so aus einem doppelten, leicht einsehbaren Beweggrund: Bei den Westmächten hatten sich jene Tendenzen durchgesetzt, die den deutschen Wünschen langfristig entgegenkamen, während sich andererseits die Sowjetunion auf eine Linie festgelegt hatte, die für die nicht-kommunistischen Kräfte in Deutschland unannehmbar war. Erst als sich die Tendenzen der Besatzungsmächte dermaßen deutlich polarisiert hatten, war den starken deutschen Gruppen, die eine Position der Blockfreiheit befürworteten, der Boden unter den Füßen weggezogen. Spätestens im Jahre 1948 war es offenbar geworden, dass unter jedem der maßgebenden Gesichtspunkte den westlichen Alternativen vor den russischen der Vorzug zu geben war. […]

Das amerikanisch-britische Interesse an einem Deutschland, das wirtschaftlich wieder auf eigenen Beinen stand, und das diesbezügliche deutsche kamen nahtlos zur Deckung. Neben das utilitäre Motiv der Westbindung trat das ideologische. Mehr und mehr wurde deutlich, dass rechtsstaatliche Verhältnisse, Demokratie, Mehrparteiensystem nur im Schutz der angelsächsischen Mächte entwickelt werden konnten, während Russland nicht mehr als die Einparteiendiktatur seiner Parteigänger zu bieten hatte. […]

Eng mit den utilitären und den ideologischen Motiven, die für eine Westorientierung sprachen, hing ein drittes zusammen: der Umstand, dass in den westlichen Siegerstaaten positive Entwürfe einer Neugliederung des europäischen Staatensystems in der Diskussion waren, während Russland allem Anschein nach nur ein brutales Hegemonialkonzept verfolgte. […] Die Deutschen konnten in der Tat darin ein echtes und glaubhaftes Zukunftsbild erkennen, das fürs Erste auch ihr durch die Teilung frustriertes Nationalgefühl tröstete: Man hatte zwar vorerst die nationale Einheit verloren, doch tat sich dafür die lockende Perspektive der europäischen Einigung auf.

H.-P. Schwarz: Vom Reich zur Bundesrepublik. Stuttgart 1980[2], S. 688 f.

b) *Der Historiker Christoph Kleßmann über die „Gründerjahre der beiden deutschen Staaten" (1982):*

Die Sowjetunion hat zwar nicht einseitig die Spaltung verursacht, aber auch nichts unterlassen, was sie förderte. Bereits mit der Schaffung der SED wurde die politisch stärkste gesamtdeutsche Kraft, die Sozialdemokratie, ausgeschaltet. Dahinter steckte möglicherweise eine gravierende Fehleinschätzung durch die Sowjets. Die negative gesamtdeutsche Wirkung war jedoch eindeutig. Die Absetzung der CDU-Vorsitzenden Kaiser und Lemmer rief einen ähnlichen Effekt für die größte bürgerliche Partei hervor. Die Blockade Berlins schließlich mobilisierte alle Ängste vor der Sowjetunion und schweißte die erst im Entstehen begriffene westliche Allianz fester zusammen. […] Dass andererseits auch Briten und Amerikaner nur wenig zum Abbau des ständigen Misstrauens der Sowjetunion taten und somit zunächst zögernd und primär aus ökonomischen Gründen, seit 1947 aber mit Vorbedacht und gezielt den Spaltungsprozess förderten, ist ebenfalls nicht zu übersehen.

So unausweichlich die Teilung dem rückschauenden Beobachter erscheint, so wenig sollte doch der Historiker das außerordentlich komplexe außen- und innenpolitische Beziehungsgeflecht aus den Augen verlieren, in das sie eingebettet ist. Die Teilung lässt sich nicht nur aus dem Kalten Krieg als weltpolitischer Determinante ableiten, sondern sie war auch das Ergebnis sehr eindeutiger innenpolitischer Prioritätensetzungen. So wenig die ostdeutschen Politiker eine andere als die östliche außenpolitische und gesellschaftliche Option realisieren konnten – wie sie Ackermann 1946 mit seinem „besonderen deutschen Weg zum Sozialismus" formuliert hatte –, so wenig wollten die maßgeblichen westdeutschen politischen Gruppen und die Mehrheit der Bevölkerung das Risiko eingehen, wenigstens den Versuch einer Kompromisslösung zu wagen, die auf der Basis neutralistischer Überlegungen hätte stattfinden müssen.

C. Kleßmann: Die doppelte Staatsgründung. Bonn 1982, S. 298 f.

c) *Der Publizist Peter Bender über die „Teilung im Namen der Einheit" (1996):*

Ernst Reuter, der Bürgermeister des belagerten Berlin, sprach ein erlösendes Wort, als er für die Gründung eines Weststaats plädierte: „Die Spaltung Deutschlands wird nicht geschaffen, sie ist bereits vorhanden." Der Vorgang war exemplarisch für die Art, in der auch die späteren

Beschlüsse meist zustande kamen. Man entschied nach den Bedürfnissen des eigenen Teilgebietes, wahrte den Gedanken der deutschen Einheit durch Formalitäten und beruhigte sich damit, doch nichts bewirken zu können, weil alles in der Hand der Großmächte lag. Ganz wohl aber fühlten sich die meisten dabei nicht. [...] Doch am Ende machten alle mit, keiner schloss sich aus. Die Bundesrepublik Deutschland wurde, soweit Deutsche dabei mitwirkten, mit schlechtem Gewissen gegründet – aber sie wurde gegründet.

Auch im Osten beschloss die Besatzungsmacht, einen Staat zu errichten; auch sie brauchte deutsche Politiker, die das ins Werk setzten und die Verantwortung übernahmen; und dass auch hier mancher Skrupel hatte, lässt sich vermuten. [...] Viele aber beruhigten ihr nationales Gewissen damit, dass zuerst der Westen einen Separatstaat gegründet hatte und daher nichts anderes bleibe, als dem schlechten Beispiel zu folgen.

[...] Mit der Gründung von Bundesrepublik und DDR entstanden zwei Staaten, in denen Deutsche die Verantwortung oder jedenfalls wesentliche Mitverantwortung trugen. Aus der Teilung durch die Sieger war nun auch eine Teilung durch Deutsche geworden. Zum Gegensatz zwischen den Westmächten und der Sowjetunion trat jetzt auch noch ein Gegensatz zwischen Deutschen.

P. Bender: Episode oder Epoche? München 1996, S. 136 f.

a) Wie verteilen sich in den Augen der drei Verfasser der deutsche und der alliierte Anteil an der deutschen Teilung?

b) Was versteht man unter einer „neutralistischen Lösung" der deutschen Frage? Warum hatte sie nach allgemeiner Einschätzung so gut wie keine Erfolgschancen?

c) Äußern Sie sich zu der These, die deutschen Politiker in Ost und West hätten bei der Gründung der beiden Teilstaaten ein „schlechtes Gewissen" gehabt: Wenn dies so war – worin lagen die Gründe dafür?

1. *1918 und 1945: Vergleichen Sie die Situation der Deutschen nach den beiden Weltkriegen.*
2. *Skizzieren Sie die deutschlandpolitischen Positionen der Siegermächte.*
3. *Woraus resultierte die wirtschaftliche Not der Nachkriegszeit? Wie wurde sie überwunden?*
4. *Wie beurteilen Sie das Konzept und die Folgen der Entnazifizierung? Ließ sich auf diese Weise die NS-Vergangenheit „bewältigen"?*
5. *Zeichnen Sie den Weg der deutschen Kommunisten zur alleinigen politischen Macht in der SBZ/DDR nach.*
6. *Erörtern Sie die Gründe, die 1948/49 für oder gegen einen westdeutschen Teilstaat sprachen.*

Die „alte“ Bundesrepublik

Das einstige KdF-Automobil wird als „Käfer“ zum Symbol des sogenannten Wirtschaftswunders. Die Aufnahme entstand 1952 im Volkswagenwerk Wolfsburg.

Die geglückte Demokratie

„Diese Demokratie erwies und erweist sich nach all den Katastrophen der deutschen Geschichte als ein Glücksfall. Die Bundesrepublik ist eine erfolgreiche und geachtete Demokratie; sie ist eine reformfähige Wohlstandsgesellschaft wie nur wenige in der Welt geworden. Auch in schwierigen Zeiten hat sie und haben die Deutschen nach innen wie nach außen die Balance gewahrt.“

Edgar Wolfrum, Historiker, 2006

Eine Demokratie nicht ohne Schwächen

„Zu den Schwächen der Demokratie zählt ein Zeittakt, der von Regierung und Opposition rasch vorzeigbare Erfolge verlangt und eine kurzatmige Politik prämiert. Nicht selten gewinnt in der Demokratie das Streben der Streitparteien nach Machterwerb und Machterhalt Vorrang vor Sachpolitik.“

Manfred G. Schmidt, Politikwissenschaftler, 2007

Die Geschichte der Bundesrepublik zwischen 1949 und 1990 sehen viele als eine Zeit großer Erfolge und Fortschritte. Die Westdeutschen erlebte eine lange Friedensepoche; nie gab es mehr wirtschaftlichen Wohlstand, nie größere soziale Sicherheit. Es entstand eine demokratische Staats- und Gesellschaftsordnung, die sich nach und nach fest einwurzelte und als außerordentlich stabil gelten kann; sie gewährleistet die Grund- und Menschenrechte, eröffnet den meisten Menschen viele Lebenschancen, ermöglicht allen Bürgern eine Teilnahme an der politischen Willensbildung. Der Stolz und die Selbstzufriedenheit vieler Älterer mit dem in harten Aufbaujahren Erreichten vermochten ab den 60er-Jahren viele junge Menschen immer weniger zu überzeugen; sie suchten nach neuen Zielen und Werten jenseits des materiellen Wohlergehens. Es wuchs die Kritik an der Eltern- und Großelterngeneration und den von ihnen geschaffenen Verhältnissen.

Ludwig Erhard mit Zigarre und D-Mark: „Symbole“ des Aufschwungs

1949–1963	Bundeskanzlerschaft Konrad Adenauers (CDU) an der Spitze bürgerlicher Koalitionsregierungen
1955	Mit dem Inkrafttreten der Pariser Verträge erhält die Bundesrepublik die volle Souveränität.
1959	Im „Godesberger Programm“ vollzieht die SPD den Übergang von der Arbeiter- zur Volkspartei.
1966–1968	Die Studentenbewegung und die Außerparlamentarische Opposition (APO) erreichen ihren Höhepunkt.
1966–1969	Große Koalition zwischen den Unionsparteien und der SPD: Bundeskanzler Kurt Georg Kiesinger (CDU), Vizekanzler Willy Brandt (SPD)
1969–1974	Sozial-liberale Koalitionsregierung mit Willy Brandt (SPD) als Bundes- und Walter Scheel (FDP) als Vizekanzler; zwischen 1974 und 1982 ist Helmut Schmidt (SPD) Bundeskanzler.
1980	Aus der Umweltschutzbewegung geht die Bundespartei „Die Grünen“ hervor.
1982	Die sozial-liberale Koalition zerbricht; Helmut Kohl (CDU) wird Kanzler einer Unions-FDP-Regierung; Hans-Dietrich Genscher (FDP) wird Vizekanzler.

1. Etappen der Entwicklung

Sozialer Wandel In den 40 Jahren der „alten“ Bundesrepublik veränderte sich das Leben der (West-)Deutschen stürmischer und gründlicher als jemals in einem vergleichbaren Zeitraum der deutschen Geschichte zuvor. Zwischen 1949 und 1990 verwandelte sich die Bundesrepublik von einem Industrieland mit immer noch beträchtlichem agrarwirtschaftlichen Anteil in eine industrielle Dienstleistungsgesellschaft; in dieser war die Zahl der Arbeitsplätze im produzierenden Sektor niedriger als in den Dienstleistungsberufen und der Anteil der Landwirtschaft am Sozialprodukt sank fast bis zur Bedeutungslosigkeit. Dank einer unaufhörlich steigenden Produktivität wuchsen die durchschnittlichen Arbeitseinkommen auf etwa das Vierfache und die Bundesdeutschen erreichten einen Lebensstandard, der zu den höchsten in der Welt gehörte. Gleichzeitig ging die durchschnittliche Wochen- und auch Lebensarbeitszeit der Arbeitnehmer um mehr als ein Viertel zurück.

Politische Stabilität Zur wirtschaftlich-sozialen Blüte trat eine dauerhafte politische Stabilität hinzu. Im Unterschied zur Weimarer Republik, die eine „Demokratie ohne Demokraten“ gewesen war, fand der demokratisch-parlamentarische Rechts- und Verfassungsstaat in der Bevölkerung allgemeine Zustimmung. Die preußisch-deutsche Tradition einer Bewunderung des starken Staates wich dem Ideal einer „Bürgergesellschaft" westlicher Prägung, in der die Rechte und Entfaltungsmöglichkeiten des Einzelnen vor den Ansprüchen der „Obrigkeit" rangierten. Eine sich auf alle Lebensbereiche erstreckende „Verwestlichung" und Liberalisierung der deutschen Nachkriegsgesellschaft verdrängte die überkommenen Verhaltensmuster der Pflichterfüllung und Unterordnung zugunsten der Selbstbestimmung und Selbstverwirklichung der auf ihr Lebensglück pochenden Individuen. Konkurrenzdenken und Durchsetzungsvermögen, Eigeninitiative und Erfolgsorientierung wurden zu weithin anerkannten Leitwerten. Auch die Parteiendemokratie, in der die Parteien die ausschlaggebenden Schaltstellen im Verfassungssystem bilden, fand, wenngleich nicht ohne mitunter heftige Vorbehalte, durchweg Anerkennung.

Auswärtige Beziehungen Auch außenpolitisch unterschied sich die Geschichte der Bundesrepublik nachhaltig von der Weimarer Zeit. War damals das Verhältnis zu den Siegermächten, namentlich zu Frankreich, von Verbitterung und Revisionsabsichten geprägt, so zeichneten sich die auswärtigen Beziehungen der Bonner Republik durch ihre vollständige Eingliederung in das westliche Bündnissystem aus. Die Bundesregierungen taten sich als besonders eifrige und loyale Partner der Atlantischen Allianz und als treibende Kraft der (west-)europäischen Einigung hervor. Dagegen blieb ihr Verhältnis zum kommunistischen Osteuropa, einschließlich der DDR, lange eisig, weil sie sich nicht ohne Weiteres mit den Gebietsverlusten von 1945 und schon gar nicht mit der deutschen Teilung abfinden wollten. Es dauerte bis in die späten 1960er-Jahre, ehe sich die Bonner Politik aus der Erstarrung des Kalten Krieges zu lösen und mit den scheinbar unabänderlichen Gegebenheiten der kommunistischen Regimes einzurichten begann. Das Ziel einer deutschen Wiedervereinigung, in den 1950er- und 1960er-Jahren für die meisten Westdeutschen noch eine reale und erwünschte Aussicht, verlor mit dem Fortgang der Zeit und dem Heranwachsen einer neuen Generation beständig an Leuchtkraft.

1.1 Die Ära Adenauer (1949–1963)

Neubeginn – Restauration? Die 14 Regierungsjahre Adenauers bilden eine Einheit nicht nur, weil eine starke Persönlichkeit im Kanzleramt der Bonner Politik ihren Stempel aufdrückte. Ihre Unverwechselbarkeit erhielten die „Fünfzigerjahre" auch aus den spezifischen Problemlagen, wie sie aus der Situation einer Nachkriegs- und Nach-Hitler-Gesellschaft, der Gewöhnung an die Demokratie, dem Vorrang des materiellen Wiederaufbaus oder den Herausforderungen des Kalten Krieges hervorgingen. Damals wurden Grundlagen gelegt, die Kritiker als „restaurativ" einstuften und mit denen sich viele später Heranwachsende nicht anzufreunden vermochten.

Westbindung Die Einbindung des jungen Bonner Staates in das westliche Bündnis, die Unterstellung unter den militärischen Schutz der USA und die Versöhnung mit Frankreich werden von vielen als bedeutende staatsmännische Leistungen des ersten Bundeskanzlers anerkannt. Ohne Zweifel war diese sicherheitspolitische Abschirmung gegen eine als bedrohlich empfundene Sowjetunion eine wesentliche Voraussetzung für die günstige wirtschaftliche und innenpolitische Entwicklung der westdeutschen Demokratie. Dank der erheblichen deutschen Gegenleistungen, insbesondere beim Aufbau der Bundeswehr, ging sie außerdem mit der schrittweisen Wiedererlangung deutscher Souveränität einher. Adenauers Politik der Westintegration und Remilitarisierung stieß bei der sozialdemokratischen Opposition auf entschiedene Ablehnung; diese sah darin eine Preisgabe der nationalen Interessen und die unwiderrufliche Absage an eine Wiedervereinigung. Die Wahlerfolge der Union 1953 und 1957 bestätigten jedoch, dass eine deutliche Wählermehrheit der adenauerschen Politik zustimmte. Die SPD zog daraus schließlich die Konsequenz und trug seit ihrem Godesberger Reformprogramm von 1959 die „Entscheidung für den Westen" mit.

1951 war ein Fernsehgerät für die allermeisten unerschwinglich. Erste Sendungen konnte man aber auch vor dem Fenster eines Geschäfts stehend verfolgen, wie hier vor Radio-Rading in der Berliner Rheinstraße. Knapp unterhalb der geschwungenen Geschäftsaufschrift ist ein Lautsprecher angebracht, damit die Passanten auch den Ton zur Sendung hören können. Die Fotografie wurde nachträglich koloriert.

„Wirtschaftswunder" Zum hohen Ansehen der Adenauer-Regierungen trug nicht minder stark die glänzende wirtschaftliche Entwicklung bei, die, angetrieben von einem inländischen wie weltweiten Nachfrageboom, anfangs der 1950er-Jahre einsetzte und bald ein atemberaubendes Tempo erreichte. Die Arbeitslosigkeit, noch 1950 bedrohlich hoch, verwandelte sich in einen Arbeitskräftemangel; schon Ende der 1950er-Jahre mussten ausländische „Gastarbeiter" die Lücken füllen. Der Devisen bringende Export wuchs sprunghaft an, die jährlichen Zuwachs- und Investitionsraten erreichten schwindelnde Höhen, die Arbeitseinkommen stiegen unaufhörlich. Die 50er-Jahre blieben im kollektiven Gedächtnis als die Zeit eines unglaublichen Aufstiegs aus trister Armseligkeit zu gediegenem Lebensstandard haften. Verglichen mit den 70er- und 80er-Jahren waren die Arbeitszeiten aber noch immer lang, die Löhne niedrig und die Ansprüche an Freizeit und Konsum bescheiden.

Sozialer Friede Das „Wirtschaftswunder" wäre ohne die Leistungsbereitschaft und das Einverständnis der großen Bevölkerungsmehrheit mit den bestehenden wirtschaftlichen und gesellschaftlichen Verhältnissen kaum möglich gewesen. Das System der Marktwirtschaft wurde nach und nach immer stärker sozial abgefedert. Die Eingliederung der Millionen von Ostvertriebenen, die kaum mehr als ihr berufliches Können und ihren Arbeitswillen gerettet hatten, verlief nahezu reibungslos. Das Lastenausgleichsgesetz von 1952 belastete die Vermögensbesitzer, die den Krieg unbeschadet überstanden hatten, mit einer 50-prozentigen, in Raten zahlbaren Abgabe; aus diesem Fonds erhielten die Vertriebenen und Ausgebombten eine Entschädigung, die die verlorene Habe zwar nicht im Entferntesten ersetzen, aber eine Starthilfe für den Neuanfang sein konnte. Ein zweiter sozialpolitischer Meilenstein der Adenauerzeit war die Rentenreform von 1957 (s. S. 75). Dank des bahnbrechenden Prinzips der „dynamischen Rente", das die fortlaufende Anpassung der Altersrenten an das allgemeine Einkommensniveau festschrieb, wurden auch die alten Menschen zu Teilhabern des wirtschaftlichen Fortschritts.

„Kanzlerdemokratie" Adenauers Regierungspraxis erhielt schon bald die Bezeichnung „Kanzlerdemokratie". Bis auf die letzten Jahre seiner Kanzlerschaft, in denen sich sein hohes Alter bemerkbar machte, pflegte er einen ziemlich autoritären Führungsstil, dem sich seine Partei, aber auch die meisten Minister seiner Koalitionskabinette in der Regel fügten. Wichtige Entscheidungen fielen außerhalb der dafür zuständigen Gremien. Insofern war seine Regierungszeit der Pflege einer demokratischen politischen Kultur nicht immer förderlich. Allerdings taten sich auch viele seiner Zeitgenossen damit schwer; die überwiegend autoritäre Prägung aus ihrer Jugendzeit ließ sich nicht von heute auf morgen abstreifen.

Jahre der Restauration? Geist und Kultur der Adenauerzeit stehen bis heute im Ruch der Restauration und einer gewissen Spießbürgerlichkeit. Die Lehrpläne der Schulen, der vorherrschende Literatur- und Kunstgeschmack, das Theaterleben, die Filmproduktion mit ihren sentimental-kitschigen Heimat-, Adels- oder Arztfilmen – alles folgte konventionellen Mustern. Spötter sprachen vom „motorisierten Biedermeier". Die Flucht aus der Gegenwart zeigte sich auch im Verhältnis zur NS-Vergangenheit. Zwar waren Historiker und Publizisten bemüht, deren Ursachen und Wirkungen schonungslos aufzudecken; aber die meisten Deutschen zogen es vor, solche Dinge zu verdrängen.

Wahlplakat der CDU für die Bundestagswahl 1957

Q 20 Das Adenauer-Programm: Sicherheit im Westbündnis – Wohlstand für alle

a) *Aus Adenauers Abschiedsrede vor dem Bundestag (1963):*
Es ist wahr, meine Damen und Herren: Jedes Volk bedarf einer Staatsform und bedarf auch innerhalb dieser Staatsform einer gewissen Lenkung. Aber wir sind uns doch gerade in diesen Zeiten der Not, die hinter uns liegen, darüber klar geworden, dass ohne das Mitgehen des Volkes, ohne dass das Volk mit handelt, ohne dass das Volk mit die Last auf sich nimmt, ohne dass das Volk sich müht weiterzukommen, der Erfolg für jedes Parlament und jede Regierung versagt bleibt. Und darum bin ich stolz auf das deutsche Volk – ich darf das wohl auch mit dem Blick über unsere Grenzen hinaus heute sagen –: Ich bin stolz auf das, was das deutsche Volk in dieser verhältnismäßig kurzen Spanne Zeit geleistet hat. Wir Deutschen dürfen unser Haupt wieder aufrecht tragen, denn wir sind eingetreten in den Bund der freien Nationen und sind im Bund der freien Nationen ein willkommenes Mitglied geworden. [...]
Eine Lösung der deutschen Frage ist nicht möglich allein zwischen uns und dem Gegner, der uns bedrückt; eine Lösung dieser Frage ist nur möglich mithilfe unserer Freunde. Und wir danken Gott, dass wir wieder Freunde in der Welt gefunden haben. Wenn Sie sich vorstellen, meine Damen und Herren, wir hätten diese Freunde nicht wieder gefunden; was wäre in der Zwischenzeit aus Deutschland geworden oder was würde jetzt aus Deutschland! Gerade diese Freundschaft in Europa, außerhalb Europas, mit den Vereinigten Staaten, mit allen freien Völkern der Welt gibt uns erst ein Recht, mit Sicherheit zu erwarten, dass eines Tages auch die Wiedervereinigung in Freiheit erfolgen wird. [...]
K. Adenauer: Reden 1917–1967. Stuttgart 1975, S. 453 ff.

b) *Wirtschaftsminister Ludwig Erhard auf dem CDU-Bundesparteitag (1961):*
Der Begriff der Volksaktie stammt wohlverstanden nicht von der Opposition, sondern entspringt unserem politischen Wollen, der allenthalben unentbehrlichen Konzentration des Produktivkapitals eine Dekonzentration des Eigentums entgegenzusetzen und für die Zukunft auch im Bereich privater Aktiengesellschaften bei der Zuteilung von Bezugsrechten und bei Neu-Emissionen dahin zu streben, einem breiten Publikum in kleinen Stückelungen Beteiligungsmöglichkeiten zu eröffnen. Wir sind willens, alle Arten und Formen der privaten Spartätigkeit zu fördern; aber wir lehnen die sozialistische Methode der Vermögensenteignung zum Zwecke machthungriger Einflussnahme auf die private Wirtschaft durch Massenkollektive, die am Ende zu deren Beherrschung führen müsste, mit Entschiedenheit ab. [...]
Wohlstand und Eigentum sind keine letzten und absoluten Werte, aber sie verhelfen dem Staatsbürger zu der inneren Bereicherung, die aus dem Erlebnis der Persönlichkeit und der menschlichen Würde fließt. Wir hätten unser Leben vertan und unsere Verantwortung vor Gott und den Menschen gewiss nicht erfüllt, wenn uns am Ende unserer Tage nichts anderes zu sagen bliebe, als dass wir gut gelebt und auch Besitz erlangt hätten.
Protokoll des 10. Bundesparteitages der CDU 1961 in Köln. Hamburg 1961, S. 151 f.

a) Charakterisieren Sie Adenauers Demokratieverständnis. Stellen Sie eine Beziehung zum Schlagwort „Kanzlerdemokratie" her.
b) Worin sieht Erhard den Sinn einer breiten Eigentumsstreuung?
c) Welche Wahlkampfstrategie wird im Plakat auf dieser Seite erkennbar?

Q 21 Die SPD-Opposition lenkt ein

Aus der Bundestagsrede des stellvertretenden SPD-Vorsitzenden Herbert Wehner vom 30. Juni 1960:

Der Herr Bundesverteidigungsminister Strauß hat […] von vier Voraussetzungen für eine gemeinsame Außenpolitik gesprochen. […] Die vier Voraussetzungen […] sind: a) Die Sozialdemokraten müssten gemeinsam mit der CDU anerkennen, dass die europäische Einheit und die atlantische Allianz Voraussetzungen für die Erhaltung der Freiheit und für die Erlangung der deutschen Wiedervereinigung sind. b) Die SPD müsse sich von der alten These distanzieren, dass die Wiedervereinigung nur möglich sei, wenn die Bundesrepublik aus der NATO und aus den europäischen Bündnissystemen ausscheide. c) Die Sozialdemokraten müssten nicht nur in Worten, sondern auch in der Tat bereit sein, mit den Unionsparteien die Lasten und Bürden der Landesverteidigung zu tragen, gleichgültig, wer in der Regierungsverantwortung und wer in der Opposition steht. […] d) Die Sozialdemokraten müssten den Begriff des Selbstbestimmungsrechts für ganz Deutschland, d. h. nach freien Wahlen für die Wiedervereinigung, uneingeschränkt anerkennen. […] Zu a) Die SPD geht davon aus, dass das europäische und atlantische Vertragssystem, dem die Bundesrepublik angehört, Grundlage und Rahmen für alle Bemühungen der deutschen Außen- und Wiedervereinigungspolitik ist. Zu b) Die SPD hat nicht gefordert und beabsichtigt nicht, das Ausscheiden der Bundesrepublik aus den Vertrags- und Bündnisverpflichtungen zu betreiben. […] Zu c) Die SPD bekennt sich in Wort und Tat zur Verteidigung der freiheitlichen demokratischen Grundrechte und der Grundordnung und bejaht die Landesverteidigung. […] Zu d) berufe ich mich auf den Wortlaut des Beschlusses, den der Bundestag am 1. Oktober 1958 einstimmig, mit den Stimmen der Sozialdemokraten, in Berlin gefasst hat. Er lautet: Der Deutsche Bundestag erwartet die Wiederherstellung der staatlichen Einheit Deutschlands von einem unmittelbaren freien Willensentschluss des gesamten deutschen Volkes in seinen heute noch getrennten Teilen. […]

Innenpolitische Gegnerschaft belebt die Demokratie. Aber ein Feindverhältnis, wie es von manchen gesucht und angestrebt wird, tötet schließlich die Demokratie, so harmlos das auch anfangen mag. Das geteilte Deutschland […] kann nicht unheilbar miteinander verfeindete christliche Demokraten und Sozialdemokraten ertragen.

Verhandlungen des 3. deutschen Bundestages. Bd. 46. Bonn 1960, S. 7056 f.

a) Erörtern Sie Wehners These vom grundsätzlichen Unterschied zwischen einer Gegnerschaft in innen- und in außenpolitischen Dingen.

b) Was bewog die SPD, sich dem außenpolitischen Kurs der Adenauer-Regierung anzuschließen? Überdenken Sie die Folgen dieser Kehrtwende.

1957 – Straßenverkauf von Eis im Westharz. Auf der Holztafel hinter dem Verkaufswagen sind Plakate der SPD und des deutschen Gewerkschaftsbundes angebracht.

1.2 Die Regierungszeit Erhards und der Großen Koalition (1963–1969)

Ludwig Erhard – Kanzler ohne Fortune Obwohl Ludwig Erhard nach seiner Wiederwahl 1965 das „Ende der Nachkriegszeit" verkündete, bedeutete seine Kanzlerschaft keinen Neuanfang. Die Ostpolitik, in die Erhards Außenminister Gerhard Schröder (CDU) Bewegung zu bringen versuchte, kam nicht voran, weil man vor der vom Osten verlangten Anerkennung des Status quo zurückschreckte. Der Mobilisierung einer kritischen politischen Öffentlichkeit, die demokratische Reformen einforderte, begegnete Erhard mit Unverständnis. Dass er einen aufmüpfigen Bühnenautor wie Rolf Hochhuth als „Pinscher" verächtlich zu machen suchte, vergiftete das politische Klima. Als er die leichte wirtschaftliche Rezession 1966 mit „Maßhalte"-Appellen in den Griff bekommen wollte, fand er auch in der eigenen Partei wenig Zustimmung. Hinter seinem Rücken einigte sich eine Mehrheit der Unionspartei mit der der langen Opposition überdrüssigen SPD und zwang den glücklosen Kanzler zum Amtsverzicht. Sein Nachfolger wurde der baden-württembergische Ministerpräsident Kurt Georg Kiesinger (CDU), Außenminister und Vizekanzler der SPD-Vorsitzende und Berliner Regierende Bürgermeister Willy Brandt.

Die Große Koalition Diese CDU/CSU-SPD-Koalition war eine durchaus wichtige Etappe im Ausbau der westdeutschen Demokratie. Dass die beiden einander so lange diametral entgegengesetzten großen Volksparteien sich auf eine gemeinsame Politik einigten, signalisierte einen Zuwachs an demokratischer Reife. Die ideologischen „Feindbilder" wichen einem pragmatischen, kompromissbereiten Umgang. Typisch dafür war das auffallend gute Einvernehmen zwischen dem Wirtschaftsminister Karl Schiller (SPD) und dem – einst für seine rabiate Polemik gegen die Sozialdemokratie berüchtigten – Finanzminister Franz Josef Strauß (CSU), die, frei nach Wilhelm Busch, als „Plisch und Plum" populär wurden. In den drei Jahren zwischen 1966 und 1969, in denen das Bündnis im Ganzen reibungslos funktionierte, nutzte die neue Regierung ihre überwältigende parlamentarische Mehrheit, um eine Reihe von Reformvorhaben durchzubringen. Das „Stabilitätsgesetz" von 1967 stattete die Bundesregierung mit einem steuer- und haushaltsrechtlichen Instrumentarium zur wirtschaftspolitischen Globalsteuerung aus. Den Streit um die „Notstandsverfassung" beendeten die Regierungsparteien, indem sie für den Fall innerer und äußerer Staatskrisen in das Grundgesetz Regelungen einfügten, die der Regierung zusätzliche Handlungsvollmachten gaben. Damit entfielen die bis dahin gültigen Vorbehaltsrechte der Alliierten. Ungeachtet solcher Erfolge verstanden beide Koalitionspartner ihre Zusammenarbeit als ein „Bündnis auf Zeit". Jeder suchte sich im Hinblick auf die nächsten Wahlen als die bessere politische Kraft zu profilieren, um dann später allein regieren zu können.

Außerparlamentarische Opposition (APO) Der Konflikt um die Notstandsverfassung brachte die Anstrengungen der APO auf ihren Höhepunkt. Diese Protestbewegung, die sich hauptsächlich auf die seit 1966/67 rebellierenden Studenten stützte, sah in der Großen Koalition, vor allem aber in deren Gesetzesvorlagen für die Notstandsverfassung, den Versuch angeblich reaktionärer Kräfte, die Demokratie auszuhöhlen. Die Utopie einer Gesellschaft ohne autoritäre Zwänge brachte die APO in eine fundamentale Gegnerschaft zu den Trägern der bestehenden Ordnung, dem sogenannten „Establishment". Hier standen sich nicht nur zwei Generationen gegenüber, sondern auch zwei grundverschiedene Lebensformen und politische Kulturen. Auch wenn die APO nach der Verabschiedung der Notstandsgesetze ihren Schwung verlor und schließlich auslief: Die von ihr ausgehenden Denkanstöße und neuen politischen Erfahrungen wirkten fort und veränderten langfristig das Gesicht der Bundesrepublik. Einen Teil der Impulse nahm die sozial-liberale Koalition auf, die nach den Bundestagswahlen von 1969 die Große Koalition ablöste.

Q 22 Bringen die Notstandsgesetze der Großen Koalition die Demokratie in Gefahr?

a) *Aus der Begründung der Gesetzesvorlage im Bundestag durch den Ausschussvorsitzenden Carl Otto Lenz (CDU):*

Es ist nicht wahr, dass dieser Entwurf den Weg zur Diktatur bereitet. Der vorliegende Entwurf hält unter parlamentarischen und rechtsstaatlichen Gesichtspunkten jeden Vergleich mit jeder Vorsorgeregelung für den Notfall aus, die es auf der Welt gibt. Es ist nicht wahr, dass durch diesen Entwurf den gewerkschaftlichen Rechten der Boden entzogen wird. Im Gegenteil, der Entwurf verankert das bestehende Arbeitskampfrecht ausdrücklich in der Verfassung. Es ist nicht wahr, dass durch diesen Entwurf die staatsbürgerlichen Freiheiten beseitigt werden. Meinungsfreiheit, Pressefreiheit, Vereins- und Versammlungsfreiheit werden durch den Entwurf nicht berührt. Auch soweit die Freizügigkeit, das Recht der Berufswahl und das Recht auf Eigentum einschränkbar gemacht werden, bleiben diese Grundrechte dem einseitigen Zugriff der Bundesregierung entzogen. Es ist nicht wahr, dass durch diese Vorlage der Bürgerkrieg vorbereitet wird. Sowohl bei der Formulierung des staatsbürgerlichen Widerstandsrechts als auch bei der Möglichkeit der Bundesregierung, im äußersten Notfall Truppen gegen militärisch bewaffnete Aufständische einzusetzen, hat der Rechtsausschuss sich bemüht klarzustellen, dass dies nur die Ultima Ratio, das letzte Mittel sein dürfe, wenn alle anderen Mittel versagt haben. [...]

Dieser Entwurf, meine Damen und Herren, ist kein Freibrief für Abenteuer oder für einseitige Aktionen. Er ist aber auch kein Pappschwert. Er verweigert nicht Parlament und Regierung Vollmachten, derer sie bedürfen, die freiheitlichen, demokratischen und rechtsstaatlichen Grundlagen unserer Republik zu erhalten. Dieses Gesetz ist notwendig, um die alliierten Vorbehaltsrechte zum Erlöschen zu bringen, aufgrund derer die Drei Mächte noch heute die oberste Staatsgewalt in der Bundesrepublik übernehmen können.

Verhandlungen des 5. Deutschen Bundestages. Bd. 69. Bonn 1968, S. 834f.

b) *Aus einer Rede von Hans-Jürgen Krahl, Vorstandsmitglied des Sozialistischen Deutschen Studentenbundes, auf einer Kundgebung des DGB am 27. Mai 1968:*

Die Demokratie in Deutschland ist am Ende; die Notstandsgesetze stehen vor ihrer endgültigen Verabschiedung. Trotz der massenhaften Proteste aus den Reihen der Arbeiter, Studenten und Schüler, trotz der massiven Demonstrationen der APO in den letzten Jahren sind dieser Staat und seine Bundestagsabgeordneten entschlossen, unsere letzten spärlichen demokratischen Rechtsansprüche in diesem Land auszulöschen. Gegen alle diejenigen – Arbeiter oder Studenten –, die es künftig wagen werden, ihre Interessen selbst zu vertreten, werden Zwang und Terror das legale Gesetz des Handelns der Staatsgewalt bestimmen. [...] Die Geschichte, nicht zuletzt die der Deutschen, hat uns mehrfach gelehrt, dass der einzige Ausweg der kapitalistischen Wirtschaftsordnung aus der Krise in der offenen Gewalt des Faschismus besteht. [...] Wir haben nur eine einzige Antwort auf die Notstandsgesetze zu geben: Wenn Staat und Bundestag die Demokratie vernichten, dann hat das Volk das Recht und die Pflicht, auf die Straße zu gehen und für die Demokratie zu kämpfen.

D. Claussen/R. Dermitzel (Hg.): Universität und Widerstand. Frankfurt a. M. 1968, S. 36ff.

Demonstration in Bonn 1968

a) *Überprüfen Sie die Argumente der Regierungskoalition anhand der 1968 eingefügten oder neu formulierten Grundgesetz-Artikel 9,3 (3); 10,2 (2); 11,2; 12,2/3; 12a; 20,4; 53a; 80a; 87a, 2–4; 91; 115a–l.*

b) *Womit bringen Sie die Argumentationsmuster und den Sprachstil der APO in Verbindung? Wie kommt Krahl dazu, Bundestag und Bundesregierung als „undemokratisch" zu bezeichnen?*

c) *Nehmen Sie Stellung zu den auf den Transparenten artikulierten Ängsten.*

Q23 Globalsteuerung: Das wirtschaftspolitische Rezept der Großen Koalition

Aus dem Jahresbericht der Bundesregierung 1967:

Ein noch so funktionsfähiger Wettbewerb reicht aber allein nicht aus, um die genannten vier gesamtwirtschaftlichen Ziele (Stabilität des Preisniveaus, hoher Beschäftigungsstand, außenwirtschaftliches Gleichgewicht, stetiges und angemessenes Wirtschaftswachstum) gleichzeitig in befriedigendem Maße zu erreichen. Die marktwirtschaftliche Ordnung kann nur reibungslos funktionieren, wenn sie ergänzt wird durch bewusste Konjunkturpolitik (systematische Globalsteuerung der gesamtwirtschaftlichen Entwicklung) und Strukturpolitik. Die Globalsteuerung hat dabei nichts zu tun mit einer dirigistischen Lenkung des Wirtschaftsablaufs durch marktwidrige Einzeleingriffe. […]

Die Bemühungen der Bundesregierung um eine konzertierte Aktion […] zielen auf eine freiwillige Kooperation der Beteiligten ab. Es geht darum, die Grundlinien der staatlichen Politik mit dem autonomen Verhalten der Gruppen abzustimmen. […] Dieser Dialog wird geführt mit dem Ziel, gesamtwirtschaftliche Orientierungsdaten […] für ein aufeinander abgestimmtes Verhalten zu erarbeiten. Diese gesamtwirtschaftlichen Orientierungsdaten sind naturgemäß keine Leitlinien für Einzelentscheidungen und sie haben auch keinerlei rechtsverbindlichen Charakter; sie sind vielmehr Informationen über die gesamtwirtschaftlichen Zusammenhänge und die Konsequenzen der eigenen Entscheidungen. Durch die Beratungen in der konzertierten Aktion begreifen Unternehmerverbände und Gewerkschaften einander mehr. […] Mit der neuen rationalen Wirtschaftspolitik der Bundesregierung wird in der Bundesrepublik der Weg beschritten von einer konventionellen zur aufgeklärten Marktwirtschaft, einer Wirtschaftsordnung, mit der die dynamischen und ordnenden Kräfte der Marktwirtschaft voll zur Geltung gebracht, aber auch ihre Grenzen beachtet werden.

Jahresbericht der Bundesregierung 1967. Bonn 1967. S. 138 ff.

a) Worin sah die Große Koalition die Mängel der von ihr als „konventionell" bezeichneten erhardschen Wirtschaftspolitik?

b) Erörtern Sie die Grenzen der „Globalsteuerung".

Zielbewusst in die Einbahnstraße? – Der Fotograf der dpa nutzt gewitzt die Möglichkeiten, die ihm diese Perspektive bietet. Das Wahlplakat der CDU zeigt Bundeskanzler Ludwig Erhard und den Ministerpräsidenten von Baden-Württemberg, Kurt Georg Kiesinger. 1964 standen die Landtagswahlen im „Ländle" an.

1.3 Die sozial-liberale Koalition (1969–1982)

„Mehr Demokratie wagen" Die SPD-FDP-Koalition begann ihre Regierungszeit unter dem Bundeskanzler Willy Brandt mit der außenpolitischen Öffnung nach Osten und dem innenpolitischen Motto „Mehr Demokratie wagen"; sie endete 1982 mit der Abwahl ihres Kanzlers Helmut Schmidt (SPD), dem der Koalitionspartner FDP wegen unüberwindlicher Meinungsverschiedenheiten bei der Bekämpfung der Wirtschafts- und Finanzkrise das Bündnis aufkündigte. Dazwischen lagen die Ost- und Deutschlandverträge, die eine lange Periode feindseliger Ost-West-Konfrontation beendeten; der überraschende Rücktritt Brandts, auf dem Höhepunkt seiner Erfolge; eine Verlangsamung des wirtschaftlichen Wachstums, die von steigender Arbeitslosigkeit begleitet war; die Bürger- und Protestbewegung, vornehmlich der jungen Generation, gegen Atomkraftwerke, Wettrüsten und Umweltzerstörung; die Eskalation eines blindwütigen Terrorismus der Rote-Armee-Fraktion (RAF).

Sozialer Wandel Zwischen den späten 1960er- und den 1980er-Jahren veränderte sich die Bundesrepublik in beispiellosem Tempo. Die nach dem Krieg aufgewachsene junge Generation entfremdete sich den Wertvorstellungen und Lebensmustern ihrer Eltern und Großeltern. Sie suchte nach persönlicher Selbstverwirklichung und demokratischer Mitbestimmung, stellte kritische Fragen nach der Rolle der Älteren im Nationalsozialismus, setzte sich ein für soziale Chancengleichheit und Gerechtigkeit im eigenen Land, Solidarität mit der Dritten Welt und behutsamen Umgang mit der Natur. Viele Jüngere engagierten sich in den Bürgerinitiativen und den „neuen sozialen Bewegungen" und unterstützten die 1980 gegründete Partei „Die Grünen", die eine Alternative zu den bestehenden Parteien sein wollte.
Fanatiker wie Ulrike Meinhof, Andreas Baader oder Gudrun Ensslin glaubten eine neue Ordnung mit Gewalt herbeiführen zu müssen und verrannten sich in einen Terrorismus, der vor Entführungen, Erpressungen und Morden nicht zurückschreckte. Der Staat reagierte mit Härte und Entschlossenheit; er schloss alle vom Öffentlichen Dienst aus, deren Verfassungstreue zweifelhaft war.

Innenpolitische Reformen Die sozial-liberale Koalition war mit einem Reformprogramm angetreten, das mehr Mitbestimmung, Chancengleichheit, Liberalität zum Ziel hatte. Ein neues Betriebsverfassungsgesetz (1972) sollte den Arbeitnehmern mehr Mitspracherechte verschaffen, das Mitbestimmungsgesetz (1976) in allen Unternehmen mit über 2000 Beschäftigten die paritätische Vertretung der Arbeitnehmer in den Aufsichtsräten sichern. Am Ende war keiner zufrieden: die Unternehmer nicht, weil sie sich in ihrer Entscheidungsfreiheit beschnitten sahen; die Arbeitnehmer nicht, weil in Pattsituationen

Bürgergesellschaft

Dieser aus den angelsächsischen Ländern übernommene Begriff (*civil society*) ist das Gegenstück zu der vom Staat gelenkten Gesellschaft, wie sie uns beispielsweise in den absolutistischen Monarchien des 17. bis 19. Jahrhunderts oder in den diktatorischen Regimen des 20. Jahrhunderts begegnet. Die „*civil society*" entstammt den Selbstverwaltungstraditionen, die es auch in Deutschland, aber vor allem in den westlichen Demokratien (und ihren Vorformen) gab. Ihre heutige Bedeutung empfing sie zum einen aus den Individualisierungs- und Pluralisierungstendenzen moderner Wohlstandsgesellschaften, zum anderen aus den Bürgerbewegungen, die die sie betreffenden Angelegenheiten nicht einer fernen Staatsmacht überlassen, sondern selbst in die Hand nehmen wollen. Die „Bürgergesellschaft" steht der Gemeindedemokratie (amerikanisch: *grass roots democracy*) nahe: Sie existiert im überschaubaren Nahbereich, will die Zuständigkeiten des Staates und seiner Bürokratie möglichst beschneiden und die Eigenverantwortung der je Betroffenen stärken. Sie orientiert sich am Ideal des aktiven, mündigen Bürgers.

doch wieder die Stimme des Vorsitzenden als des Vertreters der Anteilseigner den Ausschlag gab.
Eine ganze Reihe neuer Gesetze bescherte unterschiedlichen Gruppen beträchtliche soziale Verbesserungen: das Bundesausbildungsförderungsgesetz (BAföG) vielen Studierenden und Schüler, die ihre Ausbildung nicht mit Mitteln der Eltern finanzieren konnten; das Schlechtwettergeld den Bauarbeitern; die Einführung der flexiblen Altersgrenze beim Eintritt in den Ruhestand allen Beschäftigten ab 60 (Frauen) bzw. 63 (Männer); die Erhöhung des Arbeitslosengeldes auf 68 % des letzten Arbeitsverdienstes (statt 55 % vorher) allen, die ihren Arbeitsplatz verloren hatten. Aber diese Gesetze belasteten die öffentlichen Kassen, und als die Wirtschaftskonjunktur zu lahmen begann, wuchsen die Schulden von Bund, Ländern und Gemeinden. Seit 1973 waren nur noch kostenneutrale Reformen machbar. Dazu gehörte die Neufassung des Familienrechts (1977). Es schrieb die rechtliche Gleichheit der Ehepartner vor und verpflichtete beide zur Haushaltsführung und Kinderbetreuung. Fortan konnte der Mann seiner Ehefrau nicht mehr, wie es bis dahin geltendes Recht war, die Aufnahme einer außerhäuslichen Berufstätigkeit verbieten. Dagegen scheiterte eine Novellierung des Paragrafen 218, die den Schwangerschaftsabbruch in den ersten Monaten legalisierte (Fristenlösung). Das Bundesverfassungsgericht erklärte diese Regelung für verfassungswidrig und schrieb den Gesetzgebern eine „Indikationslösung" (Schwangerschaftsabbruch nur bei zwingenden medizinischen, kriminologischen [etwa bei Vergewaltigung] oder sozialen Gründen) vor.

Teil des sozialen und politischen Wandels war auch die Frauenbewegung. Die Zeitschrift „Emma" war deren wichtigstes Publikationsorgan. Auf der Titelseite der ersten Ausgabe (Februar 1977) sind (v. l.) die Redaktionssekretärin Christiane Ensslin, die Herausgeberin Alice Schwarzer und die Redakteurinnen Angelika Wittlich und Sabine Schruff abgebildet.

Ost- und Deutschlandpolitik Während der innenpolitische Reform-Elan des sozial-liberalen Regierungsbündnisses nach einigen Jahren durch leere Kassen gebremst wurde und ein wesentlicher Teil der politischen Arbeit der Regierung Schmidt/Genscher (1974–1982) im Krisenmanagement bestand, gelang in der Ost- und Deutschlandpolitik ein entscheidender Durchbruch. So wie es Adenauers bleibende Leistung war, die Bundesrepublik fest in der westlichen Allianz zu verankern, war es Brandts historisches Verdienst, die Entspannung und Verständigung mit den kommunistischen Ostblockländern herbeigeführt zu haben. Mit der Respektierung der 1945 entstandenen Grenzen, insbesondere der Oder-Neiße-Linie, und einem grundsätzlichen Gewaltverzicht gab er der Sowjetunion, Polen und der Tschechoslowakei die Sicherheitsgarantien, ohne die eine Normalisierung der Beziehungen nicht denkbar gewesen wäre. Auch gegenüber der DDR brach die Brandt/Scheel-Regierung mit den Grundsätzen, die seit Adenauer gegolten hatten. Im Grundlagenvertrag von 1972 erhielt die DDR endlich die lang erstrebte Anerkennung als zweiter deutscher Staat, musste dafür aber in eine Verstärkung der nachbarschaftlichen Kontakte einwilligen. So wie die SPD in den 1950er-Jahren die Westintegration zu vereiteln suchte, stellte sich jetzt die Union der neuen Ost- und Deutschlandpolitik in den Weg. Sie sah darin einen verfassungswidrigen Ausverkauf der deutschen Interessen, musste sich aber in einem von der bayerischen CSU-Regierung angestrengten Prozess vom Bundesverfassungsgericht belehren lassen, dass die Entspannungspolitik gegenüber dem Osten mit dem Grundgesetz im Einklang stand.

Q 24 Das Programm der sozial-liberalen Koalition

Aus der Regierungserklärung von Bundeskanzler Willy Brandt (1969):

Wir wollen mehr Demokratie wagen. Wir werden unsere Arbeitsweise öffnen und dem kritischen Bedürfnis nach Information Genüge tun. Wir werden darauf hinwirken, dass nicht nur durch Anhörungen im Bundestag, sondern auch durch ständige Fühlungnahme mit den repräsentativen Gruppen unseres Volkes und durch eine umfassende Unterrichtung über die Regierungspolitik jeder Bürger die Möglichkeit erhält, an der Reform von Staat und Gesellschaft mitzuwirken.

Wir wenden uns an die im Frieden nachgewachsenen Generationen, die nicht mit den Hypotheken der Älteren belastet sind und belastet werden dürfen; jene jungen Menschen, die uns beim Wort nehmen wollen – und sollen. Diese jungen Menschen müssen aber verstehen, dass auch sie gegenüber Staat und Gesellschaft Verpflichtungen haben. Wir werden dem Hohen Hause ein Gesetz unterbreiten, wodurch das aktive Wahlalter von 21 auf 18, das passive von 25 auf 21 Jahre herabgesetzt wird. Wir werden auch die Volljährigkeitsgrenze überprüfen.

Mitbestimmung, Mitverantwortung in den verschiedenen Bereichen unserer Gesellschaft wird eine bewegende Kraft der kommenden Jahre sein. Wir können nicht die perfekte Demokratie schaffen. Wir wollen eine Gesellschaft, die mehr Freiheit bietet und mehr Mitverantwortung fordert. […]

Bildung und Ausbildung, Wissenschaft und Forschung stehen an der Spitze der Reformen, die es bei uns vorzunehmen gilt. […] Die Bundesregierung wird in den Grenzen ihrer Möglichkeiten zu einem Gesamtbildungsplan beitragen. Das Ziel ist die Erziehung eines kritischen, urteilsfähigen Bürgers, der imstande ist, durch einen permanenten Lernprozess die Bedingungen seiner sozialen Existenz zu erkennen und sich ihnen entsprechend zu verhalten. Die Schule der Nation ist die Schule.

Verhandlungen des 6. Deutschen Bundestages. Bd. 71. Bonn 1970, S. 20 ff.

a) *Welche Merkmale einer demokratischen Ordnung stellt Brandt heraus? Inwieweit reagiert er auf Zeitströmungen und worin bestand die Neuartigkeit seines Programms?*

b) *Erörtern Sie den Zusammenhang zwischen Bildungsförderung und „sozialer Demokratie“.*

Q 25 Terrorismus 1977

Chronik der Ereignisse

7. April In Karlsruhe erschießt ein RAF-Kommando Generalbundesanwalt Siegfried Buback, seinen Fahrer und einen Justizbeamten.

29. April Das Oberlandesgericht Stuttgart verurteilt Andreas Baader, Gudrun Ensslin und Jan-Carl Raspe wegen vierfachen Mordes zu lebenslänglicher Haft.

30. Juli Susanne Albrecht ermordet zusammen mit zwei RAF-Mitgliedern den Vorstandsvorsitzenden der Dresdner Bank, Jürgen Ponto.

5. September RAF-Mitglieder entführen den Präsidenten des Arbeitgeberverbandes, Hanns-Martin Schleyer, und erschießen dabei den Fahrer und drei Polizisten. Die Entführer verlangen die Freilassung von 11 RAF-Häftlingen.

13. Oktober 4 Palästinenser entführen eine Lufthansamaschine mit 87 Geiseln. Sie erschießen den Flugkapitän und fordern die Freilassung der inhaftierten RAF-Terroristen.

18. Oktober Eine Spezialeinheit des Bundesgrenzschutzes stürmt das entführte Flugzeug in Mogadischu (Somalia), befreit die Geiseln und erschießt 3 Entführer.

Im Gefängnis Stammheim werden Baader, Ensslin und Raspe tot aufgefunden. Die Staatsanwaltschaft erkennt auf Selbstmord.

19. Oktober In Mülhausen (Elsass) findet die Polizei die Leiche Schleyers im Kofferraum eines Autos.

a) *Mit der Fotografie des entführten Arbeitgeberpräsidenten Hanns-Martin Schleyer versuchte die RAF, die Bundesregierung zu erpressen.*

b) *Aus dem „Nachruf" eines anonymen Terrorismus-Sympathisanten auf die Ermordung des Generalbundesanwalts Siegfried Buback (1977):*

Meine unmittelbare Reaktion, meine „Betroffenheit" nach dem Abschuss von Buback ist schnell geschildert: Ich konnte und wollte (und will) eine klammheimliche Freude nicht verhehlen. Ich habe diesen Typ oft hetzen hören, ich weiß, dass er bei der Verfolgung, Kriminalisierung, Folterung von Linken eine herausragende Rolle spielte. [...] Ehrlich, ich bedauere es ein wenig, dass wir dieses Gesicht nun nicht mehr in das kleine rot-schwarze Verbrecheralbum aufnehmen können, das wir nach der Revolution herausgeben werden, um der meistgesuchten und meistgehassten Vertreter der alten Welt habhaft zu werden und sie zur öffentlichen Vernehmung vorzuführen. [...] Ich habe auch über eine Zeit hinweg (wie so viele von uns) die Aktionen der bewaffneten Kämpfer goutiert; ich, der ich als Zivilist noch nie eine Knarre in der Hand hatte, eine Bombe habe hochgehen lassen. Ich habe mich schon ein bisschen dran aufgegeilt, wenn mal wieder was hochging und die ganze kapitalistische Schickeria samt ihren Schergen in Aufruhr versetzt war. Sachen, die ich im Tagtraum auch mal gern täte, aber wo ich mich nicht getraut habe sie zu tun.

P. Brückner (Hg.): Die Mescalero-Affaire. Hannover 1977, S. 24 f.

c) *Willy Brandt in einem Aufruf an die Terrorismus-Sympathisanten (1977):*

Ich frage die Sympathisanten direkt: Sind Sie von Sinnen? Oder was sind Sie? Wissen Sie nicht, die Sie politisch zu denken vorgeben, dass Sie, statt mehr Freiheit und mehr Gerechtigkeit für die breiten Schichten in diesem Lande zu schaffen, die Geschäfte der finsteren Reaktion, ja der Neo-Nazis betreiben? Dass Sie das Bewusstsein der Bevölkerung über den Rand hinausbomben, hinter dem es nur noch den Abgrund von Chaos, Polizeistaat oder Diktatur gibt? Oder wollen Sie genau das? Ich fordere Antwort, jedenfalls eine solche, die Sie sich selbst geben. Sie mögen es schick finden, in verborgenen Hinterzimmern von der Revolution zu schwätzen. Aber ich nenne es nicht schick, sondern feige und verbrecherisch, für seine Überzeugung nicht öffentlich einzustehen, sondern andere wie in Gangsterfilmen auszuhalten und zu unterstützen.

„Vorwärts", 6. September 1977

d) *Das RAF-Mitglied Werner Lotze nach seiner Festnahme im Juni 1990:*

Ich habe die Bundesrepublik als einen imperialistischen Staat gesehen. Als einen Staat, dessen Reichtum darauf beruht, dass die Länder in der Dritten Welt ausgeplündert werden. Die Kriege in Vietnam, in Afrika habe ich als Mittel gesehen, mit denen der Imperialismus seinen Wohlstand aufrechterhält. Ich habe die Gesellschaft in der BRD als unmoralisch empfunden. Nicht nur irgendwelche staatlichen Strukturen haben in meinen Augen Verbrechen begangen, sondern auch die Bevölkerung, indem sie diesen Reichtum akzeptiert und versucht, darin zu leben, und sich selber immer wieder zu bereichern. [...] Zum Schluss ist es nur noch Hass gewesen, in letzter Konsequenz auch Hass auf die Menschen. [...] Ich war der Meinung, ich muss den Staat zerstören. [...] Ich habe ja mit der RAF ein Ziel verfolgt. Das war eine konkrete Gesellschaftsform, die charakterisiert wird durch Stichworte wie: keine Kriege, keine Armut, Gerechtigkeit, soziale Gleichheit. Auf dem Wege dahin habe ich geglaubt, dass es gerechtfertigt ist, dass es notwendig ist, Menschen zu töten. [...]

„Die Zeit", 23. November 1990, S. 17 ff.

e) *Bundeskanzler Helmut Schmidt vor dem Bundestag am 20. Oktober 1977:*

Unmittelbar nach der Entführung Dr. Schleyers habe ich [...] die drei Maximen, die unser Handeln bestimmen sollten, folgendermaßen umrissen:
1. Dr. Schleyer lebend zu befreien; zu einem späteren Zeitpunkt war es selbstverständlich, dass dies ebenso galt für die als Geiseln genommenen 82 Passagiere und fünf Besatzungsmitglieder in dem entführten Lufthansa-Flugzeug.
2. die Täter zu ergreifen und vor Gericht zu stellen.
3. die Fähigkeit des Staates, seine Bürger gegen Gefahren zu schützen, zu sichern und das Vertrauen der Bürger, aber auch das Vertrauen der Menschen außerhalb der Bundesrepublik Deutschland in diese Schutzfunktion unseres Staates zu wahren. [...] Jedermann kann erkennen, dass es kaum vorstellbar erscheinen konnte und erscheinen kann, alle drei Maximen zugleich, durch eigenes Handeln und durch eigenes Unterlassen, in die Wirklichkeit zu übertragen. Vielmehr war von Anfang an klar, [...] dass die Erfüllung jeder einzelnen der drei Maximen nach menschlicher Voraussicht die Erfüllung der übrigen Maximen einschränken oder gar gefährden musste. In dieser unausweichlichen Gewissheit hatten wir unsere Entscheidungen zu treffen. Unausweichlich befanden wir uns damit im Bereich von Schuld und Versäumnis.

„Frankfurter Allgemeine Zeitung", 21. Oktober 1977, S. 5

a) Von welchen politischen Vorstellungen ließen sich die Terroristen und ihre Sympathisanten leiten? Diskutieren Sie die Beweggründe.

b) Erörtern Sie das Dilemma, in das der Staat durch die Entführung geriet.

1968

Heute schon eine Legende? – Die „68er"

Als die Regierung Kohl 1998 einem rot-grünen Regierungsbündnis weichen musste, empfanden viele dies als einen Erfolg der 1968er-Generation. Schon im Wahlkampf hatte man sich um das Erbe von 1968 gestritten. Die einen sahen in den Vorgängen der späten 1960er-Jahre so etwas wie eine „demokratische Neugründung" unseres Staates. Sie konnten sich dabei sogar auf den der CDU angehörenden Bundespräsidenten Richard von Weizsäcker berufen, der in seiner Rede beim Staatsakt zum Vollzug der Deutschen Einheit „der Jugendrevolte am Ende der Sechzigerjahre" bescheinigte, sie habe „allen Verwundungen zum Trotz zu einer Vertiefung des demokratischen Engagements in der Gesellschaft" beigetragen. Die anderen erinnerten sich vornehmlich an die Gewalttätigkeiten und die dogmatisch-radikale Kritik der „Revoluzzer" an den von ihnen sogenannten bürgerlichen Werten.

So sehr auch die Urteile auseinanderklafften: Kein Zweifel konnte daran bestehen, dass 1968 einen tief greifenden Mentalitäts- und Wertewandel einleitete. Die 1968er machten mit dem Anspruch auf Selbstverwirklichung und Lebensgenuss Ernst; sie widersetzten sich einer Erziehungspraxis, die auf Gehorsam und Unterordnung statt auf Freiwilligkeit und Mitsprache bestand; sie brachen mit der Prüderie und den sexuellen Tabus und verlangten die Gleichberechtigung der Geschlechter. Die gesellschaftlichen Konventionen und Pflichten verloren an Bedeutung; die Selbstbestimmung des Einzelnen und die „Individualisierung" der Lebensstile wurden zu dominanten Verhaltensmustern.

Auch das ein „Aufreger", der noch drei, vier Jahre zuvor undenkbar gewesen wäre; in einer „Familienshow" zu bester Sendezeit ist bei Dietmar Schönherrs und Vivi Bachs „Wünsch dir was" am 7. November 1970 die Kandidatin Leonie Stöhr in einer transparenten Bluse zu sehen. Daran entzündete sich ein wochenlanger Mediendisput über die „Unanständigkeit" und die „Sittenlosigkeit" des Fernsehens. Wäre das heute noch vergleichbar sensationell?

1968 im Rückblick der damals Aktiven

Tissy: Wenn die 68er, neben der Frauenfrage, eine gute Bilanz vorweisen können, dann ist es das veränderte Verhältnis zwischen Erwachsenen und Kindern. Jede Untersuchung weist aus, dass junge Erwachsene noch nie ein so enges Verhältnis zu ihren Eltern hatten. Der Konsens über den Umgang mit Kindern ist über alle Schichten und Milieus viel größer, als das ewige Lamento gegen die 68er vermuten lässt. [...] Demütigungen und Prügel sind verpönt, jeder weiß, dass Lob mehr bringt als Strafe. Und in den 68er-Milieus werden längst Grenzen gesetzt, es gibt schon lange eine Rückkehr zu den Traditionen, die gut sind: Manieren, Familienrituale, die Beachtung der christlichen Feste.

Matthias: Wir brauchen in keiner Beziehung, weder in der Kindererziehung noch in der Politik, noch in der Moral, noch beim Sex, die Rückbesinnung auf bürgerliche Werte. Ein Charakteristikum der bürgerlichen Werte ist doch die Scheinheiligkeit. [...] Die Form zu wahren, egal wie grässlich der Inhalt ist. Der preußische Kadavergehorsam ist doch eine Teilursache der Schrecken des vergangenen Jahrhunderts.

Christoph: Wir hatten Eltern mit einer gewissen protestantischen Härte, was nicht leicht für uns war, und dagegen haben wir rebelliert. Das ist diese altdeutsche protestantische Erziehung, die Härte, die durch den Faschismus und den Überlebenskampf im Krieg noch mal eine Renaissance erlebt hat, die aber nicht mehr zum Wirtschaftswunderkapitalismus gepasst hat. Das hat Hass und Rebellion geweckt. [...] Das bezog sich aber auch auf autoritäre Strukturen in der Gesellschaft, in der Schule und in der Familie; Disziplin, Sexualität und solche Dinge. Das sitzt bei mir ganz tief. Das sitzt immer noch drin.

„Der Spiegel", 27.10.2007, S. 90 ff.

Drei Wissenschaftler-Stimmen

a) Gerhard Henke-Bockschatz (2002):

Es verwundert wenig, dass diese Bewegung bis heute sehr gegensätzlich beurteilt wurde. Davon zeugen bereits die disparaten Bezeichnungen als „Studentenbewegung", „Generationsrevolte", „Kulturbruch", „Kulturrevolution", „Außerparlamentarische Opposition", „Neue Linke", „Antiautoritäre Bewegung" etc. Manche Stimmen bestritten schlicht die Ernsthaftigkeit des politischen Anliegens, sprachen vom „Psychodrama und Straßentheater" (Aron), von „akademischer Revolutionsromantik" (Lübbe) oder von einem „romantischen Rückfall" (Löwenthal).
1968 wurde zu einem Zentralbegriff im Kampf um die kulturelle Hegemonie. Bis in die Reihen der Grünen hinein lassen sich heutzutage kritische Stimmen vernehmen, die den antiautoritären Generalangriff auf Werte und Normen für Rücksichtslosigkeit, Egoismus und Gewaltbereitschaft in der Gesellschaft mitverantwortlich machen. Andere sehen die Verdienste der 68er gerade darin, dass sie der Gesellschaft zu Individualisierung, Liberalität und Hedonismus verholfen haben. Solche nachträgliche Anerkennung als indirekter Wegbereiter der Spaß- und Erlebnisgesellschaft steht allerdings in einem gewissen Widerspruch zu der entschiedenen Kritik an der „Konsumgesellschaft" und ihrer „repressiven Toleranz", die gerade 1968 geübt wurde.

Geschichte lernen, Heft 86/2002. S. 20

b) Heinrich August Winkler (2002):

Die Wirkungen der Studentenbewegung waren zwiespältig und großteils ungewollt. Die Aktivisten der APO waren entschiedene Gegner dessen, was sie „US-Imperialismus" nannten. Aber indem sie Protestformen der amerikanischen Studentenbewegung wie „Sit-in" und „Go-in" übernahmen, halfen sie den Westen Deutschlands weiter zu verwestlichen und zu amerikanisieren. Sie bekämpften den Pluralismus als Ideologie zur Verschleierung der kapitalistischen Klassenherrschaft und trugen dazu bei, dass die Bundesrepublik nach 1968 pluralistischer war als zuvor. Sie griffen das parlamentarische System mit rätedemokratischen Parolen an und bewiesen durch die Praxis, dass ihr Modell auf die Manipulation der „unaufgeklärten" Mehrheit durch die „aufgeklärte" Minderheit hinauslief. Sie trieben die Aufarbeitung der nationalsozialistischen Vergangenheit voran und entleerten gleichzeitig den Begriff „Faschismus" so lange, bis sie ihn sowohl auf das „Dritte Reich" als auch auf die „spätkapitalistische" Bundesrepublik anwenden konnten. Ihr Protest war oft von extremer Intoleranz, und doch ist das, was man als „Protestkultur" der Bundesrepublik bezeichnet, ohne 1968 nicht zu erklären. […] Die APO bewies, was sie zu widerlegen trachtete: die Reformfähigkeit des demokratischen Systems. Und sie wäre schwerlich imstande gewesen, so viele gesellschaftliche Verkrustungen aufzubrechen und überkommene Autoritäten einem bisher ungekannten Legitimationszwang zu unterwerfen, wenn die Liberalisierung der Bundesrepublik nicht lange vor 1968 begonnen hätte.

H. A. Winkler: Der lange Weg nach Westen. Bd. II. München 2002, S. 252 f.

c) Oskar Negt (2008):

Ein Grundprinzip bestimmt die pädagogische Arbeit dieser Zeit: Nie darf der Leistungsbegriff auf bloß kognitive Operationen reduziert werden. Vielmehr gibt es drei gleichgeordnete, wenn auch in den Zeitmaßen sehr differenzierte Leistungsbegriffe: die emotionale, soziale und die kognitive Leistung. Wo diese Leistungsarten auseinander gebrochen werden, gibt es Störungen in den individuellen Lernprozessen und im Verhalten Jugendlichen und der Kinder. […]
Es ist das Verdienst der Bewegung von Achtundsechzig, die Wundmale einer parlamentarischen Demokratie öffentlich erkennbar gemacht zu haben. Und zwei Elemente gehören zu dieser Art Basis-Demokratisierung: Zum einen ist es die Politisierung der Interessen und Bedürfnisse der Menschen, so dass sie in einer kritischen Öffentlichkeit in den Prozess politischer Urteilsbildung einbezogen sind. Zum andern betrifft die Demokratisierung der Gesellschaft, wenn man von Basisdemokratie spricht, die Bereiche konkreten Lebens, in denen die Menschen ihre alltäglichen Erfahrungen machen: in den Betrieben, Büros, Schulen und Universitäten.

O. Negt: Demokratie als Lebensform. In: Aus Politik und Zeitgeschichte, 14–15/2008, S. 6

***1.** Erörtern Sie die Gründe, die die ehemaligen „68er" für ihre Rebellion anführen. Sind einige davon auch noch heute aktuell?*

***2.** Was versteht man unter „bürgerlichen Werten"? Wie stehen Sie dazu?*

***3.** Prüfen Sie die für 1968 verwendeten Begriffe auf ihre Stichhaltigkeit.*

***4.** Ordnen Sie die hier vorkommenden Argumente nach Pro- und Kontra-Urteilen für die „68er". Wie ist Ihre eigene Meinung?*

1.4 Die Ära Kohl (seit 1982)

Außen- und Sicherheitspolitik Als Bundeskanzler Helmut Schmidt 1982 durch ein konstruktives Misstrauensvotum gestürzt wurde und dem CDU-Vorsitzenden und Oppositionsführer Helmut Kohl Platz machen musste, bedeutete dies keinen einschneidenden Richtungswechsel. In der Ost- und Deutschlandpolitik setzte die neue Regierung Kohl/Genscher den Kurs der Verständigung und Friedenssicherung fort. Sie war sich, wie die Regierung Schmidt, mit der DDR-Führung unter Erich Honecker in dem Bestreben einig, die Zunahme der Ost-West-Spannungen nicht auf die deutsch-deutschen Beziehungen durchschlagen zu lassen.

Wirtschaftsprobleme Erhebliche Sorgen bereitete anfangs die schon die schmidtschen Regierungsjahre überschattende Wirtschaftsflaute. Sie war nicht allein auf eine vorübergehende Konjunkturschwäche zurückzuführen, sondern hing insbesondere mit den vom raschen technologischen Wandel erzwungenen Umstellungsbelastungen und dem wachsenden Konkurrenzdruck des Auslands, vor allem der ostasiatischen Länder zusammen. Die bürgerliche Mitte-Rechts-Regierung suchte ihr mit dem altliberalen Konzept einer Stärkung der privatwirtschaftlichen Marktkräfte zu begegnen; staatliche Arbeitsbeschaffungsprogramme, wie sie vor allem die Gewerkschaften forderten, passten nicht zu dieser Linie. Dank einer weltweiten wirtschaftlichen Erholung entspannte sich die Lage seit 1984/85. Aber die Arbeitslosenzahl blieb hoch, und nach einer kurzen Phase der Verlangsamung wuchs der öffentliche Schuldenberg erneut in bedrohlicher Schnelligkeit. Die schon unter Schmidt unvermeidlich gewordenen Einsparungen bei den öffentlichen Sozialleistungen fanden eine verstärkte Fortsetzung. Zugleich stieg die Belastung durch Steuern und Abgaben.

Am 12. Juni 1987 besuchte der US-amerikanische Präsident Ronald Reagan Berlin. –
In einer Rede gegen 14 Uhr direkt am Brandenburger Tor – und damit direkt an der Grenze zwischen West- und Ostberlin – sagte er: „General Secretary Gorbachev, if you seek peace, if you seek prosperity for the Soviet Union and eastern Europe, if you seek liberalization, come here to this gate. Mr. Gorbachev, open this gate. Mr. Gorbachev, tear down this wall!" (http://www.reaganfoundation.org/reagan/speeches/wall.asp, 19.2.2008)
Die Aufnahme, die Ronald Reagan und Bundeskanzler Helmut Kohl sowie den Regierenden Bürgermeister von Berlin, Eberhard Diepgen, zeigt, entstand unmittelbar im Anschluss an die Rede.

Q 26 Politische Perspektiven der 1980er Jahre

a) *Aus dem Regierungsprogramm der Regierung Kohl/Genscher von 1987:*

Erstens. Wir wollen das Wertebewusstsein schärfen, insbesondere den Sinn für den Zusammenhang von Freiheit und Verantwortung. Das für uns gültige Wertesystem, wesentlich durch Christentum und Aufklärung geprägt, gründet auf der Einzigartigkeit jedes Menschen, auf der Achtung vor dem Leben, der Menschenwürde und der persönlichen Freiheit. [...] Zweitens. Wir wollen in einer leistungsstarken Wirtschaft sozialen Halt geben und so die Freiheit materiell stützen. Nur wenn die Prinzipien der Sozialen Marktwirtschaft angewendet werden, können auf die Dauer Wirtschaft gedeihen und soziale Sicherheit bestehen. Damit müssen sich Leistungswille und Kreativität verbinden. Dann können wir den Anschluss an die Weltspitze halten, neue Arbeitsplätze schaffen und den sozial Schwächeren zur Seite stehen. Am Herzen müssen uns insbesondere jene liegen, die keine machtvollen Verbände und Fürsprecher haben. Drittens. Wir wollen, dass die Bürger in einer menschengerechten Lebens-Umwelt Geborgenheit erfahren und mehr Freiheitschancen erhalten. Vor allem wollen wir menschliche Bindungen erhalten und stärken. Das betrifft die Familie ebenso wie das Verhältnis zwischen den Generationen und – in einem weiteren Sinn – die Verbundenheit mit der Heimat, wie etwa die Bodenständigkeit, gerade auch im ländlichen Raum. Familienförderung und so verstandene Agrarpolitik, aber auch der Schutz der natürlichen Lebensgrundlagen weisen weit über die materielle Dimension hinaus. Viertens. Wir wollen, dass alle Deutschen eines Tages wieder durch gemeinsame Freiheit in einer europäischen Friedensordnung vereint sind. Deutschlandpolitik heißt für uns außerdem Menschen zueinanderbringen, weil sie zusammengehören. Deshalb müssen wir das Bewusstsein für die Einheit unserer deutschen Nation stets wach halten.

Verhandlungen des 11. Deutschen Bundestages. Sitzung vom 18. März 1987, S. 51 f.

b) *Aus dem Programm der Grünen zum „Umbau der Industriegesellschaft", beschlossen auf der Bundesversammlung 1986 in Hannover:*

Der Umbau der Wirtschaft, den wir mit dem vorgelegten Programm konkret einfordern, beinhaltet entscheidende Weichenstellungen zur Umkehr der herrschenden Entwicklungslogik in Richtung auf eine humane wirtschaftliche Zukunft. Wir Grünen setzen uns für eine neue Wirtschaftsordnung und Wirtschaftsweise ein, die ihrer Verantwortung gegenüber den Lebensbedürfnissen der Menschen hier und in der Dritten Welt, sowohl der jetzt lebenden als auch der zukünftigen Generationen, gerecht wird. Diese Wirtschaftsweise muss daher

- ökologisch sein, weil die unvermeidbaren Eingriffe der menschlichen Produktion in die Natur in einer Art und Weise erfolgen müssen, die die Gesetzmäßigkeiten des Naturhaushalts unserer Erde berücksichtigt und die Natur, unsere Lebensgrundlage, schützt;
- sozial, weil die Art der Arbeit und die Verteilung ihrer Produkte die Grundlage sein muss für eine real gleichberechtigte Persönlichkeitsentfaltung aller Gesellschaftsmitglieder;
- basisdemokratisch, weil die sozialen und kulturellen Lebens- und Arbeitsinteressen der Menschen nur dann zur vollen Geltung kommen können, wenn die Selbstbestimmung der Belegschaften und demokratische Übereinkünfte über den Wirtschaftsablauf ausgebaut werden und an die Stelle von privat- oder staatswirtschaftlicher Verfügungsmacht und Fremdbestimmung treten.

Bundesgeschäftsstelle der Grünen (Hg.): Programm zum Umbau der Industriegesellschaft. Bonn 1986, S. 3 f.

a) Inwieweit kann Kohls Regierungsprogramm konservativ genannt werden?

b) Vergegenwärtigen Sie sich die Konsequenzen des von den Grünen geforderten wirtschaftlichen Umbaus. Wo sehen Sie Vorzüge und Chancen, wo Mängel und Hindernisse?

Q 27 Bundestagswahlergebnisse 1949–1994 (Stimmanteile in Prozent)

Kanzler	Gegenkandidat	
 K. Adenauer	 K. Schumacher	**14.8.1949** 31,0 29,2 11,9 27,9
 K. Adenauer	 E. Ollenhauer	**6.9.1953** 45,2 28,8 9,5 10,0
 K. Adenauer	 E. Ollenhauer	**15.9.1957** 50,2 31,8 7,7 3,4
 K. Adenauer	 W. Brandt	**17.9.1961** 45,3 36,2 12,8
 L. Erhard	 W. Brandt	**19.9.1965** 47,6 39,3 9,5
 W. Brandt	 K.G. Kiesinger	**28.9.1969** 46,1 42,7 5,8
 W. Brandt	 R. Barzel	**19.11.1972** 44,9 45,8 8,4
 H. Schmidt	 H. Kohl	**3.10.1976** 48,6 42,6 7,9
 H. Schmidt	 F.J. Strauß	**5.10.1980** 44,5 42,9 10,6
 H. Kohl	 H.-J. Vogel	**6.3.1983** 48,8 38,2 7,0 5,6
 H. Kohl	 J. Rau	**25.1.1987** 44,3 37,0 9,1 8,3
 H. Kohl	 O. Lafontaine	**2.12.1990** 43,8 33,5 11,0 3,8 3,6* 2,4
 H. Kohl	 R. Scharping	**16.10.1994** 41,5 36,4 6,9 7,3 4,4 4,4**

Im Parlament vertretene Parteien:
- CDU/CSU
- SPD
- FDP
- Die Grünen (ab 1993 Bündnis 90/Die Grünen)
- PDS
- Sonstige

* Die Grünen in Westdeutschland schafften 1990 nicht den Einzug ins Parlament. Bündnis 90/Die Grünen in Ostdeutschland und PDS zogen aufgrund einer Sonderregelung ins Parlament ein, obwohl sie die 5-Prozent-Hürde nur im Wahlgebiet Ost übersprangen.

** Da es 1994 der PDS gelang, drei Direktmandate zu gewinnen, konnte sie ins Parlament einziehen, obwohl sie weniger als 5% der Stimmen erhalten hatte.

a) *Stellen Sie Bezüge her zwischen der politischen Lage zur Zeit des Wahltermins und dem Abschneiden der Parteien.*

b) *Versuchen Sie, allgemeine Trends zu ermitteln im Hinblick auf a) die Stabilität und Instabilität der Parteienwählerschaften; b) das Gewicht der Volksparteien; c) die Reaktion der Wähler auf die wiederholten Koalitionswechsel der FDP.*

2. „Bonn ist nicht Weimar": politische Kultur und politisches System

„Bonn ist nicht Weimar" – Dieser Titel eines Mitte der 50er-Jahre erschienenen Buches eines Schweizer Journalisten wurde bald zum geflügelten Wort. Es drückte die Erleichterung und Genugtuung darüber aus, dass der Bonner Demokratie das traurige Schicksal der ersten deutschen Republik allem Anschein nach erspart bleiben würde. Die Voraussetzungen dafür schienen gut: Eine große Mehrheit war sich in der Bejahung der demokratischen Staatsform und in dem Willen einig, sie zu bewahren und gegen alle Gegner zu schützen; Revanchegedanken und Dolchstoßlegenden, die das politische Klima von Weimar so vergiftet hatten, fanden nach der totalen Niederlage des „Dritten Reiches" keinen Widerhall; eine günstige wirtschaftliche Entwicklung sicherte den sozialen Frieden.

2.1 Die politische Kultur

„Ohne mich" Der Schock der NS-Zeit saß tief. Die Verbrechen des Hitler-Regimes hatten das Führerprinzip und die Gehorsamsmoral, den Militarismus und den Ultra-Nationalismus – Einstellungen, die auch schon vor 1933 viele Deutsche in ihren Bann gezogen hatten – vollständig entzaubert. Viele wollten überhaupt nichts mehr mit Politik zu tun haben, gefielen sich in einer „Ohne-mich"-Haltung. Eine tiefe Skepsis gegenüber allen politischen Heilslehren und Weltanschauungen breitete sich aus, eine Absage an den Mythos der „Gemeinschaft" und an jene Staatsgläubigkeit, der der Staat als höchster sittlicher Wert gegolten hatte, dem sich der Einzelne unterzuordnen habe. Der Soziologe Helmut Schelsky sprach daher von einer „skeptischen Generation".

Kontinuität der Eliten Die Beamten- und Richterschaft sowie die Führungskräfte in der Wirtschaft überstanden den Umbruch von 1945 bis auf wenige Ausnahmen unbeschadet. Die Versuche der westlichen Siegermächte, namentlich der USA, das Berufsbeamtentum abzuschaffen, liefen sich an der deutschen Beamtenlobby tot. Der Parlamentarische Rat schrieb das Beamtentum auf Lebenszeit verfassungsrechtlich fest und gewährte sogar denen, die nach dem Kriege ihre Ämter verloren hatten, einen Anspruch auf Wiedereinstellung. Nur wenige mussten auf Dauer wegen ihrer NS-Verstrickung aus dem Öffentlichen Dienst ausscheiden. Selbst die meisten Richter, die an den NS-Unrechtsurteilen beteiligt gewesen waren, blieben unangetastet. Eine entschiedene politische Säuberung fand nicht statt. Auch die alten Besitzverhältnisse und Unternehmensformen im Bergbau, in der Industrie, im Banken- und Versicherungswesen wurden schließlich wiederhergestellt. Selbst die von den Besatzungsmächten in den ersten Nachkriegsjahren durchgesetzte Entflechtung großer Kartelle und Konzerne hatte nicht lange Bestand. Nach und nach kam es wieder zu Kapitalkonzentrationen und Unternehmenszusammenschlüssen, und die Kapitalbesitzer sowie das Management der Großwirtschaft wurden zu einem Machtfaktor, den jede Bundesregierung in Rechnung stellen musste.

Schatten der NS-Vergangenheit Mit der äußeren und inneren Anerkennung einer politischen und moralischen (Mit-)Schuld an den Triumphen und Gräueln des Hitler-Reiches taten sich viele der Betroffenen schwer. In den 1950er-Jahren standen der wirtschaftliche Wiederaufbau und der Antikommunismus des Kalten Krieges so im Vordergrund, dass die Abrechnung mit der nationalsozialistischen Vergangenheit weithin verdrängt wurde. Der Psychologe Alexander Mitscherlich sprach von der „Unfähigkeit zu trauern". Erst mit der späten Einrichtung der „Zentralstelle für die Erfassung nationalsozialistischer Verbrechen" 1958 in Ludwigsburg kam die Aufspürung und Verfolgung nationalsozialistischer Straftaten wieder in Gang. Aber die Anteilnahme der deutschen Öffentlichkeit

Historische Verantwortung für die deutsche Schuld

Die politische und moralische Verpflichtung, für die deutschen Verbrechen an den Juden einzustehen und – soweit überhaupt möglich – Wiedergutmachung zu leisten, machte sich von den drei Nachfolgestaaten des „Dritten Reiches" am entschiedensten die Bundesrepublik zu eigen. Unter ausdrücklicher Anerkennung ihrer rechtlichen Haftung für die Untaten des NS-Regimes regelte sie in Gesetzen und zwischenstaatlichen Vereinbarungen die finanziellen Abfindungen für die Opfer des Holocaust. Dagegen lehnte die Republik Österreich eine Mitverantwortung für die zwischen 1938 und 1945 verübten Gräueltaten ab, weil, wie sie vorgab, ihr Land selbst ein Opfer der Hitlerschen Eroberungspolitik gewesen sei. Sie gewährte den jüdischen Überlebenden zwar finanzielle Entschädigung, verstand diese aber ausschließlich als freiwillige soziale Wohltat. Völlig unzugänglich zeigte sich die DDR-Regierung. Kategorisch verwarf sie jede Verantwortlichkeit für die NS-Verbrechen und war allenfalls bereit, für einen ausgesuchten „antifaschistischen" jüdischen Personenkreis „Ehrenpensionen" zu vergeben.

Im Mai 1966 reiste Adenauer nach Israel. Der deutsche Kanzler traf mit David Ben Gurion, dem ersten Premierminister Israels im Kibbuz Sdeh Boker in der Wüste Negev zusammen.

an den nunmehr anlaufenden Prozessen, etwa gegen die Wachmannschaften der Vernichtungslager Auschwitz oder Treblinka, blieb mäßig. Auch bedurfte es mehrerer Anläufe des Bundestages, bis sich dessen Mehrheit schließlich 1979 dazu durchrang, die Verjährung für Mord, damit auch für NS-Verbrechen, vollständig aufzuheben. Viele hätten lieber einen Schlussstrich gezogen und die Auseinandersetzung mit dem Nationalsozialismus für beendet erklärt.

Antisemitismus Auch der Holocaust, der millionenfache Mord an den europäischen Juden, wurde von nicht wenigen beiseitegeschoben, von den Unbelehrbaren sogar bagatellisiert oder geleugnet. Das von der Adenauer-Regierung mit Israel und jüdischen Organisationen 1952 abgeschlossene Wiedergutmachungsabkommen, das deutsche Zahlungen in Höhe von 3,45 Milliarden DM vorsah, stieß bei vielen auf Unverständnis und Ablehnung; selbst Kabinettsmitglieder hielten den Betrag für viel zu hoch. Obwohl bis weit in die 1980er-Jahre nie mehr als 30 000 Juden in der Bundesrepublik ansässig waren, hielt sich eine – nur selten offen geäußerte – anti-jüdische Einstellung; Untersuchungen ergaben einen Anteil von etwa 15 % aller Westdeutschen mit deutlich antisemitischen Ressentiments.

Wohlstand als stabilisierende Kraft Der 40 Jahre lang stetig steigende Wohlstand erwies sich als ein Polster, das alle der Demokratie gefährlichen Stöße auffing. In ihrer gesamten Geschichte blieb die „alte" Bundesrepublik von den erbitterten Verteilungskämpfen und den Wirtschaftskatastrophen verschont, die der Weimarer Ordnung so zugesetzt hatten. Das Hineinwachsen in die Demokratie verband sich für die meisten Bundesbürger mit der angenehmen Erfahrung ständigen wirtschaftlichen Fortschritts und komfortabler sozialer Sicherheit. Das Wirtschaftswunder war für viele der überzeugendste Beweis, dass man mit der Demokratie auf dem richtigen Wege war. Demokratie und soziale Marktwirtschaft gehörten anscheinend unauflöslich zusammen. Die durch den allgemein steigenden Wohlstand ermöglichte Angleichung der Lebensformen – die die gleichzeitig eher zu- als abnehmenden beträchtlichen Unterschiede in den Einkommens- und Vermögensverhältnissen verdeckten – trug maßgeblich zum Eindruck einer „Egalisierung" der bundesdeutschen Gesellschaft bei – ein für die Demokratie ganz unentbehrliches Ferment. Die früher jederzeit spür- und sichtbaren Abstände zwischen Arm und Reich, Oben und Unten verschwanden zeitweilig hinter dem Oberflächenbild einer „nivellierten Mittelstandsgesellschaft" (H. Schelsky). Der soziale Neid – eine wichtige Triebfeder innenpolitischer Konflikte – fand wenig Nahrung: Solange es den meisten Menschen stetig besser ging, störte es sie wenig, dass andere noch viel mehr hatten.

Q 28 Die Bundesrepublik: ein freiheitlich-demokratischer Verfassungsstaat?

a) *Aus Urteilen des Bundesverfassungsgerichts von 1952 und 1956:*

1952: So lässt sich die freiheitliche demokratische Grundordnung als eine Ordnung bestimmen, die unter Ausschluss jeglicher Gewalt- und Willkürherrschaft eine rechtsstaatliche Herrschaftsordnung auf der Grundlage der Selbstbestimmung des Volkes nach dem Willen der jeweiligen Mehrheit und der Freiheit und Gleichheit darstellt. Zu den grundlegenden Prinzipien dieser Ordnung sind mindestens zu rechnen: die Achtung vor den im Grundgesetz konkretisierten Menschenrechten, vor allem vor dem Recht der Persönlichkeit auf Leben und freie Entfaltung; die Volkssouveränität; die Gewaltenteilung; die Verantwortlichkeit der Regierung; die Gesetzmäßigkeit der Verwaltung; die Unabhängigkeit der Gerichte; das Mehrparteienprinzip und die Chancengleichheit für alle Parteien mit dem Recht auf verfassungsmäßige Bildung und Ausübung einer Opposition.

1956: Wenn als ein leitendes Prinzip aller staatlichen Maßnahmen der Fortschritt zu „sozialer Gerechtigkeit“ aufgestellt wird, [...] so ist auch das ein der konkreten Ausgestaltung in hohem Maße fähiges und bedürftiges Prinzip. Was jeweils praktisch zu geschehen hat, wird also in ständiger Auseinandersetzung aller an der Gestaltung des sozialen Lebens beteiligten Menschen und Gruppen ermittelt. Aber es erschöpft sich nicht darin. Im Ringen um die Macht spielt sich gleichzeitig ein Prozess der Klärung und Wandlung dieser Vorstellungen ab. Die schließlich erreichten Entscheidungen werden gewiss stets mehr den Wünschen und Interessen der einen oder anderen Gruppe oder sozialen Schicht entsprechen; die Tendenz der Ordnung und die in ihr angelegte Möglichkeit der freien Auseinandersetzung zwischen allen realen und geistigen Kräften wirkt aber in Richtung auf Ausgleich und Schonung der Interessen aller. [...] In die schließlich erreichte Mehrheitsentscheidung ist immer auch die geistige Arbeit und die Kritik der oppositionellen Minderheit eingegangen. Weil Unzufriedenheit und Kritik mannigfache, selbst drastische Ausdrucksmöglichkeiten besitzen, zwingt die Einsicht in die Labilität ihrer Position die Mehrheit selbst, die Interessen der Minderheit grundsätzlich zu berücksichtigen.

Entscheidungen des Bundesverfassungsgerichts. Bd. 2. S. 13; Bd. 5. S. 198 ff.

b) *Der Philosoph und Soziologe Jürgen Habermas über den „Wert der Mehrheitsregel“ (1983):*

[...] Trotzdem halten wir an der von Minderheiten respektierten Mehrheitsentscheidung als dem Königsweg der demokratischen Willensbildung fest. Daran will auch heute niemand ernstlich rütteln. Aber bestimmte minimale Voraussetzungen müssen erfüllt sein, wenn die Mehrheitsregel ihre legitimierende Kraft behalten soll. So darf es keine geborenen Minderheiten geben, beispielsweise aufgrund gespaltener kultureller Überlieferungen und Identitäten. Ebenso wenig darf die Mehrheit irreversible Entscheidungen treffen. Die Mehrheitsregel funktioniert nur in bestimmten Kontexten überzeugend. Ihr Wert muss sich an der Idee messen lassen, wie weit sich die Entscheidungen, die sie unter Bedingungen knapper Zeit und begrenzter Information ermöglicht, von den idealen Ergebnissen eines diskursiv erzielten Einverständnisses oder eines präsumptiv gerechten Kompromisses entfernen. [...]

Es ist an der Zeit, ohne Nachgiebigkeit klarzumachen, in welchem Sinne ziviler Ungehorsam berechtigt ist. Das ist etwas anderes als ein Aufruf zu zivilem Ungehorsam. Die Entscheidung, ein solches Risiko einzugehen, muss jeder für sich selber treffen. Das „Recht“ auf zivilen Ungehorsam bleibt aus guten Gründen in der Schwebe zwischen Legitimität und Legalität. Aber der Rechtsstaat, der zivilen Ungehorsam als gemeines Verbrechen denunziert und verfolgt, gerät auf die schiefe Ebene eines autoritären Legalismus. Die von Juristen ausgegebene, von Journalisten verbreitete, von Politikern aufgenommene Parole, Gesetz ist Gesetz, Nötigung ist Nötigung, entspringt derselben Mentalität wie die Überzeugung jenes ehemaligen NS-Marinerichters, der meinte, dass, was einmal Recht war, auch Recht bleiben müsse. [...]

J. Habermas: Ziviler Ungehorsam – Testfall für den demokratischen Rechtsstaat, in: Die neue Unübersichtlichkeit. Frankfurt a. M. 1985, S. 95–97

a) Informieren Sie sich über die historischen Wurzeln der freiheitlich-demokratischen Grundordnung.

b) Überprüfen Sie die Aussage der Bundesverfassungsrichter, die demokratische Mehrheit berücksichtige auch die Interessen der Minderheit, an Beispielen aus der Geschichte der Bundesrepublik.

c) Diskutieren Sie das Recht auf zivilen Ungehorsam. Wo liegen sein guter Sinn und seine Grenzen? Was unterscheidet Legitimität von Legalität?

2.2 Die Verfassungsordnung

Politische Stabilität Dem Bonner Grundgesetz war vom Parlamentarischen Rat die Aufgabe zugedacht, die Gebrechen der Weimarer Verfassung zu vermeiden und eine Wiederkehr des Nationalsozialismus zu verhüten. Die starke Stellung des Kanzlers, der die Richtlinien der Politik zu bestimmen hat und nur durch ein „konstruktives Misstrauensvotum“, d.h. die Wahl eines Nachfolgers, gestürzt werden kann, hat politisch stabile, langlebige Regierungen möglich gemacht. Die politisch schwache Ausstattung des Bundespräsidenten-Amtes – die schlechten Weimarer Erfahrungen mit dem „Ersatz-Kaiser“ Hindenburg hatten die Verfassungsgeber abgeschreckt – zwang die Amtsinhaber, die fehlende politische durch geistige Führerschaft wettzumachen. Dass der Souverän „Volk“ am politischen Entscheidungsprozess fast nur in den Wahlen zu den Volksvertretungen teilnehmen darf, war ebenfalls eine verfassungspolitische Antwort auf die vermeintlich schlechten Erfahrungen mit der Weimarer Verfassung, die Volksbegehren und Volksentscheide sowie die Volkswahl des Reichspräsidenten vorsah.

Schutz gegen Verfassungsfeinde Der Wiederkehr nationalsozialistischer oder anderer totalitärer Regime schob das Grundgesetz mehrere Riegel vor. Dazu zählen vor allem: die Grundrechte, die den Einzelnen gegen staatliche Willkür schützen und unmittelbar geltendes Recht darstellen; die Unaufhebbarkeit der in den Artikeln 1, 20, 79 (3) verankerten Verfassungsgrundsätze: Diese erklären die Würde des Menschen zur obersten Norm, schreiben den demokratischen, rechts-, sozial- und bundesstaatlichen Charakter der Bundesrepublik fest und garantieren die Existenz von Bundesländern samt deren Mitwirkung an der Bundesgesetzgebung; die Verbotsandrohung für alle Parteien, die nicht auf dem Boden des Grundgesetzes stehen; schließlich das generelle Verbot der Beteiligung an Angriffskriegen.

Rechtswesen Zu den wichtigsten Neuerungen des Grundgesetzes gehörte die Errichtung des Bundesverfassungsgerichtes. Dieses zum Hüter der Verfassung bestellte oberste Gericht hat mit einer Fülle von Entscheidungen das politische Gesicht der Bundesrepublik maßgeblich mitgeformt. Wo Regierung oder Parlament nicht weiterwussten, grundlegende politische Differenzen sich nicht beilegen ließen oder die Verfassungsmäßigkeit von Gesetzen und Verträgen strittig war, fiel die letzte Entscheidung den Bundesverfassungsrichtern zu. Solche Verrechtlichung der Politik ist nicht unproblematisch, weil sie oft von einer Politisierung des Rechts nicht zu trennen ist.

Föderalismus Der bundesstaatliche Aufbau gehört zu den tragenden Pfeilern unserer Verfassungsordnung. Er entspricht einer festen Tradition der deutschen Geschichte, die nur in der Weimarer Republik eine gemäßigte und im nationalsozialistischen Staat eine vollständige Unterbrechung erfuhr.

Allerdings sind die heutigen Bundesländer – abgesehen von Bayern, den Hansestädten Hamburg und Bremen sowie (seit 1990) Sachsen – nach dem Ersten oder Zweiten Weltkrieg entstandene Neubildungen, die sich weder auf ein gemeinsames geschichtliches Erbe noch auf eine landsmannschaftliche Geschlossenheit berufen können. Sie sind aus historisch älteren Territorien zusammengefügte oder von größeren staatlichen Einheiten abgetrennte Gebietskörperschaften, deren Gemeinsamkeiten hauptsächlich wirtschaftsräumlicher oder administrativer Art sind.

Im Laufe der über 40 Jahre Bundesrepublik mussten die Länder eine unaufhörliche Schrumpfung ihrer Zuständigkeiten hinnehmen. Viele öffentliche Aufgaben sind heute nur noch großräumig zu bewältigen und verlangen eine Zusammenfassung aller Kräfte. So entwickelte sich in der Zusammenarbeit der Länder untereinander sowie der Länder mit dem Bund ein „kooperativer Föderalismus“. Selbst die Bereiche, die seit jeher Ländersache waren – Bildungswesen, Polizei, regionale Raumplanung und Strukturförderung –, funktionieren nicht mehr ohne länderübergreifende Regelungen.

Q 29 Die Verfassungsordnung der Bundesrepublik Deutschland

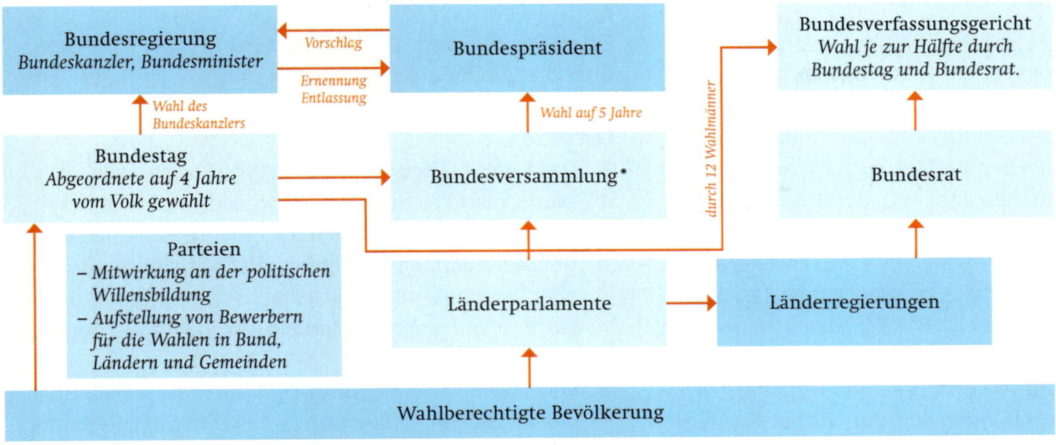

*Bestehend aus den Abgeordneten des Bundestages und der gleichen Anzahl von Mitgliedern, die von den Länderparlamenten nach den Grundsätzen der Verhältniswahl gewählt wurden.

Nennen Sie die in diesem Schema sichtbar werdenden Verfassungsprinzipien.

Q 30 „Radikale“ im Öffentlichen Dienst?

a) *Aus dem Beschluss der Regierungschefs des Bundes und der Länder vom 28. Januar 1972:*

Nach den Beamtengesetzen in Bund und Ländern darf in das Beamtenverhältnis nur berufen werden, wer die Gewähr dafür bietet, dass er jederzeit für die freiheitliche demokratische Grundordnung im Sinne des Grundgesetzes eintritt; sind Beamte verpflichtet, sich aktiv innerhalb und außerhalb des Dienstes für die Erhaltung dieser Grundordnung einzusetzen. Es handelt sich hierbei um zwingende Vorschriften. Jeder Einzelfall muss für sich geprüft und entschieden werden. Von folgenden Grundsätzen ist dabei auszugehen: 1. Ein Bewerber, der verfassungsfeindliche Aktivitäten entwickelt, wird nicht in den öffentlichen Dienst eingestellt. 2. Gehört ein Bewerber einer Organisation an, die verfassungsfeindliche Ziele verfolgt, so begründet diese Mitgliedschaft Zweifel daran, ob er jederzeit für die freiheitliche demokratische Grundordnung eintreten wird. Diese Zweifel rechtfertigen in der Regel eine Ablehnung des Einstellungsantrages.

Gemeinsames Amtsblatt des Landes Baden-Württemberg. 21 (1973), S. 950

b) *Der Journalist Theo Sommer (1975):*

Schließlich aber geht es um die Auswirkungen der Überprüfungspraxis, die indirekten Folgekosten des Staatsschutzes, wie er derzeit im deutschen Südwesten praktiziert wird. Es sind zwei. Erstens: Die staatliche Schnüffelei fördert das Duckmäusertum. Zweitens: Sie gefährdet die Meinungsfreiheit und die Lehrfreiheit. Duckmäusertum – wie anders soll man es benennen, was sich an vielen Universitäten tagtäglich manifestiert? Gewisse Prüfungsthemen werden plötzlich nicht mehr gewünscht; ein Student, der über Marx gearbeitet hat, bittet, doch lieber über Popper geprüft zu werden; Titel von Zulassungsarbeiten werden ins Neutrale umfrisiert – man hat ja erlebt, dass derlei Dinge später zu Bedenken Anlass gaben.

Ministerpräsident Filbinger unterschreibt in einer Referenten-Entgegnung an die hundert protestierenden Professoren einen Satz, der eine eng verstandene Verfassungstreue über die Freiheit der Lehre stellt: „Ein verfassungswidriges Handeln liegt dann vor, wenn in der Form der Lehre Ansichten, die gegen die genannten Verfassungsprinzipien gerichtet sind, befürwortend oder gar propagandistisch verbreitet werden“ – als ob Lehrmeinungen über unsere Verfassungswirklichkeit von vornherein auf ein zustimmendes oder neutrales Urteil zum Grundgesetz festgenagelt werden dürften. Da wird die Grenze zwischen wissenschaftlicher Meinung und politischer Agitation auf gefährliche Weise verwischt.

Th. Sommer: Eine Demokratie von Duckmäusern? in: „Die Zeit“, 13. Juni 1975

a) Warum erregte der sogenannte „Radikalenerlass“ von 1972 derartig großes Aufsehen? Erläutern Sie seinen zeitgeschichtlichen Hintergrund.

b) Lässt sich der „Radikalenerlass“ als Anschlag auf den demokratischen Rechtsstaat deuten? Diskutieren Sie die Grenze zwischen dem Selbstschutz des Staates vor verfassungsfeindlicher Unterwanderung und demokratiewidriger „Gesinnungsschnüffelei“.

Interpretation von Urteilen des Bundesverfassungsgerichts

Basis der Urteile

Das Bundesverfassungsgericht (BVG) befindet in letzter Instanz und damit für alle Verfassungsorgane verbindlich über die Auslegung des Grundgesetzes. Es entscheidet Streitigkeiten zwischen den Verfassungsorganen (Bundestag, Bundesrat, Bundesregierung, Bundespräsident) sowie dem Bund und den Ländern; es führt eine „Normenkontrolle" durch, die die Vereinbarkeit eines Gesetzes mit dem Grundgesetz prüft; und es reagiert auf Verfassungsbeschwerden, die jeder einreichen kann, der sich in seinen Grundrechten verletzt fühlt. Darüber hinaus entscheidet es über die Verwirkung von Grundrechten wegen verfassungsfeindlicher Bestrebungen oder das Verbot verfassungswidriger Parteien.

Das Gericht wird jedoch nicht von sich aus tätig, sondern nur auf Anrufung; es ist ein „passives" Gericht. Ist es aber angerufen, hat es weitreichende Vollmachten: Es kann bestimmte Gesetze oder Maßnahmen verbieten, Vorgaben für künftige Regelungen festlegen oder Verfassungsorgane in die Pflicht nehmen, gesetzgeberisch tätig zu werden.

Indem es die notwendig allgemeinen Verfassungsbestimmungen für den Einzelfall auslegt, schließt es verfassungsrechtliche Lücken und wird selbst zu einem komplementären Gesetz- bzw. Verfassungsgeber. Es bewegt sich in einer Grenzzone zwischen Recht und Politik und übt damit durchaus politische Funktionen aus. Das wird auch daran deutlich, dass die Richter nicht immer einer Meinung sind und jedes abweichende Votum der Mehrheitsentscheidung beigefügt wird.

Urteil des BVG vom 12. Oktober 1993 über die Vereinbarkeit von EU-Vertrag und Grundgesetz

Leitsätze

2. Das Demokratieprinzip hindert die Bundesrepublik Deutschland nicht an einer Mitgliedschaft in einer – supranational organisierten – zwischenstaatlichen Gemeinschaft. Voraussetzung der Mitgliedschaft ist aber, dass eine vom Volk ausgehende Legitimation und Einflussnahme auch innerhalb des Staatenverbundes gesichert ist.
4. Vermitteln – wie gegenwärtig – die Staatsvölker über die nationalen Parlamente demokratische Legitimation, sind der Ausdehnung der Aufgaben und Befugnisse der Europäischen Gemeinschaften vom demokratischen Prinzip her Grenzen gesetzt. Dem Deutschen Bundestag müssen Aufgaben und Befugnisse von substanziellem Gewicht verbleiben.
8. Der Unions-Vertrag begründet einen Staatenverbund zur Verwirklichung einer immer engeren Union der staatlich organisierten Völker Europas, keinen sich auf ein europäisches Staatsvolk stützenden Staat.

Gründe

Die Bundesrepublik Deutschland ist auch nach dem Inkrafttreten des Unions-Vertrages Mitglied in einem Staatenverbund, dessen Gemeinschaftsgewalt sich von den Mitgliedstaaten ableitet und im deutschen Hoheitsbereich nur kraft des deutschen Rechtsanwendungsbefehls* verbindlich wirken kann. Deutschland ist einer der „Herren der Verträge", die ihre Gebundenheit an den „auf unbegrenzte Zeit" geschlossenen Unions-Vertrag mit dem Willen zur langfristigen Mitgliedschaft begründet haben, diese Zugehörigkeit aber letztlich durch einen gegenläufigen Akt auch wieder aufheben können. […] Deutschland wahrt damit die Qualität eines souveränen Staates aus eigenem Recht.

Thomas Läufer (Bearb.): Europäische Union – Europäische Gemeinschaft. Bonn 1996, S. 335 f., 341

* Die gesetzliche Bestimmung, dass EU-Gesetze erst durch einen entsprechenden deutschen Gesetzgebungsakt in Kraft treten können

Fragestellungen für die Analyse von BVG-Urteilen:

1. **In welchem historischen Kontext steht das hier behandelte Verfahren?**
2. **Welcher konkrete Fall steht zur Entscheidung an?**
3. **Welche Grundgesetzbestimmungen sind für das Urteil relevant?**
4. **Welche Rechtsauffassungen erhalten durch das Urteil Verbindlichkeit?**
5. **Welche Rechtsprobleme werden durch die Urteilsbegründung und ggf. durch Sondervoten sichtbar?**
6. **Welche Standpunkte werden durch das Urteil verworfen?**
7. **Welche politischen Konsequenzen ergeben sich aus dem Urteil?**

Anm.: Zu einem BVG-Urteil gehören die Leitsätze, die Urteilsgründe und ggf. die Minderheitsvoten.

Die vorgeschlagenen Fragen lassen sich stichwortartig etwa so beantworten:

1) Das BVG entschied über mehrere Verfassungsbeschwerden, die durch den EU-Vertrag von 1992 deutsche Grundrechte verletzt sahen.

2) Bedeutet der EU-Vertrag den Verzicht der Bundesrepublik auf substanzielle Demokratie- und Souveränitätsrechte?

3) Die Grundgesetz-Artikel 20, 23, 38, 79

4) Die Bundesrepublik bleibt „Herr der Verträge" und braucht nur die EU-Gesetze anzuwenden, die mit ihrer Verfassungsordnung übereinstimmen.

5) Das Verhältnis von Europarecht und deutschem Recht

6) Es wird ausgeschlossen, dass europäisches Recht deutsches Recht ohne die Einwilligung der Bundesrepublik außer Kraft setzt.

7) Die Gewissheit, dass Deutschland nicht gegen seinen Willen zur Übernahme europäischer Gesetze gezwungen werden kann. Damit könnte sich ggf. das BVG über den Europäischen Gerichtshof hinwegsetzen.

Urteil des BVG vom 31. Juli 1973 zum deutsch-deutschen Grundlagenvertrag

Gründe

B. III. 2. Dem Vorspruch des Grundgesetzes kommt nicht nur politische Bedeutung zu, es hat auch rechtlichen Gehalt. Die Wiedervereinigung ist ein verfassungsrechtliches Gebot. Es muss jedoch den zu politischem Handeln berufenen Organen der Bundesrepublik überlassen bleiben zu entscheiden, welche Wege sie zur Herbeiführung der Wiedervereinigung als politisch richtig und zweckmäßig ansehen. […]

IV. 3. Das Besondere dieses Vertrags ist, dass er zwar ein bilateraler Vertrag zwischen zwei Staaten ist, für den die Regeln des Völkerrechts gelten […], aber zwischen zwei Staaten, die Teile eines noch immer existierenden, wenn auch handlungsunfähigen, weil noch nicht reorganisierten umfassenden Staates Gesamtdeutschland mit einem einheitlichen Staatsvolk sind. […]

5. Der Vertrag bedarf weiter der Auslegung, dass – unbeschadet jeder Regelung des Staatsangehörigkeitsrechts in der Deutschen Demokratischen Republik – die Bundesrepublik Deutschland jeden Bürger der Deutschen Demokratischen Republik, der in den Schutzbereich der Bundesrepublik und ihrer Verfassung gerät, gemäß Art. 116, Abs. I und Art. 16 GG als Deutschen wie jeden Bürger der Bundesrepublik behandelt.

E. Cieslar u.a.: Der Streit um den Grundvertrag. München 1973, S. 294, 298, 303

Der 2. Senat des Bundesverfassungsgerichts entschied 1993 auch über den EU-Vertrag.

Interpretieren Sie mithilfe des Fragenkatalogs die Auszüge aus dem BVG-Urteil zum Grundlagenvertrag.

2.3 Der Parteienstaat

Parteien als politische Kräfte Unter allen politischen Kräften in der Bundesrepublik waren und sind die Parteien die weitaus wichtigsten und einflussreichsten. Insofern trifft die Bezeichnung „Parteienstaat“ den Charakter dieses politischen Systems am besten. Das Grundgesetz erklärt sie zu wichtigen Trägern des politischen Lebens und verleiht ihnen eine Art Bestandsgarantie und einen Anspruch auf staatliche Förderung. Die Parteien selbst haben diesen Rahmen extensiv ausgefüllt und sich im „Parteiengesetz“ Funktionen auf den Leib geschrieben, die einer politischen Allzuständigkeit nahekommen. Hinter diesem großen Anspruch bleibt ihr Ansehen in der (west-)deutschen Öffentlichkeit deutlich zurück. Zwar entwickelte sich nach 1945 nie jene Skepsis und Verachtung gegenüber dem „Parteiwesen“, die das demokratische Leben der Weimarer Republik so belastet hatten. Wirklich populär sind die Parteien dennoch bis heute nicht geworden und die – mitunter recht scharfe – Kritik an ihrem Politikstil, ihrer Machtbesessenheit, ihrer Führungsschwäche verstummte nie ganz.

Das Parteiensystem Die verfassungstreuen Parteien zogen – im Unterschied zur Weimarer Republik – stets so viele Wähler an, dass der politische Extremismus von rechts oder links nie eine ernsthafte Chance erhielt. Trotz aller Rivalitäten bestanden zwischen den im Bundestag vertretenen Parteien, von den Anfangsjahren abgesehen, so viele Gemeinsamkeiten, dass sie alle wechselseitig koalitionsfähig waren. Das erleichterte die Regierungsbildung und sorgte in der Regel für klare Mehrheiten. Dazu trug auch das Wahlrecht bei. Die erstmals bei den Bundestagswahlen von 1953 angewandte Fünf-Prozent-Klausel versperrte den Splitterparteien den Einzug in die Parlamente.

Volksparteien Die Stabilität und Elastizität des westdeutschen Parteiensystems war auch dem Trend zur Volkspartei zu verdanken. Im Kaiserreich und in der Weimarer Republik waren die größeren Parteien ausnahmslos Weltanschauungs-, Interessen- und Klassenparteien gewesen, die einseitig die Belange bestimmter Bevölkerungsgruppen vertraten und sich von fest umrissenen Prinzipien und Überzeugungen leiten ließen; zu Kompromissen mit

Herbst 1976: Wahl zum 8. Deutschen Bundestag. Plakate von SPD, CDU, FDP, NPD und DKP.

den politischen Gegnern fanden sie sich nur selten bereit. Nach 1945 entstand auch in Westdeutschland allmählich der Typ der Volkspartei, wie er etwa in den Vereinigten Staaten seit jeher üblich war. Die Volkspartei wandte sich an alle sozialen Schichten und ihr Programm war so weit gefasst, dass viele Anschauungen darin Platz hatten. Die CDU ging in dieser Entwicklung voran; seit ihrer Gründung versuchte sie Arbeitnehmer wie Arbeitgeber, Selbstständige und abhängig Beschäftigte, Katholiken und Protestanten, Stadt- und Landbewohner, Akademiker und Volksschüler anzusprechen. Die SPD folgte ihr 1959 mit dem „Godesberger Programm“; in diesem kam der Marxismus gar nicht mehr vor und aus der Klassenpartei der Arbeiter wurde dem Anspruch nach eine Partei aller Volksschichten, tatsächlich wohl eine Partei der Arbeitnehmer. Am schwersten tat sich die FDP: Auch sie betonte ihre Offenheit für alle Bevölkerungskreise, doch blieb sie wohl im Ganzen die Partei der Wirtschaftsmanager und freiberuflichen Akademiker sowie der höheren Beamten. Die Grünen erhoben anfangs nicht den Anspruch, eine Volkspartei zu sein. Erst später suchten auch sie alle Bevölkerungskreise anzusprechen, auch wenn sie ihre Wählerschaft vornehmlich in den jüngeren, linksorientierten Bildungsschichten fanden.

Sozialmilieus Der Trend zur Volkspartei entsprach dem allgemeinen gesellschaftlichen Wandel. Die weitgehende Angleichung der Lebensverhältnisse innerhalb der Konsumgesellschaft, die beträchtliche räumliche und soziale Mobilität und die Individualisierung der Lebensstile bewirkten eine Aufweichung, wenn nicht gar Auflösung der alten Klassen- und Schichtenprägungen. Das drückte sich zunehmend auch im Wählerverhalten aus. In den ersten Jahrzehnten der Bundesrepublik konnten sich die großen Parteien noch weitgehend auf feste Wählerstämme verlassen. Aber seit den 1970er-Jahren wuchs die Zahl der „Wechselwähler“. Diese empfanden wenig oder keine Bindungen zu ihren sozialen Herkunftsgruppen und deren traditionellen politischen Sympathien; sie trafen ihre Wahlentscheidungen von Mal zu Mal, je nach ihren eigenen Vorstellungen und den Vorteilen, die sie sich von dieser oder jener Stimmabgabe versprachen.

CDU Gemessen an den Wahlergebnissen und Regierungsbeteiligungen war die CDU bislang die mit Abstand erfolgreichste Partei. Sie verstand es, eine sozial sehr gemischte Wählerschaft an sich zu binden und einen mittleren Kurs zu steuern, der Arbeitgeber wie Arbeitnehmer, Wohlhabende und wenig Begüterte, Menschen mit hohem und niedrigem Bildungsstand zufriedenstellte. Lange kam sie mit einer vergleichsweise lockeren Organisation und bescheidenen Mitgliederzahl (Höchststand 1983 mit 735 000) zurecht. Der erste hauptamtliche Generalsekretär wurde erst 1967 berufen, ein offizielles Grundsatzprogramm ließ bis 1978 auf sich warten. Starke Vorsitzende wie Adenauer (1950–1966) und Kohl (1973–1998) gaben den Ton an und ließen parteiinterne Richtungs- und Machtkämpfe kaum zur Entfaltung kommen.

CSU Die CSU, die auf Bayern beschränkte Schwesterpartei, musste den Spagat vollbringen, zugleich auf Landes- und auf Bundesebene zu agieren. Gestützt auf einen großen, treuen, bodenständigen Wählerstamm, dem sie vielfach absolute Mehrheiten verdankte, stand sie für eine stärker konservative, nationale und zugleich bayerisch-föderalistische Politik.

SPD Die SPD ist nicht nur die traditionsreichste aller heutigen Bundesparteien; sie verfügt auch über die meisten Mitglieder und den am besten ausgebauten Parteiapparat. Ihr innerparteiliches Leben ist bewegter als das der anderen Parteien (die Grünen ausgenommen) und auch das Zusammengehörigkeitsgefühl der „Genossen“ dürfte besonders intensiv sein.

Als die SPD in den 1950er-Jahren in Gefahr geriet, als ewige Opposition und Nein-Sager-Partei abgestempelt zu werden, setzte der Reformflügel um Brandt, Wehner und Erler einen Richtungswechsel durch, der im „Godesberger Programm“ von 1959 besiegelt wurde.

Auf dem Münchner Parteitag der SPD wurde am 30. Oktober 1988 die sogenannte Quotenregelung ins Organisationsstatut aufgenommen, die vorsieht, dass mindestens 40 % aller Mandate für Frauen zu reservieren sind.

Die damit vollzogene Abwendung von den marxistischen Dogmen des Klassenkampfes, des Gemeineigentums und der Planwirtschaft und das Bekenntnis zur Marktwirtschaft und zur Westintegration erbrachten die erhofften Resultate. Die Partei öffnete sich neuen Mitgliederschichten, vor allem unter Angestellten und Akademikern, und gewann im Mitte-Links-Spektrum so viele zusätzliche Wähler, dass sie 1966 innerhalb der Großen Koalition Regierungspartei wurde und 1969 mit Willy Brandt den ersten sozialdemokratischen Bundeskanzler stellte. Damit erhielt sie auch im Bund jenen Wählerzuspruch, den sie in den Gemeinde- und Landeswahlen seit je bekommen hatte. Mit dem für viele Sozialdemokraten schockierenden Rücktritt der Integrationsfigur Willy Brandt vom Amt des Bundeskanzlers 1974 und der Nachfolge Helmut Schmidts (1974–1982) begann der innerparteiliche Konsens zu zerbröckeln. Der linke Flügel, der schon die Große Koalition verwünscht und unterdes aus den Reihen der radikaldemokratischen „68er" Zulauf bekommen hatte, stellte sich offen gegen die schmidtsche Politik des angeblichen „Sozialabbaus". Diese innerparteiliche Zwietracht trug nicht unwesentlich zum Sturz des zweiten SPD-Kanzlers bei. Die Partei brauchte lange, um aus ihren Streitigkeiten herauszukommen. In vier Bundestagswahlen zwischen 1983 und 1994 blieben vier SPD-Kanzlerkandidaten erfolglos.

FDP Die FDP war stets die kleinste der drei bis 1983 die Bundespolitik unter sich ausmachenden Fraktionen, aber am häufigsten an der Regierungsbildung beteiligt. Ihr Trumpf war ihre Rolle als Mehrheitsbeschafferin in „rechten" wie „linken" Koalitionen. Dahinter blieb ihr politisches Gewicht in den Bundesländern auffallend zurück. Die Offenheit nach links wie rechts war eine Stärke und Schwäche zugleich. Sie verschaffte den Liberalen in den Regierungsbündnissen mehr Ämter und Einfluss, als es ihrer numerischen Stärke entsprach. Sie belastete sie aber auch mit dem Stigma der Umfaller-Partei, die ihr Mäntelchen nach dem Winde hängte.

Grüne Die Grünen gewannen einen Großteil ihrer Mitglieder und Wähler aus linken Gruppen sowie den „Neuen sozialen Bewegungen", die für den Umweltschutz, die vollständige Abrüstung, die Stilllegung der Kernkraftwerke oder die Gleichstellung der Frauen eintraten. Ihre Anhänger waren überwiegend junge Leute, oft mit hohen Bildungsabschlüssen, darunter viele Frauen. Die Parität der Geschlechter wurde zu einem streng beachteten Grundprinzip des Parteilebens. Die Grünen verstanden sich als Gegenmodell zu den „Altparteien". Um eine „Verbonzung" der Amts- und Mandatsträger zu verhindern, sollte jeder Gewählte seine Funktion nur eine Zeit lang ausüben und dann zugunsten eines anderen Parteimitgliedes zurücktreten („Rotation"); er sollte an die Aufträge der

„Basis“ gebunden sein und bei Nichterfüllung seiner Aufgaben abgewählt werden können. Solche Bestimmungen erwiesen sich als große Erschwernis der parlamentarischen Arbeit; sie wurden darum später fallen gelassen. Bezeichnend für die Partei waren die vielen Richtungs- und Flügelkämpfe. „Fundamentalisten“ und „Realisten“, sozialistische Gesellschaftsveränderer und konservative Umweltschützer, Radikale und Gemäßigte waren oft völlig zerstritten. Erst mit dem Austritt der vehementesten Verfechter eines fundamentalistischen Kurses trat Anfang der 1990er-Jahre eine Normalisierung ein. Die Partei gab ihre prinzipielle Opposition auf und strebte Regierungsverantwortung in einer rot-grünen Koalition an.

Die radikale Linke Die radikale Linke, bis zum Parteiverbot von 1956 hauptsächlich durch die KPD vertreten, hatte in den Zeiten des Kalten Krieges wenig Chancen. Auch als sie im Entspannungsklima der 1960er-Jahre und dank der Aktivitäten der APO und der Studentenbewegung 1966–1968 einen gewissen Auftrieb erhielt, blieb ihre politische Resonanz gering. Sie verzettelte sich in fruchtlosen ideologischen Grundsatzdebatten. Der Terrorismus der Baader-Meinhof-Gruppe und der RAF, der die Bundesrepublik in den 70er-Jahren mit seinen mörderischen Anschlägen erschreckte, mochte zwar ursprünglich von linken Utopien angestoßen worden sein. Er war aber stets nur die Sache einer verschwindend kleinen Minderheit und hatte nie die Aussicht, als politische Alternative ernst genommen zu werden.

Rechtsextremismus Die Führer des Rechtsextremismus bauten vor allem auf die Enttäuschungen und Ressentiments derer, die sich benachteiligt fühlten. Dazu zählten zum einen die sogenannten Alt-Nazis, die nach 1945 einen beruflichen und sozialen Abstieg hatten hinnehmen müssen; zum anderen solche, die in wirtschaftlichen Krisenzeiten – wie 1966/67 oder seit den späten 1980er-Jahren – ihr Heil von einem autoritären Staat und einer Politik des nationalen Egoismus erhofften.
Der Rechtsextremismus war stets ein Nutznießer wirtschaftlicher und gesellschaftlicher Krisenstimmungen. Jedes Mal machte die rechte Propaganda Sündenböcke namhaft, gegen die sich der Zorn mobilisieren ließ: 1949–1952 waren es die Siegermächte und die deutschen „Erfüllungspolitiker“; 1966–1969 die „Linken“, die die bürgerliche Ordnung und Wohlanständigkeit „untergruben“; in den frühen 90ern die Ausländer, die den Deutschen die „Arbeit wegnahmen“. Die Diffamierung der „Feinde“ verband sich mit dem Appell an die alten Tugenden: Härte gegen sich und andere, Gehorsam und Disziplin, Kameradschaft und Soldatentum, Nationalstolz und Elitebewusstsein. Seit dem Verbot der SRP 1952 hütete man sich, die demokratische Verfassungsordnung frontal anzugreifen. Aber den Anhängern gab man zu verstehen, dass der machtbewusste, autoritäre, die demokratische Gleichheit verachtende Staat das Ziel der Politik war.

Parteiverbot

Die verfassungsrechtliche Grundlage für ein Parteiverbot bildet der Art. 21, Abs. 2 GG (Text S. 68). Antragsberechtigt sind die Bundesregierung, der Bundesrat und der Bundestag. Dem eigentlichen Verfahren geht eine rechtliche Prüfung des Verbotsantrages durch das BVG voraus. Hat dieses erhebliche Zweifel an der rechtlichen Korrektheit des Antrages, kann es die Einstellung des Verfahrens empfehlen. So geschah es 2001, als bekannt wurde, dass die vom Verbotsantrag betroffene rechtsextreme NPD durch Agenten des Verfassungsschutzes rechtswidrig unterwandert worden war. Die größte Klippe eines Verbotsverfahrens besteht darin, dass der exakte Nachweis tatsächlicher verfassungsfeindlicher Aktivitäten nicht ohne Weiteres zu erbringen ist. Auch stellt sich stets die Frage, ob ein Verbot überhaupt zweckmäßig und die argumentative Auseinandersetzung mit einem öffentlich sichtbaren Gegner nicht vorteilhafter ist. Das erklärt zu einem Teil, warum bislang erst zwei Verbotsverfahren (erfolgreich) durchgeführt wurden: 1952 gegen die rechtsextremistische Sozialistische Reichspartei (SRP) und 1956 gegen die Kommunistische Partei Deutschlands (KPD).

Q 31 Rechtliche Grundlagen politischer Parteien

a) *Grundgesetz, Art. 21:*

(1) Die Parteien wirken bei der politischen Willensbildung des Volkes mit. Ihre Gründung ist frei. Ihre innere Ordnung muss demokratischen Grundsätzen entsprechen. Sie müssen über die Herkunft und Verwendung ihrer Mittel sowie über ihr Vermögen öffentlich Rechenschaft geben.

(2) Parteien, die nach ihren Zielen oder dem Verhalten ihrer Anhänger darauf ausgehen, die freiheitliche demokratische Grundordnung zu beeinträchtigen oder zu beseitigen oder den Bestand der Bundesrepublik Deutschland zu gefährden, sind verfassungswidrig. Über die Frage der Verfassungswidrigkeit entscheidet das Bundesverfassungsgericht.

b) *Aus dem „Gesetz über die politischen Parteien" (1967):*

§ 1 (2) Die Parteien wirken an der Bildung des politischen Willens des Volkes auf allen Gebieten des öffentlichen Lebens mit, indem sie insbesondere

- auf die Gestaltung der öffentlichen Meinung Einfluss nehmen,
- die politische Bildung anregen und vertiefen,
- die aktive Teilnahme der Bürger am politischen Leben fördern,
- zur Übernahme öffentlicher Verantwortung befähigte Bürger heranbilden,
- sich durch Aufstellung von Bewerbern an den Wahlen in Bund, Ländern und Gemeinden beteiligen,
- auf die politische Entwicklung in Parlament und Regierung Einfluss nehmen,
- die von ihnen erarbeiteten politischen Ziele in den Prozess der staatlichen Willensbildung einführen und
- für eine ständige lebendige Verbindung zwischen Volk und den Staatsorganen sorgen.

[...] § 2. Begriff der Partei

(1) Parteien sind Vereinigungen von Bürgern, die dauernd oder für längere Zeit für den Bereich des Bundes oder eines Landes auf die politische Willensbildung Einfluss nehmen und an der Vertretung des Volkes im Deutschen Bundestag oder einem Landtag mitwirken wollen und wenn sie nach dem Gesamtbild der tatsächlichen Verhältnisse, insbesondere nach Umfang und Festigkeit ihrer Organisation, nach der Zahl ihrer Mitglieder und nach ihrem Hervortreten in der Öffentlichkeit, eine ausreichende Gewähr für die Ernsthaftigkeit dieser Zielsetzung bieten.

(2) Eine Vereinigung verliert ihre Rechtsstellung als Partei, wenn sie sechs Jahre lang weder an einer Bundestagswahl noch an einer Landtagswahl mit eigenen Wahlvorschlägen teilgenommen hat.

Bundesgesetzblatt. Jg. 1989. Teil I. S. 327

a) Vergleichen Sie die Bestimmungen für die Merkmale von Parteien in den beiden Texten. Inwiefern und mit welcher Absicht geht das Parteiengesetz über das Grundgesetz hinaus?

b) Wie grenzt der Gesetzgeber die Parteien von anderen Organisationen ab, die ebenfalls politische Zwecke verfolgen?

Q 32 Parteien unter der Lupe der Statistik

a) *Wahlentscheidung 1987 nach Berufspositionen und Bildungsabschlüssen (in v. H.)*

	End-ergebnis	Befragte insges.	untere Angest./ Beamte	höhere Angest./ Beamte	Landwirte	Selbst-ständige	Arbeiter	Bildung	
								untere	höhere
CDU/CSU	44,3	43,9	48,1	49,6	63,6	54,0	38,7	44,6	39,7
SPD	37,0	41,8	40,9	24,4	27,3	23,9	53,4	46,9	21,9
FDP	9,1	6,2	5,8	13,8	9,1	11,5	2,4	4,4	13,9
Grüne	8,3	7,3	5,2	11,4	-	10,6	4,6	3,6	22,5
NPD	0,6	0,3	-	-	-	-	0,7	0,4	-

H. U. Brinkmann: Wahlverhalten der „neuen Mittelschicht" in der Bundesrepublik, in: Aus Politik und Zeitgeschichte. 30–31/1988, S. 26

b) *Lebensstil und Parteiidentifikation (in v. H.):*

	Anteil an der Bevölk.	CDU/CSU	SPD	FDP	Grüne	keine Identifikation
Der gehobene Konservative	11	46	15	1	1	37
Der aufgeschlossene und anpassungsfähige Normalbürger	25	35	25	1	1	38
Der pflichtorientierte, konventionsbestimmte Arbeitnehmer	11	22	38	3	1	35
Der integrierte ältere Mensch	11	45	21	–	–	35
Der isolierte alte Mensch	4	41	25	1	–	33
Der unauffällige, eher passive Arbeitnehmer	13	23	24	2	1	50
Der postmateriell-linksalternativ eingestellte jüngere Mensch	5	1	6	–	39	54
Der linksliberale integrierte Postmaterialist	10	6	31	3	11	49
Der aufstiegsorientierte jüngere Mensch	10	17	22	2	1	58

Die Daten wurden gemäß der Selbsteinschätzung der Befragten ermittelt.

P. Gluchowski: Lebensstile und Wandel der Wählerschaft in der Bundesrepublik. in: Aus Politik und Zeitgeschichte. B 12/1987, S. 21 ff.

c) *Sozialmilieu und Parteiidentifikation (in v. H.):*

Milieu	Anteil an der Bevölk.	CDU/CSU	SPD	FDP	Grüne	keine Angabe
Konservativ gehobenes Milieu	10	5,9	1,7	1,3	0,1	1,0
Kleinbürgerliches Milieu	29	16,0	8,4	1,1	0,3	3,2
Traditionelles Arbeitermilieu	9	3,1	4,7	0,1	0,1	1,0
Traditionsloses Arbeitermilieu	8	2,5	4,0	0,1	0,5	0,9
Aufstiegsorientiertes Milieu	21	8,4	8,4	1,3	0,8	2,1
Technokratisch-liberales Milieu	11	4,0	4,3	1,1	0,8	0,8
Hedonistisches Milieu	8	1,3	3,4	0,1	2,2	1,0
Alternatives/linkes Milieu	4	0,5	1,8	0,1	1,3	0,3
Summe	100	41,7	36,7	5,2	6,1	10,3

Die Daten wurden aufgrund von Interviews und „objektiven" sozialen Merkmalen – Beruf, Einkommen, Bildungsabschluss usw. – ermittelt.

SINUS: Planungsdaten für die SPD. Bonn 1984, S. 62

d) *Spendenaufkommen der Parteien (in Tausend DM):*

	1981	1983	1985	1987	1989
CDU/CSU	28000	57400	31800	45200	60500
SPD	8200	11700	15200	21000	25600
FDP	10500	13400	9800	13000	15000
Grüne	600	2200	8600	11800	12200

Bundestagsdrucksache 11/6885 (1990)

a) Entwerfen Sie die Sozialprofile des typischen Unions-, SPD-, FDP- und Grünen-Wählers. Stellen Sie Beziehungen zu den politischen Programmen der Parteien her.

b) Was verrät das Spendenaufkommen über die Anhänger der Parteien? Erläutern Sie die Schwankungen der Beträge.

Q 33 Gewerkschaften und Streikrecht

a) *Schreiben des Bundeskanzlers Konrad Adenauer an den DGB-Vorsitzenden Hans Böckler wegen der Ankündigung eines Streiks für die Einführung der Mitbestimmung (1950):*

Mit Besorgnis erfüllt mich die Ankündigung der IG Metall über die Durchführung einer Urabstimmung in den Eisen schaffenden Betrieben. Das Rechtsbewusstsein und die Rechtsordnung haben den Arbeitern das Streikrecht in allen Fragen des Tarifvertrages zugestanden. Der angekündigte Streik geht aber über diesen Rahmen hinaus. Ein solcher Streik könnte nur das Ziel haben, die Entscheidung der frei gewählten Volksvertretung durch die Androhung oder Herbeiführung wirtschaftlicher Schäden, die alle treffen, in die Richtung gewerkschaftlicher Wünsche zu drängen. Ich befürchte, dass damit ein Weg beschritten wird, der letztlich zu einem Konflikt mit der staatsrechtlichen Grundordnung führen kann.

b) *Aus der Antwort Hans Böcklers, 1950:*

Die deutschen Gewerkschaften sind der Ansicht, dass die allgemeine politische Entwicklung in der Welt mit aller Deutlichkeit zeigt, dass nur durch eine lebendige soziale Ordnung der Vermassung und dem Totalitarismus Einhalt geboten werden kann. Sie sind weiterhin der Meinung, dass es für die Demokratie in Deutschland lebenswichtig ist, dass sie nicht nur auf den politischen Bereich beschränkt bleibt, sondern ihre sinngemäße Ergänzung auch durch die Einführung demokratischer Grundsätze in der Wirtschaftsführung und Wirtschaftsgestaltung erhält. Den Beweis für ihre Auffassung sehen die deutschen Gewerkschaften in der Tatsache des Missbrauchs wirtschaftlicher Macht zu politischen Zwecken in der Vergangenheit und in der traurigen Folgeerscheinung dieses Missbrauchs, nämlich Krieg und Zerstörung. [...] In Ihrem Schreiben haben Sie die Auffassung vertreten, dass das Rechtsbewusstsein und die Rechtsordnung den Arbeitern das Streikrecht nur in Fragen des Tarifvertrages zugestanden haben. Ich kann dieser Ihrer Ansicht nicht beipflichten. In diesem Zusammenhang möchte ich auf Art. 9, Abs. 3 des Grundgesetzes verweisen, in dem den Arbeitnehmern das Koalitionsrecht eingeräumt wird zur Wahrung und Förderung der Arbeits- und Wirtschaftsbedingungen. Es wird also den Arbeitern nicht nur das Recht zugestanden, sich zu vereinigen zur Regelung der Lohn- und Arbeitsbedingungen, sondern auch um ihren Auffassungen und ihren Interessen entsprechende Wirtschaftsbedingungen zu gestalten.

Th. Pirker: Die blinde Macht. Bd. 1. München 1960, S. 188 f.

a) *Charakterisieren Sie das unterschiedliche Verständnis von Demokratie, das in dem Briefwechsel zum Ausdruck kommt. Wem geben Sie recht?*

b) *Böckler behauptet, Wirtschaftsdemokratie könne „Totalitarismus" und „Vermassung" verhindern. Stellen Sie diese Begriffe in den zeitgeschichtlichen Zusammenhang von 1950 und nehmen Sie zu Böcklers Ansicht Stellung.*

Q 34 Gewerkschaftsprogramme im historischen Wandel

a) *Wirtschaftspolitische Grundsätze von 1949:*

I. Eine Wirtschaftspolitik, die unter Wahrung der Würde freier Menschen die volle Beschäftigung aller Arbeitswilligen, den zweckmäßigsten Einsatz aller volkswirtschaftlichen Produktivkräfte und die Deckung des volkswirtschaftlich wichtigen Bedarfs sichert.

II. Mitbestimmung der organisierten Arbeitnehmer in allen personellen, wirtschaftlichen und sozialen Fragen der Wirtschaftsführung und Wirtschaftsgestaltung.

III. Überführung der Schlüsselindustrien in Gemeineigentum, insbesondere des Bergbaues, der Eisen- und Stahlindustrie, der Großchemie, der Energiewirtschaft, der wichtigen Verkehrseinrichtungen und der Kreditinstitute.

IV. Soziale Gerechtigkeit durch angemessene Beteiligung aller Werktätigen am volkswirtschaftlichen Gesamtertrag und Gewährung eines ausreichenden Lebensunterhaltes für die infolge Alters, Invalidität oder Krankheit nicht Arbeitsfähigen. – Eine solche wirtschaftspolitische Willensbildung und Wirtschaftsführung verlangt eine zentrale volkswirtschaftliche Planung, damit nicht private Selbstsucht über die Notwendigkeiten der Gesamtwirtschaft triumphiert.

b) *Grundsatzprogramm von 1981:*

Als Selbsthilfe- und Kampforganisation bieten die Gewerkschaften ihren Mitgliedern Schutz vor den Folgen der wirtschaftlichen und gesellschaftlichen Unterlegenheit. Als soziale und gesellschaftliche Bewegung haben sie die Aufgabe, die Ursachen der wirtschaftlichen Abhängigkeit und gesellschaftlichen Unterlegenheit der Arbeitnehmer zu beseitigen. [...] Die Unsicherheit der Arbeitsplätze, die Ungerechtigkeit der Einkommens- und Vermögensverteilung, die Ungleichheit der Bildungschancen und die Abhängigkeit von Wirtschaftsmacht sind nicht überwunden. Dazu sind weitere Belastungen aus der zunehmenden Verschlechterung der Umweltbedingungen sowie der Intensivierung der Arbeit vor allem durch die an Kapitalinteressen ausgerichtete Anwendung neuer Technologien und neuer Formen der Arbeitsorganisation gekommen. [...] Zur Verwirklichung der Gleichberechtigung sind Veränderungen der Arbeitswelt und der gesellschaftlichen Infrastruktur notwendig. Der DGB setzt sich gemeinsam mit den ausländischen Arbeitnehmern für die Beseitigung ihrer besonderen wirtschaftlichen, sozialen und kulturellen Benachteiligung mit dem Ziel ein, ihre Gleichberechtigung zu verwirklichen.

M. Schneider: Kleine Geschichte der Gewerkschaften. Bonn 1989, S. 457 ff.

a) Wie lauteten die Dauerthemen, wann und wo wurden neue Ansätze sichtbar?

b) Die Gewerkschaften behaupten einen Zusammenhang von wirtschaftlicher Mitbestimmung und Demokratisierung. Erläutern Sie die diesbezügliche Argumentation des DGB und entwickeln Sie eine eigene Meinung dazu.

Demonstration der IG-Metall 1984 in Bonn

Q 35 Dürfen sich die Kirchen in die Politik einmischen?

a) *Der katholische Bischof Joseph Höffner (1947):*

An sich mischt sich die Kirche in die Angelegenheiten der politischen Parteien nicht ein. Wenn man also den Idealfall voraussetzt, dass in einem Staat alle Parteien die sittliche Weltordnung und die Rechte der Kirche anerkennen, so ist es völlig in das Belieben der Katholiken gestellt, welcher Partei sie sich anschließen wollen. Sofern jedoch eine Partei Ziele verfolgt, die dem Sittengesetz und der göttlichen Offenbarung widerstreiten, ist dem Katholiken die Teilnahme untersagt. In Zeiten religiösen und sittlichen Zerfalls könnte es sogar geschehen, dass keine einzige Partei den christlichen Anforderungen völlig gerecht wird. Heute wird z. B. das natürliche Sittengesetz von allen nichtchristlichen Weltanschauungen entweder gänzlich oder teilweise abgelehnt oder doch in vielen Fragen in einem Sinne ausgelegt, der dem katholischen Denken widerspricht. Es ist leicht begreiflich, dass in solcher Lage die Katholiken es für empfehlenswert oder gar für notwendig erachten, sich selber zu einer Partei zusammenzuschließen oder doch gemeinsam mit den nichtkatholischen Christen eine Partei zu bilden. [...] Die aktive Mitarbeit der Geistlichen in den Parteien, auch in den Parteien der Katholiken, ist abzulehnen. Es ist nicht Aufgabe der Kirche und ihrer Priester, konkrete politische Entscheidungen zu treffen und in die Tagespolitik einzugreifen, sondern durch religiöse Schulung und Gewissensbildung die ewigen naturrechtlichen Grundsätze jeder Politik in die Herzen der Katholiken zu senken.

J. Höffner: Kirche und Partei, in: Trierer Theologische Zeitschrift. 56 (1947), S. 357 ff.

b) *Der evangelisch-lutherische Landesbischof Hanns Lilje (1956):*

Es gibt keinen erkennbaren Grund, warum das Zeugnis von dem Willen Gottes gerade vor einem so wichtigen Lebensgebiet wie der Politik Halt machen sollte. [...] Politik besteht ja nicht nur aus einer Reihe von Einzelfragen der politischen Technik. Es ist ganz selbstverständlich, dass die Kirche nicht den Ehrgeiz haben kann, in allen möglichen Einzelentscheidungen der Tagespolitik, wie etwa der Festsetzung einer Biersteuer, herumzudebattieren. [...] Es kann niemals das Ziel der Kirche sein, so etwas wie eine klerikalistische Politik zu treiben. Die Aufgabe der Christenheit im politischen Leben wird nicht dadurch gelöst, dass der gesamte Bereich des öffentlichen Lebens unter kirchliche Bevormundung gerät. Es sind vor allem zwei Aufgaben, die für die Christenheit wichtig sind. Die erste ist diagnostischer Art. Die Christenheit muss aufdecken, welches die Gründe der offenkundigen politischen Kalamität sind, in der sich die Welt, vor allem Deutschland, heute befindet. [...] Die Christenheit hat aber zweitens eine positive Aufgabe; sie hat ein stellvertretendes Denken zu leisten. [...] Ein Beispiel möge das erläutern. Eine der Grundordnungen Gottes in der Welt ist die Familie. Die Christenheit kann sich mit keiner Lösung unserer sozialen Probleme, etwa des Flüchtlingsproblems oder des Arbeitsproblems, zufriedengeben, die nicht auf die Zusammenführung und das Zusammenbleiben der Familien ausgerichtet ist.

H. Lilje: Kirche und Welt. München 1956, S. 44 ff.

a) Beide Theologen ziehen eine klare Trennungslinie zwischen der Tagespolitik und den großen politischen Anliegen. Wo liegt diese Grenze?

b) Stellen Sie die Begründungen für die Teilnahme der Kirchen am politischen Leben zusammen. Kennen Sie gegenteilige Auffassungen?

Zur Diskussion: Versagen die Parteien?

Seit Jahren müssen sich unsere politischen Parteien viel Kritik gefallen lassen. Das scheint eine alte deutsche Tradition zu sein. Aber die Stoßrichtung hat sich geändert. War man während der Weimarer Republik und hier und dort auch noch nach 1945 geneigt, das Parteiwesen als solches zu verwerfen und ihm das Staatsganze und das Gemeinwohl entgegenzustellen, haben die meisten Bundesbürger heute den Parteienstaat akzeptiert. Die Ein-Partei-Systeme totalitärer Diktaturen waren eine deutliche Lehre. Dennoch meinen viele, unsere Parteien seien nicht demokratisch genug, sie blieben hinter den idealen Ansprüchen einer wirklichen Demokratie zurück.

Q 36 Geburtsfehler oder Fehlentwicklung

a) *Der Rechtswissenschaftler Hans Herbert von Arnim:*

Die Kritik an den politischen Parteien lässt sich auf vier Hauptpunkte zurückführen:

1. Das Volk komme nicht zu Wort, sondern werde durch die politischen Parteien ersetzt, die aber ihrerseits ihrer Funktion als Sprachrohr des Volkes nicht gerecht würden. Frage also: Entmündigen die Parteien das Volk?

2. Die Parteien versagten vor der Lösung dringender Gemeinschaftsaufgaben. Frage also: Haben die Parteien ein Defizit an Problemlösungskompetenz oder besteht gar parteilich bedingtes „Staatsversagen"?

3. Die Parteien höhlten den verfassungsrechtlichen Grundsatz der Gewaltenteilung aus; das habe schädliche Rückwirkungen auf die Funktionsfähigkeit des ganzen Systems. Frage also: Stellen sich die Parteien als Monopolmächte dar?

4. In den Parteien dominiere das Eigeninteresse an Macht, Posten und Geld. Frage also: Beuten die Parteien den Staat aus? […]

(Zu 3) Der parteipolitische Einfluss verändert die Motivations- und Denkweise und damit auch die Art der Willensbildung insgesamt. Wem es primär auf Mehrheiten, Bündnisse, Macht, Positionen und Versorgung ankommt, der ist innerlich anders eingestellt und gelangt oft auch zu anderen Ergebnissen als der, dem es um sachliche Richtigkeit geht. […] Wer immer nur besorgt ist, ob den Mächtigen genehm ist, was er geistig produziert, dem droht allmählich sein sachorientierter Denkstil abhandenzukommen. Gerade der aber ist die Basis für die rationale Bewältigung unserer Gemeinschaftsprobleme.

H. H. von Arnim: Ist die Kritik an den politischen Parteien berechtigt? in: Aus Politik und Zeitgeschichte, 11 (1993), S. 14 ff.

b) *Der Politikwissenschaftler Peter Haungs:*

Insgesamt fällt es schwer, die Gründe für die heftige Kritik an der Parteiendemokratie der Bundesrepublik oder für die „Verdrossenheit" über sie in den tatsächlichen Verhältnissen zu finden. Es sind wohl eher besonders anspruchsvolle, wenig realistische Maßstäbe, die zwangsläufig zur Feststellung von Defiziten und entsprechenden Frustrationen führen und andererseits auch zu ebenso übertriebenen Hoffnungen auf Parteien „neuen Typs". […] Die Parteien müssen akzeptieren, dass sie in Demokratien strengen, manchmal etwas schizophrenen Maßstäben unterworfen werden. Aber ein Appell zu etwas mehr – durch historische oder internationale Umsicht angeleitete – Realitätsnähe und Differenzierung des Urteils ist doch wohl angebracht.

P. Haungs, Taugen die Verhältnisse nichts oder die Maßstäbe? in: Das Parlament, 37/38 (1986), S. 1 f.

a) Von Arnim behauptet einen Gegensatz zwischen Parteilichkeit und Sachlichkeit. Wie denken Sie darüber?

b) Die beiden Verfasser verwenden unterschiedliche Urteilsmaßstäbe. Kennzeichnen Sie diese und äußern Sie sich zu deren Vorzügen und Schwächen. Kennen Sie weitere Kriterien?

1. Nennen Sie Merkmale unserer Verfassungsordnung. Welche davon waren oder sind politisch umstritten?

2. Welche Vorzüge, welche Mängel sehen Sie in der politischen Kultur der Bundesrepublik?

3. Welche Kritik übte die APO an der Staats- und Gesellschaftsordnung der 1960er-Jahre? Wie sahen ihre Alternativen aus?

4. Wann und wie zeigten sich in der Geschichte der Bundesrepublik rechtsextremistische Strömungen? Wie suchten die Extremisten Anhänger und Wähler zu gewinnen?

5. Was versteht man unter „Pluralismus"? Verdient das politische System der Bundesrepublik diese Bezeichnung?

6. Diskutieren Sie die Stärken und Schwächen der bundesdeutschen Volksparteien.

7. Wie sehen Sie das Verhältnis von Parteien und Verbänden in der Bundesrepublik?

8. Charakterisieren Sie die politische Rolle der Kirchen in der Bundesrepublik.

Zeittafel

1949–1963	Bundeskanzlerschaft Konrad Adenauers (CDU) an der Spitze bürgerlicher Koalitionsregierungen
1951	Die Bundesrepublik wird Gründungsmitglied der Europäischen Gemeinschaft für Kohle und Stahl (Montanunion).
1952	Im Wiedergutmachungsvertrag mit Israel verpflichtet sich die Bundesrepublik zu einer Zahlung von 3,45 Milliarden DM.
1954	Pariser Verträge: Beendigung des Besatzungsregimes; Beitritt der Bundesrepublik zur NATO; Europäisches Statut für das Saarland
1955	Mit dem Inkrafttreten der Pariser Verträge erhält die Bundesrepublik die volle Souveränität.
	Bonn und Moskau nehmen diplomatische Beziehungen auf.
1956	Einführung der allgemeinen Wehrpflicht
1957	Die Einführung der „dynamischen Altersrente" sichert den Rentenempfängern den Anschluss an die allgemeine Einkommensentwicklung. Mit den 5 Partnerländern der EGKS gründet die Bundesrepublik in den „Römischen Verträgen" die „Europäische Wirtschaftsgemeinschaft" (EWG).
1959	Im „Godesberger Programm" vollzieht die SPD den Übergang von der Arbeiter- zur Volkspartei.
1961	Das Bundessozialhilfegesetz begründet einen Rechtsanspruch auf öffentliche Hilfe in sozialen Notlagen.
1965	Die Bundesrepublik und Israel nehmen diplomatische Beziehungen auf.
1966–1968	Die Studentenbewegung und die Außerparlamentarische Opposition (APO) erreichen ihren Höhepunkt.
1966–1969	Große Koalition zwischen den Unionsparteien und der SPD: Bundeskanzler Kurt Georg Kiesinger (CDU), Vizekanzler Willy Brandt (SPD)
1969–1974	Sozial-liberale Koalitionsregierung mit Willy Brandt (SPD) als Bundes- und Walter Scheel (FDP) als Vizekanzler
1970	Die „neue Ostpolitik": Gewaltverzichts- und Grenzregelungsverträge mit der Sowjetunion und Polen
1972	Im Grundlagenvertrag vereinbaren die beiden deutschen Staaten normale gutnachbarliche Beziehungen
1973	Die Bundesrepublik wird (zusammen mit der DDR) Mitglied der UNO.
1977	Ehe- und Familienrechtsreform: Die rechtliche Gleichstellung der Frau wird gesetzlich verankert.
	Höhepunkt des Terrors der „Rote-Armee-Fraktion" (RAF)
1980	Aus der Umweltschutzbewegung geht die Bundespartei „Die Grünen" hervor.
1982	Die sozial-liberale Koalition zerbricht; Helmut Kohl (CDU) wird Kanzler einer Unions-FDP-Regierung (Vizekanzler Hans-Dietrich Genscher).
1986	Die Bundesregierung errichtet ein Bundesumweltministerium.

3. Die Soziale Marktwirtschaft – eine Erfolgsbilanz?

Der lange Aufschwung Zu keiner Zeit, auch nicht in der langen Aufschwungphase des Kaiserreiches zwischen 1896 und 1914, wuchs das Sozialprodukt in Deutschland derart stürmisch wie in der Bundesrepublik zwischen 1952 und 1973. Die meisten, vor allem die älteren Bundesbürger, waren mit dem Erreichten hochzufrieden; aber es gab auch kritische Stimmen. War alles Gold, was glänzte?

Markt- statt Zwangswirtschaft Wesentliche Weichenstellungen erfolgten gleich nach der Währungsreform und lange vor der Gründung der Bundesrepublik. Das auf Drängen Ludwig Erhards am 24. Juni 1948 vom Frankfurter Wirtschaftsrat beschlossene „Leitsätzegesetz" hob große Teile der Zwangsbewirtschaftung auf, lockerte die Preisbindung für die meisten Waren und Dienstleistungen und begründete damit das System des offenen Wettbewerbs. Zum Schutz der wirtschaftlich Schwächeren blieben Festpreise für den Grundbedarf – Grundnahrungsmittel, Wohnung, Energie, Verkehrsmittel – eine Zeit lang bestehen. Die neue, von vielen mit Skepsis verfolgte Wirtschaftspolitik hatte eine schwierige Anfangsphase durchzustehen. Die Lebenshaltungskosten stiegen im ersten Halbjahr um 14%, während die Löhne eingefroren blieben und die Arbeitslosigkeit zunahm. Die Importe lagen weit über den Exporten, sodass der Devisenmangel bedrohlich wurde. Aber spätestens 1952 war die Krise überwunden: Die Produktion kam in Schwung, die Preise blieben stabil, die Arbeitslosigkeit verschwand, die Ausfuhr übertraf die Einfuhr.

Staatliche Wirtschaftsförderung Gemäß den Leitgedanken des Wirtschaftsliberalismus war die Adenauer-Regierung bestrebt, der Wirtschaft freie Bahn zu verschaffen und die staatlichen Kontrollen und Eingriffe auf ein Mindestmaß zu beschränken. Dennoch übte der Staat Einfluss. Ein wichtiges Mittel dafür war die Steuergesetzgebung. Sie gab den Unternehmen die Möglichkeit, große Teile ihrer Investitionsausgaben von der Steuerschuld abzuziehen, d.h. das Betriebsvermögen auf Kosten der Allgemeinheit (die auf

„Wir nehmen keine 1.000 DM Scheine!" Schaufenster in Berlin, aufgenommen 1966.

die Steuereinnahmen verzichtete) zu vermehren. Wie schon bei der Währungsreform, entschieden sich die Regierenden in den Aufbaujahren für eine kräftige Begünstigung der Kapitalbesitzer und Unternehmer. Nicht ohne Erfolg setzten sie darauf, dass die Förderung der Arbeitgeber schließlich allen zugute käme – in Form von sicheren Arbeitsplätzen, Produktionssteigerungen, wachsender Kaufkraft. Dabei nahmen sie in Kauf, dass die Vermögensverteilung höchst ungleich verlief.

Sozialer Friede Bis zu den ersten Wachstumsstörungen in der Rezession von 1966/67 nahm kaum jemand Anstoß daran. Im Gegenteil: Die Arbeitnehmer, im Tarifpoker von den Gewerkschaften vertreten, waren mit den ihnen gewährten Einkommenszuwächsen so zufrieden, dass sie die ungleiche Vermögensentwicklung kaum beachteten. Die jährlichen Tarifverhandlungen erfreuten beide Seiten, der Arbeitsfriede blieb ungefährdet. Das war auch eine Folge der seit den späten 50er-Jahren zu verzeichnenden Hoch-, ja Überbeschäftigung, die den Arbeitnehmern eine starke Verhandlungsposition verschaffte.

Soziale Sicherung Im Übrigen verstärkten die Regierungsparteien, zusammen mit der SPD, nach und nach die soziale Komponente, die in den Anfangsjahren eher schwach entwickelt war. Den größten Fortschritt markierte die Rentenreform von 1957. Sie verschaffte den Rentenempfängern, die bis dahin mit am Rande des Existenzminimums liegenden Altersrenten hatten auskommen müssen, einen angemessenen Anteil am allgemeinen wirtschaftlichen Fortschritt. Hatten sich die Altersbezüge zuvor nach den während der Berufstätigkeit eingezahlten Beiträgen gerichtet („Versicherungsprinzip"), wurden sie fortan an die durchschnittlichen Einkommen der im Erwerbsleben stehenden jüngeren Generationen gekoppelt. Deren laufende Beitragszahlungen finanzierten die Renten der Ruheständler („Umlageprinzip"). Die neue „dynamische Rente" verwirklichte den „Generationenvertrag": Die Jüngeren kamen für den Lebensunterhalt der Älteren auf (von denen sie als Kinder und Jugendliche aufgezogen worden waren) und vertrauten darauf, dass die Nachfolgenden sie später in gleicher Weise unterstützten. Mit der „dynamischen Rente", deren Sätze Jahr für Jahr der allgemeinen Lohnentwicklung angepasst wurden, verschwand oder linderte sich die zuvor weitverbreitete Altersarmut.

Kontrolle wirtschaftlicher Macht Die öffentliche Kontrolle und Eindämmung wirtschaftlicher Macht sollte der dritte Pfeiler der erhardschen „Sozialen Marktwirtschaft" werden. Nach langem Hin und Her verabschiedete der Bundestag 1957 das „Gesetz gegen Wettbewerbsbeschränkungen" (Kartellgesetz). Es verbot generell Beeinträchtigungen des wirtschaftlichen Wettbewerbs (wie sie insbesondere durch Preis- und Vertriebsabsprachen zwischen Unternehmen der gleichen Branche sowie durch Preisbindungen seitens der Produzenten verursacht werden). Da das Gesetz aber zugleich zahlreiche Ausnahmen zuließ – etwa zur Stützung des Außenhandels, zur Bewältigung von Krisensituationen, zur Erleichterung von Strukturveränderungen –, blieb es ziemlich wirkungslos. Die Bundesregierungen selbst unterstützten kartellartige Zusammenschlüsse dort, wo sie sich wirtschaftliche Vorteile versprachen – so als die Regierung der Großen Koalition 1968 auf dem Höhepunkt der Krise des Kohlebergbaus die Gründung der Ruhrkohle-AG vorantrieb, der alle größeren Unternehmen um der besseren Vermarktungschancen willen beitraten. Auch die im Gesetz vorgeschriebene Überprüfung der Zusammenschlüsse von Unternehmen mit mehr als 20% Marktanteil verlief ausgesprochen großzügig. Keine Bundesbehörde glaubte es sich leisten zu können, durch Fusionsverbote die Wettbewerbsfähigkeit deutscher Firmen auf dem Weltmarkt, von der zumeist viele Arbeitsplätze abhingen, ernsthaft zu schmälern. So nahm die Konzentrationsdichte der westdeutschen Wirtschaft ständig zu.

Internationale Wirtschaftsverflechtungen Das Wohl und Wehe der westdeutschen Wirtschaft hing stets in hohem Maße von ihrer Rolle auf dem Weltmarkt ab. Ohne die durchweg beträchtlichen Exporterlöse der deutschen Industrie wäre das „Wirtschafts-

Sinnbilder der Ölkrise 1973 – leere Straßen, hier die Kennedybrücke in Bonn am autofreien Sonntag (2.12.1973). Die Tageszeitungen wählten solche Aufnahmen, gerne auch von „leeren" Autobahnen, als Aufmacher.

wunder" nicht geglückt. In den 1980er-Jahren war jeder fünfte Arbeitsplatz in der Bundesrepublik direkt oder indirekt vom Außenhandel abhängig; jede vierte Mark wurde im Ausland verdient. Teils auf Drängen der USA, teils aus eigenem Interesse hob die Bundesregierung 1961 die letzten verbliebenen Import- und Exportbeschränkungen auf, nachdem sie schon zuvor mit dem Beitritt zum GATT (General Agreement on Tariffs and Trade) allen Partnerländern die „Meistbegünstigung" zugestanden und 1958 die volle Konvertibilität der DM (den freien Umtausch in alle Währungen) eingeführt hatte. Bis in die 1980er-Jahre schnitten die deutschen Anbieter auf dem Weltmarkt besonders gut ab: Die Nachfrage war groß, deutsche Waren hatten einen vorzüglichen Ruf, dank der Unterbewertung der D-Mark im bis 1973 bestehenden System fester Wechselkurse konnten deutsche Firmen ihre Erzeugnisse preiswert anbieten. Der Umschwung begann in den 1970er-Jahren. Die enorme Verteuerung des Erdöls ließ die Auslandsnachfrage schrumpfen; der Übergang zu flexiblen Wechselkursen erzwang mehrere DM-Aufwertungen, sodass westdeutsche Waren im Ausland teurer wurden; die schnelle Industrialisierung in vielen Ländern, besonders in Ostasien, die sich auf einem extrem niedrigen Lohnniveau vollzog, verschärfte den Wettbewerb. Da zudem einige Industriebranchen, in denen die Bundesrepublik führend war – wie die Schwerindustrie, der Maschinen-, Automobil- und Schiffsbau, die Chemo- und Elektroindustrie – an relativer Bedeutung verloren, die neuen Wachstumssektoren (wie die Mikroelektronik, die Bio- und Gentechnik) aber in der Bundesrepublik nicht so schnell vorankamen wie in anderen Ländern (vor allem Japan und USA), erlitt die deutsche Exportwirtschaft Einbußen. Hinzu kam, dass die hohen Produktions- und Arbeitskosten in Deutschland (infolge hoher Löhne und Sozialabgaben, kurzer Arbeitszeiten und steigender Umweltauflagen) Preise ergaben, die von den Billiglohnländern spielend unterboten werden konnten.

Die Bundesrepublik in der Weltwirtschaftsordnung Nicht vergessen werden darf dabei, dass die langjährigen hohen Gewinne der westdeutschen Wirtschaft auch den günstigen Rohstoffpreisen zu verdanken waren. Das weltweite Verhältnis zwischen den Industrie- und den Rohstoffpreisen war seit Langem zugunsten der Industrieländer verzerrt. Diese nutzten ihre wirtschaftliche Überlegenheit, um den armen Entwicklungsländern, die auf den Verkauf ihrer Rohstoffe angewiesen waren, vergleichsweise niedrige Preise aufzuzwingen. Davon profitierte auch die Bundesrepublik. Sie gehörte zwar stets zu den

Staaten mit dem höchsten Entwicklungshilfe-Aufkommen. Zugleich aber stand sie auch in der vordersten Front derer (zusammen mit den USA), die alle Sondervorteile für die Rohstoffländer ablehnten.

„Stagflation" der 1970er-Jahre Bei der 1973 einsetzenden ersten ernsthaften Wirtschaftsflaute nach langen Boom-Jahren zeigte sich, dass die Möglichkeiten des Staates gegenzusteuern sehr begrenzt waren. Die von außen kommende drastische Verteuerung der Erdölpreise, aber auch der letztlich normale Übergang von einem ungewöhnlich langen und intensiven Wachstum in ein viel langsameres Entwicklungstempo waren Vorgänge, die sich politischer Beeinflussung weitgehend entzogen. Es gelang weder, die hohe Inflationsrate herabzudrücken – auch sie war zu einem erheblichen Teil von außen, nämlich durch den Verfall des US-Dollars infolge des Vietnamkrieges, „importiert" –, noch, die Arbeitslosigkeit wirksam zu bekämpfen (1975 wurde die 1-Million-Grenze überschritten). Arbeitsbeschaffungsprogramme, für die der Bund Milliarden von Steuergeldern aufwendete, blieben ohne nachhaltigen Erfolg. Die durch die enormen Produktivitäts- und Rationalisierungsfortschritte sowie das beginnende Computer-Zeitalter überflüssig gewordenen Arbeitsplätze ließen sich so lange nicht zurückgewinnen, wie die politische Mehrheit an den Prinzipien der Marktwirtschaft festhielt und es ablehnte, die Grundsätze der Rentabilität und Wettbewerbsfähigkeit außer Kraft zu setzen. Dazu war keine der großen im Bundestag vertretenen Parteien bereit.

Öffentliche Verschuldung Die wirtschaftlichen Schwierigkeiten seit den 1970er-Jahren, die großenteils eine Strukturanpassungskrise waren, lösten einen Anstieg der öffentlichen Verschuldung aus, der sich seitdem nicht wieder bremsen ließ. Das schadete der Währungsstabilität, engte den finanziellen Handlungsspielraum von Bund, Ländern und Gemeinden bedrohlich ein und belastete spätere Generationen. Die Steuer- und Abgabenlast wurde ständig drückender. Dennoch ließ sich das in 30 Jahren erarbeitete hohe Niveau der Sozialleistungen nicht halten. Es tat sich eine Schere auf zwischen dem Wunsch der SPD, das soziale Netz nicht anzutasten, und der Forderung von CDU/CSU und FDP, die Sozialleistungsquote zu senken und mit dem dadurch frei werdenden Kapital der Privatwirtschaft neue Wachstumsimpulse zu geben. Die Sozialdemokraten setzten auf eine Stärkung der Nachfrageseite durch Erhaltung der Massenkaufkraft, die Freien und die Christdemokraten bevorzugten eine Förderung der Angebotsseite durch Senkung der Steuerlasten und Lohnnebenkosten. An diesem Dilemma zerbrach 1982 die SPD-FDP-Koalition.

„Entstaatlichung" der Wirtschaft Die neue Kohl/Genscher-Regierung suchte ihr Heil in einer „Entstaatlichung" der Wirtschaft. Die Post und teilweise auch die Eisenbahn, in Deutschland seit je Staatsmonopole, wurden in privatwirtschaftliche Unternehmen umgewandelt.

Stagflation

Sprachliche Neubildung der 1970er-Jahre durch Zusammenziehung der Begriffe Stagnation und Inflation. Damals wurde die alte Erfahrungsregel, Stagnation und Inflation träten nie gleichzeitig auf, außer Kraft gesetzt. Die bis dahin gültigen wirtschaftspolitischen Rezepte (die auch beim von der Großen Koalition angewandten Konzept der Globalsteuerung Pate gestanden hatten) – die Stagnation durch vermehrten Geldumlauf vertreiben, die Inflation durch Abschöpfung der Kaufkraft bremsen – griffen plötzlich nicht mehr. Zweierlei war neu: Die Geldentwertung (Inflation) war nur zum Teil hausgemacht, in der Hauptsache war sie durch die Dollarschwäche verursacht und insoweit nicht mit innerstaatlichen Mitteln in den Griff zu bekommen. Die Stagnation war weniger eine Folge konjunktureller Schwankungen als das Ergebnis eines tief greifenden strukturellen Wandels (vor allem des Vordringens der Informationstechnologie); darum war ihr mit den üblichen konjunkturpolitischen Instrumenten (verstärkte öffentliche Nachfrage, Steuersenkungen u.Ä.) nicht beizukommen.

Die staatlichen Rundfunk- und Fernsehanstalten bekamen Konkurrenz von privaten Gesellschaften. Auch die regionale und kommunale Energieversorgung, die Müllentsorgung und andere öffentliche Serviceleistungen sollten auf lange Sicht von privaten Anbietern übernommen werden. Hinter dieser Deregulierungspolitik stand die Erwartung, private Unternehmen könnten effektiver und kostengünstiger wirtschaften, aber auch die Hoffnung auf eine Entlastung der öffentlichen Kassen. Dennoch kletterte auch unter der Unions-FDP-Koalition die „Staatsquote", der Anteil der öffentlichen Hand am volkswirtschaftlichen Gesamtumsatz, stetig in die Höhe. Die Sozialausgaben stiegen 1993 erstmals über die 1-Billion-DM-Grenze; das entsprach einem Anteil von 34 % des Bruttosozialproduktes und ein Drittel davon stammte aus Steuergeldern. Die Ankündigung des Bundeskanzlers Kohl zu Beginn seiner Amtszeit, die Steuern und Staatsschulden zu senken und Subventionen einzusparen, blieb im Wesentlichen unerfüllt. Einmal erreichte Besitzstände ließen sich nur schwer infrage stellen und die Parteien scheuten sich, ihre jeweiligen Anhänger durch Kürzung der Zuwendungen zu verprellen.

Europäisierung Die Mitgliedschaft der Bundesrepublik in den europäischen Institutionen von der EGKS bis zur EU griff und greift in ständig wachsendem Maße in die Wirtschaftsabläufe ein. Viele wirtschaftspolitische Zuständigkeiten wanderten von Bonn nach Brüssel. Während einerseits die innergemeinschaftlichen Wirtschaftsbeziehungen und damit auch die Markt- und Gewinnchancen der deutschen Wirtschaft kräftig zunahmen, wuchs andererseits der Zwang, sich den Gemeinschaftsbelangen auch da unterzuordnen, wo dies mit eigenen wirtschaftlichen Nachteilen verbunden war. Der Gemeinsame Agrarmarkt machte der deutschen Landwirtschaft sehr zu schaffen, weil sie der Konkurrenz aus Frankreich, Dänemark oder den Niederlanden schutzlos ausgeliefert wurde. Die zu Schutz- und Abschließungsmaßnahmen tendierende Außenhandelspolitik der Europäischen Gemeinschaft (seit 1994 Union) verstieß gegen die am Freihandel orientierten Interessen der deutschen Industrie. Die deutschen Finanzbeiträge waren fast immer die höchsten innerhalb der EG. Aber ungeachtet solcher Nachteile hat die große Mehrheit der westdeutschen Wirtschaft die Vorzüge des gemeinsamen europäischen Marktes stets zu schätzen gewusst.

Vollautomatisierte Autoproduktion bei Renault 1984

Q 37 Die westdeutsche Wirtschaft in Zahlen

a) *Durchschnittliche jährliche Zuwachsraten des Bruttoinlandsproduktes 1948–1990 (Die unterschiedlichen Zeitintervalle erklären sich aus den ungleichmäßigen Konjunkturzyklen):*

1948–1953: 8,2%	1967–1970: 5,0%	1983–1986: 2,2%
1954–1957: 7,9%	1971–1974: 3,1%	1987–1990: 3,4%
1958–1962: 5,5%	1975–1978: 2,4%	
1963–1966: 4,4%	1979–1982: 1,0%	

G. Ambrosius: Das Wirtschaftssystem, in: W. Benz (Hg.): Die Bundesrepublik Deutschland. Bd. 1, Frankfurt a. M. 1983, S. 243; Statistisches Bundesamt (Hg.): Datenreport 1992. Bonn 1992. S. 267

b) *Entstehung des Sozialprodukts nach Wirtschaftsbereichen 1950–1990 (in v. H.):*

	1950	1960	1970	1980	1990
Primärer Sektor					
Land- und Forstwirtschaft	9,1	5,5	3,9	2,2	1,5
Sekundärer Sektor	**44,5**	**53,5**	**57,6**	**44,8**	**38,7**
Energiewirtschaft und Bergbau	6,0	4,8	4,2	3,5	2,5
Verarbeitendes Gewerbe	31,4	41,2	46,0	34,3	30,9
Baugewerbe	7,1	7,5	7,4	7,0	5,3
Tertiärer Sektor	**46,4**	**40,9**	**38,7**	**53,0**	**56,3**
Handel und Verkehr	20,7	19,8	18,8	15,8	14,3
Dienstleistungen	12,3	11,9	11,7	23,2	29,2
Staat	10,5	7,4	7,0	12,0	10,4
Private Haushalte	3,1	1,8	1,2	2,0	2,4

Statistisches Jahrbuch der Bundesrepublik Deutschland. 1984, S. 540 f., 1989, S. 545 f., 1996, S. 647 ff.

c) *Erwerbstätige nach Wirtschaftsbereichen 1950–1990 (in v. H.)*

	1950	1960	1970	1980	1990
Land- und Forstwirtschaft	24,6	13,7	8,5	5,2	3,4
Produzierendes Gewerbe	42,9	47,9	48,9	43,4	39,8
Handel und Verkehr	15,6	18,3	17,9	18,7	18,7
Dienstleistungsunternehmen	6,7	9,1	11,0	14,7	18,5
Staat/private Haushalte	10,2	11,0	13,6	18,0	19,6

Datenreport 1992, S. 269

d) *Erwerbstätige nach Netto-Einkommensgruppen in v. H. (1988):*

Monatseinkommen	Selbstständige	Beamte	Angestellte	Arbeiter	Insgesamt
Unter 600 DM	3,4	9,3	6,6	8,6	7,5
600–1000	4,3	2,3	4,9	5,2	4,7
1000–1200	4,3	1,7	4,2	4,9	4,2
1200–1400	3,2	2,5	5,6	7,2	5,8
1400–1800	8,7	9,6	17,2	24,2	18,7
1800–2200	14,0	14,9	19,0	28,9	22,3
2200–3000	18,2	24,6	20,4	18,0	19,7
3000–4000	14,8	21,1	12,3	2,5	9,3
über 4000	29,2	14,0	9,8	0,4	7,8

Statistisches Jahrbuch der Bundesrepublik Deutschland. 1989, S. 97

e) *Preisindizes für die Lebenshaltung aller Privathaushalte (1985 = 100)* (Die willkürlich ausgewählten Jahre stellen Stichproben dar):

1962: 41,1	1980: 82,8	1984: 98,0	1988: 101,4
1970: 50,4	1982: 92,6	1986: 99,9	1990: 107,0

Datenreport 1992, S. 355

f) *Arbeitslosenquoten 1950–1990 (in v. H. aller Erwerbstätigen)*

1950: 10,4	1965: 0,7	1980: 3,8
1955: 5,2	1970: 0,7	1985: 8,0
1960: 1,2	1975: 4,8	1990: 7,2

Ambrosius, S. 254; Datenreport 1992, S. 105

a) In welchen Zeiten fanden die größten Veränderungen statt? Erläutern Sie diese Veränderungen und versuchen Sie, sie zu erklären.

b) Wo finden sich die auffälligsten Abweichungen von den allgemeinen Trends? Erörtern Sie deren zeitgeschichtliche Hintergründe.

c) Wann ging es den Bundesbürgern wirtschaftlich am besten? Diskutieren Sie die verschiedenartigen Gesichtspunkte, unter denen man diese Frage betrachten kann.

g) *Warenausfuhr und -einfuhr der Bundesrepublik 1950–1990:*

	insgesamt in Mrd. DM		in v.H. des Bruttosozialprodukts	
	Einfuhr	Ausfuhr	Einfuhr	Ausfuhr
1950	11,4	8,4	11,6	8,5
1955	24,5	25,7	13,5	14,2
1960	42,7	47,9	14,1	15,8
1965	70,4	71,7	15,3	15,6
1970	109,6	125,3	16,0	18,3
1975	184,3	221,6	17,8	21,4
1980	341,4	350,3	22,9	23,5
1985	463,8	537,2	25,1	29,1
1990	550,6	642,8	22,7	26,5

Ambrosius, S. 262; Datenreport 1992, S. 280

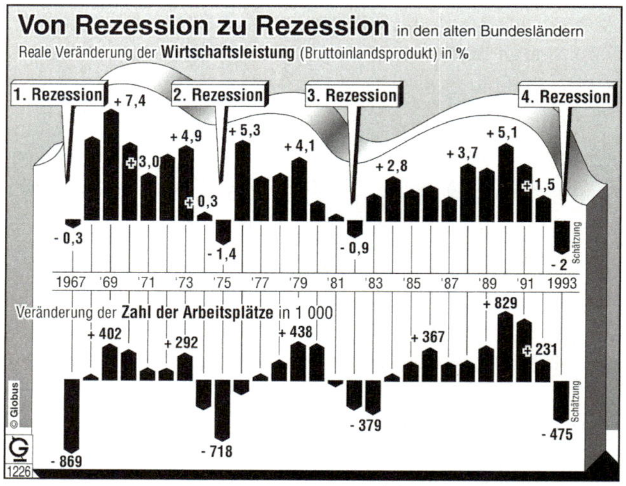

Q 38 Darf es in der Sozialen Marktwirtschaft Kartelle geben?

a) *Bundeswirtschaftsminister Ludwig Erhard zum Entwurf des „Gesetzes gegen Wettbewerbsbeschränkungen“ (1955):*

Kartelle sind in einer Marktwirtschaft nach der inneren Logik dieses Systems artwidrige Fremdkörper. Wer den staatlichen Dirigismus als Lenkungsinstrument im wirtschaftlichen Leben ablehnt, kann nicht zugleich die kollektive Steuerung der Wirtschaft durch Kartelle gutheißen oder gar als nützlich und notwendig erachten. […] Abgesehen davon, dass der vorliegende Gesetzentwurf nicht dem in diesem Zusammenhang so viel kritisierten Denkmodell der vollständigen Konkurrenz entspricht, sondern die Möglichkeit von Konditionen-, Export- und Rationalisierungskartellen durchaus einräumt, ja ich sogar meinen möchte, dass in dieser Vorlage sozusagen schon zu viele Köche den Brei etwas verdorben haben, stehe ich grundsätzlich auf dem Standpunkt, dass eine sinnvolle Wirtschaftspolitik in jedem Falle einer klaren theoretischen Grundlegung bedarf und sich nicht an verschwommenen und wechselnden Vorstellungen des Augenblicks orientieren darf. Das heißt mit anderen Worten: Wer den Wettbewerb als Ordnungselement der Wirtschaft anerkennt, kann dieses Prinzip nicht da und dort aus Opportunismus und Zweckmäßigkeit willkürlich ablehnen, heute bejahen und morgen verwerfen und dabei noch stolz wähnen, dass solche Richtungslosigkeit Wirklichkeitsnähe verrate.

Verhandlungen des 2. Deutschen Bundestages. Bonn 1054, S. 4203 ff.

b) *Kritik des Bundesverbandes der Deutschen Industrie (1958):*

Die zahlreichen Erleichterungen im nunmehr geltenden „Gesetz gegen Wettbewerbsbeschränkungen“ vermögen nicht darüber hinwegzutäuschen, dass das Gesetz tief einschneidende Staatseingriffe in die unternehmerische Freiheit auslöst und umständliche und zeitraubende

Verfahren mit sich bringt – selbst für diejenigen Formen der unternehmerischen Zusammenarbeit, die auch nach Ansicht der Entwurfsurheber volkswirtschaftlich nützlich und deshalb nur dem Anmelde- oder Widerspruchsverfahren unterworfen sind. Als Beispiel sei der Weg zur Realisierung eines rechtsgültigen Normungs- oder Typisierungskartells dargestellt. Es ist allgemein anerkannt, dass Normung und Typisierung wesentliche Möglichkeiten zur Erhöhung der Produktivität und zur besseren Verbraucherversorgung bieten. Die Verwirklichung von Normungs- und Typisierungskartellen ist aber in ein Prokrustesbett von Verfahrensvorschriften gezwängt, die den Entschluss der Unternehmer, sich dem volkswirtschaftlich nützlichen Ziel der Gemeinschaftsrationalisierung zuzuwenden, sehr zu hemmen geeignet sind. [...] Hiernach kann man ermessen, wie schwierig erst das Verfahren für erlaubnispflichtige Kartelle sein wird! Hinzu kommen die zahlreichen Aufsichts- und Eingriffsbefugnisse der Kartellbehörden, nachdem ein Kartell rechtswirksam geworden ist. Das alles kann sich zu einem umfassenden System staatlicher Einmischung, Bevormundung und Lenkung entwickeln.

BDI-Jahresbericht 1957/58. S. 151f.

a) Erhard lehnte Kartelle in jeder Form grundsätzlich ab. Wie kam es, dass das schließlich verabschiedete Gesetz und vor allem die spätere Praxis so stark von der erhardschen Linie abwichen?

b) Hatte der BDI recht, wenn er den Staat und die Bürokratie als die Hauptnutznießer des Kartellgesetzes bezeichnete?

Q 39 Soziale Auswirkungen des technischen Fortschritts

Aus einer wirtschaftswissenschaftlichen Betriebsuntersuchung von 1962:

In fast allen der untersuchten Betriebe hat sich der Anteil der ungelernten Arbeiter stark verringert. Dagegen nahm der Anteil der angelernten Arbeiter in nahezu allen untersuchten Fällen zu, weil an mechanisierten Arbeitsplätzen im Allgemeinen vorwiegend angelernte Kräfte benötigt werden. Der Anteil der Facharbeiter im unmittelbaren Produktionsbereich hat sich ebenfalls verringert. [...] In der Wartung und Instandhaltung ist bei gleichzeitig größerem Arbeitsanfall eine starke Zunahme der Zahl der Facharbeiter festgestellt worden. [...] In den Büros sind die Veränderungen teilweise noch einschneidender als in der Produktion. Auffallend ist die stark verringerte Bedeutung der mittleren Angestellten im Verwaltungsbereich. [...]
Was den Wandel der Arbeitsbedingungen und Arbeitsverhältnisse angeht, so ergibt sich fast überall eine geringere körperlich-muskuläre Beanspruchung. Dagegen hat sich die geistig-nervliche Belastung überwiegend erhöht. Als wichtigste Ursachen hierfür werden angegeben:
a) die vervielfachte Arbeitsgeschwindigkeit der neuen Anlagen;
b) als Folge des kontinuierlichen Fertigungsablaufs die erhöhte Wachsamkeit und größere Konzentration;
c) die erhöhte Verantwortung wegen des größeren Wertes der modernen Aggregate;
d) die Gleichförmigkeit der Arbeit bei elektronisch gesteuerten Anlagen mit ihrer stark nervlichen Belastung.

Der Arbeitgeber – das Monatsmagazin der Bundesvereinigung der Deutschen Arbeitgeberverbände (BDA). Köln 1963, Nr. 1/2, S. 14f.

a) Der Bericht beschreibt eine Reihe von Umschichtungen unter den Beschäftigten. Welche Gründe gab es dafür und wie sahen die Konsequenzen für die Arbeitnehmer aus?

b) Wie ging die Wirtschaft in den 50er-Jahren mit den Rationalisierungsfolgen um? Was hat sich in dieser Hinsicht seitdem verändert?

Q 40 Was tun gegen die Wirtschaftsflaute?

Aus dem Memorandum „Konzept für eine Überwindung der Wachstumsschwäche und zur Bekämpfung der Arbeitslosigkeit" des Wirtschaftsministers Graf Lambsdorff (FDP) von 1982:

Diese fundamentalen gesamtwirtschaftlichen Veränderungen haben [...] wesentlich dazu beigetragen, die Anpassungsfähigkeit der deutschen Wirtschaft an binnenwirtschaftliche und weltweite Marktänderungen zu schwächen;
die frühere Eigendynamik und das Selbstvertrauen der deutschen Wirtschaft zu erschüttern;
die Unternehmen in ihren Investitionsdispositionen zu verunsichern und die Bereitstellung von Risikokapital zu mindern. [...]
Wirkliche Erfolge bei der Lösung der Beschäftigungsprobleme und bei der Konsolidierung der öffentlichen Finanzen können nur erreicht werden, wenn es gelingt, einen hinreichend starken und über längere Zeit anhaltenden Wachstumsprozess zu erreichen. [...] Ein solcher Wachstumsprozess kann nur auf der Grundlage einer breit angelegten privaten Investitionstätigkeit erreicht

und gesichert werden. […] Wer bei einer solchen Politik den – in der Sache vordergründigen – Vorwurf einer „sozialen Unausgewogenheit" oder einer Politik „zulasten des kleinen Mannes" macht, dem kann und muss entgegengehalten werden, dass nur eine solche Politik in der Lage ist, die wirtschaftliche Grundlage unseres bisherigen Wohlstandes zu sichern und die Wachstums- und Beschäftigungskrise allmählich und schrittweise zu überwinden. Die notwendigen Korrekturen müssen auch vor dem Hintergrund des außerordentlich starken Anstiegs der Sozialleistungsquote in den letzten beiden Jahrzehnten gesehen werden. Die schlimmste soziale Unausgewogenheit wäre eine andauernde Arbeitslosigkeit von 2 Millionen Erwerbsfähigen oder gar noch mehr. […]
Ansatzpunkte für konkrete steuerpolitische Maßnahmen:

1. Schrittweise Abschaffung der Gewerbesteuer; […]
2. Partielle Entlastung des gewerblich genutzten Vermögens von der Vermögenssteuer; […]
3. Entlastung der Lohn- und Einkommensbezieher vor allem durch Abflachung der Tarifkurve im extrem steilen mittleren Progressionsteil;
4. Steuerliche Anreize für Investitionen und Anlage in Risikokapital; […]
5. Anhebung der Mehrwertsteuer zum Ausgleich für investitions- und arbeitsplatzfördernde Steuerentlastungen.

K. Bölling: Die letzten 30 Tage des Kanzlers Helmut Schmidt. Reinbek b. Hamburg 1982, S. 123 ff.

München 1976 – Jugendliche demonstrieren gegen die Arbeitslosigkeit.

a) Worauf spitzte der FDP-Politiker Lambsdorff seine Kritik an der vorausgegangenen Wirtschaftspolitik zu?

b) Inwiefern verrät sein Memorandum eine liberale Sichtweise? Wie dürfte die Reaktion des Koalitionspartners SPD ausgefallen sein?

Q 41 Wirtschaftspolitik in der Ära Kohl

Aus dem Jahresgutachten 1989/90 des Sachverständigenrats:
In der Bundesrepublik Deutschland wie in nahezu allen Industrieländern hatte man erkannt, dass die in den Siebzigerjahren zeitweise betriebene geld- und finanzpolitische Expansion nicht die erwarteten Wirkungen hatte, weil die Arbeitslosigkeit größtenteils entweder strukturell bedingt war oder sich zu einem Strukturproblem verfestigt hatte. Als wirtschaftspolitische Alternative bot sich die Verbesserung der Angebotsbedingungen an, insbesondere der Investitionsbedingungen. Diese Konzeption umfasst im Kern drei Teile:

- Eindämmung der Inflation und Reduzierung der Budgetdefizite zur Wiederherstellung der Handlungsfähigkeit des Staates und zur Wiedergewinnung des Vertrauens von Investoren und Konsumenten;
- Abbau von Hemmnissen und Regelungen, die die wirtschaftlichen Aktivitäten erschweren, verteuern oder in eine unproduktive Richtung führen; hierzu gehören die Senkung der Besteuerung sowie der Abbau von staatlichen Eingriffen und Regulierungen auf den Geldmärkten;
- Verbesserung der Funktionsfähigkeit des Arbeitsmarktes; insbesondere durch die Rückführung der Lohnsteigerungsrate auf die gesamtwirtschaftliche Produktivitätsentwicklung und die Differenzierung der Lohnrelationen, soweit Maßnahmen zur Förderung der Mobilität, Flexibilität und Qualifikation des Arbeitskräfteangebots nicht ausreichen. […]

Die Bilanz der Finanzpolitik der Achtzigerjahre ist im Ganzen positiv. Das „Gesetz der wachsenden Staatsausgaben" verlor zumindest vorübergehend seine Gültigkeit; damit wurden das Kapitalangebot für produktive Investitionen vergrößert, eine nachhaltige Senkung der Abgabensätze begonnen und das Vertrauen in die Handlungsfähigkeit des Staates gestärkt.

Sachverständigenrat zur Begutachtung der gesamtwirtschaftlichen Entwicklung. Jahresgutachten 1989/90. Ziffer 13 ff., 159

a) Der Sachverständigenrat bescheinigte der Kohl-Regierung eine Reihe wirtschaftspolitischer Erfolge. Erläutern Sie die Gründe, die er dafür nennt, und achten Sie darauf, welche Rolle er dabei der Weltwirtschaft zuweist.

b) Was versteht man unter einer Angebotspolitik, die der Sachverständigenrat empfiehlt?

4. Gesellschaft im Wandel

Definitionsversuche Es gibt viele Begriffe, mit denen Publizisten und Sozialwissenschaftler versuchen, unsere Gesellschaft zu charakterisieren. Mit dem viel zitierten Schlagwort „nivellierte Mittelstandsgesellschaft" rückte der Soziologe Helmut Schelsky die Erfahrung in den Mittelpunkt, dass die Stände- und Klassengesellschaft der ersten Jahrhunderthälfte einer Ordnung Platz gemacht habe, für die die Angleichung der Lebensverhältnisse typisch sei. Ihm widersprachen linke Sozialwissenschaftler, die dies für eine Oberflächenerscheinung hielten, unter der die krassen sozialen Ungleichheiten noch immer fortbestünden. Anfangs der 1960er-Jahre stellte der Soziologe Ralf Dahrendorf die offene, liberale „Bürgergesellschaft" (s. S. 48) als das wichtigste Resultat der Nachkriegsentwicklung heraus. In den 1970er-Jahren kam die Rede von der „post-industriellen" Gesellschaft auf, in der der Dienstleistungs- den produzierenden Sektor überflügelt habe. Zehn Jahre später erregte Ulrich Becks Theorie der „Risikogesellschaft" Aufsehen, die auf mancherlei Krisenerscheinungen ökologischer und sozialer Art verwies. Daneben geisterten viele andere Reiz- und Modewörter herum: Konsum-, Wegwerf- und Überflussgesellschaft; Wettbewerbs- und Ellenbogengesellschaft; Leistungs- und Lerngesellschaft; Freizeit- und Erlebnisgesellschaft; Auto- und Fernsehgesellschaft; pluralistische, individualistische, multikulturelle Gesellschaft. Fast jeder dieser Begriffe traf etwas Richtiges, aber wohl keiner war imstande, die ganze Wirklichkeit einzufangen.

Dimensionen des Wandels Seit 1945 vollzog sich der gesellschaftliche Wandel mit einer Rasanz, die geschichtlich beispiellos ist. Das war eine weltweite Erscheinung, besonders in den Industrieländern. Es veränderten sich die technischen und wirtschaftlichen Lebensumstände, die wissenschaftlichen Erkenntnisse und kulturellen Ausdrucksformen, aber auch die sozialen Beziehungen, die Denkweisen und Wertvorstellungen, die Lebensgepflogenheiten und Glückserwartungen. Was generationenlang gegolten hatte, verlor nach und nach an Verbindlichkeit: die christlichen Glaubensinhalte und religiösen Bindungen; die „bürgerliche" Moral und Lebensführung; die nationalen und patriotischen Werte; das soziale Herkunftsmilieu, Nachbarschaft und Heimat; Ehe und Familie. Die Frage nach der eigenen Zugehörigkeit und dem Sinn des Daseins, früher von Staat und Kirche, Elternhaus und Schule, Philosophie und Kunst mehr oder minder endgültig beantwortet, blieb für viele jetzt offen. Den beträchtlich erweiterten Freiheitsräumen standen Schwierigkeiten der Orientierung in einer unübersichtlich gewordenen Welt gegenüber, die frühere Generationen so nicht erlebt haben dürften. Symptomatisch war die Hinwendung vieler Menschen zu fernöstlichen Glaubenslehren oder zu medizinischen und psychologischen Anleitungen für ein „richtiges Leben".

Individualisierung und Pluralisierung

Diese in der heutigen Soziologie viel benutzten Begriffe bezeichnen zwei eng miteinander zusammenhängende Vorgänge: die Erhebung der individuell-persönlichen Lebensführung, die sich nicht bestimmten gesellschaftlichen Verhaltensregeln verpflichtet fühlt, zu einem obersten Leitwert; und das Verschwinden allgemein verbindlicher Normen, Wertüberzeugungen, Lebensstile zugunsten einer Vielzahl (Pluralität) von Angeboten der Daseinsgestaltung und Sinnfindung. Individualisierung stellt einen Gegenpol zu einer Lebensform dar, in der sich der Einzelne in ein größeres Ganzes – die Familie, das Arbeitsteam, eine politische Partei, eine Glaubensgemeinschaft, die Nation – einfügt und seine persönlichen Interessen, zumindest ein Stück weit, zurückstellt. Eine pluralistische, „offene" Gesellschaft steht im Gegensatz zur „geschlossenen" Gesellschaft. Herrscht dort die freie Konkurrenz unterschiedlicher Vorstellungen vom richtigen Leben, gibt es in der geschlossenen Gesellschaft Instanzen – die Kirche, den Staat, die Weltanschauung, die Partei –, die verbindlich vorgeben, was man zu glauben und wie man zu leben hat, und die die Einhaltung ihrer Vorschriften gegebenenfalls auch gewaltsam erzwingen.

4.1 Die Generationen

Demografische Revolution Seit der Mitte der 1960er-Jahre vollzieht sich eine tief greifende Umschichtung im Altersaufbau der westdeutschen Bevölkerung. Die Menschen erreichen im Durchschnitt ein beträchtlich höheres Lebensalter. Die Zahl der Geburten ging stark zurück und führte 1972 erstmals zu einem Defizit: Es starben mehr Menschen als geboren wurden. Die Folgen drohen dramatisch zu werden: Immer weniger jüngeren Menschen werden immer mehr ältere Menschen gegenüberstehen. Waren 1950 in der Bundesrepublik 28 % aller Einwohner unter 18 Jahre alt und 9 % über 65, so bot sich 1988 ein deutlich anderes Bild: 18 % Jugendliche, 15 % Alte.

Ursachen des Bevölkerungswandels Die Gründe für diese Entwicklung sind vielfältig. Dass die Menschen älter werden, verdanken sie vor allem dem durchweg besseren Lebensstandard und den Fortschritten der Medizin. Wer nicht einer schweren Krankheit erliegt oder mit seiner Gesundheit Raubbau betreibt (häufigste Todesursachen heute: Kreislauferkrankungen und Krebs), hat gute Aussichten, 80 Jahre und älter zu werden, Frauen mehr als Männer. Der Geburtenrückgang ist teils auf die besseren Verhütungsmethoden zurückzuführen (sog. „Pillenknick“), teils auf veränderte Lebensplanungen, vor allem der Frauen. Das früher wichtige Motiv, in Kindern wirtschaftliche Hilfskräfte oder Stützen für das Alter zu haben, hat nahezu jede Bedeutung verloren. Berufskarrieren oder der Anspruch auf Selbstverwirklichung traten dem durchaus noch verbreiteten Kinderwunsch von Ehepaaren, insbesondere der Frauen, immer häufiger in den Weg. Schließlich ließen auch die allgemein gestiegenen Erwartungen an die richtige Betreuung und Erziehung von Kindern eine größere Zahl von Kindern als unvernünftig erscheinen. Es war nicht in erster Linie die (nur leicht ansteigende) Zahl von kinderlosen Ehen, die die Nachwuchszahlen sinken ließ, sondern die Beschränkung der meisten Elternpaare auf ein bis höchstens zwei Kinder.

Folgen der demografischen Veränderungen Die Auswirkungen des demografischen Wandels stellen sich für die Betroffenen unterschiedlich dar. Die gestiegene Lebenserwartung beschert „gewonnene Jahre“, einen Zuwachs an Lebenserfüllung. Der Ruhestand weitet sich zu einer langen Lebensspanne aus, die viele Chancen eröffnet. Abgesehen von den Hochbetagten (den über Achtzigjährigen), gibt es zunehmend mehr vitale und aktive alte Menschen, die das Geschenk des längeren Lebens voll zu nutzen verstehen. Das früher beherrschende Bild vom gebrechlichen Alter wandelt sich gründlich. Andererseits schafft die lange Altersphase beträchtliche Probleme. Die steigenden Aufwendungen für die Alterssicherung müssen von dem kleiner werdenden Bevölkerungsteil der Jüngeren aufgebracht werden. Die seit Jahren wachsenden Sozialabgaben hängen nicht zuletzt

Generationen-Vertrag: „Aber den trägst du, wenn du groß bist!“ Karikatur 12. Juni 1986

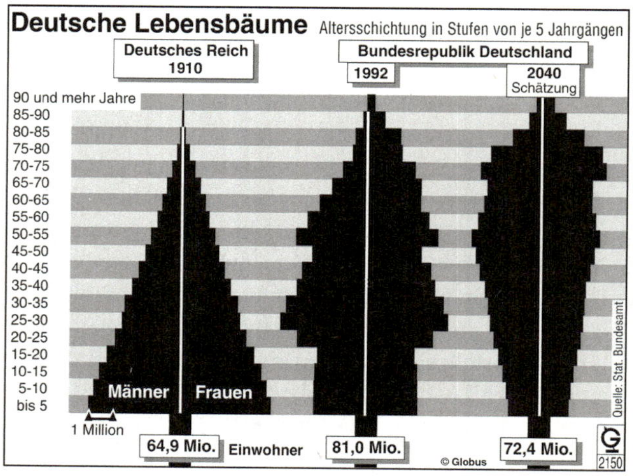

damit zusammen. Kritisch wird die Lage wohl erst nach 2020 werden. Bis jetzt werden die vermehrten Aufwendungen für die alten Menschen weitgehend durch die im Vergleich zu früher fühlbar verringerten Ausgaben für die Heranwachsenden wettgemacht. Schon bald wird die Zahl der arbeitsfähigen Alterskohorten nicht mehr hinreichen, die Lasten der Rentenversicherung zu schultern.

Junge Menschen So wie das Leben der alten Menschen veränderte sich auch das der jungen in den letzten Jahrzehnten besonders stark: Die Dauer und die Anforderungen der Schul- und Berufsausbildung nahmen deutlich zu; die wachsende Verknappung der Arbeitsplätze seit den 1970er-Jahren erschwerte häufig den Berufseinstieg und minderte die Karrierechancen; es entstand eine eigene jugendliche Kultur und Lebenswelt, die sich deutlich von der Welt der Erwachsenen abhob.

Erweiterte Horizonte Seit den 1960er-Jahren erhalten immer mehr junge Menschen die Möglichkeit einer längeren und besseren Schulbildung. Die Volks- bzw. Hauptschule, die noch in den 1950er-Jahren fast 90 % jedes Jahrgangs aufgenommen hatte, wurde allmählich zur „Restschule“; zwei Drittel und mehr aller Kinder und Jugendlichen besuchten in den 1980er- und 1990er-Jahren die Realschule oder das Gymnasium. Die damit verbundene längere Freistellung von beruflicher Erwerbsarbeit – die sich für rund ein Drittel der jungen Leute durch das Studium noch weiter ausdehnte – veränderte den Erfahrungshorizont und Lebensstil der jungen Generation. Sie konnte Interessen und Fähigkeiten ausbilden, die ihren Eltern vielfach verschlossen geblieben waren, und auf Reisen und dank vielfältigen Kommunikationsmöglichkeiten eine Weltkenntnis erwerben, die ihren Blick weitete. Dabei stiegen unvermeidlich die Ansprüche an die Lebensqualität, die frühere Generationen sich nie hätten träumen lassen.

Jugendkultur Die Ausbildung einer eigenen Jugendkultur geht in die Zeit des „Wandervogels“ und der „Jugendbewegung“ zurück, die vor und nach dem Ersten Weltkrieg ihren Höhepunkt erlebten. Die erste Nachkriegszeit mit ihrem täglichen Kampf ums Überleben gab der Jugend wenig Gelegenheit, einen eigenen Lebensstil auszubilden. Helmut Schelsky nannte sie die „skeptische Generation“: junge Leute, die die Welt nicht verbessern wollten, sondern sie illusionslos so nahmen, wie sie ist, und die darum kein Bedürfnis hatten, sich von den Älteren zu unterscheiden oder sich mit ihnen kritisch auseinanderzusetzen. Als sich das Leben in den 1950er-Jahren normalisierte, kam die Jugend als eine eigene Daseinsform wieder zur Geltung. Es war vor allem die damals schnell an Bedeutung gewinnende Freizeitkultur, in der sich das jugendliche Bedürfnis nach Erlebnissen, Geselligkeit, Selbst-

Generation/Generationenkonflikt

Generationen sind zum einen familial-biologische Personengruppen, deren Zusammengehörigkeit auf dem gemeinsamen Platz in der Abstammungsfolge Großeltern – Eltern – Kinder – Enkel usw. beruht. Diese Art von Generationsverband ist immer an die Blutsverwandtschaft gebunden und im Wesentlichen nur für die Stellung innerhalb der Familie (etwa beim Erbrecht) bedeutsam.
Unter Generationen im kulturell-sozialen Sinn versteht man Gruppen von Altersgenossen, deren Gemeinsamkeit zwar in der ungefähren Gleichaltrigkeit gründet, aber vor allem durch die relativ ähnlichen Lebensschicksale und -erfahrungen geprägt ist, die aus den zeitgeschichtlichen Ereignissen und Entwicklungen hervorgehen. Dabei scheinen nach allem, was man weiß, vor allem die Eindrücke und Erfahrungen in der besonders empfänglichen Jugend- und frühen Erwachsenenphase eine das ganze weitere Leben bestimmende Ausstrahlungskraft zu haben. Insofern empfinden und verarbeiten Angehörige verschiedener Generationen die gleichen zeitgenössischen Vorgänge in unterschiedlicher Weise. Das erklärt die Missverständnisse, Vorurteile, Auseinandersetzungen, die mit einer gewissen Unvermeidlichkeit das Zusammenleben der Generationen erschweren.

erfahrung, Begegnung mit dem anderen Geschlecht am stärksten entfalten konnte. Das Radio, das Kino, die Gaststätte, der Tanzsaal (erst in den späten 1960ern von der Diskothek abgelöst), die motorisierte Mobilität gaben dem jugendlichen Leben seinen besonderen Reiz. Zu einem wichtigen Medium wurde die Musik. Die sentimentale „Schnulze" und der kesse „Schlager", die noch die 1950er-Jahre prägten, wurden hoffnungslos altmodisch, als seit den frühen 1960er-Jahren Elvis Presley und wenig später die „Beatles" oder die „Rolling Stones" nicht nur den musikalischen Geschmack der Jugend bestimmten. Die Musik und der von den „Stars" propagierte Lebensstil zogen die jugendlichen Enthusiasten in ihren Bann. Eigene Jugend„bewegungen" entstanden: Rocker, Mods, Hippies, Punks ...

Generationskonflikte Die Ansichten, Lebensgefühle und Wertvorstellungen älterer und jüngerer Menschen drifteten zusehends auseinander. Ein Vorspiel waren die „Halbstarken-Krawalle" der späten 1950er-Jahre. Junge Leute erprobten ihre Männlichkeit und Unabhängigkeit, indem sie Straßenpassanten provozierten, die nächtliche Ruhe störten oder sich mit der Polizei prügelten. Sie fanden später viele Nachfolger: lederbekleidete Rocker, bizarr aufgemachte Punks, alkoholisierte Hooligans. Sie alle trotzten den herrschenden Ordnungs- und Moralvorstellungen und wollten sich und ihrer Umwelt beweisen, dass sie mit der von den Erwachsenen geschaffenen Gesellschaft nichts gemein hatten. Ihr Protest erschöpfte sich aber zumeist in der Verweigerung; eine eigene Vision einer besseren Welt hatten sie nicht anzubieten. Damit unterschieden sie sich zutiefst von der 68er-Bewegung. Die jungen Leute, die sich hier engagierten – hauptsächlich Studentinnen und Studenten aus liberal-bildungsbürgerlichen Elternhäusern –, fühlten sich als Wegbereiter einer neuen Gesellschaft, die die ihrer Eltern gründlich umkrempeln sollte. Unter Berufung auf neomarxistische Gedankengänge, wie sie insbesondere in der „Kritischen Theorie" der Frankfurter Schule (Horkheimer, Adorno, Marcuse, Habermas) entwickelt worden waren, empörten sich die jungen Leute vor allem über die Mitschuld der Älteren am Nationalsozialismus, über deren angebliche Fixierung auf Lebensstandard und Wohlstandsmehrung, über die Ausbeutung der Dritten Welt, über ihre „verklemmt-spießige" (Sexual-)Moral. Manche schockierten die Öffentlichkeit mit ihrem – wirklichen oder zur Schau gestellten – ungenierten Sexualleben, mit der Verachtung aller „bürgerlichen" Werte wie Ordnung, Fleiß und Sauberkeit, mit dem Leben in Wohngemeinschaften statt in Familien und der „antiautoritären" Erziehung ihrer Kinder. Seit 1968 war der Graben zwischen den Generationen tiefer denn je.
Die Jugend der 1970er-Jahre vermied zwar zumeist die herausfordernd-revolutionären Töne, mit denen Rudi Dutschke und andere studentische Rebellen das „Establishment" schockiert hatten. Um so beharrlicher traten ihre Wortführer in den „Neuen sozialen Bewegungen" für ihre Ziele ein, mit denen sie das Bewusstsein und Verhalten ihrer Zeitgenossen zu verändern trachteten. Mit ihren Aktionen für den Schutz der natürlichen Umwelt und für die Rechte der Frau, gegen Kernkraftwerke und Raketenstationen brachten sie große Teile der Öffentlichkeit, darunter viele ältere Menschen, gegen sich auf. Besonders große Entrüstung provozierten die betont Alternativen, die Hippies, Gammler, Punks, die aus der Gesellschaft „ausgestiegen" waren und mit ihrer totalen Verweigerungshaltung die öffentliche Toleranzbereitschaft auf eine harte Probe stellten.

Vielfalt der Lebensstile Indes waren alle diese auffälligen Gruppen stets nur eine Minderheit der jungen Generation. Die meisten jungen Leute passten sich den Anforderungen der Erwachsenenwelt an und lebten, lernten und arbeiteten, wie es für einen normalen Lebens- und Berufsweg zweckdienlich war. Nicht wenige machten sich die Maßstäbe der Erfolgs- und Wohlstandsgesellschaft geradezu übermäßig zu eigen und hatten vor allem im Sinn, so schnell wie möglich viel Geld zu verdienen und das Leben zu genießen – wie die „Popper" oder „Yuppies", die ihren Luxus und elitären Dünkel recht selbstgefällig zur Schau stellten. Was für die Gesellschaft der 1970er- und 1980er-Jahre im Ganzen galt, traf besonders auf die Jugend zu: Fast alles war erlaubt, allgemein verbindliche Lebensstile gab es kaum noch, Pluralität und Individualität standen hoch im Kurs.

Q 42 Generationsprofile (1986)

a) *Sozial-ökonomische Merkmale (in v. H.):*

	18–29 Jahre	30–59 Jahre	60 Jahre und älter
Volksschule	36	62	76
mittlere Reife	32	22	15
Abitur	32	16	9
Arbeiterschicht	26	31	39
Mittelschicht	71	66	58
Oberschicht	3	4	3

b) *Einstellungen zur Demokratie (in v. H.):*

	18–29 Jahre	30–59 Jahre	60 Jahre und älter
Sehr zufrieden	23	27	31
einigermaßen zufrieden	67	65	62
nicht zufrieden	11	8	7
Leute wie ich haben keinen Einfluss darauf, was die Regierung tut	60	65	73
Ich finde, dass es sich lohnt, sich für unseren Staat einzusetzen	73	82	81
Es genügt, wenn man regelmäßig zur Wahl geht; mehr braucht man in einer Demokratie nicht zu tun	26	34	47
Ich bin gegen eine Diktatur; aber eine starke Hand müsste doch wieder Ordnung in unseren Staat bringen	33	46	68
Alles in allem kann man darauf vertrauen, dass der Staat das Richtige für die Bürger tut	47	60	70

R. Stadié: Grunddaten zum politischen Verhalten älterer Menschen, in: Aus Politik und Zeitgeschichte. 48 (1986), S. 22, 28

c) *Christian Graf von Krockow als Vertreter der Flakhelfer-Generation (1979):*

Ich gehöre – Jahrgang 1927 – zur sogenannten Flakhelfergeneration. Sie war alt genug, um den Krieg, die Macht und den Fall des Dritten Reiches bewusst mitzuerleben; sie war jung genug, um neu anzufangen. Zuerst also: der dumpfe, doch überwältigende Sog einer ungeheuren, ungeheuerlichen Maschinerie. Sie dröhnte vom Pathos. Sie schien unzerstörbar. Und plötzlich ging sie vollständig und jämmerlich entzwei. Dann: Elend zwar und ein sehr buchstäblicher Kampf ums Dasein. Aber zugleich: eine, nein die neue Welt, von Lucky Strike über Glenn Miller und Hollywood bis Hemingway und Thornton Wilder. Auch Deutsches selbstverständlich, von Heinrich Heine bis Thomas Mann, überhaupt Literatur, Philosophie, Kunst. […] Bei alledem: der erst kaum bemerkte, dann um so bemerkenswertere materielle Aufstieg oder Wiederaufstieg, über alle ursprünglichen Erwartungen weit hinaus. Aus dieser doppelten, im Kontrast geschärften Grunderfahrung lassen sich, bei allen Unterschieden oder sogar Gegensätzen im Einzelnen, typische Einstellungen und Verhaltensweisen meiner Generation ableiten. Das betrifft zunächst einmal das Verhältnis zu Sachwerten. Wir wissen, dass Wohlstand nicht selbstverständlich ist, nicht einmal das Dach über dem Kopf, etwas Wärme im Winter, ein halbwegs gefüllter Magen. Vielleicht erwarten wir insgeheim, dass irgendwann einmal das so mühsam Errungene wieder verschwindet. […] Im Zweifelsfall werden wir das Wirtschaftssystem, mit dem wir aufgestiegen sind, zwar kritisieren und korrigieren – um es gegen seine Selbstgefährdungen zu schützen –, aber wir werden es gegen noch unerfahrene Utopien wie gegen die sehr real erfahrene bürokratische Zwangsverwaltung des Mangels verteidigen.
Wir schätzen die Leistung: „Von nichts kommt nichts." Oder geht es nur um den Erfolg? Jedenfalls dürfte unser Sinn für Solidarität eher unterentwickelt sein. […] Wenn uns heute an jungen Leuten etwas besonders gefällt, dann die Unbefangenheit, mit der sie durch Europa und die Welt trampen.

C. Graf von Krockow: Das Missverhältnis der Erfahrungen, in: C. Richter (Hg.): Die überflüssige Generation. Königstein 1979, S. 205 ff.

d) *Michael Sontheimer als Vertreter der „alternativen" Generation (1989):*

Ende der Siebzigerjahre war es, als auf einmal allenthalben das Schlagwort „alternativ" die Runde zu machen begann: alternative Projekte, alternative Kultur, alternative Listen – die Alternativbewegung. Sehr vereinfacht wollten wir, die Akteure der entstehenden alternativen Szene, damals dreierlei: anders leben, anders arbeiten, eine andere Politik. […] Die Emanzipationsdebatte, die Gruppenerfahrungen Zehntausender von Wohngemeinschaften in Stadt und Land hatten die Ziele des „Anders leben" bereits benannt: Solidarität statt Isolation und Konkurrenz, Demokratie statt Hierarchie; menschliche Beziehungen, in denen das Sein wichtiger ist als das Haben. […] Alternativ sein hieß damals und heißt auch heute: nicht mehr auf die Revolution warten, sondern Gegenmodelle aufbauen; sich nicht in der Kritik der herrschenden Verhältnisse erschöpfen, sondern ihnen Keimzellen einer gerechten, menschlichen und freien Gesellschaft entgegensetzen. […]
Die Alternativen vermochten nicht einzusehen, warum die Freiheit der Waren und des Kapitals nicht auch die

Freiheit der Individuen und der Ideen bedeuten soll, warum ein politisches System, das sich auf Gleichheit und Vernunft beruft, die Menschen der Dritten Welt und die Natur gleichermaßen systematisch und rücksichtslos ausbeuten kann. „Small is beautiful“ lautete eine entscheidende Erkenntnis, mit der man dem „more, bigger, faster“, dem Technikwahn und dem sinnentleerten Materialismus der westlichen Industriegesellschaften entgegentrat. […]

M. Sontheimer: Alles anders, aber wie? in: W. Bleek/H. Maull (Hg.): Ein ganz normaler Staat? München 1989, S. 185 ff.

a) Rekonstruieren Sie die Grunderfahrungen, die für die „Flakhelfer-“ und die „alternative“ Generation prägend waren. Welche Stärken und Schwächen erwuchsen daraus?

b) Versuchen Sie den Daten einige wichtige Entwicklungslinien in der Abfolge der Generationen abzugewinnen. Sehen Sie die Entwicklung eher positiv oder eher negativ?

Q 43 Die „68er“ und das „Establishment“

a) *„Unsere APO, menschlich betrachtet“ (1968):*

Eine luxuriöse Generation hat man sie genannt; das Wort ist mir zu vieldeutig, zu schillernd, um das Phänomen zu fassen, aber sicher ist, dass ihr Lebensgefühl, diese skurrile Mischung aus Heiterkeit und Aggressivität, nicht ohne unsere Wohlstandsgesellschaft denkbar ist. Obwohl sie gegen die Konsumform der Gesellschaft im Überfluss protestierten, bleiben sie doch zunächst einmal deren Geschöpfe und Kreationen. […] Es sind Revolutionäre der Prosperität.

Das Zweite, das ins Auge fällt, ist ihre soziale Herkunft. In Gesprächen stellt sich bald heraus, dass ihre beredtsten Vertreter fast durchweg Kinder aus wohlhabenden Bürgerhäusern sind. […] Kinder aus Bauernhäusern, aus dem Handwerk, der breiten Schicht der Unterprivilegierten fehlen. Von daher bekommt ihr revolutionärer Anspruch, die Arbeiter aus den Zwängen des Kapitalismus befreien zu wollen, den Zug ins Romantische und kraus Verstiegene. […] Zivilcourage muss man ihnen attestieren. Keine Institution ist ihnen zu mächtig – prominente Schriftsteller, kapitale Verleger, etablierte Staatsmänner, von der Justiz und Polizei ganz zu schweigen: je stabiler die Macht, umso stolzer der Stil der Provokation.

„Die Zeit“, 18. Oktober 1968

b) *Der Studentenführer Rudi Dutschke im Fernsehinterview mit Günter Gaus (1967):*

Gaus: Ich behaupte nun aber, dass jede ideologisch geprägte Politik in unserer heutigen Zeit, in unseren Industriestaaten im Grunde menschenfeindlich ist. Sie zwingt den Menschen auf eine vorgezeichnete Bahn, der er folgen muss, damit es den späteren Menschen einmal besser geht.

Dutschke: Nein, es wird nichts vorgezeichnet. Das Vorzeichnen ist ja gerade das Kennzeichen der etablierten Institutionen, die den Menschen zwingen, etwas anzunehmen. Unser Ausgangspunkt ist Selbstorganisation der eigenen Interessen und Bedürfnisse. […]

Gaus: Warum treten Sie aus der Politik nicht aus? […] Warum sagen Sie nicht: Wir können es nicht ändern, lass es doch laufen!

Dutschke: Wir können es ändern. Wir sind nicht hoffnungslose Idioten der Geschichte, die unfähig sind, ihr eigenes Schicksal in die Hand zu nehmen. Das haben sie uns jahrhundertelang eingeredet. Viele geschichtliche Zeichen deuten darauf hin, dass die Geschichte einfach nicht ein ewiger Kreisel ist, wo nur immer das Negative triumphieren muss. Warum sollen wir vor dieser geschichtlichen Möglichkeit haltmachen und sagen: Steigen wir aus, wir schaffen es doch nicht. Irgendwann geht es mit dieser Welt zu Ende. Ganz im Gegenteil. Wir können eine Welt gestalten, wie sie die Welt noch nie gesehen hat, eine Welt, die sich auszeichnet, keinen Krieg mehr zu kennen, keinen Hunger mehr zu haben, und zwar in der ganzen Welt. Das ist unsere geschichtliche Möglichkeit – und da aussteigen? Ich bin kein Berufspolitiker, aber wir sind Menschen, die nicht wollen, dass diese Welt diesen Weg geht, darum werden wir kämpfen und haben wir angefangen zu kämpfen.

R. Dutschke: Mein langer Marsch. Reinbek b. Hamburg 1980, S. 49, 52

a) Was unterschied die APO-Generation von den „Alternativen“, was verband sie miteinander? Führen Sie die Unterschiede und Gemeinsamkeiten auf zeitgenössische Ereignisse und Erfahrungen zurück.

b) Ein Gegner nannte die APO die „Wiedertäufer der Wohlstandsgesellschaft“. Diskutieren Sie die Bedeutung und die Berechtigung dieser Charakterisierung.

Q 44 Jugend im Wandel der Zeit

Die Soziologie unterscheidet die aufeinanderfolgenden Generationen nach bestimmten typischen Merkmalen; diese finden sich zwar bei vielen, aber selbstverständlich nicht bei allen Jugendlichen einer Epoche oder einer Generation.

a) *Tanzstunde 1952*

b) *Rock'n'Roll 1958*

c) *Studentendemonstration 1968 in Westberlin*

d) *Leben in einer Wohngemeinschaft – ca. 1972*

e) *Älteres Ehepaar und jugendlicher Punk treffen aufeinander, 1985*

Q 45 Jugendmilieus und Jugendkulturen

a) *Udo Lindenberg (geb. 1946, Jazz- und später Rockmusiker) im Rückblick auf die Elvis-Presley-Zeit:*

Damals, 1957, ich war elf, schoss aus dem Radio Elvis Presley, und die ersten Takte verbannten meine bisherigen Lieblingslieder „Ave Maria“, „Was hat der Hans mit der Grete getan“, „Der lachende Vagabund“ und sogar „Marina“ schlagartig aus meinem Frischlingsherzen. Worum es ging, verstand ich nicht, aber dieser Schluckaufgesang und die elektrisierende Musik rockten mich durch. […] Nachdem ich dann auch noch diesen Film gesehen habe, in dem Elvis als ziemlich schmales Kerlchen in einem Klub auf die Bühne springt und den bulligen Klubbesitzer ansingt: „If you're looking for trouble, look straight into my face“, verband ich mit dem deutschen Lied- und Schlagergut mehr und mehr Albträume. Das hat sich bis heute nicht geändert.
[…] Er hat uns gegen unsere Eltern, denen ja sonst alles gehört, etwas Eigenes gegeben. Bis jetzt hatten wir immer nur zu hören bekommen: „Dafür bist du noch zu jung.“ Mit Elvis in den Ohren konnten wir zurückbrüllen: „Dafür seid ihr schon zu alt.“ Wo kam dieses Dynamit her? Wo gab's noch mehr davon? So kriegte ich durch Elvis auch Bill Haley mit, den es schon vorher gab, und bald hatte ich eine Sammlung von Platten mit „Amigeheul“ und „Negermusik“ und meine Oma fiel in Ohnmacht. Ich weiß auch noch, wie schwierig es war, den Schlacker-Schlotter-Gummibein-Tanz mit Schleuderdame zu lernen.

G. Eisenberg/H.-J. Linke (Hg.): Fuffziger Jahre. Gießen 1980, S. 235

b) *Popper-Welt*

Samstagabend, halb acht. Popper-Party in Hamburg-Pöseldorf. Draußen parken schnittige Mofas. Drinnen ist man unter sich: gepflegte Herrschaften zwischen zwölf und siebzehn Jahren, eine formierte Gesellschaft distinguierter Nachwuchs-Snobs. Lauter Kopien von Mode- und Werbefotos, eine so glatt wie die andere. Die Popper – ihr Name ist ein Gegenbegriff zu Rocker – trinken Sekt und rauchen Filterzigaretten. Dunhill oder Astor etwa, keinesfalls selbst gedrehte. […] Die jungen Herrschaften auf der Pöseldorfer Party können das Popper-Evangelium runterbeten, alle kennen sie seine Glaubensartikel, alle halten sie ein. Andernfalls droht Missachtung und Bann. „Wenn ich hier mit einem Typ im Parka ankäme und wenn der obendrein noch lange fettige Haare hätte – da wäre ich doch sofort out“, sagt Marc, 15. Er bekennt, schon ein bisschen leiser: „Im tieferen Sinne ist das beschissen. Aber man will ja dazugehören.“ […] Wie gnadenlos Popper mit Mitschülern umspringen, denen der Popper-Knigge noch ein Buch mit sieben Siegeln ist, hatte mir kichernd der Gymnasiast Tim, 13, erzählt: „Wenn ein Typ vom Land mit ollen Klamotten zu uns in die Schule kommt, wird der erst mal total fertig gemacht. Alle sagen: ‚Oh, guck mal, Salamander-Schuhe. 17,50 Mark, was? Willste mit deiner Hose zelten gehen? Und der schicke Fiorucci-Parka, ha-ha-ha!‘ Der wird dann ganz rot.“ Britta, 13, hatte hinzugefügt: „Und eines Tages hatte der dann auch College-Schuhe und einen V-Pullover an.“ Wie es sich gehört. Robert, 14, sagt: „Man will zeigen, dass die Eltern Geld haben […].“
Wenn ein paar Popper zusammenstehen, zeigen sie ihre neuen Kleider vor und prahlen damit, was sie gekostet haben. Wer nicht in ganz bestimmten „in“-Boutiquen kauft, der wird nicht für voll genommen.
Pascal kühl: „Die anderen sind praktisch alle Prolos. Wir wollen zeigen, dass wir was Besseres sind.“

R. Wolf, in: ZEIT-Magazin, 14. März 1980

c) *Punks 1994 im Zeitungsinterview:*

Frage: Was ist die Ideologie oder die Vorstellung, aus dem das Ganze wächst?
Timo: Wirklich schwer zu beantworten, weil, dazu ist es wieder zu individuell. In erster Linie geht es um ein selbstbestimmtes Leben. Was sich da jeder rauszieht, ist was anderes. Jeder unterliegt anderer Beeinflussung. Jeder wächst anders in die Szene rein. Es gibt Leute, die sich sehr stark politisch engagieren. Für andere Leute ist Spaß das Wichtigste.
Ole: Für mich ist es auch noch das Gefühl, nicht zur Gesellschaft dazuzugehören, nicht dazugehören zu können und nicht zu wollen.
Frage: Warum eigentlich nicht? Was stört Sie so an der Gesellschaft?
Timo: O Gott, da kann ich ja weit ausholen. Hier sind doch alle nur am Abbezahlen ihrer Kredite und erarbeiten sich irgendwelche Statussymbole. Keine Nähe untereinander. Mit Menschlichkeit oder Selbstverwirklichung läuft hier nicht viel. Der normale Weg ist: Elternhaus, Kindergarten, Schule, dann studieren oder gleich einen Job lernen. Ich möchte nicht einen Job haben, nur damit ich dem Arbeitsmarkt zur Verfügung stehe und die Kohle ranschaffe, die ich zum Leben brauche, aber nach fünf Jahren unglücklich bin. Und ich das vierzig oder fünfzig Jahre tue, dann ins Rentenalter komme. Ich hätte nicht viel vom Leben.

„Die Zeit“, 19. August 1994, S. 7

a) *In Jugendkulturen drücken sich auch Vorstellungen vom „richtigen“, lebenswerten Leben aus. Was schwebte den hier zu Wort gekommenen jungen Menschen vor? Warum nehmen andere, etwa ältere Menschen, womöglich daran Anstoß?*

b) *Worin sehen Sie die Bedeutung von Jugendkulturen für die Jugendlichen selbst? Kennen Sie noch weitere Richtungen?*

4.2 Frauen und Männer

Gleichberechtigung – Norm und Wirklichkeit Das Grundgesetz schreibt die Gleichberechtigung der Geschlechter vor. Aber es dauerte bis 1976, ehe der Bundestag das Bürgerliche Gesetzbuch (BGB) dahingehend änderte, dass die allgemeine Gleichheitsnorm nun auch innerhalb der Familie wirksam wurde. Fortan war die Ehefrau nicht mehr, wie bisher, allein zur Haushaltsführung verpflichtet, sondern beide Ehepartner waren gleichermaßen für die Hausarbeit und die Kindererziehung zuständig. Die Frauen bekamen ein Recht auf außerhäusliche Berufstätigkeit, ohne dass die Ehemänner dies verbieten durften (was sie bis dahin gekonnt hatten). Schließlich entfiel auch der „Stichentscheid", der den Männern als den „Haushaltsvorständen" bis dahin zugestanden hatte, wenn sich die Ehepartner in Haushalts- und Erziehungsfragen nicht einigen konnten.

Patriarchalische Ordnung Diese überfällige Familienrechtsreform war ein wichtiger Fortschritt, aber noch immer nicht die Durchbruch auf dem langen Wege zur Gleichberechtigung der Frau. Deren Benachteiligung hatte in Deutschland – und anderswo – eine lange Tradition. Vor allem seit der Durchsetzung des „bürgerlichen" Familienmodells im 19. Jahrhundert war die patriarchalische Ordnung fest begründet. Die Frau wurde auf die Rolle der Gattin, Mutter und Hausfrau festgelegt und aus dem öffentlichen Leben ferngehalten. Ehe und Mutterschaft galten als die eigentliche Bestimmung des weiblichen Geschlechts. Eine Berufstätigkeit außerhalb des Hauses wurde nur unverheirateten Frauen zugebilligt, es sei denn, sie war, wie in vielen Arbeiterhaushalten, für den Lebensunterhalt der Familie unerlässlich. Aber auch Arbeiterfrauen zogen sich, sobald es wirtschaftlich möglich war, ganz auf den Haushalt zurück – was nicht zuletzt auch eine Frage des Ansehens war. Das Patriarchat beruhte in hohem Maße auf dem Glauben an die natürliche Wesensverschiedenheit der Geschlechter. Danach gab es typische weibliche oder männliche Eigenschaften, Fähigkeiten, Denkweisen, Interessen, und daraus leitete sich eine unumstößliche Arbeits-, Kompetenz- und Rollenverteilung ab. Von den rechtlichen und politischen Errungenschaften der bürgerlichen Revolutionen seit 1776 blieben die Frauen weitgehend ausgeschlossen. Erst kurz vor dem Ersten Weltkrieg erhielten sie in Deutschland den Zugang zum Universitätsstudium, erst mit der Novemberrevolution 1918 das Wahlrecht.

Dimensionen der Benachteiligung Die seit 1918 nicht mehr bestrittene rechtliche Gleichheit der Frauen führte aber noch nicht zu ihrer tatsächlichen Gleichstellung. Das zeigte sich in vielen Lebensbereichen:

Die „Mütter des Grundgesetzes". –
Lediglich 4 der 65 Mitglieder des Parlamentarischen Rates waren Frauen: (v. l.) Friederike Nadig (SPD), Elisabeth Selbert (SPD), Helene Weber (CDU) und Helene Wessel (Zentrum). An der Durchsetzung des Gleichberechtigungsartikels (Grundgesetz Art. 3, Abs. 2) war die Notarin und Anwältin Elisabeth Selbert in besonderem Maße beteiligt.
Die Weimarer Verfassung hatte den Frauen lediglich „dieselben staatsbürgerlichen Rechte und Pflichten" (Art. 109) zuerkannt, der nationalsozialistische Staat eine Politik der Zurückdrängung der Frauen aus dem beruflichen und öffentlichen Leben betrieben. Auch nach 1945 dauerte es noch 45 Jahre, ehe der Art. 3, Abs. 2, den Zusatz erhielt: „Der Staat fördert die tatsächliche Durchsetzung der Gleichberechtigung von Frauen und Männern und wirkt auf die Beseitigung bestehender Nachteile hin."

- Mädchen und junge Frauen erhielten lange eine durchweg schlechtere Schul- und Berufsausbildung als ihre männlichen Altersgenossen. Da Töchter in der Sicht ihrer Eltern, aber zumeist auch nach ihrer eigenen Lebensplanung eines Tages heiraten würden, erschien eine lange und qualifizierte Ausbildung als unnütze Vergeudung von Zeit und Geld. Auch eine Erwerbstätigkeit galt nur als kurze Zwischenphase bis zur Eheschließung, sodass es reichte, als ungelernte (und entsprechend schlecht bezahlte) Kraft tätig zu sein.
- Auch die längerzeitig berufstätigen Frauen – vor 1945 hauptsächlich Arbeiterfrauen, seitdem viele andere und immer mehr – mussten sich durchweg mit untergeordneten, schlecht bezahlten Arbeitsplätzen zufriedengeben. Das lag teils an ihrer schlechten Ausbildung, teils an ihren Hausfrauen- und Mutterpflichten, die die volle Konzentration auf einen Beruf nicht zuließen.
- Diese Doppelbelastung durch Beruf und Familie war das schwerwiegendste Handicap, das den Frauen zugemutet wurde. Da sich an der überkommenen Rollenverteilung – die eine ausgiebige Mitarbeit des Mannes im Haushalt und bei der Kinderbetreuung nicht vorsah – lange nichts oder nur wenig änderte, blieb den meisten Frauen nichts anderes übrig, als um der Ehe und Familie willen den eigenen beruflichen Erfolg und Aufstieg hintanzustellen.
- Das wirkte sich in der Hierarchie und Postenverteilung am Arbeitsplatz für die Frauen nachteilig aus. Auch wo sie gleiche Befähigungen und Leistungen wie die männlichen Kollegen aufzuweisen hatten, zogen sie im Wettbewerb um die Beförderungsstellen zumeist den Kürzeren. Die althergebrachten Geschlechterklischees waren zählebig, man traute Frauen häufig keine Führungsqualitäten zu und viele Männer wollten ihre Privilegien nicht aufgeben.

Fortschritte in der Gleichstellung? Seit den späten 1960er-Jahren drangen diese Ungerechtigkeiten immer stärker ins allgemeine Bewusstsein ein. Keine politische Partei und keine gesellschaftliche Gruppe konnten sich dem Verlangen nach gründlicher Abhilfe verschließen, kein vernünftiger Mensch den großen Emanzipationsbedarf der Frauen leugnen. Aber wie immer war es von der prinzipiellen Einsicht bis zur konkreten Umsetzung in die Lebenspraxis ein langer Schritt. Was wurde erreicht?

Demonstration zum Internationalen Frauentag am 8.3.1997 in der Hamburger Mönckebergstraße. An der Spitze des Demonstrationzugs wird ein großes rotes Plakat mit der in acht Sprachen übersetzten Aufschrift „Für Frauenbefreiung weltweit“ getragen. Der Frauentag geht auf Bestrebungen in den USA seit 1858 zurück. 1911 demonstrierten anlässlich des ersten Internationalen Frauentages, den die sozialistischen Parteien organisierten, in Deutschland, Österreich, Dänemark und der Schweiz über 1 Million Frauen für das Frauenwahlrecht.

- Die größten Fortschritte gelangen im Bildungswesen. Mädchen und Frauen zogen in knapp zwei Jahrzehnten in Gymnasien mit ihren männlichen Altersgenossen gleich, in den Hochschulen stellten sie zwei Fünftel aller Studierenden. Allerdings hielten sich die traditionellen Unterschiede bei der Wahl der Studienrichtungen: In den naturwissenschaftlich-technischen Disziplinen überwogen bei Weitem die männlichen, in den geistes- und sozialwissenschaftlichen die weiblichen Studierenden; das gleiche Bild ergab sich in den Berufsschulen: junge Frauen in den sozialpflegerischen, junge Männer in den technisch-produktionsnahen Berufsfeldern.
- Die Erwerbstätigenquote von Frauen, gerade auch der verheirateten ohne Kinder und mit Kindern, stieg ständig an. Waren 1969 45% aller Frauen im erwerbsfähigen Alter (15 bis 60) berufstätig, lag dieser Anteil 1989 bei 60%. Das war freilich gegenüber den Männern (82,5%) noch immer ein deutlicher Rückstand. Noch wichtiger aber war die Tatsache, dass die Arbeitseinkommen von Frauen noch immer weit hinter denen der Männer zurückblieben. 1988 verdienten weibliche Angestellte knapp zwei Drittel, Industriearbeiterinnen sieben Zehntel der durchschnittlichen Entgelte ihrer männlichen Kollegen. Frauen waren häufiger arbeitslos als Männer.
- An den Gründen dafür hatte sich wenig geändert: Frauen gelangten nach wie vor selten in die höheren Positionen. Während in den 1980er-Jahren mehr als die Hälfte aller Lehrkräfte an Schulen Frauen waren, lag nur ein Fünftel aller Schulleitungen in weiblichen Händen. Einem Studentinnen-Anteil von nahezu der Hälfte aller Studierenden stand eine Frauenquote von 3% bei den höchstdotierten Professorenstellen gegenüber. Großen Nachholbedarf hatten die Frauen auch in der Politik. Unter den Mitgliedern der größeren Parteien fand sich etwa ein Drittel Frauen (bei den Grünen mehr, bei der FDP weniger); aber im 1990 gewählten Bundestag waren sie nur mit einem Fünftel vertreten. Um dieses Missverhältnis zu beseitigen, führten die SPD und die Grünen sogenannte Frauenquoten ein: In der SPD müssen seitdem mindestens 40% aller Parteiämter und Wahlmandate mit Frauen besetzt sein, bei den Grünen die Hälfte.
- Im Öffentlichen Dienst sorgen vielerorts „Frauenbeauftragte" oder „Gleichstellungsämter" für eine vermehrte Einstellung von Frauen. Liegen gleichrangige Bewerbungen vor, erhalten Frauen den Vorzug. Solche Quotierung ist umstritten: Sie scheint zwar der wirksamste Weg zu sein, um den Rückstand der Frauen zu verringern; Kritiker verweisen darauf, dass sie die Chancengleichheit der Männer beeinträchtige.

Frauenbewegung Ein wichtiger Anteil an der Veränderung der Geschlechterrollen und des Geschlechterverhältnisses kam der Frauenbewegung zu. Organisierte Bestrebungen, den Frauen zu mehr Gleichberechtigung zu verhelfen, gab es schon seit der Revolution von 1848/49. Aber noch bis in die 1960er-Jahre verstand sich die Frauenbewegung als ein Verbund von Frauenvereinigungen, dem es vor allem um familien-, bildungs- und arbeitsrechtliche Reformen im Sinne des im Grundgesetz niedergelegten Gleichheitsgebotes ging. Anfang der 1970er-Jahre formierte sich die „Neue Frauenbewegung" und sie trat

Feminismus

Eine Richtung der Frauenbewegung, die von einem Dualismus der Geschlechter ausgeht und die die in der bisherigen Geschichte vorherrschende Dominanz der Männer (Patriarchat) beseitigen will. Feministinnen betonen die besondere weibliche Wesensart, die der männlichen völlig gleichwertig – manche behaupten: als die überlegene – gegenüberstehe. Sie versprechen sich von der Durchsetzung weiblicher Werte und Lebenswelten eine Bereicherung für die gesamte menschliche Gattung. Radikale Feministinnen reden von einer Ablösung der Männer- durch eine Frauenherrschaft (Matriarchat), gemäßigte denken an eine wechselseitige Ergänzung der Geschlechter. Es gibt eine feministische Literaturwissenschaft oder Theologie, die es sich zur Aufgabe machen, die verfälschte, verdrängte oder unterschätzte Rolle von Frauen sichtbar zu machen und die jahrhundertealten Defizite zu überwinden.

ungleich fordernder und kämpferischer auf. Sie begnügte sich nicht mehr damit, den Vorsprung der Männer nach und nach zu verkleinern, im Übrigen aber das fortzuführen, was die Männer begonnen hatten. Stattdessen übten sie grundsätzliche Kritik am „Patriarchat" und stellten der „Männerwelt" ihre „Frauenwelt" entgegen. So nahm die Frauenbewegung „feministische" Züge an.

Rückkehr des bürgerlichen Familienmodells Die „Frauenfrage" war eng mit dem Wandel der Familie verknüpft. Diese hatte sich in den Nöten der Kriegs- und Nachkriegszeit durchweg als eine zuverlässige Hilfs- und Solidargemeinschaft bewährt. Die Hauptlast trugen die Frauen, die ohne ihre zum Militär eingezogenen, im Krieg getöteten, in Kriegsgefangenschaft geratenen Männer zurechtkommen mussten. Das war ein großer, wenn auch unbeabsichtigter Schritt der „Emanzipation". Als sich aber die Verhältnisse in den 1950er-Jahren normalisierten, erlebten die alten Familien- und Frauenleitbilder ihren Wiederaufstieg. Die Ehemänner und Väter bezogen erneut ihre Positionen als „Ernährer" und Haushaltsvorstände; die Ehefrauen und Mütter verstanden sich wieder als Hausfrauen, die ihre Hauptaufgabe im Wohl der Familie sahen. Zwei bis drei Kinder waren weithin üblich.

Familien in der Krise? Das änderte sich in den 1960er-Jahren. Die Geburtenzahlen gingen sprunghaft zurück. Immer mehr verheiratete Frauen nahmen eine Berufstätigkeit auf, sei es, weil die wachsenden Konsumansprüche ein zweites Einkommen wünschenswert machten, sei es, weil die Frauen verstärkt nach Sozialkontakten und Selbstverwirklichung verlangten. Dank höherer Bildungsabschlüsse und besserer Berufsqualifikationen wurden immer mehr Frauen von der finanziellen Versorgung durch eine Ehe unabhängig. Seit den 1970er-Jahren schnellte die Zahl der Ehescheidungen in die Höhe. Hatte die Scheidungsquote in den 1950er-Jahren zwischen 10 und 15 % aller Ehen gelegen, ging Ende der 1980er-Jahre bereits jede dritte Ehe in die Brüche. 70 % der Scheidungsverfahren gingen von den Frauen aus; sie waren eigenständiger, selbstbewusster, anspruchsvoller geworden. Auch die Bereitschaft, überhaupt eine Ehe einzugehen, sank spürbar. Waren 1975 noch drei Fünftel der Männer und vier Fünftel der Frauen im Alter zwischen 25 und 30 Jahren verheiratet, so waren diese Quoten 1985 bereits auf 41 bzw. 62 % gesunken. Die „Singles" waren nicht grundsätzlich einer festen Partnerschaft abgeneigt, scheuten aber eine lebenslange Bindung. Nicht eheliche Lebensgemeinschaften, zunächst misstrauisch oder naserümpfend als „wilde Ehen" betrachtet, breiteten sich schnell aus und fanden schließlich auch die allgemeine gesellschaftliche Anerkennung. Die herkömmliche Ehe blieb zwar rechtlich privilegiert (etwa im Steuerrecht), büßte aber an sozialer Stabilität beträchtlich ein. 1988 waren 13 % aller Familien mit Kindern Ein-Eltern-Familien, überwiegend von alleinerziehenden Müttern betreut. Die wachsende Zahl von „Scheidungswaisen" schuf neue menschliche und pädagogische Probleme. Auffällig war auch der Anstieg der „unehelichen" Geburten. Mit der im neuen Familienrecht verankerten vollständigen rechtlichen Gleichheit „unehelicher Kinder" war für viele Elternpaare der Druck zu heiraten entfallen. Das bislang dominierende Familienmuster – Ehegatten und deren eheliche(s) Kind(er) in lebenslanger Zusammengehörigkeit – wich einer Vielzahl von Familienformen, die eines gemeinsam hatten: dass die Partnerschaften und Beziehungen im Laufe der Zeit, oft sogar mehrmals, wechselten und die verwandtschaftlichen Verhältnisse zwangsläufig unsteter wurden. Man spricht deshalb von „Patchwork-Familien": Lebensgemeinschaften auf Zeit, die wie ein Flickenteppich aus Mitgliedern unterschiedlicher Herkunft und aus unterschiedlichen Biografien bestehen.

Q 46 Die Ungleichheit der Geschlechter in Zahlen

a) *Frauenerwerbstätigkeit (in v. H., die Stichjahre wurden so ausgewählt, dass langfristige Veränderungen erkennbar werden):*

	Anteil der Frauen an allen Erwerbstätigen	Anteil aller Frauen im Erwerbsalter (15–65)	Arbeitslosenquote Frauen	Männer
1950	35,6	–	11,5	10,8
1960	37,1	47,2	1,3	1,3
1972	36,5	47,6	1,4	1,0
1980	37,3	50,2	5,2	3,0
1984	38,1	51,7	10,2	8,5
1989	38,9	55,5	9,4	6,9

G. Helwig/H. M. Nickel (Hg.): Frauen in Deutschland 1945–1992. Bonn 1993, S. 259

b) *Löhne und Gehälter (in DM):*

	Industriearbeiter/innen: Bruttostundenlohn		Frauenlohn in v. H. des Monatslohnes des Mannes	Angestellte Ind./Handel Monatsgehalt		Frauengehalt in v. H. des Männer-Gehalts
	Männer	Frauen		Männer	Frauen	
1950	1,42	0,86	60	–	–	–
1960	2,90	1,87	64	723	404	56
1972	7,92	5,51	69	1857	1137	61
1980	14,16	10,25	72	3421	2202	64
1984	16,59	12,00	72	3996	2544	64
1989	20,09	14,76	73	4824	3108	64

Helwig/Nickel, a. a. O., S. 272

c) *Anteil von Mädchen/Frauen in höheren Bildungsanstalten:*

	1960	1965	1970	1975	1980	1985	1989
Gymnasien (Oberstufe)	36,5	37,8	41,4	46,4	49,4	49,9	50,5
Universitäten	27,9	30,9	30,8	35,8	38,3	40,3	40,9
Universitätsexamina (ohne Lehramt)	15,3	14,5	15,3	18,4	28,3	32,9	36,9

Bundesminister für Wissenschaft und Bildung (Hg.): Grund- und Strukturdaten. Bonn 1971, 1981, 1991

d) *Reaktionen auf die Behauptung „Politik ist Männersache" (in v. H.):*

	Frauen				Männer			
	1966	1974	1984	1987	1966	1974	1984	1987
Ich stimme zu	32	28	14	25	44	31	24	28
Ich stimme nicht zu	51	65	76	65	42	62	67	57
Unentschieden	17	7	10	10	14	7	9	15

Helwig/Nickel, a. a. O., S. 323

a) Arbeiten Sie die sich in den Tabellen abzeichnenden Entwicklungstendenzen heraus und versuchen Sie, Bezüge zu den politischen, gesellschaftlichen und wirtschaftlichen Veränderungen in der Bundesrepublik herzustellen.

b) Warum haperte es mit der Gleichstellung der Frau? Worauf sind die lediglich leichten Fortschritte in den meisten Bereichen zurückzuführen?

Q 47 Altes und neues Familienrecht

a) *BGB in der bis 1977 gültigen Fassung*

§ 1355. Der Ehe- und Familienname ist der Name des Mannes. Die Frau ist berechtigt, durch Erklärung gegenüber dem Standesbeamten dem Namen des Mannes ihren Mädchennamen hinzuzufügen; die Erklärung muss öffentlich beglaubigt werden.

§ 1356. Die Frau führt den Haushalt in eigener Verantwortung. Sie ist berechtigt, erwerbstätig zu sein, soweit dies mit ihren Pflichten in Ehe und Familie vereinbar ist. Jeder Ehegatte ist verpflichtet, im Beruf oder Geschäft des anderen Ehegatten mitzuarbeiten, soweit dies nach den Verhältnissen, in denen die Ehegatten leben, üblich ist.

b) *BGB in der seit 1977 gültigen Fassung:*

§ 1355. Die Ehegatten führen einen gemeinsamen Familiennamen (Ehenamen). Zum Ehenamen können die Ehegatten bei der Eheschließung durch Erklärung gegenüber dem Standesbeamten den Geburtsnamen des Mannes oder den Geburtsnamen der Frau bestimmen. Treffen sie keine Bestimmung, so ist Ehename der Geburtsname des Mannes. [...] Ein Ehegatte, dessen Geburtsname nicht Ehename wird, kann durch Erklärung gegenüber dem Standesbeamten dem Ehenamen seinen Geburtsnamen oder den zur Zeit der Eheschließung geführten Namen voranstellen. [...]

§ 1356. Die Ehegatten regeln die Haushaltsführung im gegenseitigen Einvernehmen. Ist die Haushaltsführung einem der Ehegatten überlassen, so leitet dieser den Haushalt in eigener Verantwortung. Beide Ehegatten sind berechtigt, erwerbstätig zu sein. Bei der Wahl und Ausübung einer Erwerbstätigkeit haben sie auf die Belange des anderen Ehegatten und der Familie die gebotene Rücksicht zu nehmen.

BGB. München 1973, 18. Auflage und 1980, 21. Auflage

a) *Erklären Sie die Begriffe „Hausfrauen-" und „Partnerehe" und setzen Sie sie zu den beiden BGB-Fassungen in Beziehung.*

b) *Erörtern Sie die Auswirkungen dieser Gesetzesänderungen auf die tatsächlichen Verhältnisse in den Familien.*

Q 48 Die Entdeckung der „neuen Frau"

Aus dem Erfolgsbuch der amerikanischen Feministin Betty Friedan, „Der Weiblichkeitswahn" (1966):

Zuerst einmal muss eine Frau unmissverständlich „Nein" zum Hausfrauenleitbild sagen. Das heißt natürlich nicht, dass sie sich von ihrem Mann scheiden lassen, die Kinder verlassen und ihr Zuhause aufgeben soll. Sie braucht sich nicht zwischen Ehe und Beruf zu entscheiden. [...] Es bedarf nur eines neuen Lebensplans, der auf das ganze Leben als Frau bezogen sein muss.

Der erste Schritt dabei ist, die Hausarbeit als das anzusehen, was sie ist – kein Beruf, sondern etwas, das so schnell und so gut als möglich erledigt werden muss. [...] Dann kann sie Staubsauger und Geschirrspülmaschine und alle anderen automatischen Geräte und sogar den fix und fertigen Kartoffelbrei aus der Tüte als das nehmen, was sie wirklich wert sind – ein Mittel, um Zeit zu sparen, die auf eine mehr schöpferische Tätigkeit verwendet werden kann. Der zweite und vielleicht schwierigste Schritt für diejenigen, die das Produkt der sexusgeleiteten Erziehung sind, besteht darin, die Ehe als das zu sehen, was sie wirklich ist, und den vom Weiblichkeitswahn verhängten Schleier der Überglorifizierung beiseitezuziehen. Viele Frauen, mit denen ich sprach, waren, solange sie Ehe und Mutterschaft als die letzte Erfüllung ihres Lebens ansahen, merkwürdig unzufrieden mit ihren Männern und ständig gereizt mit ihren Kindern. Als sie aber begannen, ihre jeweiligen Fähigkeiten für ein eigenes Ziel in der Gesellschaft einzusetzen, sprachen sie nicht nur von einem neuen Gefühl von „Lebendigkeit" oder „Ausgefülltsein", sondern auch davon, dass sie eine neue, wenn auch schwer zu definierende Einstellung zu ihren Männern und Kindern hätten. [...]

Eine Frau, die kein eigenes Ziel in der Gesellschaft hat, die nicht an die Zukunft denken darf, weil sie nichts tut, um in der Zukunft eine wirkliche Identität zu haben, wird in der Gegenwart immer verzweifelt sein, wie viel „Freistunden" sie sich auch immer gönnen mag. Selbst eine sehr junge Frau muss sich heute zuerst als ein menschliches Wesen betrachten, nicht als eine Mutter, die viel Zeit hat, und muss sich je nach ihren Fähigkeiten einen Lebensplan aufstellen, sie muss ein Engagement gegenüber der Gesellschaft eingehen, das sich mit ihren Pflichten als Ehefrau und Mutter vereinbaren lässt. Wie für einen Mann führt auch für eine Frau der einzige Weg zu sich selbst über schöpferische Arbeit. Es gibt keinen anderen Weg.

B. Friedan: Der Weiblichkeitswahn. Übersetzt v. Margaret Carroux. Reinbek 1966, S. 221ff.

a) *Worin besteht der „Weiblichkeitswahn"? Welchen Frauentyp mit welchem sozialen Hintergrund mag die Verfasserin vor Augen gehabt haben?*

b) *Was heißt, in erster Linie ein „menschliches Wesen" und dann erst Ehefrau und Mutter sein? Was steht hinter der Vorstellung, nur ein ernsthafter Beruf gewähre Selbstverwirklichung und Identitätsfindung?*

Q 49 Starke Frauen – schwache Männer

Beate Hoecker: Warum verweigern sich die Männer? (1999)

Der Forderung nach mehr Gleichberechtigung stehen Männer durchaus positiv gegenüber – allerdings beschränkt sich ihre Zustimmung vorrangig auf die Theorie, in der Praxis lassen sie ihren Worten keine Taten folgen. Angebote wie Elternurlaub oder Reduzierung der Arbeitszeit nehmen sie nicht wahr, aus der Familien- und Hausarbeit halten sie sich überwiegend heraus, und nur eine verschwindende Minderheit von ihnen hat den Rollentausch vollzogen und ist neuer Vater oder Hausmann geworden. […]

Um den Gründen der männlichen Verhaltensstarre nachzuspüren, muss man sich verdeutlichen, dass Gleichstellung für Männer etwas völlig anderes bedeutet als für Frauen. Während Frauen mit Gleichstellung mehr Bildung, bessere Berufs- und Einkommenschancen sowie weniger Haus- und Familienarbeit verbinden, heißt Gleichstellung für Männer, neben mehr Konkurrenz, vor allem Verzicht: Verzicht auf Karriere, Verzicht auf mehr Ansehen im Beruf und Verzicht auf die Freistellung von der Haus-, Erziehungs- und Familienarbeit. Für Männer ist Gleichstellung somit in erster Linie negativ besetzt; denn sie ruft […] diffuse Verunsicherungen und Ängste hervor. […]

Wenn Frauen im Beruf mit Männern gleichziehen oder sie durch die Einnahme von Entscheidungs- bzw. Machtpositionen sogar überholen, dann wird das männliche Selbstwertgefühl empfindlich gestört, denn dieses Selbstwertgefühl beruht zum großen Teil auf der (angeblichen) Überlegenheit des Mannes gegenüber der Frau.

„Ein Mann wäre kein Mann, würde er nicht versuchen, die Frauen zu dominieren“, diese Feststellung hat nach wie vor Gültigkeit, und demzufolge fühlen sich Männer durch eine erfolgreiche und selbstbewusste Frau erheblich verunsichert. […]

Nicht nur im Beruf, auch im privaten Bereich wollen Männer die Überlegenen sein und suchen sich vorzugsweise Partnerinnen, deren sozialer Status niedriger ausfällt als der eigene. Der Hochschullehrer ist mit einer Lehrerin verheiratet, der Arzt mit einer Krankenschwester, der Facharbeiter mit einer Friseuse usw. Auf diese Weise stellt man sicher, dass die Frau bewundernd aufschaut.

[…] Gestärkt wird das männliche Überlegenheitsgefühl zudem durch die ökonomische Abhängigkeit der Frau/Partnerin. So antiquiert es auch erscheint, Allein- oder zumindest Hauptverdiener der Familie zu sein, ist für viele Männer nach wie vor ein wichtiger Bestandteil ihrer Identität.

„Männer schreckt der Gedanke, dass jene Aufmerksamkeit, Liebe und Fürsorge, die Frauen seit jeher ihren Partnern entgegenbringen, von ihrem Beruf aufgesogen werden könnte. Männer fürchten also, dass sie aufgrund der Erwerbstätigkeit ihrer Frau emotional zu kurz kommen könnten.“ (Hollstein)

Beate Hoecker: Frauen, Männer und die Politik. Bonn 1999, S. 256 ff.

a) *Worauf gründet sich die männerkritische Argumentation des Textes?*

b) *Diskutieren Sie den Umstand, dass eine Frau diesen Text geschrieben hat. Verfassen Sie eine Entgegnung aus männlicher Sicht.*

Q 50 Nicht nur Werbung und Karikatur spielen mit Klischees

Diskutieren Sie die Geschlechtsrollen-Klischees, die in diesen Bildern zum Ausdruck kommen.

4.3 Die Arbeits- und Berufswelt

Von der Produktions- zur Dienstleistungsgesellschaft Wie in allen fortgeschrittenen Industrieländern vollzog sich auch in der Bundesrepublik, hier vor allem seit den 60er-Jahren, ein Übergang von der produktionsorientierten Industrie- zur industriellen Dienstleistungsgesellschaft. In diesem Prozess schrumpfte der landwirtschaftliche (primäre) Sektor fast bis zur Bedeutungslosigkeit zusammen. Hatte er während der Weimarer Republik noch fast ein Drittel und in den 1950er-Jahren immerhin noch ein knappes Viertel aller Erwerbstätigen aufgenommen, so erreichte er 1990 einen Beschäftigtenanteil von gerade noch 3,6%. Der gewerblich-industrielle (sekundäre) Sektor hielt im gleichen Zeitraum zwar seinen Anteil von gut 40% nahezu unverändert, wurde aber am Ende dieser Periode deutlich vom Dienstleistungssektor (tertiär) überholt. Dessen Beschäftigtenquote kletterte von 28% im Jahre 1925 über 33% 1950 auf 56% zu Beginn der 1990er-Jahre. Trotz dieser Umschichtungen bei den Arbeitskräften nahm die Produktion im primären und sekundären Sektor stetig und kräftig zu. Dass es zu diesem kolossalen Wachstum der Produktivität kam, lag wiederum am tertiären Sektor. Von hier wurde die Produktion vorbereitet, organisiert, geleitet, kontrolliert, vermarktet und mit dem nötigen „Humankapital" versorgt.

Wandlungen in der Berufsstruktur Der wirtschaftliche Wandel veränderte auch die Berufsstrukturen. Der Anteil der Selbstständigen, vor allem der Landwirte, ging deutlich zurück. Waren 1950 noch 16% aller Erwerbstätigen selbstständig, betrug deren Quote 1989 nur noch 9%. Von den 5 Millionen selbstständigen Bauern im Jahre 1950 waren vier Jahrzehnte später noch 860 000 übrig geblieben. Das Heer der Angestellten nahm – von 16 auf 42% – rasant zu; auch die Zahl der Beamten wuchs kräftig, von 3,8 auf 6,6% (was einer absoluten Zahl von 1,8 Millionen entsprach). Die Arbeiteranteile gingen leicht zurück und lagen 1989 bei 38,5%. Hinter diesen Zahlen verbergen sich markante Unterschiede in den Arbeitsbedingungen, Einkommen und Lebenslagen.

Selbstständige Die Selbstständigen (ohne die Landwirte) waren zu allen Zeiten der Bundesrepublik die bei Weitem am besten verdienende Berufsgruppe. Ihr Durchschnittseinkommen betrug 1988 fast das Dreifache der nächst erfolgreichen Gruppe der Beamten. Allerdings arbeiteten sie dafür in der Regel auch merklich länger als die Nichtselbstständigen, und ihr Risiko des wirtschaftlichen Scheiterns war ungleich größer. Der Einkommensvorsprung der Selbstständigen vergrößerte sich im Laufe der Jahre stetig. Freilich war die Gruppe der Selbstständigen außerordentlich ungleichartig zusammengesetzt: Neben milliardenschweren Unternehmern oder ärztlichen Spitzenverdienern zählte auch der kleine Kioskpächter dazu. Charakteristisch war die hohe Fluktuation; viele Neugründungen und Konkurse lassen erkennen, wie nahe hier Erfolg und Scheitern beieinanderlagen.

Landwirte Nirgends waren die Veränderungen einschneidender als in der Landwirtschaft. Sie verlor besonders viele lohnabhängige Arbeitskräfte und musste sich zunehmend auf Familienangehörige stützen. Extrem lange Arbeitszeiten bei oft harten Arbeitsbedingungen waren das Los vieler Bauern – auch wenn die Mechanisierung gegenüber früheren Zeiten große Erleichterungen mit sich brachte. Dank hoher staatlicher Subventionen konnten die westdeutschen Landwirte trotz ihrer Wettbewerbsnachteile bis in die 70er-Jahre mit dem allgemeinen Einkommenszuwachs Schritt halten. Seitdem fielen sie langsam zurück, was zu einer neuen Welle des „Höfesterbens" führte. Die sinkenden Erträge und der harte Wettbewerb auf dem EG-Agrarmarkt erzeugten in der bäuerlichen Bevölkerung viel Missstimmung und häufig das Gefühl, von den Politikern im Stich gelassen zu werden.

Beamte Die Beamten, deren Zahl, zum Ärger vieler Bundesbürger und allen Sparsamkeitsbeteuerungen der Politiker zum Trotz, ständig zunahm, befanden sich in einem ewi-

Zur Veranschaulichung der sich durch die technischen Entwicklungen ergebenden Veränderungen der Arbeitswelt werden oft Beispiele aus Industriebetrieben gewählt. Hier einmal zwei andere Bildmotive: Die Aufnahmen lassen deutlich werden, warum immer weniger Menschen in der Landwirtschaft arbeiten, ohne dass weniger landwirtschaftliche Güter produziert würden. Links ist die erste Getreideernte nach dem Krieg 1945 bei Hanau zu sehen, rechts ein Traktor der Gegenwart in Bayern.

gen Zwiespalt. Sie führten notorisch Klage über ihre Einkommensrückstände gegenüber den in der Qualifikation vergleichbaren Beschäftigten in der „freien Wirtschaft", mussten sich aber regelmäßig ihre Privilegien – die Unkündbarkeit, die großzügige Altersversorgung, die Beihilfe des Dienstherren in Krankheits- und anderen Notfällen – vorhalten lassen. Der Leistungsdruck, unter dem sie arbeiteten, blieb nach allgemeinem Eindruck hinter dem in der Privatwirtschaft oder den freien Berufen Üblichen zurück. Das Ansehen der „Bürokratie" in der öffentlichen Meinung war ausnahmslos schlecht: Starre Dienst- und Laufbahnvorschriften, mangelnde Flexibilität, fehlende Initiativ- und Verantwortungsfreude zählten zu den überall zu hörenden Vorwürfen. Die kritische Frage, ob das – typisch deutsche – Berufsbeamtentum heute noch zeitgemäß sei oder nicht besser dem Angestelltenstatus angeglichen werden sollte, wurde in den letzten Jahren immer häufiger und vernehmlicher laut. Die Beamten verfügten jedoch über eine sehr effiziente Lobby und konnten sich bislang aller Angriffe erfolgreich erwehren.

Angestellte Die Angestellten bildeten (so wie die Selbstständigen) eine völlig buntscheckige Berufsgruppe. Zu ihnen zählte die kleine Verkäuferin genauso wie der Vorstandssprecher der Deutschen Bank. Sie verkörperten am stärksten die moderne Dienstleistungsgesellschaft, der ein hohes Maß von Expertenwissen, Mobilität, Lern- und Anpassungsfähigkeit abverlangt wird. Aber die Qualifikationsunterschiede waren enorm: Die leitenden Angestellten sind Spitzenverdiener, mit entsprechendem Horizont und Leistungswillen, aber auch Selbstbewusstsein und Anspruchsdenken; die „ausführende Dienstleistungsschicht" der Bürokräfte, kaufmännischen Angestellten, Krankenpfleger oder Lagerverwalter hat sich unterzuordnen und als „Rädchen im Getriebe" reibungslos zu funktionieren. Obwohl arbeits- und versicherungsrechtlich die ehemals beträchtlichen Unterschiede zwischen Angestellten und Arbeitern so gut wie ganz eingeebnet wurden, empfanden sich beide Gruppen doch als durchaus ungleich, auch heute ist dies noch so. Besonders die Angestellten legten stets großen Wert auf einen Abstand zu den Arbeitern; die sogenannte „Kragengrenze" – hier der weiße Kragen des nicht handarbeitenden Angestellten, dort der blaue des Arbeiters – spielte lange eine große Rolle. Gewisse gesellschaftliche Grenzlinien hielten sich bis in die Gegenwart, etwa beim Heiratsverhalten: Angestellte heiraten bevorzugt Angestellte und Arbeiter suchen ihre Ehepartner am liebsten in Arbeiterkreisen.

Arbeiter Die Arbeiter erlebten seit dem Zweiten Weltkrieg einen bemerkenswerten kollektiven sozialen Aufstieg, den man als „Entproletarisierung" bezeichnet hat. Die beiden Hauptmerkmale ihrer früheren Klassenlage – Eigentumslosigkeit und chronische Unsicherheit ihrer wirtschaftlichen Existenz – verschwanden: Im Zuge des allgemeinen wirtschaftlichen Aufstiegs wurde für sie nicht nur der Erwerb eines Fernsehapparates, einer

Geschirrspülmaschine oder eines Autos zu einer Selbstverständlichkeit; auch der Kauf einer Eigentumswohnung, das eigene Wohnhaus, der Besitz von Wertpapieren waren keine Ausnahme mehr. Ein „soziales Netz" schützte gegen die Lebensrisiken, die früheren Arbeitergenerationen so oft Not und Elend gebracht hatten. Dank der ständig wachsenden Einkommen glich sich der Lebensstandard und Lebensstil von Arbeiterfamilien immer mehr dem der ehemals „höheren" Schichten an. Das Arbeitermilieu früherer Tage löste sich bis auf wenige Reste auf: Die geschlossenen Arbeiterwohnbezirke verschwanden mit dem Wechsel der Generationen und der allgemeinen Mobilität; die spezifische Arbeiterkultur mit ihren Gaststätten, Schrebergärten, Vereinen verlor im Zeitalter der Massenmedien, des perfekten Freizeitangebotes, der Reiselust ihren Wurzelboden. Zwar blieben Arbeiterkinder unter den Abiturienten und Studierenden noch immer stark unterrepräsentiert. Aber die für die Arbeiterschaft früher typische Scheu gegenüber der höheren Bildung ging langsam zurück.
Die seit je bestehenden Unterschiede innerhalb der Arbeiterklasse behielten ihre Wichtigkeit. Im Wesentlichen gab es drei Gruppen: die hoch qualifizierte, mit Leitungs- und Kontrollaufgaben betraute sogenannte „Arbeiter-Elite"; die Facharbeiter, die eine abgeschlossene Berufsausbildung vorzuweisen hatten; und die An- und Ungelernten. Während die beiden oberen Gruppen in vielerlei Hinsicht der „Mittelschicht" nahestanden, ihr insbesondere auch in der Aufstiegsmentalität ähnelten (also beispielsweise ihre Kinder auf weiterführende Schulen schickten und sich selbst beruflich fortbildeten), blieben die An- und Ungelernten überwiegend den alten Verhaltensmustern verhaftet: Sie gaben sich in der Regel mit dem untergeordneten Status zufrieden und waren selten geneigt, um ferner zukünftiger Lebensziele willen auf gegenwärtigen Konsum und Lebensgenuss zu verzichten. Sie bezahlten diesen mangelnden Ehrgeiz nicht nur mit einem niedrigeren Lebenseinkommen, sondern auch mit dem größeren Risiko, arbeitslos zu werden.
Arbeitslosigkeit, in den wirtschaftlichen Glanzzeiten zwischen 1952 und 1973 so gut wie unbekannt, entwickelte sich seitdem allmählich zum Wirtschafts- und Sozialproblem Nummer Eins. Dieser Vorgang war keineswegs auf die Bundesrepublik beschränkt, sondern spielte sich, in unterschiedlichen Schüben, in nahezu allen Industrieländern ab (und in den Entwicklungsländern, obzwar aus anderen Ursachen, mit noch weit größerer Heftigkeit). Neuartig war, dass der einmal erreichte Sockel der Arbeitslosigkeit auch dann nicht merklich kleiner wurde, wenn die Konjunktur wieder anzog. Alle früher erfolgreichen Rezepte, die Arbeitslosigkeit abzubauen, griffen nicht mehr.

Hochofenarbeiter der Hattinger Henrichs-Hütte, die 1987 stillgelegt wurde.

Q 51 Berufsstruktur und soziale Lage

a) *Wirtschaftsbereiche*

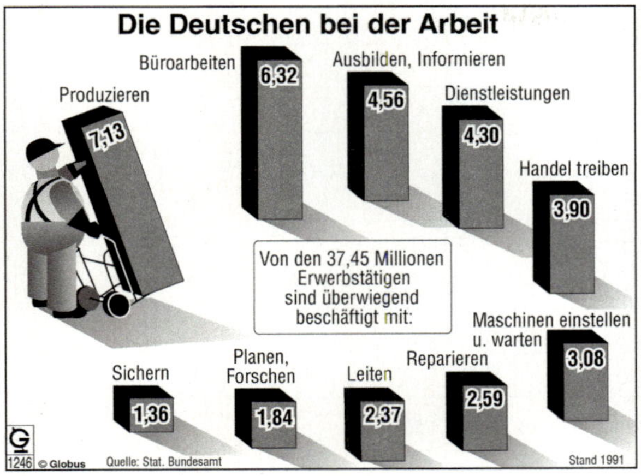

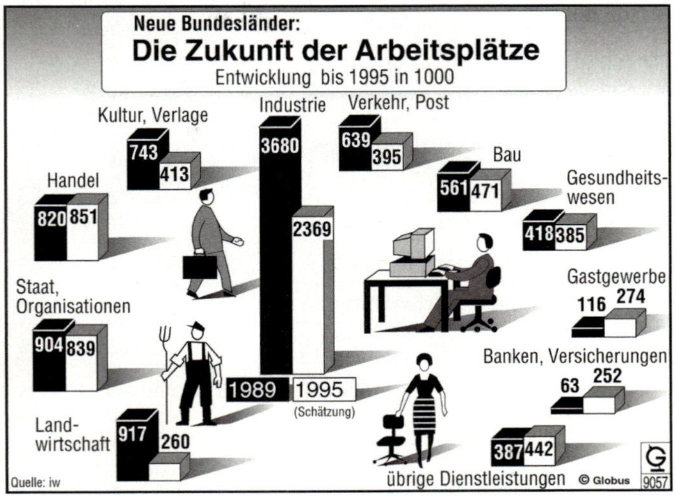

b) *Soziale Lagen in der Bundesrepublik 1987*

	Anzahl in Tsd.		Haushaltsnetto-einkommen		Lebenszufriedenheit (Skala 0–10)		Große Sorgen Anteil in %	
	M	F	M	F	M	F	M	F
Führende Angestellte	193	53	5765	5770	7,5	7,9	14,7	0
Höhere Beamte	546	132	4867	4242	7,3	8,1	2,0	3
Hoch qualifizierte Angestellte	1652	477	4353	3502	7,5	7,8	5,3	25
Gehobene Beamte	517	251	4332	4970	7,7	7,1	2,8	0
Qualifizierte Angestellte	2348	2928	3662	4002	7,3	7,2	8,7	8
Mittlere, einfache Beamte	834	138	3391	3718	7,4	7,6	4,3	0
Einfache Angestellte	452	1952	2889	3844	7,2	7,1	15,1	20
Vorarbeiter/Meister	1018	38	4000	4245	7,2	7,5	15,9	11
Facharbeiter	3456	417	3184	4307	7,3	7,3	20,1	12
An-/ungelernte Arbeiter	2497	2457	2821	3089	6,9	6,9	22,0	19
Freie Berufe	247	186	4234	6508	6,7	7,2	26,2	19
Sonstige Selbstständige	794	602	4490	3571	6,6	7,2	22,0	32
Landwirte	522	131	3659	5681	6,2	6,3	84,2	68
Mithelfende Familienangehörige	18	300	2828	3574	7,7	6,3	17,7	53
Nichterwerbstätige	806	4695	2089	3158	5,1	7,1	54,1	18

W. Zapf: Sozialstruktur und gesellschaftlicher Wandel in der Bundesrepublik, in: W. Weidenfeld/H. Zimmermann (Hg.): Deutschland-Handbuch. Bonn 1989, S. 11

c) *Subjektive Schichteinstufung (1980) (in v. H.):*

	Arbeiterschicht	Mittelschicht	Obere Mittel-/ Oberschicht
Selbstständige (außer Landwirten)	10	65	22
Landwirte	28	58	16
Höhere/gehobene Angestellte	5	71	23
Mittlere/einfache Angestellte	15	80	4
Meister	38	52	10
Höhere/gehobene Beamte	1	57	37
Mittlere/einfache Beamte	18	68	14
Meister/Vorarbeiter/Facharbeiter	61	39	0
An-/ungelernte Arbeiter	65	33	1

D. Claessens/A. Klönne/A. Tschoepe, Sozialkunde der Bundesrepublik Deutschland, Reinbek 1985, S. 285

d) *Soziale Herkunft der Ehefrauen von Arbeitern 1971 (in v. H.):*

Beruf des Vaters der Ehefrau	Beruf des Ehemannes			
	Ungel. Arb.	Angel. Arb.	Facharb.	Vorarbeiter/Meister
Ungelernter Arbeiter	32,4	17,1	13,2	11,1
Angelernter Arbeiter	9,9	21,8	16,1	15,0
Facharbeiter	18,3	24,6	32,0	26,0
Vorarbeiter/Meister	3,2	4,0	5,0	8,6
Einfacher, mittl. Angest./Beamter	7,2	9,1	12,5	14,3
Gehob., höh. Angest./Beamter	0,8	1,3	2,3	3,5
Selbstd. Gewerbetreibender	7,0	6,9	9,0	10,9
Landwirt	21,3	15,3	10,1	10,6

J. Mooser: Arbeiterleben in Deutschland 1900–1970. Frankfurt a. M. 1984, S. 135

a) Welche Rolle spielt die Stellung im Beruf für die objektive und die subjektive Lebenslage der Betroffenen?

b) Erläutern Sie das Heiratsverhalten von Arbeiterfrauen und erklären Sie, warum Eheverbindungen über soziale Grenzen hinweg selten sind.

Q 52 Leben mit der Arbeitslosigkeit

Aus einer sozialwissenschaftlichen Studie (1988):

Nahezu alle Forscher berichten über eine Abschottung der betroffenen Familien nach außen – teils, weil die Väter sich in die Familie zurückziehen, teils aus gemeinsamer Angst vor Diskriminierung. Häufig kommt es zu deutlichen Verschiebungen in der familiären Arbeitsteilung – die Frau übernimmt Aufgaben, die bisher dem Vater als Hauptverdiener und Familienernährer zukamen, z. B. die Regelung finanzieller Angelegenheiten und die Entscheidung familiärer Fragen. In der Mehrzahl der Fälle erweisen sich zugleich die gewohnten Strukturen – etwa bei der Verteilung der Hausarbeit – als so starr, dass Veränderungsversuche und Veränderungen zu massiven Konflikten zwischen den Partnern führen. Wenn bei den Männern die Bereitschaft besteht, sich mehr um Haushalt und Kinder zu kümmern, handelt es sich meist nur um eine zeitweilige Konzession – perspektivisch bleibt die Ausrichtung auf außerhäusliche Arbeit bestehen. Der Frau fällt die Aufgabe zu, ihren Mann emotional aufzufangen und zu stabilisieren. Die Bedrohung der väterlichen Autorität […] dürfte auch heute noch für Komplikationen im Familienalltag sorgen. […]
Ob und wie die Familien mit der Arbeitslosigkeit fertig werden, hängt nach allen vorliegenden Untersuchungen entscheidend davon ab, wie gut die Beziehungen in der Familie vor der Arbeitslosigkeit waren. […] So kann sich für eine Minderheit unter den betroffenen Familien das Zusammenleben auch verbessern – in jungen Familien mit Kleinkindern etwa kann die größere Mithilfemöglichkeit des Mannes als Entlastung, die Nähe zu den auf-

wachsenden Kindern positiv erlebt werden, vorher schon flexibel aufeinander eingestellte Paare können in der Arbeitslosigkeit emotional noch näher zusammenrücken. Solche Effekte sind aber relativ selten und oft wenig stabil. Mit zunehmender Dauer der Arbeitslosigkeit werden die Verteilungskämpfe um das Haushaltsbudget härter; die Angst vor weiterem sozialen Abstieg und die zunehmende Abhängigkeit von den Sozialbehörden belasten das Familienklima, führen zu Schuldzuweisungen an den arbeitslosen Partner und in manchen Fällen zum Auseinanderbrechen der Familien. [...]
Wo sich die Konflikte zwischen den Partnern zuspitzen, sind die Kinder in der Gefahr, entweder zu Komplizen oder zu Opfern im täglichen Machtkampf der Eltern zu werden. Kinder werden somit fast zwangsläufig in ihrer seelischen und sozialen Entwicklung beeinträchtigt. Die Kinder sind [...] „das schwächste Glied in der Kette der Betroffenen".

H. Welzer u. a.: Leben mit der Arbeitslosigkeit, in: Aus Politik und Zeitgeschichte. 38 (1988), S. 26 f.

a) Wie lassen sich die hier aufgezeigten fatalen Folgen der Arbeitslosigkeit erklären (vgl. auch S. 101)?
b) Überlegen Sie, wie den betroffenen Familien zu helfen wäre. Kennen Sie Initiativen in dieser Richtung?

Q 53 Strukturdaten der Arbeitslosigkeit

a) *Altersspezifische Arbeitslosenquoten 1986 (in v. H. aller abhängigen Erwerbspersonen):*

	15–20	21–30	31–40	41–50	51–60	61–65	Insgesamt
Männer	19,8	17,8	12,9	10,7	16,8	9,7	7,4
Frauen	28,3	23,6	19,1	14,4	24,3	13,1	10,7

U. van Suntum: Arbeitsmarktpolitik als Instrument der Beschäftigungspolitik, in: Aus Politik und Zeitgeschichte. 29 (1989), S. 14

b) *Ausbildungsspezifische Arbeitslosenquoten 1986: (in v. H. der abhängigen Erwerbspersonen):*

Ohne Ausbildung	17,4
Lehre/Berufsfachschule	6,2
Fachschule	3,4
Fachhochschule	4,0
Wissenschaftliche Hochschule	5,2

U. van Suntum, a. a. O., S. 15

c) *Anteil der Langzeitarbeitslosen (1 Jahr und länger) an der Gesamtheit der Arbeitslosen (in v. H.):*

1983	25	1987	33
1985	33	1989	32,5

U. Widmaier: Segmentierung und Arbeitsteilung, in: Aus Politik und Zeitgeschichte. 34/35 (1991), S. 15

Welche Problemgruppen schälen sich heraus? Erklären Sie den hohen Anteil junger und älterer Arbeitnehmer.

4.4 Gleichheit und Ungleichheit im Sozialstaat

Sozialstaatspostulat Das Grundgesetz erwähnt das Verfassungsprinzip der Sozialstaatlichkeit zweimal, enthält sich aber aller näheren Angaben. So blieb es dem Gesetzgeber überlassen, die allgemeine Norm mit konkretem Inhalt zu füllen.
Seit den 1950er-Jahren gehörte die Bundesrepublik stets zu den Ländern mit dem höchsten Sozialbudget. Die Sozialleistungsquote, der Anteil der Ausgaben für soziale Zwecke im Verhältnis zum gesamten Volkseinkommen, stieg von 25% im Jahr 1965 auf 34% 1993. Ein Drittel davon stammte aus den öffentlichen Kassen, 35% trugen die Arbeitgeber, knapp 30% die Versicherten bei. Entsprechend stark wuchs die Abgabenbelastung der Bürger: Mussten sie 1960 16% ihres Einkommens für Steuern und Sozialabgaben abführen, waren es 30 Jahre später 30,5%. Es waren vor allem vier Bereiche, auf die sich die Sozialleistungen verteilten: die Versicherungen, die öffentliche Hilfe für bedürftige Gruppen, die öffentliche Hilfe zur Selbsthilfe, die soziale Infrastruktur.

Die Sozialversicherung Die öffentlich-rechtliche Sozialversicherung geht auf die Bismarckzeit zurück. Das damals – gegen den Willen Bismarcks – eingeführte System der Finanzierung mittels Beiträgen der Arbeitnehmer und Arbeitgeber, im Bedarfsfalle ergänzt durch staatliche Zuschüsse, blieb bis heute bestehen. Allerdings erfuhr das ursprüngliche Versicherungsprinzip, das die Versicherungsleistungen von der Höhe der eingezahlten Beiträge und der Versicherungsdauer abhängig machte, mit der Rentenreform von 1957 eine wesentliche Veränderung. Seitdem beruht die Rentenversicherung auf einer Kombination von Versicherungs- und Umlagesystem: Die Rentenbeiträge errechnen sich zum einen wie bisher aus der Beitragssumme und der Beitragsdauer; sie verändern sich jedoch entsprechend der allgemeinen Einkommensentwicklung; die jeweils zur Auszahlung gelangenden Renten stammen aus den Beiträgen der im Erwerbsleben stehenden Generation, sie werden auf die aktiven Beitragszahler „umgelegt“.
Neben dieser durchgreifenden Verbesserung der Altersversorgung waren es vor allem die Ausgaben für das Gesundheitswesen, die das Niveau der Sozialleistungen so stark anhoben. Zu der seit je üblichen Übernahme der Arzt-, Arznei- oder Krankenhauskosten traten in den 1960er- und 1970er-Jahren großzügige Erstattungen für den Lohnausfall, die Einstellung einer Haushaltshilfe, den Zahnersatz sowie Heil- oder Vorbeugungskuren. Nutznießer waren neben den Versicherten (die freilich ständig höhere Beiträge zahlen mussten) die Ärzte, Apotheker und die Pharmaindustrie. Das Gesundheitswesen erlebte eine regelrechte Kostenexplosion.
1976 wurden fast 8% des Bruttosozialprodukts für Gesundheitsleistungen aufgewendet. Seitdem ist die Kostensenkung im Gesundheitswesen ein brisantes politisches Dauerthema.

Die öffentliche Hilfe für Bedürftige Die Hilfe im Notfall ist seit je als christliche und moralische Pflicht anerkannt, der vor allem die Kirchen und Kommunen nachkamen. Diese „Armenfürsorge“ war jedoch eine freiwillige Leistung, die nach jeweiligem Ermessen erfolgte und auf die der Empfänger keinen Rechtsanspruch hatte. Das änderte sich mit dem Sozialhilfegesetz von 1961. Es verpflichtete die öffentliche Hand, vorab die Gemeinden, Bedürftige mit dem notwendigen Lebensunterhalt (in Geld- oder Sachmitteln) zu versorgen. Allerdings konnten die Sozialämter die Höhe ihrer Leistungen weiterhin gemäß der individuellen Bedürftigkeit bemessen und sie brauchten nur dann einzuspringen, wenn keine zahlungsfähigen Angehörigen zur Verfügung standen. Solange es mit der Wirtschaft bergauf ging, blieb die Zahl der Sozialhilfeempfänger vergleichsweise niedrig. Als Folge der Arbeitslosigkeit stieg sie jedoch seit 1973 an und kletterte bis 1989 von 1,7 auf 3,6 Millionen Menschen.
1960 führte der Bund ein Wohngeld ein, das denen zukam, die den ihnen angemessenen Wohnungsbedarf nicht ganz mit eigenen Mitteln bezahlen konnten. 1990 waren 1,8 Millionen Haushalte davon betroffen.

Kindergeld, im Öffentlichen Dienst seit Langem gezahlt, wurde 1954 für das dritte, 1961 für das zweite, 1975 für das erste Kind gewährt. Es stand allen in der Bundesrepublik Lebenden, unabhängig vom Einkommen, zu. Hinzu kamen die Steuerfreibeträge, aus denen freilich die Gutverdienenden weitaus mehr Vorteile ziehen konnten als die, die zu wenig verdienten, um nennenswerte Steuern bezahlen zu müssen. Zum Ausgleich erhielten diese bestimmte Kindergeldzuschläge. Sozialdemokraten und Grüne forderten den Wegfall der Steuerfreibeträge und ein einheitliches, deutlich erhöhtes Kindergeld.
Das 1971 beschlossene Bundesausbildungsförderungsgesetz (BAföG) begründete einen Anspruch auf finanzielle Unterstützung aller Familien, deren Kinder die gymnasiale Oberstufe oder eine Hochschule besuchen und deren Einkommen unterhalb bestimmter Grenzen liegt. Das Gesetz sollte den Grundsatz der Chancengleichheit sichern helfen. 1980, im Jahr der stärksten Förderung, erhielten fast eine halbe Million Schülerinnen und Schüler sowie 300 000 Studierende solche staatlichen Zahlungen. Seitdem wurden die Bemessungsgrundsätze verschärft und viele Zuschüsse in zinslose Darlehen umgewandelt.

Hilfe zur Selbsthilfe Die Förderung der privaten Eigentums- und Vermögensbildung mit öffentlichen Mitteln war als Anreiz zu vermehrter persönlicher Daseinsvorsorge gedacht. Dazu dienten vor allem Steuervergünstigungen, verbilligte Darlehen und direkte Zuschüsse. Wer Teile seines Einkommens in langfristigen Spar- und Bausparverträgen anlegte, erhielt vom Staat Prämien oder konnte diese Beträge bis zu einer bestimmten Höhe vom steuerpflichtigen Einkommen abziehen. Auch diese Art von Sozialpolitik blieb nicht ohne Kritik. Sie begünstigte wiederum die Gutverdienenden, deren Steuerabzüge viel höhere Beträge ausmachten, als die kleinen Lohnempfänger erreichen konnten.

Soziale Infrastruktur Es gab und gibt eine Fülle von weniger auffälligen und darum oft unterschätzten öffentlichen Leistungen, die der Allgemeinheit oder einzelnen sozialen Gruppen zugutekommen. Auch hier war lange ein ständiger Zuwachs zu verzeichnen. Hierzu gehörte etwa das öffentliche Bildungswesen, das seinen Nutzern so gut wie keine Gebühren abverlangte – im Gegensatz zu früher, als Schul- und Studiengelder selbstverständlich waren. Auch die meisten öffentlichen Freizeit- und Kultureinrichtungen – Parks und Schwimmbäder, Theater und Museen – kosteten die öffentliche Hand weit mehr, als die Eintrittsgelder einbrachten. Wohlfahrtsverbände, kirchliche Sozialdienste, gemeinnützige Einrichtungen aller Art erhielten erhebliche öffentliche Zuschüsse; zudem verzichteten die Finanzämter auf Steuereinnahmen, indem sie Spenden für solche Institutionen als steuerlich absetzbar anerkannten. Schließlich gewährleisteten zahlreiche Schutzgesetze – der Mieterschutz, der Verbraucherschutz, der Kündigungsschutz für lang beschäftigte Mitarbeiter – soziale Sicherheitsstandards, die in anderen Teilen der Welt undenkbar waren oder sind.

„Neue Armut“ Solchen Leistungen des Sozialstaates stehen allerdings auch Mängel und Versäumnisse gegenüber. Bis heute gelang es nicht, die Armut zu beseitigen, ja seit etlichen Jahren breitet sich eine „neue Armut“ aus. 1990 zählte man nicht weniger als 800 000 Obdachlose, und über 6 % der Bevölkerung mussten mit weniger als der Hälfte des Durchschnittseinkommens leben. Unter der neuen Armut leiden vor allem: alleinerziehende Mütter mit ihren Kindern; arbeitslose junge Menschen; alleinstehende ältere Frauen. Eine Problemgruppe größten Ausmaßes stellen die Langzeitarbeitslosen dar; mit der sich ausbreitenden allgemeinen Arbeitslosigkeit nahm ihre Zahl stetig zu, und immer mehr von ihnen wurden und werden Sozialhilfeempfänger, bzw. Hartz-IV-Empfänger.

Familien mit Kindern Auch die Benachteiligung von Familien mit mehreren Kindern wurde zunehmend zum Problem und politischen Zankapfel. Trotz etlicher Steuervergünstigungen und öffentlicher Leistungen war nicht zu verkennen, dass ihr Lebensstandard deutlich hinter dem der Kinderlosen zurückblieb. Früher, als Kinder zu haben zu den Selbstverständlichkeiten des Erwachsenenlebens gehörte und die Altersschichtung der

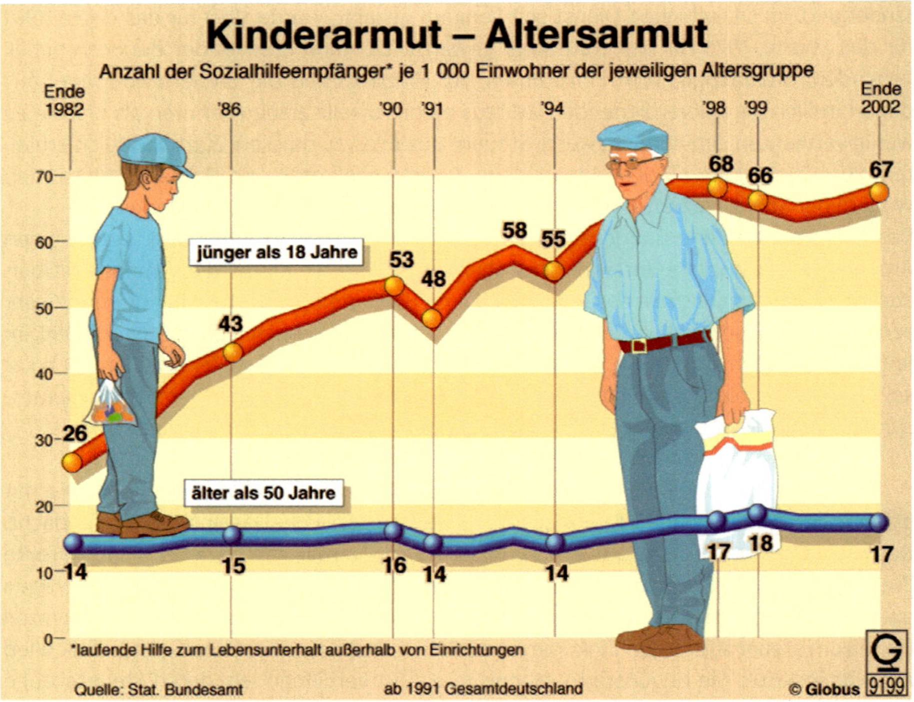

Deutlich zu erkennen: Die Zahl der von Armut betroffenen Kinder steigt stetig an. Das ist ein Indikator für das sogenannte Armutsrisiko Kinder.

Bevölkerung keine Sorgen bereitete, sprach fast niemand davon. Seit einigen Jahrzehnten sieht man darin eine ungerechte Lastenverteilung. Familien mit Kindern bringen, so heißt es, beträchtliche materielle Opfer, um den Nachwuchs großzuziehen, der in der Zukunft die Altersversorgung auch derer erarbeiten muss, die keine Kinder haben. Gefordert wird darum von vielen Seiten ein „Familienlastenausgleich“.

Steuergerechtigkeit Damit ist wieder einmal das Dauerthema der Steuergerechtigkeit berührt. Dass die Gutverdienenden nicht nur absolut, sondern - wegen der Progression - auch relativ mehr Steuern entrichten müssen als die unteren Einkommensklassen, genügte vielen nicht. Diese verweisen zum einen auf den hohen Anteil der Verbrauchssteuern (vor allem die Mehrwert- und die Mineralölsteuer), die alle Konsumenten, unabhängig von ihrem Geldbeutel, treffen. Zum andern kritisieren sie, dass die mancherlei Steuervergünstigungen, die der Staat zur Erreichung bestimmter wirtschaftlicher Zwecke (wie Wohnungsbau, Exportförderung, Investitionen) gewährt, vornehmlich denen zufließen, die ohnehin schon mehr haben. So werde das erstrebenswerte sozialstaatliche Prinzip einer Umverteilung zugunsten der Schwächeren in sein Gegenteil verkehrt und die Reichen mehrten ihren Reichtum auf Kosten der Allgemeinheit.

Vermögensverteilung Die Vermögensverteilung scheint diese Kritik zu bestätigen. Auch wenn verlässliche Untersuchungen darüber selten waren, ließen die wenigen Daten doch eindeutig erkennen, dass die Selbstständigen einen enormen Vorsprung gewonnen haben und dass dieser Vorsprung ständig größer statt kleiner wurde. Während in den 1970er-Jahren das ärmste Fünftel der Bevölkerung nicht einmal 1% des gesamten Privatvermögens besaß, verfügte das reichste Fünftel über 80% dieses Besitzes. 1989 betrug das Netto-Kopf-Einkommen der Selbstständigen (und jedes Familienmitgliedes) 60000 DM, das der Beamten und Angestellten 22000, das der Arbeiter 16000 DM.

Q54 Soziale Gleichheit und Ungleichheit im Spiegel der Zahlen

a) *Bausteine sozialer Sicherung*

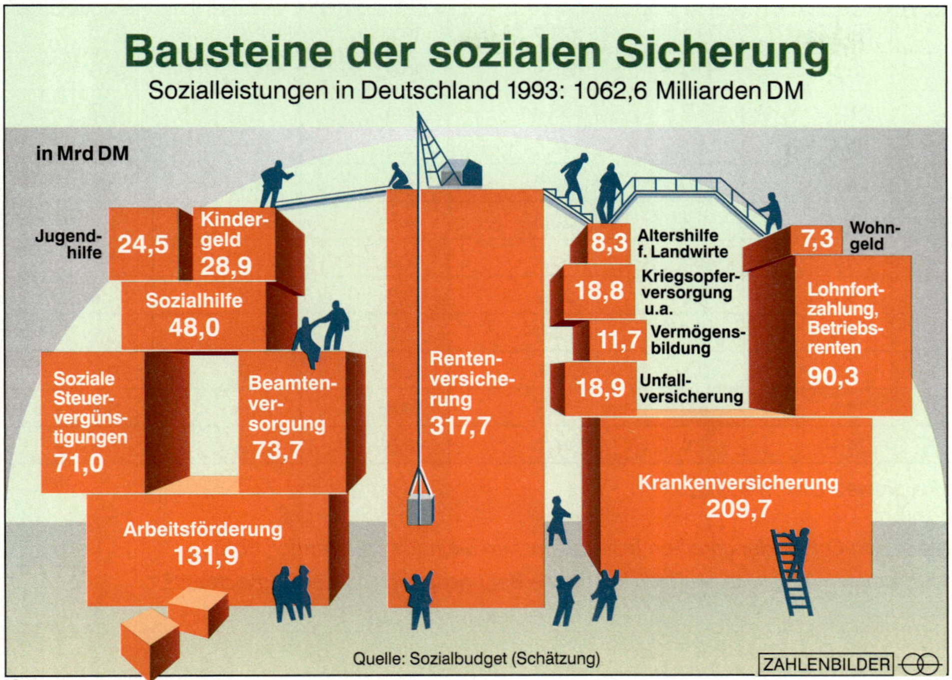

 141 131

b) *Sozialhilfe: Empfänger und Ausgaben*

	1970	1980	1989
Sozialhilfeempfänger (in Tsd.)	1491	2144	3626
Frauen	934	1280	1984
Ausländer	20	163	671
Personen unter 18 Jh.	440	605	1027
60-jährige und ältere	607	670	685
darunter Frauen	447	523	520
Ausgaben (in Mio. DM)	3335	13 266	28 775

c) *Hauptursachen der Gewährung von Sozialhilfe (in v. H.)*

	1970	1980	1989
Krankheit	18,9	9,3	5,8
Tod des Ernährers	2,2	1,2	0,7
Ausfall des Ernährers	8,2	13,2	10,5
Unwirtschaftliches Verhalten	1,2	1,6	0,5
Arbeitslosigkeit	–	9,8	32,6
Unzureichende Versicherung	–	25,8	12,3
Unzureichendes Erwerbseinkommen	46,8	6,8	5,5
Sonstige Ursachen	22,8	32,4	32,1
Gesamtzahl der Haushalte (in Tsd.)	296	824	1594

b) und c): Statistisches Bundesamt (Hg.): Datenreport 1992. Bonn 1992, S. 233, 234

d) *Sozialbudget 1975–1990*

	1975		1985		1990	
	Mrd. DM	%	Mrd. DM	%	Mrd. DM	%
Rentenversicherung	101,1	29,2	175,2	30,6	215,8	30,4
Krankenversicherung	61,1	17,6	114,5	20,0	141,7	20,0
Arbeitsförderung	18,1	5,2	39,0	6,8	49,3	6,9
Kindergeld	14,6	4,2	14,5	2,5	14,6	2,1
Beamtenpensionen	26,0	7,5	36,8	6,4	43,3	6,1
Arbeitgeber-Entgeltfortzahlungen	18,5	5,3	26,0	4,5	34,0	4,8
Kriegsopferversorgung	11,1	2,9	13,4	2,3	13,1	1,9
Sozialhilfe	9,2	2,6	22,2	3,9	33,8	4,8
Ausbildungsförderung	2,3	0,7	0,5	0,1	0,8	0,1
Wohngeld	1,8	0,5	2,6	0,5	3,9	0,6
Vermögensbildung	13,4	4,0	10,3	1,8	10,6	1,5
Steuerermäßigungen	24,1	7,0	46,1	8,0	48,2	6,8

Statistisches Bundesamt (Hg.): Datenreport 1992. Bonn 1992, S. 220

a) Stellen Sie auffallende Sprünge in den Entwicklungsreihen fest und suchen Sie nach Erklärungen dafür.
b) Wo sehen Sie Anhaltspunkte für sozialen Ausgleich, wo Indizien für die Begünstigung sozialer Ungleichheit?

Q 55 Einstellungen gegenüber der Verteilungsgerechtigkeit

Auf die Frage „Im Vergleich dazu, wie andere hier in Deutschland leben: Glauben Sie, dass Sie Ihren gerechten Anteil erhalten, mehr als Ihren gerechten Anteil, etwas weniger oder sehr viel weniger?" antworteten (in v. H.) (1991):

	Ostdeutschland			Westdeutschland		
	viel weniger	weniger	gerechter Anteil oder mehr	viel weniger	weniger	gerechter Anteil oder mehr
Insgesamt	36	46	18	3	24	72
Un- und angelernte Arbeiter	35	56	9	6	40	55
Facharbeiter	33	49	19	4	38	58
Untere u. mittl. Angest./Beamte	36	47	17	3	25	72
Höhere Angest./Beamte	39	42	19	1	17	82
Selbstständige	29	37	34	4	18	79
Arbeitslose/Kurzarbeiter	45	45	10	–	–	–
Rentner (Arbeiter)	37	48	15	6	31	64
Rentner (Sonstige)	32	46	22	4	17	79
Hausfrauen	–	–	–	4	22	74
Schüler/Auszubildende	24	40	37	4	18	78
Haushaltseinkommen unteres Fünft.	38	43	19	8	33	60
2. Fünftel	44	43	13	3	30	67
3. Fünftel	40	46	13	2	21	77
4. Fünftel	32	52	16	1	25	73
Oberes Fünftel	29	46	25	3	15	83

a. a. O. S. 542

Wo ist die Zufriedenheit, wo die Unzufriedenheit besonders groß? Geben Sie Erklärungen dafür.

4.5 Das Bildungswesen: Verteilungsstelle für Lebenschancen?

„Ständische" Dreigliederung Das deutsche Schulwesen war seit alters her und in Westdeutschland bis in die 1960er- und 1970er-Jahre dreigegliedert. Die drei Schultypen – Volksschule, Mittelschule (später Realschule), Gymnasium – entsprachen im Großen und Ganzen der sozialen Schichtung. Auf die 8-jährige Volksschule ging die große Masse der Kinder aus den unteren Schichten, dazu auch viele Töchter und Söhne aus Bauernfamilien; die Mittelschule besuchten Kinder aus den aufstiegsorientierten Familien der oberen Unter- und unteren Mittelschicht; das Gymnasium war einer Minderheit von 6–8% eines Jahrgangs vorbehalten, von denen aber höchstens 4–5% das Abitur erreichten; diese Schüler/innen stammten überwiegend aus den besser situierten Familien, vorwiegend aus solchen, in denen schon die Väter (weniger die Mütter) das Gymnasium besucht und oft auch ein Hochschulstudium absolviert hatten. So hatte dieses dreigliedrige Bildungssystem die Wirkung, die bestehende Sozialordnung immer von Neuem zu reproduzieren. Ein sozialer Aufstieg mithilfe qualifizierter Bildungsabschlüsse war zwar möglich, blieb aber die Ausnahme. Noch in den 1950er-Jahren betrug der Anteil von Arbeiterkindern unter den Studierenden gerade 4%. Der wesentliche Grund für diese soziale Ungleichheit in den Bildungswegen lag in den Bedingungen der familiären und sozialen Umwelt. In den oberen Schichten stand Bildung in hohem Ansehen und die Kinder erfuhren in den Familien viel Förderung und Ermutigung. Arbeiterfamilien standen der Schule oder gar der Universität fremd und unsicher gegenüber und trauten ihren Kindern eine solche Ausbildung zumeist nicht zu. Besonders vernachlässigt wurden vielfach die Mädchen. Weil die meisten Eltern in ihren Töchtern künftige Mütter und Hausfrauen sahen, schien ihnen das Abitur oder gar ein Hochschulstudium überflüssig.

Von der „Bildungskatastrophe" zur Bildungsreform Dieses traditionelle Bildungssystem geriet anfangs der 1960er-Jahre in die Schusslinie. Untersuchungen ergaben, dass die Abiturientenquote in der Bundesrepublik weit unter der vergleichbarer Industrieländer

Die Bildungsreform der 1960er-Jahre öffnet die Gymnasien.
Die „Zeichen der Zeit" werden auch an Äußerlichkeiten sichtbar.
Links: Schüler im Lesezimmer des Hans-Carossa-Gymnasium in Berlin – 1979
Rechts: Abiturienten des Französischen Gymnasiums in Berlin – 1966

lag. Darin sah man eine Gefahr für die künftige deutsche Wettbewerbsfähigkeit. Der Alarmruf der „deutschen Bildungskatastrophe" schreckte Politiker und Öffentlichkeit auf. Alle waren sich einig, dass größte Anstrengungen nötig seien. Überall entstanden neue Gymnasien und in der Bundesrepublik wurden binnen eines guten Jahrzehnts nicht weniger als 15 Universitäten gegründet. Der Besuch der weiterführenden Schulen und der Hochschulen nahm in atemberaubendem Tempo zu: Hatten 1960 17 % der anstehenden Jahrgänge das Gymnasium und 8 % ein Hochschulstudium begonnen, so lagen die Quoten 1989 bei 31 und 30 Prozent. Umgekehrt sank der Anteil der Hauptschüler in dieser Zeitspanne von 68 auf 32 %.

„Begabungsreserven" Diese einzigartige Bildungsexpansion war vor allem der Mobilisierung jener „Begabungsreserven" zuzuschreiben, die bis dahin brachgelegen hatten. Das betraf in erster Linie Mädchen und junge Frauen, im Weiteren Kinder und Jugendliche vom Lande und aus anderen, zuvor „bildungsfernen" Bevölkerungskreisen. Mehr Menschen als früher begriffen, wie wichtig und wertvoll eine gute Bildung war, und die Politik tat ein Übriges, um für die Bildung zu werben und finanzielle Mittel zur Verfügung zu stellen. Dennoch blieben bestimmte alte Verhaltensmuster weiter wirksam. 1988 waren die Arbeiterkinder unter den Studienanfängern mit 5 % immer noch weit unterrepräsentiert, während die Beamtentöchter und -söhne mit 38 % (bei einem Anteil der Beamtenfamilien an der Gesamtbevölkerung von 6,6 %) fast ebenso stark überrepräsentiert waren.

Innere Schulreform Das enorme quantitative Wachstum machte innerschulische Veränderungen nötig. Hatte sich das Gymnasium früher als eine Ausleseschule verstanden, in der viele das Ziel Abitur nicht erreichten, galt nunmehr der Grundsatz der Förderung. Die Anfänger kamen in Übergangsklassen („Förder-"/„Orientierungsstufe"), in denen sie sich allmählich an die neuen Anforderungen gewöhnen konnten; Kinder aus Familien ohne gymnasialen Hintergrund erhielten Förderunterricht, der ihren Rückstand, vor allem in den sprachlichen Fertigkeiten, wettmachen sollte. Das Kurssystem gab den Schülerinnen und Schülern der gymnasialen Oberstufe Gelegenheit, Schwerpunkte in den Fächern zu bilden, die ihren persönlichen Veranlagungen und Interessen entgegenkamen. Erleichtert wurden auch die Übergänge zwischen den Schulformen: Realschüler mit mittlerer Reife konnten aufs Gymnasium überwechseln und dort die Abiturprüfung ablegen. Berufliche Fachschulen verleihen die Fachhochschul- und Hochschulreife. Der „zweite Bildungsweg" eröffnet auch Berufstätigen ein Universitätsstudium. Gesamtschulen halten die Wahl- und Qualifizierungsmöglichkeiten lange offen und tragen der pädagogischen Erfahrung Rechnung, dass die Stärken und Schwächen Heranwachsender oft erst spät erkennbar werden.

„Uni für alle". Karikatur von W. Hanel
Frankfurter Allgemeine Zeitung, 1987

Q 56 Das Bildungssystem in Zahlen

a) *Allgemeinbildender Schulabschluss (Stand 1989) (in v. H.):*

	(Noch) ohne Schulabschluss	Volksschule/Hauptschule	Realschule/mittlere Reife	Fachhoch-/Hochschulreife
15–19 Jahre	47,6	27,8	20,6	4,0
20–29	1,8	41,4	30,0	26,9
30–39	0,7	54,6	21,7	23,0
40–49	0,8	65,7	19,2	14,3
50–59	0,9	77,0	13,7	8,5
60 und älter	1,3	79,1	12,7	6,9
Insgesamt	4,4	61,6	19,3	14,7

b) *Bildung und soziale Herkunft*

	Familienvorstand ist erwerbstätig als							
	Selbstständiger		Beamter		Angestellter		Arbeiter	
	1972	1989	1972	1989	1972	1989	1972	1989
Grund-/Hauptschule	63,3	45,0	45,9	34,5	51,6	39,5	80,1	68,4
Realschule	16,2	19,8	15,1	16,0	17,4	19,9	11,5	17,9
Gymnasium	20,1	31,8	36,8	45,3	28,7	35,5	5,6	9,0
Gesamtschule	–	3,4	–	4,2	–	5,2	–	4,6

c) *Schulbesuch der Kinder und Bildungsniveau der Eltern*

	Schulabschluss des Familienvorstandes					
	Volks-/Hauptschule		Mittel-/Realschule		Gymnasium	
	1972	1989	1972	1989	1972	1989
Grund-/Hauptschule	73,5	62,8	41,4	40,7	24,7	29,8
Realschule	14,7	19,4	21,9	21,0	–	11,2
Gymnasium	9,9	13,3	36,3	32,6	66,9	54,1
Gesamtschule	–	4,6	–	5,8	–	4,8

Statistisches Bundesamt (Hg.): Datenreport 1992. Bonn 1992, S. 83, 84, 86

a) Beschreiben Sie die Zusammenhänge zwischen Gesellschaftsordnung und Bildungssystem sowie deren Entwicklungstrends in den 1970er- und 1980er-Jahren.

b) Versuchen Sie eine Beurteilung der Ergebnisse der Bildungsreform.

Q 57 Ziele der Bildungspolitik

Der Pädagoge Georg Picht warnt vor der „deutschen Bildungskatastrophe" (1964):

In der modernen „Leistungsgesellschaft" heißt soziale Gerechtigkeit nichts anderes als gerechte Verteilung der Bildungschancen; denn von den Bildungschancen hängen der soziale Aufstieg und die Verteilung des Einkommens ab. […] Der gesamte soziale Status […] ist wesentlich durch die Bildungsqualifikationen definiert, die von dem Schulwesen vermittelt werden sollen. Man spricht heute gern von der „mobilen" oder auch von der „nivellierten" Gesellschaft und vergisst, dass in der wissenschaftlich-technischen Zivilisation ein neues Prinzip der klassenähnlichen Schichtung die Struktur der Gesellschaft wesentlich mitbestimmt. Durch das Schulsystem werden schon die zehnjährigen Kinder – und zwar in der Regel definitiv – in Leistungsgruppen eingewiesen, die durch das Berechtigungswesen einer entsprechenden Gruppierung der sozialen Positionen zugeordnet sind. Die so geschaffene Klassifizierung durch Bildungsqualifikationen überlagert mehr und mehr die noch fortbestehende Klassenstruktur der bisherigen industriellen Gesellschaft. […] Die Schule ist deshalb ein sozialpolitischer Direktionsmechanismus, der die soziale Struktur stärker bestimmt als die gesamte Sozialgesetzgebung der letzten 15 Jahre.

G. Picht: Die deutsche Bildungskatastrophe. München 1965, S. 21 f. (Originalausgabe: Olten [u. a.] 1964)

a) Was spricht für eine enge Verkoppelung von Bildungs- und Beschäftigungssystem, was dagegen?

b) Worin unterschieden sich die politischen Lager in ihren Auffassungen von der richtigen Bildungspolitik? Stellen Sie Beziehungen zu den jeweiligen politischen Grundüberzeugungen her.

Q 58 Wege zur Chancengleichheit im Bildungswesen

Die Enquête-Kommission „Bildung 2000" des Deutschen Bundestages mit einem Minderheitsvotum (1990):

Bilanziert man den Ertrag des langen Weges zu mehr Chancengleichheit, so muss man feststellen, dass sich Gleichheit nicht in dem angestrebten und demokratisch gebotenen Maß ergeben hat, nicht die Gleichheit der Geschlechter, nicht die der sozialen Schichten und schon gar nicht die zwischen den Ethnien. Mädchen und Frauen sind – jenseits der allgemeinbildenden Schulen – weit entfernt davon, entsprechend ihren Potenzialen am Bildungssystem teilzunehmen. Und da, wo sie Teilhabe erlangt haben, trägt das Bildungssystem immer noch dazu bei, die Ungleichheit zwischen den Geschlechtern in der Gesellschaft, ganz besonders aber im Erwerbsleben vorzubereiten und zu zementieren. Die Kinder der einzelnen sozialen Schichten sind immer noch auf allen Stufen des Bildungssystems unterschiedlich vertreten. Besonders Arbeiterkinder sind vom Kindergarten über die allgemeinbildenden Schulen, über die berufliche Ausbildung bis hin zur Weiterbildung benachteiligt. Ausländische Kinder, neuerdings auch die Kinder von Aussiedlerfamilien, verbleiben in ihrer überwiegenden Zahl auf den untersten Sprossen des Bildungs- und dann auch des Beschäftigungssystems. Die Bundesrepublik ist in ihren Bildungsinstitutionen vom Ziel einer interkulturellen Gesellschaft unendlich weit entfernt. […]

Wenn der „Aufstieg durch Bildung" nicht Millionen von „Kellerkindern der Bildungsexpansion" […] zurücklassen soll, muss in der schulischen und in der beruflichen Ausbildung sichergestellt werden, dass die weniger Erfolgreichen nicht aufgegeben und abgeschrieben werden. Das aber heißt für die Arbeit in den Bildungsinstitutionen, […] dass große Anstrengungen den oft nur langsamer Lernenden gelten müssen, denen also, die sich – aus welchen Gründen auch immer – schwer tun, im Qualifikationswettlauf Schritt zu halten.

Deutscher Bundestag, 11. Wahlperiode. Drucksache 11/7820 (1990), S. 34

a) Nennen Sie die Maßnahmen zur Förderung der Chancengleichheit und vergegenwärtigen Sie sich die Schwierigkeiten, die dabei auftreten können.

b) Vergleichen Sie die Kritik aus den Reihen der Enquête-Kommission mit den statistischen Daten in Q 56.

Hauptschule in Bochum 1980 – Kinder mit Migrationshintergrund (rechts), ohne Migrationshintergrund links

4.6 Die Bundesrepublik – ein Einwanderungsland?

Der millionste Gastarbeiter ist in der Bundesrepublik eingetroffen: Armado Rodrigues aus dem kleinen Dorf Vale de Madeiros in Portugal, neben dem Moped, das er bei seiner Ankunft am 10.9.1964 im Köln-Deutzer Bahnhof geschenkt bekam. Nach mehr als zwei Tagen Fahrt war er nicht darauf gefasst, bei seiner Ankunft mit Pauken und Trompeten, deutschen Märschen und „Auf in den Kampf Torero", begrüßt zu werden.

Zuwanderung Deutscher Obwohl die Bundesrepublik zu den dichtest besiedelten Ländern der Erde gehört, wurde sie seit den 60er-Jahren zum Einwanderungsland. Das wollen viele Bundesbürger lange nicht wahrhaben. Ein Großteil der Zugewanderten besaß mit dem Betreten der Bundesrepublik die deutsche Staatsangehörigkeit – wie die rund vier Millionen „Übersiedler" aus der DDR – oder erwarb sie unmittelbar danach – wie die 2,4 Millionen (bis 1993) deutschstämmigen „Aussiedler" aus den osteuropäischen Ländern. Die Aufnahme dieser über 6 Millionen Menschen war mit der Erwartung ihrer vollständigen Eingliederung in die ansässige deutsche Bevölkerung verbunden. Abgesehen von den üblichen Anpassungsschwierigkeiten, wurde dies nur bei einer Reihe von Aussiedlern zu einem ernsten Problem. Immerhin hatten ihre Vorfahren teilweise jahrhundertelang außerhalb Deutschlands gelebt und 70 bis 80% der Zuwanderer kamen ohne nennenswerte deutsche Sprachkenntnisse.

„Gastarbeiter" Die in der Bundesrepublik Arbeit suchenden Ausländer kamen zunächst in der Erwartung, innerhalb einiger Jahre möglichst viel Geld zu verdienen und dann nach Hause zurückzukehren: Von den zwischen 1961 und 1987 in die Bundesrepublik eingereisten ausländischen Arbeitskräften und ihren Angehörigen gingen 11 Millionen wieder zurück – etwa 4 Millionen blieben. Sie waren in den Jahren der Voll- und Überbeschäftigung zwischen 1961 und 1973 auf dem deutschen Arbeitsmarkt hoch begehrt. Das änderte sich mit dem Konjunktureinbruch von 1973, auf den die Bundesregierung sofort mit einem Anwerbestopp reagierte. Fortan durften nur noch Familienangehörige von „Gastarbeitern" mit einem festen Arbeitsverhältnis nachkommen. 1989 lebten über 5 Millionen Ausländer in der Bundesrepublik, was einem Bevölkerungsanteil von knapp 8% entsprach; ihr Beschäftigtenanteil lag mit 8,5% sogar noch etwas höher. Fast zwei Drittel der ausländischen Arbeitskräfte waren An- und Ungelernte.

Q 59 Einwanderung und Ausländer in Zahlen

Aussiedler nach Herkunftsgebieten 1950–1990

		Herkunftsgebiete (in v. H.)						
	Insgesamt in Tsd.	Polen	Sowjetunion	Tschecho-slowakei	Ungarn	Rumänien	Jugoslawien	Sonstige
1950–1959	440	66,4	3,1	4,6	1,0	0,8	13,4	10,6
1960–1969	222	49,9	3,9	25,2	1,7	7,4	9,5	2,4
1970–1979	355	57,0	15,9	3,5	1,1	20,1	1,7	0,7
1980–1989	984	64,3	17,9	1,3	0,7	15,4	0,3	0,1
1990	397	28,5	37,1	0,3	0,3	27,0	0,1	0,0

Statistisches Bundesamt (Hg.): Datenreport 1992. Bonn 1992, S. 41

Q 60 Aus- und Einwanderung

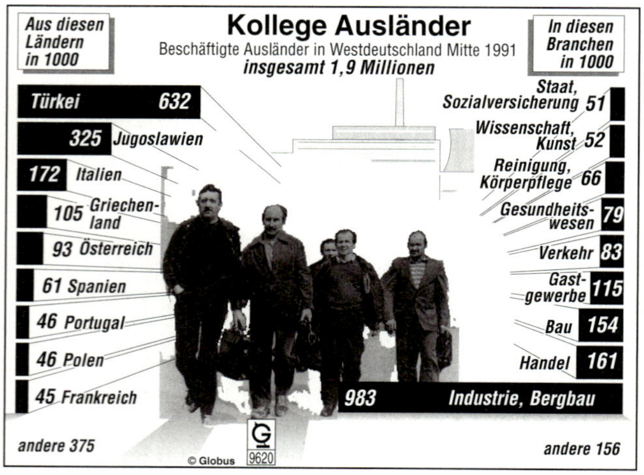

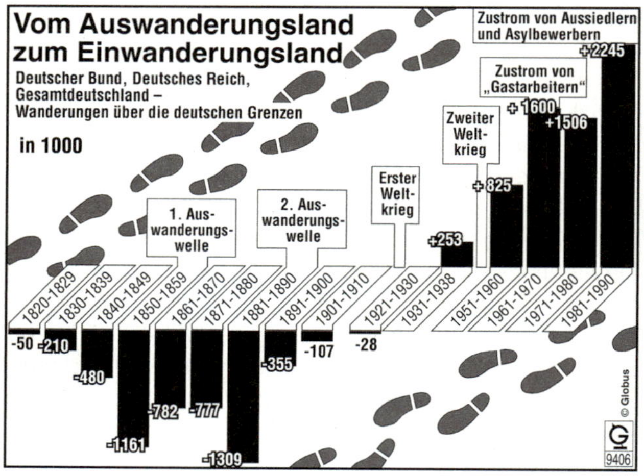

a) Erläutern Sie die Herkunftsgebiete der Aussiedler und die zeitgeschichtlichen Hintergründe für die wechselnden Schwerpunkte der Aussiedlung.

b) Erörtern Sie die Probleme des Zusammenlebens von Deutschen und Ausländern.

Q 61 Erfahrungen eines oberschlesischen Aussiedlers (1986):

Heute habe ich nach langem Hin und Her den Vertriebenenausweis bekommen. Vorher sollte ich auf Verlangen des Beamten im Sozialamt der Stadt Leverkusen eine Fotokopie des Vertriebenenausweises eines Verwandten von mir vorweisen. Ferner sollte ich eine Erklärung beibringen, dass ich „in einer deutschen Kultur“ aufgewachsen bin. Ich fuhr also nach Pulheim bei Köln, um meinen Onkel zu besuchen und eine Fotokopie seines Vertriebenenausweises zu erhalten. Die Erklärung ließ ich mir aber nicht geben, weil es mir peinlich war, jemanden um etwas für mich so Selbstverständliches zu bitten. Als ich dann vor dem Beamten stand ohne die Erklärung, er mich aber danach fragte und wissen wollte, wie ich denn sonst meine Zugehörigkeit zum deutschen Volk und damit zur deutschen Kultur beweisen wolle, drehte ich durch. Ich fragte ihn nach seinem Alter und was er über Oberschlesien und dessen Geschichte und Kultur wisse. Er antwortete, er sei 38 Jahre alt und im Rheinland geboren. „Also“, sagte ich, „was wissen Sie, verdammt noch mal, von einem Grenzland wie Oberschlesien? Was bedeutet für Sie der Ausdruck ‚Grenzvolk'? Es ist leicht, ein Deutscher zu sein, wenn man sein ganzes Leben am Rhein, an der Weser oder an der Elbe mit dem Arsch gesessen hat. In Polen wurden wir ‚Szkopy' (Deutscher – aber als Schimpfwort gebraucht) und ‚Schwabe' (das ist die Bezeichnung für eine Schabe, ein Ungeziefer) genannt und hier in Deutschland sind wir die ‚Polacken'." Der Beamte entschuldigte sich gleich, setzte sich an die Schreibmaschine und schrieb sofort selbst den Vertriebenenausweis aus, obwohl das eigentlich seine Sekretärin hätte machen sollen. – Jetzt ist mir wohler!

J. Cyrus: Auf der Suche nach einem Zuhause. Dülmen 1989, Eintragung zum 27. Juni 1986

Woher rührt die Empfindlichkeit des Autors? Versuchen Sie, sich vorzustellen, worin sich sein Bewusstsein, Deutscher zu sein, von dem eines Rheinländers unterscheiden mag.

Q 62 Eine griechische Mutter über ihre Tochter im Grundschulalter:

Die einzige Freundin, die sie hat, ist eine Griechin. Nur mit ihr kann sie spielen. Sie fragt die deutschen Kinder, ob sie mit ihr zusammen spielen wollen, und bekommt keine Antwort, nicht einmal, wenn sie nach dem Namen eines Kindes fragt. Nun hat Joanna die Lust am Spielen mit solchen Kindern verloren. Wie soll sie auch Spiele mitmachen, bei denen, wenn man es ihr erklären will, sie noch nicht einmal die Spielregeln versteht? In ihrem Herzen begann ein Neid und ein Hass gegen deutsche Kinder zu wachsen. – Und: Ich höre nicht nur von meiner Tochter, sondern auch von anderen ausländischen Kindern, dass sie in der Klasse allein und nicht neben deutschen Kindern sitzen. Warum sollen ausländische Kinder nebeneinander und nicht neben deutschen Kindern sitzen? Was soll ich meinem Kind für eine Antwort geben, wenn es fragt: „Warum soll ich in die deutsche Schule gehen? Ich bin doch Griechin. Warum kommen deutsche Kinder nicht in die griechische Schule? Dort können sie sehen, dass ich alles verstehe und dass ich eine gute Schülerin bin.

P. Athanassaki-Kossivaki, in: Grundschule, 12 (1980), H. 2

a) *Wo liegen die Probleme von Ausländern im Umgang mit Deutschen und wie lassen sie sich erklären?*

b) *Was können Deutsche aus solchen Stimmen lernen?*

Q 63 Deutschland und die Einwanderung

Aus dem „Manifest der 60", einer Gruppe unabhängiger, mit Bevölkerungsfragen befasster Wissenschaftler (1994):

Im Selbstverständnis des deutschen Nationalstaats ist das deutsche Volk eine ethnische Größe. Staatsangehörige sollen nach gängiger Vorstellung ausschließlich Menschen deutscher Abstammung sein. Die Nation versteht sich mithin als ethnische Abstammungsgemeinschaft. Einwanderer aus „fremden" Völkern haben in ihr keinen Platz, können nicht Staatsbürger werden. Die völkische Nationalstaatsidee ist mit der Vorstellung einer Nationalkultur verbunden, die inhaltlich definiert und gegen „fremde" Kulturen abgegrenzt werden kann. Die völkische Ideologie übersieht dabei, dass auch „das" deutsche Volk selbst nichts Naturwüchsiges, sondern Ergebnis vielfältiger Mischungsprozesse durch Zuwanderung von „Fremden" ist. Das gilt noch viel mehr für die vom völkischen Nationalismus beschworene endogene Nationalkultur. Die von der Sehnsucht nach einer „homogenen", „nationalen" Kultur getragene ihm eingeschlossene Möglichkeit kultureller Konflikte nimmt überdies nicht zur Kenntnis, dass auch die Geschichte der europäischen und deutschen Kultur durch schwere Konflikte bestimmt wurde. […] Ein Beispiel dafür ist die Geschichte der religiösen Bürgerkriege in Europa. Jahrhundertelang war für die Völker Europas die konfessionelle weit wichtiger als die ethnische Zugehörigkeit. […]
Der schnelle Abbau fest gefügter traditionaler Sozialmilieus mit ihren eingeschliffenen Lebensformen, Einstellungen, Verhaltensweisen und den daraus resultierenden sozialen und mentalen Bindungskräften kann die Öffnung zu einer multikulturellen Gesellschaft erleichtern. Schneller sozialer Wandel und die mit ihm verbundenen Irritationen und Verunsicherungen können aber auch geschichtsfremde nostalgische Träume von einer national „homogenen" Gesellschaft fördern und die Angst vor Multikulturalismus als vermeintlicher Bedrohung verstärken.

K. J. Bade (Hg.): Das Manifest der 60. Deutschland und die Einwanderung. München 1994, S. 35ff.

a) *Erörtern Sie, am besten mithilfe historischer Rückgriffe, was für, was gegen die Annahme einer ethnischen und kulturellen Homogenität der Deutschen spricht.*

b) *Was bedeutet „multikulturelle Gesellschaft" und wie sind die Möglichkeiten ihrer Verwirklichung in Deutschland einzuschätzen? Stellen Sie auch Vergleiche an, etwa mit den USA.*

Zur Diskussion: In was für einer Gesellschaft leben wir?

Woher kommt unsere Gesellschaft, wo steht sie heute, wohin geht ihr Weg? Diagnosen dieser Art sind schwierig, weil das Material dafür unerschöpflich ist. Dennoch versuchen sich Geschichts- und Sozialwissenschaftler immer wieder daran. Sie können natürlich keine unumstößlichen Wahrheiten liefern, sondern nur Hypothesen.

Q 64 Gesellschaftsmodelle

a) *Der Soziologe Helmut Schelsky über die „nivellierte Mittelstandsgesellschaft" (1965):*

In der deutschen Gesellschaft der letzten zwei Generationen sind umfangreiche soziale Aufstiegs- und Abstiegsprozesse vor sich gegangen. Zunächst bildet der kollektive Aufstieg der Industriearbeiterschaft und der mehr individuell, im Ganzen aber ebenfalls schichtbildend vor sich gehende Aufstieg der technischen und Verwaltungs-Angestellten in den neuen Mittelstand die breite Aufstiegsmobilität der industriell-bürokratischen Gesellschaft. Mit diesen Aufstiegsprozessen kreuzen sich in etwas jüngerer Zeit breite soziale Abstiegs- und Deklassierungsprozesse, die im Ersten Weltkrieg begannen, in den Jahren nach 1945 in den Heimatvertreibungen, politisch bedingten Deklassierungen usw. bisher kulminierten und besonders die Schichten des ehemaligen Besitz- und Bildungsbürgertums betroffen haben. Das Zusammenwirken dieser sich begegnenden Richtungen der sozialen Mobilität führt [...] vor allem zu einem relativen Abbau der Klassengegensätze, einer Entdifferenzierung der alten, noch ständisch geprägten Berufsgruppen und damit zu einer sozialen Nivellierung in einer verhältnismäßig einheitlichen Gesellschaftsschicht, die ebenso wenig proletarisch wie bürgerlich ist, d. h. durch den Verlust der Klassenspannung und sozialen Hierarchie gekennzeichnet wird.

H. Schelsky: Auf der Suche nach Wirklichkeit. Düsseldorf 1965, S. 332

b) *Der Soziologe Urs Jaeggi über „pluralistische oder antagonistische Gesellschaft" (1969):*

Nun ist allerdings nicht Nivellierung das Entscheidende; entscheidend ist die fortgesetzte Machtausübung dominierender (besonders ökonomischer) Gruppen, trotz bestehender Scheinvielfalt. [...] Macht bedeutet, dass eine soziale Klasse die Möglichkeit besitzt, ihre spezifischen Interessen zu realisieren. [...] Genau darauf aber kommt es an. Das bloße Aufzeigen der Pluralität von Interessen verschiedener Gruppen verkennt, dass politisch und vor allem wirtschaftlich eine Polarisierung besteht. Übergeordnete und untergeordnete Klassen existieren, auch wenn nicht geleugnet werden kann, dass die Struktur der Produktionsverhältnisse, wie auch diejenige der Politik oder der Kultur, nicht direkt als Klassen- oder als Machtverhältnisse charakterisiert werden können. Nicht die Klassen sind Produkt der Machtprozesse und können von diesen abgeleitet werden, sondern umgekehrt. [...] Die Vertreter der Pluralismusthese müssten deshalb den Nachweis führen, dass diese Interessengegensätze verschwunden sind (oder so stark abgebaut wurden, dass sie unerheblich bleiben). Dabei genügt es allerdings nicht, wenn gezeigt wird, dass die Gegensätze von den Betroffenen nicht mehr in voller Schärfe empfunden werden.

U. Jaeggi: Macht und Herrschaft in der Bundesrepublik. Frankfurt a. M. 1969, S. 27 f.

Prüfen Sie die Zusammenhänge zwischen den hier vorgestellten Gesellschaftstheorien und den dahinter stehenden zeitgeschichtlichen Erfahrungen.

1. *Wieweit machten sich in der Geschichte der Bundesrepublik Generationenkonflikte bemerkbar?*
2. *Erörtern Sie die Gründe und die in Zukunft zu erwartenden Auswirkungen der Zunahme älterer Menschen in Deutschland.*
3. *Woher rühren die Probleme der Familien in den letzten Jahrzehnten?*
4. *Versuchen Sie eine Bilanz der Bestrebungen zur Gleichstellung der Frauen.*
5. *Erörtern Sie die Gründe und Auswirkungen der seit Langem steigenden Arbeitslosigkeit. Prüfen Sie die Wirkung bislang versuchter Gegenmaßnahmen.*
6. *Hat die Bildungsexpansion die Gesellschaft der Bundesrepublik verändert?*

5. Die Bundesrepublik in der internationalen Politik: wirtschaftlicher Riese – politischer Zwerg?

5.1 Rahmenbedingungen westdeutscher Außenpolitik

Souveränität in Raten Erst mit dem Inkrafttreten der Pariser Verträge, darunter dem westdeutschen Beitritt zur NATO im Mai 1955, gewann die Bundesrepublik weitgehende außenpolitische Handlungsfreiheit. Doch behielten sich die drei Westmächte – hierin mit der Sowjetunion einig – ihre alleinige Zuständigkeit für Berlin und alle Deutschland als Ganzes betreffende Fragen, einschließlich eines Friedensvertrages, vor. Diese Rechte erloschen erst mit dem im Vorfeld der deutschen Wiedervereinigung geschlossenen „Zwei-plus-Vier-Vertrag" vom 12. September 1990.

Westdeutsche Selbstbescheidung Das Jahr 1945 bedeutete einen tiefen Einschnitt in die Traditionen der deutschen Außenpolitik. Hatte das Deutsche Reich nach der Niederlage von 1918 seinen Großmachtanspruch nie wirklich aufgegeben und ihn nach 1933 maßlos übersteigert, so war nach dem Zweiten Weltkrieg an eine deutsche Großmachtpolitik nicht zu denken. Die große Mehrheit der Deutschen empfand auch kein Verlangen danach. Die Gebietsverluste im Osten schmerzten zwar, ließen aber, im Unterschied zur Weimarer Republik, keine lautstarken Revisionsforderungen entstehen. Zu stark schien die sowjetische Hegemonie jenseits des „Eisernen Vorhangs", zu sehr waren die Deutschen durch die Untaten des „Dritten Reiches" in der Schuld gegenüber den europäischen Nachbarn. Auch das Grundgesetz zog die Lehren aus der Vergangenheit: Der Artikel 25 verpflichtet die Verfassungsorgane auf die „allgemeinen Regeln des Völkerrechts"; der Artikel 26 verbietet friedensgefährdende Handlungen, insbesondere Vorbereitungen zur „Führung eines Angriffskrieges".

Außenpolitische Zurückhaltung Alle Bundesregierungen bemühten sich stets um außenpolitische Zurückhaltung. Im Rahmen der Pariser Verträge verzichtete die Bundesrepublik auf die Produktion atomarer, biologischer und chemischer (ABC-)Waffen; sie erneuerte diesen Verzicht 1990 für das vereinigte Deutschland. Im Unterschied zu den anderen Partnern unterstellte sie ihre gesamten Streitkräfte dem NATO-Oberkommando. Trotz erheblicher Bedenken trat sie auch dem Atomwaffensperrvertrag von 1968 bei, der ihr empfindliche Beschränkungen in der Nuklearforschung auferlegte. So erwarb sich die westdeutsche Außenpolitik den Ruf besonderer Kooperationsbereitschaft und Bündnistreue. Mehr als ihre Partner waren die Bundesregierungen darauf bedacht, Berechenbarkeit zu erweisen, Vertrauen zu erwecken. Als nach der Wiedervereinigung hier und dort Forderungen nach mehr deutschem Einfluss in der Weltpolitik laut wurden, zeigten sich viele Kreise im Ausland augenblicklich alarmiert: Die Erinnerung an deutschen Machtehrgeiz in der Vergangenheit hatte auch 50 Jahre nach dem Zusammenbruch des letzten deutschen Machtstaates kaum etwas von ihrer abschreckenden Wirkung eingebüßt.

Im Oktober 1954 fand in Paris eine Außenministerkonferenz statt, deren Ergebnis die sogenannten Pariser Verträge waren. In ihnen wurde unter anderem der Beitritt der Bundesrepublik Deutschland zur Westeuropäischen Union (WEU) und NATO geregelt. Die Fotografie entstand am 23.10.1954 während eines Pressetermins im Palais Chaillot. Vor dem Hintergrund des Eiffelturms stehen (von links nach rechts): Pierre Mendes-France (F), Konrad Adenauer (Bundesrepublik Deutschland), Anthony Eden (GB) und John Foster Dulles (USA).

Handelsmacht Bundesrepublik Die Selbstbescheidung der westdeutschen Außenpolitik hatte neben den historisch-moralischen auch realpolitische Gründe. Das Machtgefälle gegenüber den beiden Supermächten, insbesondere den USA, war so enorm, dass sich alle machtpolitischen Träume von selbst verboten. So verlagerte sich das außenpolitische Gewicht der Bundesrepublik vornehmlich auf ihre internationalen Wirtschaftsbeziehungen. Seit den 1950er-Jahren stieg sie zur Welthandelsmacht auf, die binnen dreier Jahrzehnte sogar die einst übermächtigen USA einholte, bevor in den 1980er-Jahren beide von Japan überholt wurden. Nächst dem Dollar wurde die D-Mark zur Weltreservewährung. Das bescherte den Westdeutschen eine weltwirtschaftliche Mitverantwortung.

Stütze der „kapitalistischen" Weltwirtschaftsordnung In ihren Leistungen für die Entwicklungshilfe übertraf die Bundesrepublik mit einem durchschnittlichen Beitrag von 0,40% ihres Bruttosozialprodukts die meisten anderen Industrieländer (deren Aufkommen 1988 bei 0,35% lag). Auch im Schuldenerlass für die ärmsten Länder der „Vierten Welt" zeigte sie sich großzügig. Gleichwohl verteidigte sie, an der Seite der USA, die bestehenden „terms of trade". Sie bestand auf der uneingeschränkten Geltung der marktwirtschaftlichen Regeln des freien Wettbewerbs und lehnte die von den Entwicklungsländern angestrebte „Neue Weltwirtschaftsordnung" ab; diese sah eine gewisse Bevorzugung der ärmeren zulasten der reicheren Länder vor – insbesondere durch eine Anhebung der Rohstoffpreise und durch eine Zollsenkung der Industrieländer für Einfuhren aus der Dritten Welt.

Ost-West-Konflikt und deutsche Teilung Die Bundesrepublik war ein Kind des Kalten Krieges. Ohne die Bedrohung aus dem Osten und das Interesse des Westens am westdeutschen Potenzial wäre der Bonner Staat weder so früh ins Leben gerufen noch so bald mit nahezu vollständiger Souveränität ausgestattet worden. Bonn zeigte sich erkenntlich, indem es sich der Schutz- und Hegemonialmacht USA loyal unterordnete, sich vorbehaltlos für den Zusammenschluss (West-)Europas einsetzte und jeder „Schaukelpolitik" zwischen West und Ost entsagte. Mehr noch: Die Bundesrepublik ließ sich in ihrer Treue zum Westen und in ihrem Antikommunismus von niemandem übertreffen. Natürlich handelte sie dabei auch in ihrem eigenen Interesse: Die Verankerung im westlichen Bündnissystem gab ihr innere und äußere Stabilität, und die Westmächte mussten sich verpflichten, für die Überwindung der deutschen Teilung einzutreten. Das ging nicht ohne Reibungen ab, besonders in den 1960er-Jahren, als die USA auf eine Entspannung gegenüber dem Ostblock drängten und dafür den 1945 geschaffenen Status quo anerkennen wollten, während die Bundesregierung dies von Fortschritten in der deutschen Frage abhängig machte. Auch nach dem Einschwenken Bonns in die Entspannungspolitik seit 1969 blieb der Dissens in der Wiedervereinigungsfrage bestehen. Während die Westmächte nichts für die Überwindung der deutschen Teilung taten, blieben die maßgebenden politischen Kräfte in Bonn dem Wiedervereinigungsgebot des Grundgesetzes, zumindest aber dem Festhalten an den deutsch-deutschen Gemeinsamkeiten verpflichtet.

Souveränität

Inbegriff der staatlichen Handlungsfreiheit nach außen und innen. Über die äußere Souveränität entscheidet die völkerrechtliche Anerkennung durch andere Staaten, in der Regel die Aufnahme diplomatischer Beziehungen. Die Hoheitsgewalt im Innern bemisst sich heute durchweg nach den Bestimmungen einer Verfassung. Zu unterscheiden ist zwischen der formellen und der tatsächlichen Souveränität. Ein formell souveräner Staat kann in seinem Handlungsspielraum stark eingeschränkt sein, etwa durch seine politische Abhängigkeit von einer Hegemonialmacht oder infolge hoher Verschuldung gegenüber den Gläubigern. Staaten können auch freiwillig Teile ihrer Souveränität abgeben, und zwar im Rahmen von internationalen Verträgen und Bündnissen; das heute wohl bekannteste Beispiel dafür ist die Europäische Union.

Q 65 Nationale Symbole

Als mit dem Inkrafttreten der Pariser Verträge am 5. Mai 1955 die Bundesrepublik Deutschland ihre volle Souveränität erhält, wird im Garten des Bundeshauses in Bonn die schwarz-rot-goldene Fahne gehisst.
Bereits 1952 wurde die dritte Strophe des 1841 von Hoffmann von Fallersleben verfassten „Liedes der Deutschen“ zur Nationalhymne erklärt. Das Lied in allen drei Strophen war bereits ab 1922 offizielle Nationalhymne der Weimarer Republik; im „Dritten Reich“ wurde das Lied häufig mit dem Horst-Wessel-Lied gesungen.
Während einer Kundgebung in Berlin im April 1950 hatte Adenauer die dritte Strophe des Liedes, das seit 1945 aufgrund seiner engen Verbindung mit dem Horst-Wessel-Lied ebenfalls verboten war, angestimmt. Während ein Teil der Sozialdemokraten des Berliner Ältestenrates empört den Saal verließ, standen die Spitzenpolitiker der SPD mit der Mehrheit des Publikums auf und stimmten ein. Die drei westlichen Stadtkommandanten blieben peinlich berührt sitzen und beschwerten sich später bei ihren Regierungen.
1991 wird die dritte Strophe des „Liedes der Deutschen“ die Hymne des wiedervereinigten Deutschland.

Was konnte Adenauer veranlasst haben, die dritte Strophe des „Liedes der Deutschen“ anzustimmen?

Diskutieren Sie die Notwendigkeit nationaler Symbole in unserer Zeit.

Q 66 Etappen der deutschen Souveränität nach außen

a) *Aus dem „Generalvertrag“ vom 23. Oktober 1954:*

Art. 1. (1) Mit dem Inkrafttreten dieses Vertrages werden die […] Drei Mächte […] das Besatzungsregime in der Bundesrepublik beenden, das Besatzungsstatut aufheben und die Alliierte Hohe Kommission […] auflösen.
(2) Die Bundesrepublik wird demgemäß die volle Macht eines souveränen Staates über ihre inneren und äußeren Angelegenheiten haben.
Art. 2. Im Hinblick auf die internationale Lage […] behalten die Drei Mächte die bisher von ihnen ausgeübten oder innegehabten Rechte und Verantwortlichkeiten in Bezug auf Berlin und auf Deutschland als Ganzes einschließlich der Wiedervereinigung Deutschlands und einer friedensvertraglichen Regelung.
Art. 3. (1) Die Bundesrepublik wird ihre Politik in Einklang mit den Prinzipien der Satzung der Vereinten Nationen und mit den im Statut des Europarats aufgestellten Zielen halten.
(2) Die Bundesrepublik bekräftigt ihre Absicht, sich durch ihre Mitgliedschaft in internationalen Organisationen, […] mit der Gemeinschaft der freien Nationen völlig zu verbinden.
Art. 7. (2) Bis zum Abschluss der friedensvertraglichen Regelung werden die Unterzeichnerstaaten zusammenwirken, um mit friedlichen Mitteln ihr gemeinsames Ziel zu verwirklichen: ein wiedervereinigtes Deutschland, das eine freiheitlich-demokratische Verfassung, ähnlich wie die Bundesrepublik, besitzt und das in die europäische Gemeinschaft integriert ist.

I. von Münch (Hg.): Dokumente des geteilten Deutschland, I. Stuttgart 1968, S. 230 ff.

b) *Aus dem „Vertrag über die abschließende Regelung in Bezug auf Deutschland“ vom 12.9.1990:*

Art. 1. (1) Das vereinte Deutschland wird die Gebiete der Bundesrepublik Deutschland, der Deutschen Demokratischen Republik und ganz Berlins umfassen. Seine Außengrenzen […] werden am Tage des Inkrafttretens dieses Vertrages endgültig sein. […]

(3) Das vereinte Deutschland hat keinerlei Gebietsansprüche gegen andere Staaten und wird solche auch nicht in Zukunft erheben.

Art. 2. Die Regierungen der Bundesrepublik Deutschland und der Deutschen Demokratischen Republik bekräftigen ihre Erklärung, dass von deutschem Boden nur Frieden ausgehen wird. Nach der Verfassung des vereinten Deutschland sind Handlungen, die geeignet sind und in der Absicht unternommen werden, das friedliche Zusammenleben der Völker zu stören, insbesondere die Führung eines Angriffskrieges vorzubereiten, verfassungswidrig und strafbar. [...]

Art. 3. (1) Die Regierungen der Bundesrepublik Deutschland und der Deutschen Demokratischen Republik bekräftigen ihren Verzicht auf Herstellung und Besitz von und auf Verfügungsgewalt über atomare, biologische und chemische Waffen. Sie erklären, dass auch das vereinte Deutschland sich an diese Verpflichtungen halten wird. Insbesondere gelten die Rechte und Verpflichtungen aus dem Vertrag über die Nichtverbreitung von Kernwaffen vom 1. Juli 1968 für das vereinte Deutschland fort.

Art. 6. Das Recht des vereinten Deutschland, Bündnissen mit allen sich daraus ergebenden Rechten und Pflichten anzugehören, wird von diesem Vertrag nicht berührt.

Art. 7. (1) Die Französische Republik, das Vereinigte Königreich Großbritannien und Nordirland, die Union der Sozialistischen Sowjetrepubliken und die Vereinigten Staaten von Amerika beenden hiermit ihre Rechte und Verantwortlichkeiten in Bezug auf Berlin und Deutschland als Ganzes. [...]

(2) Das vereinte Deutschland hat demgemäß volle Souveränität über seine inneren und äußeren Angelegenheiten.

Bundesgesetzblatt, Teil II, Jg. 1990, S. 1317 ff.

a) *Erörtern Sie die Frage, ob und inwieweit die jeweils von der deutschen Seite eingegangenen Verpflichtungen eine Einschränkung der deutschen Souveränität darstellten.*

b) *Was bewog die Vertragspartner, bis 1990 an der alleinigen Zuständigkeit der Siegermächte für Berlin und Deutschland als Ganzes festzuhalten?*

Q 67 Fünf Bundeskanzler über Grundzüge deutscher Außenpolitik

a) *Konrad Adenauer (CDU) vor dem Bundestag (1954):*

Als die Bundesregierung vor fünf Jahren ihre Arbeit aufnahm, ergaben sich folgende zentrale Probleme: 1. die Herstellung der Unabhängigkeit und Selbstbestimmung der Bundesrepublik; 2. die Wiedervereinigung Deutschlands; 3. der Zusammenschluss des freien Europas und die Eingliederung Deutschlands in die europäische Gemeinschaft. So ungewiss es damals war, ob es gelingen würde, diese Ziele in naher, ja selbst in ferner Zukunft zu erreichen, so sicher war es, dass nur ein gangbarer Weg zu ihnen führen würde, nämlich die Zusammenarbeit Deutschlands mit den freien Nationen. [...] Der europäische Gedanke hat unser nationales Leben tief gehend und in der glücklichsten Weise beeinflusst. Die Deutschen haben dem reaktionären Nationalismus abgesagt. [...] Die Zusammenarbeit mit unseren Vertragspartnern wird die freie Welt stärken und damit der Erhaltung des Friedens dienen. Sie wird aber auch dazu führen, dass unsere Partner der Lösung der besonderen deutschen Probleme, insbesondere unserem Verlangen nach Wiedervereinigung in Frieden und Freiheit, ihre volle Unterstützung leihen.

Verhandlungen des 2. Deutschen Bundestages. Band 31, Bonn 1954, S. 223 (46. Sitzung v. 5.10.1954)

b) *Kurt Georg Kiesinger (CDU) in der Regierungserklärung vom 13. Dezember 1966:*

Deutschland war jahrhundertelang die Brücke zwischen West- und Osteuropa. Wir möchten diese Aufgaben auch in unserer Zeit gern erfüllen. Es liegt uns darum daran, das Verhältnis zu unseren östlichen Nachbarn, die denselben Wunsch haben, auf allen Gebieten des wirtschaftlichen, kulturellen und politischen Lebens zu verbessern. [...] In weiten Schichten des deutschen Volkes besteht der lebhafte Wunsch nach einer Aussöhnung mit Polen, dessen leidvolle Geschichte wir nicht vergessen haben und dessen Verlangen, endlich in einem Staatsgebiet mit gesicherten Grenzen zu leben, wir [...] besser als in früheren Zeiten begreifen. Aber die Grenzen eines wiedervereinigten Deutschlands können nur in einer frei vereinbarten Regelung mit einer gesamtdeutschen Regierung festgelegt werden.

Bulletin der Bundesregierung. Nr. 157, 14.12.66

c) *Willy Brandt (SPD) in seinen Memoiren (1976):*

Während des Kalten Krieges herrschten starke, fast tödliche Spannungen zwischen Ost und West. [...] Wir haben wesentlich daran mitgearbeitet, dass dieser Kalte Krieg überwunden und ein Zeitabschnitt der Entspannung eingeleitet werden konnte, der hoffentlich mehr ist als eine Episode. Wir hatten, wie die Dinge lagen, vor allem den Beitrag zu leisten, den ich die schmerzliche Anerkennung von Realitäten genannt habe. Auch die Sowjetunion hat am Prozess der Anerkennung der Realitäten teilgenommen. Das gilt nicht nur für die mühsame Gewöhnung an den westeuropäischen Zusammenschluss. Sie hat vor allem anerkannt, dass die Amerikaner politisch, auch militärisch in Europa [...] anwesend bleiben. [...]

W. Brandt: Begegnungen und Einsichten. München 1978, S. 639

d) *Helmut Schmidt (SPD) in einem Buchbeitrag (1983):*
Die innenpolitische und parlamentarische Diskussion in unseren Ländern leidet darunter, dass sie die internationale Dimension der wirtschaftlichen Problematik systematisch unterschätzt. […] Kein vernünftiger Mensch wird bestreiten, dass es in allen Industrieländern auch hausgemachte Probleme gibt. Wenn es aber in der Weltwirtschaft drüber und drunter geht, so kann kein Land eine Insel der Stabilität sein oder bleiben. Ebenso falsch ist die Illusion, jede Regierung dürfe wirtschaftspolitisch tun oder lassen, was ihr innenpolitisch opportun erscheint, ohne Rücksicht auf die anderen Länder. […] Niemals war Kooperation so notwendig wie heute. Demokratien können nicht Bestand haben ohne einen allgemeinen Konsens über die Spielregeln. Genauso braucht eine funktionierende Weltwirtschaft Übereinkunft über Spielregeln und Rollenverteilung. […] Ökonomische Größe wie politische und militärische Macht prädestinieren die Vereinigten Staaten zur Führung. […] Amerika muss wissen: Wenn es in der ökonomischen Führung versagt, kann es auch die politische Führung verspielen.

H. Schmidt: Weltwirtschaft ist unser Schicksal. Frankfurt a. M. 1983, S. 56

e) *Helmut Kohl (CDU) in der Regierungserklärung vom 30. Januar 1991:*
Mit der Wiedergewinnung der vollen Souveränität wächst uns Deutschen nicht nur mehr Handlungsfreiheit, sondern auch mehr Verantwortung zu. So sehen es auch unsere Partner in der Welt. Sie erwarten vom vereinten Deutschland, dass es dieser neuen Rolle gerecht wird. Es geht dabei überhaupt nicht um nationale Alleingänge oder gar Machtambitionen; denn für uns gibt es auf dieser Welt nur einen Platz: in der Gemeinschaft der freien Völker. Gefordert sind jetzt mehr denn je Vernunft und Augenmaß. […] Ganz Deutschland hat jetzt die Chance, sein inneres Gleichgewicht, seine Mitte zu finden. Dazu gehört, dass sich auch in Deutschland entfalten kann, was in anderen Nationen selbstverständlich ist: gelebter Patriotismus – ein Patriotismus in europäischer Perspektive, ein Patriotismus, der sich der Freiheit verpflichtet.

Bulletin der Bundesregierung. Nr. 11, 31.1.91

a) Zeigen Sie auf, inwieweit sich die Akzente der Stellungnahmen mit dem Wandel der internationalen Rahmenbedingungen veränderten.

b) Wo sahen die Regierungschefs jeweils die Chancen und Risiken der (west-)deutschen Außenpolitik?

Maikundgebung auf dem Königsplatz in München am 1. Mai 1953. – Demonstranten wenden sich gegen den Grundlagenvertrag, sie befürchten die „Re-Militarisierung“ Deutschlands. Die Polizei setzt Wasserwerfer ein.

5.2 Die Westorientierung der Bundesrepublik

Zwei Pole: Amerika und Europa Adenauer setzte die feste Einbindung der Bundesrepublik in das westliche Bündnissystem zielstrebig ins Werk; alle Bundesregierungen nach ihm hielten an diesem Kurs fest. Seine beiden Richtpunkte waren die sicherheitspolitische Unterordnung unter die Schutz- und Hegemonialmacht USA und das Zusammenwachsen der (west-)europäischen Staaten, insbesondere die Versöhnung und enge Partnerschaft mit Frankreich. Beide Optionen – die atlantische und die europäische – ließen sich nicht immer reibungslos miteinander verbinden. Aber alle Bundesregierungen waren stets bemüht, zwischen beiden das Gleichgewicht zu bewahren.

Die Bundesrepublik und die USA Deutsche und Amerikaner hatten sich in der Vergangenheit nur während der beiden Weltkriege als Rivalen gegenübergestanden; eine tiefer gehende Feindseligkeit war daraus nicht erwachsen. Amerika hatte weder Annexions- und Reparationsansprüche noch Sicherheitsängste gegenüber den Deutschen, und an seiner machtpolitischen Überlegenheit bestand nie ein Zweifel. Die großzügige amerikanische Wirtschaftshilfe in der Nachkriegszeit, besonders auch die Luftbrücke für West-Berlin 1948/49, erweckte deutsche Dankbarkeitsgefühle. Auch die tatkräftigen amerikanischen Initiativen zur Aufnahme der Bundesrepublik in die westliche Staatengemeinschaft waren geeignet, die Deutschen zu loyalen Juniorpartnern der Führungsmacht USA werden zu lassen. Der „american way of life" fand in Deutschland viele Bewunderer und Nachahmer; die wirtschaftliche Tüchtigkeit und politische Zuverlässigkeit der Westdeutschen gefielen den Amerikanern.

Karikatur von Kurt Poltiniak, 1949 in der DDR publiziert. Im Ballonkorb stehen Konrad Adenauer und Jakob Kaiser, Minister für Gesamtdeutsche Fragen. –
1908 in Berlin geboren, studierte Kurt Poltiniak an der Kunsthochschule Berlin. Seine humoristischen Zeichnungen erschienen in Berliner Zeitungen und Zeitschriften ab den Dreißigerjahren. 1931 Eintritt in die KPD. Ab 1931 Arbeit für kommunistische Zeitungen, 1933/34 Konzentrationslager Oranienburg. 1946 Mitbegründer und Mitarbeiter bei „Frischer Wind", „Eulenspiegel" und „Neue Berliner Illustrierte". Poltiniak starb 1976 in Potsdam.

Anti-Amerikanismus Die amerikanische Kriegsführung in Vietnam kostete das Land viele Sympathien. Bei zahlreichen Westdeutschen, insbesondere in der kritischen Linken, setzte sich das Bild des „hässlichen Amerikaners" fest, der aus schnöder kapitalistischer Gewinnsucht und unerträglicher „Arroganz der Macht" sich als Weltpolizist aufspielte und mit Napalm und Dioxin asiatischen Völkern eine Ordnung aufzwingen wollte, mit der diese nichts anzufangen wussten. Diese Kritik steigerte sich zuweilen, vor allem in den Zeiten der APO, zu einem „Anti-Amerikanismus", der vor allem in der ersten Amtszeit des US-Präsidenten Reagan (1981–1985) anschwoll, als die USA zu einer gigantischen Aufrüstung ansetzten. Für große Teile der deutschen Friedensbewegung galt Amerika als der Hauptfriedensstörer.

Wirtschaftliche Spannungen Hinzu kamen wirtschaftliche Spannungen. Bundeskanzler Schmidt lastete den Inflationsschub der 1970er-Jahre vor allem der amerikanischen Währungspolitik an, die zu wenig unternommen habe, um den Wertverfall der Weltleitwährung Dollar zu bremsen. Die Außenhandelsquerelen zwischen den USA und der Europäischen Gemeinschaft kamen nie richtig zur Ruhe: Die Amerikaner warfen den Europäern nicht zu Unrecht Protektionismus vor und revanchierten sich mit Einfuhrbeschränkungen für bestimmte EG-Waren.

Loyale Bundesgenossen Trotz solcher Misshelligkeiten blieben die deutsch-amerikanischen Bündnisbeziehungen intakt. Wenn es hart auf hart ging, fügte sich Bonn den amerikanischen Forderungen – so bei den Devisenausgleichszahlungen für die US-Truppen in der Bundesrepublik, beim Boykott der Olympischen Spiele 1980 in Moskau oder bei der Stationierung neuer amerikanischer Raketen 1983. Als 1989/90 die deutsche Wiedervereinigung anstand, war die Regierung Georg Bush sen. die einzige unter den befreundeten westlichen Regierungen, die den Einigungsprozess früh und vorbehaltlos unterstützte.

Von der deutsch-französischen „Erbfeindschaft" zur Partnerschaft Franzosen hatten zwischen 1870 und 1940 in drei blutigen Kriegen deutsche Invasionen erlebt, und auch zwischen den Kriegen waren die Beziehungen zwischen Frankreich und Deutschland frostig geblieben. Das war nach 1945 zunächst nicht anders. Frankreich holte an Reparationen heraus, was seine Besatzungszone hergab, gliederte das Saarland in seinen Wirtschaftsraum ein und verhinderte alles, was der Wiederherstellung eines zentralistischen deutschen Staates hätte dienen können. Die Gründung der Bundesrepublik nahm es nur widerwillig hin. Als jedoch die USA, unter dem Eindruck des sich verschärfenden Kalten

Marianne sieht die deutsche Gefahr schon wieder riesengroß
© Helmut Beyer 1952

linke Abbildung: „Marianne sieht die deutsche Gefahr schon wieder riesengroß", Karikatur von Helmut Beyer 1952;
Abbildung rechts: Karikatur von Fritz Behrend 1988

Krieges, Anstalten machten, die Bundesrepublik in das westliche Bündnissystem aufzunehmen und ihr die Gleichberechtigung zuzugestehen, trat Paris die Flucht nach vorn an. Mit dem Zusammenschluss der westeuropäischen Kohle-und-Stahl-Wirtschaft, die sein Außenminister Robert Schuman 1950 vorschlug und der Adenauer sofort zustimmte, band es das noch immer als bedrohlich empfundene schwerindustrielle Potenzial Westdeutschlands in gemeinsame Institutionen ein und unterstellte es übernationaler Kontrolle. Adenauer zog, auch gegen den Widerstand in der eigenen Partei, mit, weil er darin die einmalige Chance einer deutsch-französischen Annäherung und einer baldigen Aufnahme der Bundesrepublik in die westliche Staatengemeinschaft sah.

Von der Europäischen Verteidigungsmacht zur NATO So erfolgreich die 1952 verwirklichte Montanunion war, so viele Hindernisse stellten sich dem Vorhaben einer Europäischen Verteidigungsgemeinschaft (EVG) in den Weg. Der von dem französischen Ministerpräsidenten Pleven ebenfalls schon 1950 unterbreitete Vorschlag sah die Aufstellung einer gemeinsamen europäischen Streitmacht mit gemischtnationalen Verbänden vor. Während sich die politische Mehrheit im Bundestag schließlich damit abfand, dass die deutschen Soldaten nicht unter einem deutschen Oberkommando stehen würden, und den EVG-Vertrag ratifizierte, lehnte ihn die Französische Nationalversammlung am Ende ab, weil sie sich nicht zu einer Europäisierung der französischen Armee durchringen konnte. Statt in die EVG wurde die künftige westdeutsche Streitmacht in die NATO eingegliedert. Frankreich fügte sich in das Unvermeidliche, weil es sich von den Deutschen nicht mehr bedroht fühlte. Auch hatten Paris und Bonn eine Regelung für das Saargebiet ausgehandelt, die dessen Europäisierung vorsah, sodass beide Länder gleichermaßen von seiner Wirtschaftskraft den Nutzen haben würden. Doch obwohl beide Regierungen sich sehr für das Europäische Statut einsetzten, stimmten zwei Drittel der abstimmenden Saarländer dagegen. Frankreich fand sich mit diesem Votum ab und das Saarland kehrte als 10. Bundesland in den westdeutschen Staatsverband zurück.

Europäische Wirtschaftsgemeinschaft und deutsch-französischer Freundschaftsvertrag
Das wachsende Vertrauen zwischen den beiden Ländern ermöglichte 1957 den Vertrag über die Europäische Wirtschaftsgemeinschaft (EWG) (der 1958 in Kraft trat). Er sah einen „Gemeinsamen Markt", also den Fortfall der Zollgrenzen vor, und nannte in seiner Präambel den politischen Zusammenschluss der sechs Partnerländer als das anzustrebende Ziel. Charles de Gaulle, seit 1958 französischer Staatspräsident mit weitreichenden Befugnissen, wollte die französisch-deutsche Allianz zu einem Machtfaktor ausbauen, der sowohl bei der europäischen Integration den Ton angeben als auch ein Gegengewicht zur Hegemonie der USA bilden sollte. Dass Frankreich in diesem Zweierbund die Führungsrolle zukäme, war für den prestigebewussten de Gaulle keine Frage. Adenauer machte dieses Spiel mit, weil er die Entspannungsbemühungen des US-Präsidenten Kennedy beargwöhnte und es um der deutschen Sicherheit willen für geraten hielt, sich enger an Frankreich anzulehnen. Daraus entstand der Vertrag über die deutsch-französische Zusammenarbeit vom Januar 1963. Er sah ein enges Zusammenwirken in der Außen- und Verteidigungspolitik vor und ging insoweit entschieden über die Europaverträge hinaus. Dennoch blieben de Gaulles Erwartungen unerfüllt. Der Deutsche Bundestag stellte dem Vertrag eine Erklärung voran, die die deutsche Bündnistreue gegenüber den USA betonte und deutlich machte, dass ein deutsch-französischer Sonderweg außerhalb der atlantischen Gemeinschaft nicht in Frage käme.
Ungeachtet solcher Diskrepanzen entwickelte sich die deutsch-französische Partnerschaft bis heute zu einem überaus harmonischen und freundschaftlichen Verhältnis. Die beiden Völker rangieren wechselseitig auf den Beliebtheitsskalen ganz oben.

Q 68 Der Schuman-Plan: Motive und Chancen

a) *Aus dem Memorandum des französischen Chefplaners Jean Monnet (3. Mai 1950):*
Die Wiederaufrichtung Frankreichs wird nicht mehr weitergehen, wenn die Frage der industriellen Produktion Deutschlands und seiner Konkurrenzkapazität nicht schnell eine Regelung findet. [...] Mit der von uns vorgeschlagenen Lösung verschwindet die Frage der Herrschaft der deutschen Industrie, deren Existenz in Europa eine Furcht verursachen würde, die Grund ständiger Unruhe wäre, schließlich die Vereinigung Europas verhindert und Deutschland erneut in den Abgrund stürzt. Diese Lösung schafft im Gegensatz dazu für die Industrie sowohl in Deutschland als auch in Frankreich Bedingungen gemeinsamer Expansion in der Konkurrenz, wobei jede Form von Beherrschung fortfällt. Vom französischen Standpunkt aus bringt eine solche Lösung die nationale Industrie in die gleiche Ausgangsstellung wie die deutsche, beseitigt das Exportdumping, das die deutsche Stahlindustrie sonst verfolgen würde, lässt die französische Stahlindustrie an der europäischen Expansion teilnehmen.

G. Ziebura: Die deutsch-französischen Beziehungen seit 1945. Übersetzt v. Gilbert Ziebura. Pfullingen 1970, S. 197

b) *Der französische Außenminister Robert Schuman schlägt eine Montanunion vor (9. Mai 1950):*
Europa lässt sich nicht mit einem Schlage herstellen und auch nicht durch eine einfache Zusammenfassung: Es wird durch konkrete Tatsachen entstehen, die zunächst eine Solidarität der Tat schaffen. Die Vereinigung der europäischen Nationen erfordert, dass der jahrhundertealte Gegensatz zwischen Frankreich und Deutschland ausgelöscht wird. Das begonnene Werk muss in erster Linie Deutschland und Frankreich erfassen. [...] Die Solidarität der Produktion, die so geschaffen wird, wird bekunden, dass jeder Krieg zwischen Frankreich und Deutschland nicht nur undenkbar, sondern materiell unmöglich ist. Die Schaffung dieser mächtigen Produktionsgemeinschaft, die allen Ländern offen steht, [...] wird die realen Fundamente zu ihrer wirtschaftlichen Vereinigung legen.

Auswärtiges Amt (Hg.): Europa. Bd. 2, Bonn 1962, S. 680 f.

c) *Der Oppositionsführer Kurt Schumacher (SPD) (Mai 1951):*
Angesichts der Tatsache, dass mithilfe der amerikanischen ERP-Mittel speziell die Stahlindustrie der Nationalwirtschaften in Frankreich, in den Benelux-Ländern und in Italien übermäßig ausgebaut worden ist, bedeutet dieses Verhältnis von Kohle und Stahl eine Hypothek auf die zukünftige deutsche Produktion. Mit dem Schuman-Plan wird eine Marktordnung geschaffen, die Frankreich und den anderen Ländern die Konkurrenz der deutschen Stahlindustrie vom Halse schafft, aber den Zugriff auf die deutsche Kohle aus bevorzugter Position heraus ermöglicht. [...] Im Rat der Außenminister stellt die deutsche Bundesrepublik von sechs Vertretern einen. Das sind 16 Prozent. In der „Hohen Behörde“ stellen wir zwei von neun Vertretern, das sind 22 Prozent. In der Gemeinsamen Versammlung sollen wir 18 von 78 Delegierten haben, gleich 23 Prozent. Das vergleiche man mit den 45 Prozent, die wir im Produktions- und Umsatzwert stellen.

K. Schumacher: Reden und Schriften. Berlin 1962. S. 366

d) *Konrad Adenauer vor dem Bundestag (Juli 1951):*
Wir müssen uns darüber klar sein, dass französische Bevölkerungskreise vielfach noch immer in dem Gedanken leben, dass Deutschland ein eventueller zukünftiger Gegner sein würde. Die psychologische Bedeutung, die Frage der Beruhigung solcher Befürchtungen im eigenen Lande und die Erweckung des Gefühls der Zusammengehörigkeit zwischen Deutschland und Frankreich waren die politischen Gründe, die Herrn Schuman damals geleitet haben. [...] Man hat weiter erkannt, dass man die Integration Europas nicht mit Reden, mit Erklärungen herbeiführen kann, sondern dass man sie nur herbeiführen kann durch gemeinsame Interessen und durch gemeinsames Handeln. [...] Ich bin der festen Überzeugung, dass, wenn dieser Anfang einmal gemacht worden ist, wenn hier sechs europäische Länder [...] freiwillig und ohne Zwang einen Teil ihrer Souveränität auf ein übergeordnetes Organ übertragen, [...] damit wirklich der Nationalismus, der Krebsschaden Europas, einen tödlichen Stoß bekommen wird.

Verhandlungen des 1. Deutschen Bundestages, 161. Sitzung, S. 6501

a) Prüfen Sie die hier vorgebrachten „nationalen“ und „europäischen“ Argumente. Lassen sie sich miteinander vereinbaren?

b) Die Befürworter der Montanunion bauen auf die politischen Wirkungen wirtschaftlicher Gemeinsamkeiten. Hat die Geschichte ihnen Recht gegeben?

Q 69 Deutsch-französische und atlantische Partnerschaft

Aus dem Ratifizierungsgesetz zum deutsch-französischen Vertrag vom 16. Mai 1963:

In der Überzeugung, dass der Vertrag zwischen der Bundesrepublik Deutschland und der Französischen Republik vom 22. Januar 1963 die Aussöhnung und Freundschaft zwischen dem deutschen und dem französischen Volk vertiefen und ausgestalten wird; […] mit dem Willen, durch die Anwendung des Vertrages die großen Ziele zu fördern, die die Bundesrepublik Deutschland in Gemeinschaft mit den anderen ihr verbündeten Staaten seit Jahren anstrebt und die ihre Politik bestimmen, nämlich die Erhaltung und Festigung des Zusammenschlusses der freien Völker, insbesondere einer engen Partnerschaft zwischen Europa und den Vereinigten Staaten von Amerika, die Verwirklichung des Selbstbestimmungsrechts für das deutsche Volk und die Wiederherstellung der deutschen Einheit, die gemeinsame Verteidigung im Rahmen des nordatlantischen Bündnisses und die Integrierung der Streitkräfte der in diesem Bündnis zusammengeschlossenen Staaten, die Einigung Europas auf dem durch die Schaffung der europäischen Gemeinschaften begonnenen Wege unter Einbeziehung Großbritanniens und anderer zum Beitritt gewillter Staaten und die weitere Stärkung dieser Gemeinschaften, den Abbau der Handelsschranken durch Verhandlungen zwischen der Europäischen Wirtschaftsgemeinschaft, Großbritannien und den Vereinigten Staaten von Amerika sowie anderen Staaten im Rahmen des „Allgemeinen Zoll- und Handelsabkommens" […] hat der Bundestag das folgende Gesetz beschlossen.

Auswärtiges Amt (Hg.): Die Auswärtige Politik der Bundesrepublik Deutschland. Köln 1972, S. 499

a) *Überdenken Sie das Argument, ohne die deutsch-französische Aussöhnung sei die europäische Einigung unvorstellbar.*

b) *Inwiefern durchkreuzte das Vorschaltgesetz die Absichten de Gaulles? Nennen Sie die Punkte, die ihn besonders beunruhigt haben dürften.*

Q 70 Amerikabilder der Deutschen

a) *Einstellungen zur amerikanischen Politik im Dezember 1986 (in %)*

		Parteipräferenz			
	Gesamt	CDU/CSU	FDP	SPD	Die Grünen
eher positiv	28	44	44	18	6
eher negativ	28	13	24	35	75
weder noch	43	43	33	46	18

SINUS: Amerika und die Deutschen. Bonn 1987, S. 45, 59

b) *Alt-Bundeskanzler Helmut Schmidt (1987):*

Weder dürfen die Staaten Westeuropas in die Rolle von abhängigen Schutzbefohlenen absinken, noch dürfen sie sich dem antiamerikanischen Wahn hingeben, die eigentliche Gefahr gehe nicht von der Sowjetunion, sondern vielmehr von den USA aus. Große Anstrengungen sind erforderlich, wenn wir Europäer auf das internationale Verhalten der USA ausreichenden Einfluss behalten wollen. In Europa bedarf es der stetigen innenpolitischen Erläuterung und Begründung des Bündnisses mit den USA, das die Europäer in Wahrheit genauso nötig haben wie die Amerikaner. In den Vereinigten Staaten muss die Einsicht wachsen, dass auch die Regierungen der mit ihnen verbündeten Staaten in der Verfolgung ihrer Interessen von Zeit zu Zeit Erfolge benötigen, die sie zu Hause vorzeigen können. […] Freiheitswille, Mut, Selbstvertrauen, Leistungswille und gegenseitige Hilfsbereitschaft, aber auch ein gewisser Hang zur Verachtung Europas und eine gelegentliche Neigung zur Selbstjustiz zwecks Selbstverteidigung sind […] zu Elementen der politischen Kultur Amerikas geworden, die von einer idealistischen und zugleich optimistischen Grundhaltung geprägt ist.

H. Schmidt: Menschen und Mächte. Berlin 1987, S. 337 ff.

a) *Versuchen Sie die Sympathien und Antipathien der Deutschen gegenüber den Amerikanern auf Grundlinien zurückzuführen und zu erklären. Stellen Sie auch eine Verknüpfung mit den politischen Einstellungen der Befragten her.*

b) *Warum hält es Schmidt für angebracht, die Europäer vor einer Vernachlässigung der europäisch-amerikanischen Beziehungen zu warnen?*

5.3 Im Schatten des Holocaust: die Bundesrepublik und Israel

Die tiefe Kluft Der millionenfache Mord an den europäischen Juden lastet als eine schwere Schuld auf dem deutschen Volk. Sie zu vergeben oder abzutragen liegt nicht in der Macht der Lebenden. Was möglich blieb, war eine materielle Entschädigung für die Überlebenden des Massenmords und die Angehörigen der Opfer. Als deren Sachwalter kam vor allem der 1948 gegründete Staat Israel in Frage. Kontakte anzuknüpfen war heikel – auf beiden Seiten. Viele Deutsche neigten dazu, die deutschen Verbrechen zu verdrängen oder sich auf ihre persönliche Unschuld zu berufen; die Unbelehrbaren leugneten das Ausmaß der Gräuel oder rechneten sie gegen die Leiden der deutschen Vertriebenen und im Bombenkrieg Umgekommenen auf. Viele Juden hatten sich geschworen, nie wieder mit Deutschen zu reden; viele empörte der Gedanke, deutsche Geldzahlungen für vergossenes jüdisches Blut entgegenzunehmen.

Jüdische Wiedergutmachungsansprüche Trotz aller Bedenken tat die israelische Regierung unter Ben Gurion 1951 den ersten Schritt. Die enormen finanziellen Belastungen, die der junge Staat für die Rüstung und die Eingliederung der Einwanderer auf sich nehmen musste, ließen kaum eine andere Wahl. Auf die Wiedergutmachungsforderungen, die die israelische Regierung bei den vier Siegermächten anmeldete, ging die UdSSR – und in ihrem Gefolge die DDR – überhaupt nicht ein. Auch die USA hielten sich zurück, weil sie fürchteten, deutsche Wiedergutmachungszahlungen an Israel könnten den Aufbau der Bundeswehr beeinträchtigen. So war es vor allem Adenauer, der sich das israelische Anliegen zu eigen machte. Er erklärte die Bereitschaft seiner Regierung, Wiedergutmachungszahlungen zu leisten. Auf das ausdrückliche Ersuchen Ben Gurions, der eine Rechtfertigung gegenüber seinen eigenen Bürgern brauchte, bekannte sich Adenauer in einer Regierungserklärung zur Verpflichtung der Bundesrepublik, die „im Namen des deutschen Volkes begangenen Verbrechen" im Rahmen des Möglichen wiedergutzumachen.

Vertragliche Zusammenarbeit Adenauer fand damit nicht bei allen Bundesdeutschen Zustimmung. Während die in der Opposition stehende SPD den Bundeskanzler vorbehaltlos unterstützte, meldeten sich in den Regierungsparteien nicht wenige Kritiker zu Wort. Die einen hatten Zweifel an der deutschen Zahlungsfähigkeit, andere befürchteten die Verschlechterung der deutsch-arabischen Beziehungen. Im israelischen Parlament kam

Das Denkmal der Gedenkstätte Yad Vashem auf dem Mount Herzl bei Jerusalem erinnert an die Opfer des Holocaust (hebr.: Shoah).

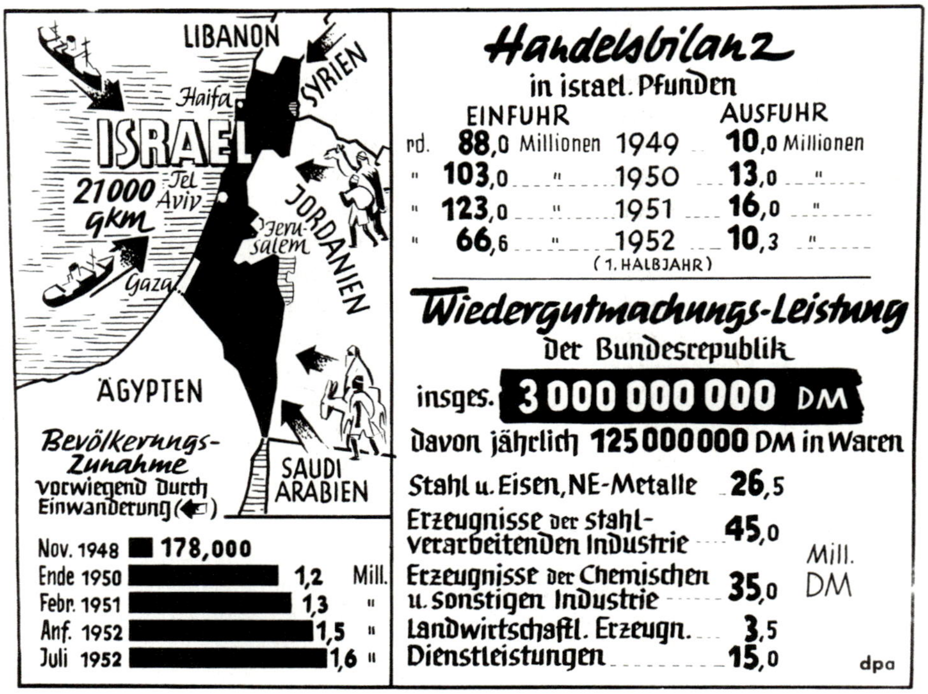

Übersicht über die Zahlungen, die die Bundesrepublik Deutschland im Rahmen des Wiedergutmachungsabkommens mit Israel gezahlt hat – Infografik vom 10.9.1952.

es zu schweren Tumulten, als die konservative Opposition die sozialistische Regierung als Verräter an den jüdischen Holocaustopfern angriff. Dennoch kamen die schwierigen Vertragsverhandlungen schon 1952 zum Abschluss: Das „Luxemburger Abkommen“ sah einen Transfer deutscher Waren und Dienstleistungen an Israel im Werte von 3 Milliarden DM sowie eine Zahlung von 450 Millionen an jüdische Organisationen vor. In den Jahren bis 1965, die den Israelis besonders große Aufbauleistungen abverlangten, wurde die Bundesrepublik zum wichtigsten ausländischen Kapitalgeber. Hinzu kamen geheime Lieferungen von Rüstungsgütern. Sie dienten als eine Art Ersatz für die diplomatischen Beziehungen, auf die Tel Aviv drängte, die Bonn aber mit Rücksicht auf seine Beziehungen zu den arabischen (Ölförder-)Ländern hinauszögerte.

Schwierige Partnerschaft Als die Waffenlieferungen 1964 ruchbar wurden, geriet die Regierung Erhard zwischen alle Stühle. Um Israel für die nunmehr ausbleibenden deutschen Lieferungen zu entschädigen, nahm Bonn die diplomatischen Beziehungen auf. Dies nahmen die meisten arabischen Länder zum Anlass, ihre Botschafter aus der Bundesrepublik abzuberufen. In den folgenden Jahren war die Bundesregierung um Schadensbegrenzung bemüht. Das gelang einigermaßen, weil alle Beteiligten ihre wirtschaftlichen Interessen im Auge behielten. Im Nahostkonflikt achtete die Bonner Regierung, zumeist im Verbund mit den EG-Partnern, auf strenge Neutralität, stets mit dem Blick auf die arabischen Ölquellen, aber auch auf die moralischen Verpflichtungen gegenüber dem jüdischen Volk. Die deutsch-israelischen Beziehungen blieben schwierig. Die Zusammenarbeit auf Regierungsebene vollzog sich zwar, mit wenigen Ausnahmen, reibungslos, aber das öffentliche Bewusstsein in beiden Ländern hinkte dahinter zurück.

Q 71 Reaktionen auf die Schändung der Kölner Synagoge 1960:

a) *Bundeskanzler Adenauer:*

Als ich Bundeskanzler geworden war, habe ich mit ganzer Kraft mich eingesetzt für das Wiedergutmachungsabkommen mit Israel. Ich wollte damit vor der ganzen Welt kundtun, dass das heutige Deutschland den Antisemitismus von Grund auf ablehnt. Was in Köln an der Synagoge und an dem Denkmal geschehen ist, ist eine Schande und ein Verbrechen. [...] An meine deutschen jüdischen Mitbürger wende ich mich heute und sage ihnen, sie können völlig unbesorgt sein. Dieser Staat steht mit seiner ganzen Macht hinter ihnen; ich bürge ihnen für dieses Wort. Meinen deutschen Mitbürgern insgesamt sage ich: Wenn ihr irgendwo einen Lümmel erwischt, vollzieht die Strafe auf der Stelle und gebt ihm eine Tracht Prügel. Das ist die Strafe, die er verdient.
Unseren Gegnern im Ausland und den Zweiflern im Ausland sage ich, die Einmütigkeit des gesamten deutschen Volkes in der Verurteilung des Antisemitismus und des Nationalsozialismus hat sich in der denkbar geschlossensten und stärksten Weise gezeigt. [...] Dem Nationalsozialismus hat der größere Teil des deutschen Volkes [...] nur unter dem harten Zwang der Diktatur gedient.

Bulletin der Bundesregierung. 1960, Nr. 11, S. 89

b) *Der Schriftsteller (und spätere Literatur-Nobelpreisträger) Heinrich Böll:*

In der Behandlung, die das Verhältnis der Deutschen zu ihren jüdischen Mitbürgern seit dem Ereignis in Köln erfahren hat, zeigt sich, dass unsere Vergangenheit sich immer weiter von dem Punkt entfernt, wo sie hätte bewältigt werden können. [...] Das gilt auch für die offiziellen Äußerungen: des Bundeskanzlers, des Bundestags, der Minister; mögen sie alle im Einzelnen beschämt und bestürzt gewesen sein; ihrer Scham und Bestürzung war notwendigerweise etwas beigemischt, das zur Natur ihres Amtes, nicht zu ihrer Person gehört. [...] Was würde sein, wenn handelspolitisch etwas danebengeht, wenn die Gipfelkonferenz andere Ergebnisse zeitigt, als man in Bonn zu erwarten scheint: Nicht die Schmierer werden schuld sein – das waren ja nur Saboteure, dumme Jungen, Irregeführte, waren nur wenige; werden nicht indirekt die Juden schuld sein, schuld durch das Schicksal, das sie erlitten, das ein Teil unseres Schicksals geworden ist? Bewältigt ist ein schönes Wort, schöner noch: überwältigt; wir haben weder das eine getan, noch sind wir das andere: Der Schnitt, der uns von der Vergangenheit trennen könnte, ist nicht vollzogen worden.

H. Böll: Briefe aus dem Rheinland. München 1985, S. 29f.

a) Worin unterscheiden sich Adenauer und Böll in ihrer Beurteilung der antisemitischen Vorfälle? Stellen Sie Beziehungen zu ihren grundsätzlichen politischen Positionen her.

b) Wem geben Sie recht? Ziehen Sie nach Möglichkeit Vorgänge aus der Geschichte der Bundesrepublik heran.

Q 72 Juden und Deutsche – ein schwieriges Verhältnis

a) *Aus einem Interview mit vier israelischen Wissenschaftlern (1992):*

Spiegel: Zu diesem Komplex gehört auf deutscher Seite auch der Eindruck, der Holocaust, so entsetzlich und einmalig er war, werde von Israel zu bereitwillig für Zwecke der Tagespolitik instrumentalisiert.

Meroz: Ich habe mich stets dagegen gewehrt, [...] dass man von Instrumentalisierung des Holocaust spricht. Was Sie meinen und was auch ich als schlimm ansehe, ist nicht die Instrumentalisierung, sondern die Entweihung des Holocaust auf tagtäglicher Ebene. Israelische Gesuche für Exporterleichterungen dürfen nicht mit dem Hinweis auf die Krematorien untermauert werden – das ist eine Entweihung des Schreckens des Holocaust. Unsere schrecklichen, traumatischen Erinnerungen sollten nicht bei jeder unpassenden Gelegenheit aufgerührt werden. [...]

Gutman: Ich bin einverstanden, wenn wir von einer grundsätzlich falschen Einstellung sprechen, dass wir den Holocaust aus politischen Gründen zu politischen Zielen verwenden. Das gilt sowohl für die Außenpolitik als auch für die Innenpolitik. Sind wir doch offen, Herr Meroz, eine solche Tendenz, eine solche Verhaltensweise gibt es. Das ist eine bedauernswerte Tatsache. [...]

Porat: Es ist weder Instrumentalisierung noch Mythologisierung. Es handelt sich um ein tief empfundenes Gefühl jedes einzelnen Juden nach dem Krieg. Nochmals: Wir sind verraten worden, nicht nur von Deutschland, sondern auch von vielen anderen Ländern der Welt und von vielen Teilen der Gesellschaft. Wir haben nun mal die Angst, es könnte wieder passieren.

Zimmermann: Um dieses Gefühl in Israel wach zu halten, instrumentalisieren wir dieses Gefühl, instrumentalisieren wir die historische Erfahrung. Israel aber ist kein Opfer, wie es die Juden in Europa waren, sondern ein unabhängiger, starker Staat. Wir aber versuchen, den wirklichen Daseinszweck dieses Staates zu ersetzen durch ein „Behinderten"-Argument.

Spiegel-Spezial Heft 2 (1992), S. 81f.

b) *Der in der Bundesrepublik lebende jüdische Historiker Michael Wolffsohn (1988):*

Inzwischen hat sich nicht alles, aber sehr viel verändert, in Westdeutschland und in der jüdisch-israelischen Welt. Den Bemühungen der Verkrampften und Gestrigen zum Trotz wird die Mauer der wechselseitigen Dämonisierung und Tabuisierung langsam abgetragen. […] In dem Maß, in dem sich der politische Alltag […] Bahn bricht, wächst die Selbstverständlichkeit der westdeutsch-jüdisch-israelischen Beziehungen. Zwar erkennt die bundesdeutsche Öffentlichkeit durchaus die Besonderheit dieser Beziehungen an; sie überträgt sie allerdings nicht auf die nach dem Holocaust geborenen Juden oder den Staat Israel, der für sie weitgehend ein „Staat wie jeder andere" geworden ist. […]

M. Wolffsohn: Ewige Schuld? München 1988, S. 178 ff.

a) Was besagt „Instrumentalisierung" des Holocaust? Nennen Sie Beispiele.

b) Jüngere Historiker wie Zimmermann und Wolffsohn befürworten einen zurückhaltenden Umgang mit dem Holocaust. Welche Gründe haben sie dafür und wie schätzen Sie die Chancen ein?

Q 73 Deutsche und Juden im Spiegel der Demoskopie (1992)

(in Prozent der befragten Deutschen)

a) *Welche Deutschen trifft Schuld an der NS-Judenverfolgung?*

Alle Deutschen, auch die nach 1945 geborenen	4
Alle Deutschen, die damals erwachsen waren	17
Nur die Deutschen, die damals davon wussten	32
Nur die Deutschen, die an der Verfolgung beteiligt waren	45

b) *Bleibt eine Verantwortung?*

Ja:	33
Nein:	42
Keine Meinung:	24

c) *Verhältnis zu Israel*

	Deutsche	Israelis
Israel ist für die Deutschen ein Staat wie jeder andere	76	27
Die Deutschen können Israel nicht wie jedes andere Land behandeln	22	71

d) *Die Zukunft des Antisemitismus*

	Deutsche	Israelis
Der Antisemitismus in Deutschland wird aussterben	20	7
Er wird in bestimmtem Maß bleiben	60	62
Er wird zunehmen	18	28

e) *Ein Schlussstrich unter die Vergangenheit? Deutsche Antworten*

Ja: 62	Nein: 20	Unentschieden: 16

Es entschieden sich für die Antwort „Ja":	
Von den 18- bis 29-jährigen	53
30- bis 44-jährigen	58
45- bis 59-jährigen	67
60-jährigen und Älteren	70
Von den Befragten	
mit einfacher Schulbildung	70
mit mittlerer Schulbildung	59
mit höherer Schulbildung	48

Spiegel-Spezial Heft 2 (1992), S. 61 ff.

a) Arbeiten Sie die charakteristischen Unterschiede im Spektrum der Meinungen heraus und suchen Sie nach Erklärungen.

b) Welches Gesamtbild des deutsch-jüdischen Verhältnisses ergibt sich für Sie aus den vorstehenden Zahlen?

5.4 Zwischen Konfrontation und Verständigung: die Ostpolitik der Bundesrepublik

Polen und Deutsche: historische Erblasten Nächst den Juden hatten die Polen am schlimmsten unter der nationalsozialistischen Gewaltherrschaft zu leiden. Vorhergegangen war, ähnlich wie im deutsch-jüdischen Verhältnis, eine lange Geschichte voller Spannungen und Konflikte, Hass- und Angstgefühle. Seit den polnischen Teilungen im späten 18. Jahrhundert schauten viele Deutsche mit Hochmut und Überheblichkeit auf die „polnische Wirtschaft" herab, und bei vielen Polen mischte sich der Respekt vor der deutschen „Tüchtigkeit" mit der Furcht vor ihrer Herrschsucht. Deutsche und Polen, so sagte der Volksmund, seien zur ewigen Feindschaft verdammt. Diese unselige Tradition setzte sich nach 1945 verstärkt fort. Die Polen konnten die Schrecken der deutschen Besatzung und die 4 Millionen Toten nicht vergessen und lebten in der Sorge vor einer neuen Aggression. Die Deutschen dachten an die Gräuel der Flucht und Vertreibung, die mehr als 2 Millionen Menschenleben gefordert hatten, sowie an die Gebietsabtretungen und Enteignungen. Die Oder-Neiße-Grenze entzweite die beiden Völker und machte jahrzehntelang jede Hoffnung auf Verständigung zunichte. Die in Polen verbliebenen Deutschen mussten ihre nationale Herkunft verleugnen und viele Demütigungen ertragen; sie blieben lange Bürger zweiter Klasse.

Ostpolitik der Rechtsansprüche Die Bundesregierungen versteiften sich auf vermeintliche Rechtsansprüche: Das Bundesverfassungsgericht bestand auf dem Fortbestand des Deutschen Reiches in den Grenzen von 1937 bis zum Abschluss eines Friedensvertrages, mithin den provisorischen Charakter der deutsch-polnischen Grenze. Die DDR-Regierung hatte schon 1950, wenn auch nicht ohne Widerstreben, daraus die Konsequenzen gezogen und im „Görlitzer Vertrag" die Oder-Neiße-Linie als unabänderliche „Friedensgrenze" anerkannt. Die Bundesrepublik brauchte dagegen bis 1970, um sich mit der bitteren Tatsache der unwiderruflich verlorenen deutschen Ostgebiete abzufinden. Sie geriet dadurch in den 1960er-Jahren immer mehr in Widerspruch zu den westlichen Bündnispartnern, die auf eine Anerkennung des Status quo drängten, ohne die die angestrebte Entspannung mit den Ostblockländern nicht zu erlangen war. Abgesehen von den Vertriebenenverbänden, die jedes Entgegenkommen in der Grenzfrage beargwöhnten, fand auch in der westdeutschen Bevölkerung der Wunsch nach einer deutsch-polnischen Annäherung immer mehr Anhänger.

Angehörige der deutschen Gendarmeriepolizei vor erhängten Polen, Róczki-Radom, 1942.

Anerkennung der Oder-Neiße-Linie als „Friedensgrenze" zwischen Deutschland und Polen durch die DDR (Görlitzer Abkommen). – Die Ministerpräsidenten Otto Grotewohl (DDR) (li.) und Jozef Cyrankiewicz (Volksrepublik Polen) in Zgorzelec unterzeichnen am 6.7.1950 das Abkommen.

Deutsch-polnische Verständigung Der Prozess der Annäherung trat 1970 in seine entscheidende Phase. Daran waren alle Hauptbeteiligten interessiert: Warschau, weil es Sicherheit vor deutschen Revisionsforderungen haben wollte; Bonn, weil es, im Interesse des Friedens und der deutschen Einheit, den Ausgleich mit Osteuropa suchte; Moskau, weil es die 1945 zu seinen Gunsten geschaffenen Machtverhältnisse vertraglich verbrieft sehen wollte. Der im Dezember 1970 nach zähen Verhandlungen unterzeichnete „Warschauer Vertrag" garantierte den Polen die Unverletzlichkeit der bestehenden Grenze und einen grundsätzlichen Gewaltverzicht; er enthielt aber nicht die von der polnischen Seite geforderte endgültige völkerrechtliche Anerkennung der Oder-Neiße-Linie. Gleichwohl machte die CDU/CSU-Opposition der sozial-liberalen Regierung den Vorwurf, ohne Not wichtige deutsche Rechtspositionen preisgegeben zu haben; dennoch ermöglichte sie die Ratifizierung des Vertrages, indem sich in der entscheidenden Abstimmung der Großteil ihrer Abgeordneten der Stimme enthielt.
1975 verpflichtete sich die Bundesrepublik zu einer Zahlung von 1,3 Milliarden DM, mit der alle Versorgungsansprüche polnischer Staatsbürger aus der Zeit ihrer Zwangsarbeit zwischen 1939 und 1945 abgegolten sein sollten. Im Gegenzug sagte die Warschauer Regierung die Ausreise von 125 000 Deutschstämmigen zu. Damit setzte eine Aussiedlungswelle ein, die bis in die 1990er-Jahre über 1 Million polnischer Staatsbürger deutscher Abstammung in die Bundesrepublik verpflanzte. Als 1990 die deutsche Wiedervereinigung anstand, knüpften die Siegermächte ihre Zustimmung auch an die Zusage der Bundesregierung, die deutsch-polnische Grenzlinie endgültig anzuerkennen. Das geschah im deutsch-polnischen Grenzvertrag vom 14. November 1990.

Die Ostverträge Es waren vor allem zwei Hindernisse, die gutnachbarlichen Beziehungen der Bundesrepublik zu den osteuropäischen Staaten im Wege standen: die doppelte Weigerung Bonns, zum einen die Oder-Neiße-Linie, zum andern die Existenz der DDR als eines souveränen Staates anzuerkennen. Adenauer hatte auf seiner Moskaureise 1955 zwar in die von der Sowjetregierung dringend gewünschte Aufnahme diplomatischer Beziehungen eingewilligt, weil, wie er meinte, der „Schlüssel zur Wiedervereinigung" in Moskau liege und weil nur mit diesem Schritt die Rückkehr der noch immer in der Sowjetunion festgehaltenen deutschen Kriegsgefangenen und Zivilinternierten zu erreichen war. Aber an dem frostigen Verhältnis zwischen der Bundesrepublik und dem kommunis-

tischen Osteuropa änderte sich dadurch nichts. Die Bonner Regierung wollte Entspannungs- und Abrüstungsvereinbarungen nur zustimmen, wenn sie mit Fortschritten in der „deutschen Frage" verknüpft würden.
Die Wende erfolgte 1970, weil die neue Regierung in Bonn zu den bisher verweigerten Zugeständnissen bereit war und weil die Sowjetunion ihre Satelliten unter Druck setzte. Der von ihr mit der Bundesrepublik abgeschlossene „Moskauer Vertrag" vom August 1970 war der erste in der Reihe der Ost-West-Verträge und setzte den Rahmen für alle folgenden Abmachungen: Die Bundesrepublik erkannte die bestehende politische Ordnung an, sagte die Unverletzlichkeit aller Grenzen in Europa zu und verzichtete auf jede Gewaltanwendung; das Gleiche galt für die Sowjetunion. Darüber hinaus erklärten beide Seiten, der Vertrag berühre nicht die Rechte und Verantwortlichkeiten der vier Siegermächte in Bezug auf Deutschland als Ganzes; darin steckte der Vorbehalt der Bundesrepublik, eine endgültige völkerrechtliche Regelung der Grenzfragen könne erst im Rahmen eines Friedensvertrages erfolgen. Die dem Moskauer Vertrag folgenden Abkommen Bonns mit Warschau, Ostberlin, Prag lagen auf der gleichen Linie. Die deutsch-tschechoslowakische Vereinbarung vom Dezember 1973 erklärte die Abtretung des Sudetenlandes aufgrund des Münchener Abkommens von 1938 für ungültig; sie ließ aber die wichtige Frage offen, ob die Ungültigkeit von Anfang an bestand („ex tunc") oder erst mit dem Prager Vertrag wirksam wurde („ex nunc"). In einer gemeinsamen Erklärung von Januar 1997 haben Prag und Bonn sich darüber nicht einigen können; sie beschränkten sich darauf, das einander zugefügte „Unrecht der Vergangenheit" zu bedauern, und wollen im Übrigen „ihre Beziehungen auf die Zukunft ausrichten".

Das Bild wurde zum Symbol der sozial-liberalen Ostpolitik. Bundeskanzler Willy Brandt kniet vor dem Denkmal für die Opfer des Aufstands im Warschauer Ghetto nieder – 7.12.1970.

Politik der Entspannung und guten Nachbarschaft Einen wichtigen Schritt im Entspannungsprozess stellte das Berlin-Abkommen dar, das die vier Siegermächte im September 1971 zum Abschluss brachten. Es schuf stabile Verhältnisse in der geteilten Stadt, die seit 1948 ein politischer Unruheherd ersten Ranges gewesen war. Die Sowjetunion verzichtete darauf, die Rechte der Westalliierten noch länger in Frage zu stellen, und garantierte die Sicherheit der Zufahrtswege; auch erkannte sie ausdrücklich die Bindungen Westberlins an die Bundesrepublik an. Dafür bestätigten die Westmächte, dass Westberlin verfassungsrechtlich nicht zur Bundesrepublik gehörte; mehr stillschweigend als ausdrücklich verzichteten sie auf ihre Zuständigkeit für ganz Berlin und fanden sich damit ab, dass Ostberlin voll in die DDR eingegliedert wurde. Damit war die Zweiteilung der Stadt auch vertraglich besiegelt, zugleich aber die Sicherheit Westberlins entscheidend gefestigt.
Mit dem 1975 in Helsinki von allen 32 europäischen Staaten sowie den USA und Kanada unterzeichneten Schlussdokument der „Konferenz für Sicherheit und Zusammenarbeit in Europa" (KSZE) fand die Entspannungspolitik vorerst ihren Abschluss. Das Dokument verpflichtete die Unterzeichnerländer zur strikten Beachtung der Grund- und Menschenrechte und sah eine allgemeine Verbesserung der zwischenstaatlichen Beziehungen im militärischen, wirtschaftlichen und kulturellen Bereich vor. Das Abkommen ermutigte Bürgerrechts- und Dissidentenbewegungen in den kommunistischen Ländern und veränderte auf Dauer deren politisches Klima. Dagegen erfüllten sich die großen Erwartungen, die man auf den wirtschaftlichen Austausch gesetzt hatte, am Ende nicht. Das Waren- und Leistungsangebot der Ostblockländer fand im Westen wenig Zuspruch; auch blieb der Devisenmangel des Ostens, trotz anfangs üppiger Westkredite, ein ständiger Hemmschuh.

Q 74 Zögernde deutsch-polnische Annäherung

a) *Aus einer Denkschrift der Evangelischen Kirche in Deutschland (EKD) von 1965:*

Ernsthaft zu bedenken sind dagegen zwei andere Gesichtspunkte. Der eine wird von den östlichen Nachbarn Deutschlands auf den Begriff einer deutschen Friedenssicherungspflicht gebracht; der polnische Staat habe nach seinen bitteren geschichtlichen Erfahrungen gegenüber Deutschland ein gesteigertes Recht auf Sicherheit und müsse deshalb auch die Grenze wählen dürfen, die ihm ein Höchstmaß von Sicherheit verbürge. Versteht man diese Sicherheit rein militärisch, so kann das Argument nicht überzeugen. […] Die Vertreibung Millionen deutscher Bewohner hat westlich von Polen einen Herd der Unzufriedenheit und der Unruhe entstehen lassen, also das Gegenteil einer Sicherheits- und Friedensgrenze geschaffen. Aber das Argument enthält einen richtigen Kern, wenn man es dahin interpretiert, dass das Erbe einer bösen Vergangenheit dem deutschen Volk eine besondere Verpflichtung auferlegt, in der Zukunft das Lebensrecht des polnischen Volkes zu respektieren und ihm den Raum zu lassen, dessen es zu seiner Entfaltung bedarf. […] Damit verbindet sich ein zweiter Gesichtspunkt. Die 20 Jahre, die verstrichen sind, seitdem Polen von dem Gebiet Besitz ergriffen hat und die deutsche Bevölkerung daraus vertrieben hat, haben auch für die rechtliche Beurteilung des Anspruchs auf Wiederherstellung ihr eigenes Gewicht. Zwar kann der bloße Zeitablauf einen unrechtmäßigen Zustand nicht in einen rechtmäßigen Zustand verwandeln. Aber […] eine volle Wiederherstellung alten Besitzstandes, die in den ersten Jahren nach 1945 noch möglich gewesen wäre, ist 20 Jahre später unmöglich, weil sie Polen jetzt in seiner Existenz bedrohen würde.

Die Lage der Vertriebenen und das Verhältnis des deutschen Volkes zu seinen östlichen Nachbarn. Eine evangelische Denkschrift. Hannover 1965, S. 28 f.

b) *Aus einer „Botschaft der polnischen Bischöfe an ihre deutschen Brüder in Christi Hirtenamt“ (1965):*

Nach alledem, was in der Vergangenheit geschehen ist, […] ist es nicht zu verwundern, dass das ganze polnische Volk unter dem schweren Druck eines elementaren Sicherheitsbedürfnisses steht und seinen nächsten Nachbarn im Westen immer noch mit Misstrauen betrachtet. […] Die Belastung der beiderseitigen Verhältnisse ist immer noch groß und wird vermehrt durch das sogenannte „heiße Eisen“ dieser Nachbarschaft; die polnische Westgrenze an Oder und Neiße ist, wie wir wohl verstehen, für Deutschland eine äußerst bittere Frucht des letzten Massenvernichtungskrieges – zusammen mit dem Leid der Millionen von Flüchtlingen und vertriebenen Deutschen (auf interalliierten Befehl der Siegermächte – Potsdam 1945 – geschehen). […]
Für unser Vaterland, das aus den Massenmorden nicht als Siegerstaat, sondern bis zum Äußersten geschwächt hervorging, ist es eine Existenzfrage (keine Frage „größeren Lebensraumes“); es sei denn, dass man ein über 30-Millionen-Volk in den engen Korridor eines „Generalgouvernements“ von 1939 bis 1945 hineinpressen wollte – ohne Westgebiete; aber auch ohne Ostgebiete, aus denen seit 1945 Millionen von polnischen Menschen in die „Potsdamer Westgebiete“ hinüberströmen mussten. […]
Und trotz alledem, trotz dieser fast hoffnungslos mit Vergangenheit belasteten Lage […] rufen wir Ihnen zu: Versuchen wir zu vergessen! […]
In diesem allerchristlichsten und zugleich sehr menschlichen Geist strecken wir unsere Hände zu Ihnen hin […], gewähren Vergebung und bitten um Vergebung.

O. Golombek (Hg.): Die katholische Kirche und die Völker-Vertreibung. Köln 1968, S. 153 ff.

a) Wo bedienen sich die Texte politischer, wo religiöser Argumente?

b) Überlegen Sie, inwieweit diese Texte 1965 jeweils von den einen als anstößig, von anderen als befreiend empfunden werden konnten.

Q 75 Deutscher Streit um die Ostverträge

a) *Aus dem Warschauer Vertrag (1970):*

Die Bundesrepublik Deutschland und die Volksrepublik Polen,
in der Erwägung, dass mehr als 25 Jahre seit Ende des Zweiten Weltkrieges vergangen sind, dessen erstes Opfer Polen wurde und der über die Völker Europas schweres Leid gebracht hat, eingedenk dessen, dass in beiden Ländern inzwischen eine neue Generation herangewachsen ist, der eine friedliche Zukunft gesichert werden soll, in dem Wunsche, dauerhafte Grundlagen für ein friedliches Zusammenleben und die Entwicklung normaler und guter Beziehungen zwischen ihnen zu schaffen, […]
in dem Bewusstsein, dass die Unverletzlichkeit der Grenzen und die Achtung der territorialen Integrität und der Souveränität aller Staaten in Europa in ihren gegenwärtigen Grenzen eine grundlegende Bedingung für den Frieden sind, sind wie folgt übereingekommen:
Art. I (1). Die Bundesrepublik Deutschland und die Volksrepublik Polen stellen übereinstimmend fest, dass die bestehende Grenzlinie […] die westliche Staatsgrenze der Volksrepublik Polen bildet.
(2) Sie bekräftigen die Unverletzlichkeit ihrer bestehen-

den Grenzen jetzt und in der Zukunft und verpflichten sich gegenseitig zur uneingeschränkten Achtung ihrer territorialen Integrität.
(3) Sie erklären, dass sie gegeneinander keinerlei Gebietsansprüche haben und solche auch in Zukunft nicht erheben werden.

Auswärtiges Amt (Hg.): Die auswärtige Politik der Bundesrepublik Deutschland. Köln 1972, S. 777f.

b) *Bundeskanzler Brandt in einer Fernsehrede zum deutsch-polnischen Vertrag (1970):*
Die Geschichte allein kann erweisen, ob dies, wie wir hoffen, der Beginn der eigentlichen Aussöhnung sein wird, so wie wir sie im Westen gegenüber unseren französischen Nachbarn glücklicherweise erreicht haben. Der Vertrag bedeutet selbstverständlich nicht, dass Unrecht nachträglich legitimiert wird. Er bedeutet also auch keine Rechtfertigung der Vertreibung. Worum es geht, ist der ernste Versuch, ein Vierteljahrhundert nach dem Krieg der Kette des Unrechts politisch ein Ende zu setzen. [...] Es gibt weder Entspannung noch gesicherten Frieden in Europa, wenn wir nicht ausgehen von der Lage, wie sie ist. [...] Unserem Volke wird nicht heute, aus heiterem Himmel, ein Opfer abverlangt. Dies hat längst gebracht werden müssen als Ergebnis der Verbrechen Hitlers.

Bulletin der Bundesregierung, 1970, Nr. 161

c) *Außenminister Walter Scheel (FDP) in einem Zeitungsartikel (1970)*
Wer die Grenzfrage weiterhin unter allen Umständen „offenhalten“ will, muss sich fragen lassen, was er damit zu erreichen hofft, wenn Gewalt als Mittel zur Veränderung der Grenzen in jeder Hinsicht ausscheidet. Eine friedliche Veränderung erscheint weder jetzt noch in einer irgendwie absehbaren Zukunft denkbar. Denn die polnische Seite wird sich zu einer freiwilligen Herausgabe von Gebietsteilen nicht bereitfinden. [...] Das Offenhalten bewirkt lediglich die Blockierung jedes Versuchs, die Beziehungen zu Polen nachhaltig zu verbessern. [...] Gegenüber dem Osten und insbesondere Polen aber gilt: Wenn wir die Grenzen selbst nicht ändern können, so können wir sie doch durchlässiger und auf lange Sicht vielleicht unwichtig machen.

„Stuttgarter Zeitung“ vom 3. Dezember 1970

d) *Oppositionssprecher Franz Josef Strauß (CSU) in der Bundestagsdebatte vom 24. Februar 1972:*
Diese Verträge dienen nicht der Entspannung, wenn man unter Entspannung die Beseitigung der Spannungsursachen versteht. Die Verträge bedeuten eine Festigung des sowjetischen Besitzstandes. Diese Verträge sind auch eine Ermutigung für die Linksradikalen, die diese Politik seit 20 Jahren in unserem Lande gefordert haben. Diese Verträge stehen nie für sich allein da. Sie sind Bausteine einer sowjetischen Weststrategie. [...] Die Bundesregierung hat uns und die deutsche Politik in diese Lage manövriert. Ein Ja zu diesen Verträgen bedeutet einen Bruchpunkt auf der Straße ins Unheil.

C. Ahlers (Hg.): Ratifizieren oder nicht? Hamburg 1972, S. 206f.

e) *Aus einer Entschließung des Bundes der Vertriebenen (März 1972):*
Die Versammelten wenden sich gegen den Verzicht auf einen gerechten Frieden und auf freie Selbstbestimmung, die Legalisierung von Massenvertreibungen und Annexionen, die Anerkennung der Gewaltherrschaft in Mitteldeutschland, die Minderung des Status von Berlin. Sie verurteilen die Verletzung des Rechtes auf Freizügigkeit vom und zum angestammten Wohnsitz und auf freie Entfaltung in der Heimat, der Menschen- und Gruppenrechte der Deutschen in der Heimat, der Pflicht zum Schutze der Individualrechte und des Eigentums der Ostdeutschen. Sie fordern, diese Verträge nicht zu ratifizieren, dafür aber praktische und wirksame Fortschritte bei der Vertiefung der wirtschaftlichen, technologischen, kulturellen und menschlichen Beziehungen anzustreben und in einer sich wandelnden Welt auf einen gerechten Frieden und tragbaren Ausgleich zwischen Deutschland und den östlichen Nachbarn hinzuwirken.

H. von Siegler (Hg.): Dokumentation zur Deutschlandfrage in Verbindung mit der Ostpolitik. Hauptbd. VI, Bonn 1972, S. 544f.

a) Prüfen Sie die Argumente der Befürworter und Kritiker. Wem geben Sie recht?

b) Wie hätte eine Alternative zu den Ostverträgen aussehen können?

Zur Diskussion: Wie souverän war und ist die Bundesrepublik?

Verglichen mit der Welt vor 1914 und selbst noch bis 1939, haben die meisten heutigen Staaten in ihren auswärtigen Beziehungen an Souveränität, d.h. an prinzipiell unbeschränkter Handlungsfreiheit, eingebüßt. Das gilt nicht zuletzt für die Bundesrepublik. Sie verdankte nicht nur ihre Entstehung dem Betreiben der USA, sondern blieb in allen Deutschland als Ganzes betreffenden Fragen bis zur Wiedervereinigung von 1990 vom Willen der Siegermächte abhängig. Ihre militärische Sicherheit beruhte vor allem auf der nuklearen Abschreckungsmacht Amerikas. Und sie war in ein Netz von Bündnisbeziehungen eingespannt, in dem sich wichtige nationale Entscheidungsbefugnisse auf internationale oder supranationale Institutionen verlagerten.

Q 76 Souverän im Bündnis?

a) *Der Historiker Waldemar Besson (1970):*

Der Tatbestand der Zugehörigkeit zum amerikanischen Einflussbereich schließt die Chance selbstständiger Gestaltung der Bonner Politik keineswegs aus. [...] Kann man nicht das Verhältnis der Über- und Unterordnung durch eine arbeitsteilige Partnerschaft ergänzen? Sie würde jedenfalls die nukleare Ungleichheit im westlichen Bündnis, den Kern aller Probleme der atlantischen Gemeinschaft, erträglicher machen. [...] Es gibt nur einen Weg, um das Gewicht der westdeutschen Abhängigkeit von Washington zu mindern: Man muss selbst energisch in den Strom der Entspannung steigen, denn nur der Abbau der Gegensätze in Europa befördert die Chance, nicht mehr alles eigene Vermögen dem eisernen Zwang der Existenzsicherung unterwerfen zu müssen. [...] Die zweite Linie westdeutscher Staatsräson verlangt die enge Kooperation mit den europäischen Verbündeten Amerikas. Westeuropa zieht uns an, weil wir hier Gleiche unter Gleichen sind, weil hier nicht jener schockierende Größenunterschied an Macht existiert, den wir aus unserem Verhältnis zu den Vereinigten Staaten kennen. [...] Das fordert zur Solidarität der minderen Brüder auf. Ihre wissenschaftliche, wirtschaftliche und militärische Zusammenarbeit könnte verstärkt werden. [...] Westeuropa sähe sich so in den Stand gesetzt, den Wettbewerb mit den Vereinigten Staaten erfolgreicher zu bestehen.

W. Besson: Die Außenpolitik der Bundesrepublik. München 1970, S. 446f.

b) *Der deutsch-amerikanische Politikwissenschaftler Wolfram F. Hanrieder (1991):*

Im Anfangsstadium der Bundesrepublik bestand ihre Außenpolitik in nicht viel mehr als der Verwaltung von Sachzwängen. In späteren Jahren, nach Wiedererlangung ihrer Souveränität 1955, erfuhr die Bundesrepublik einen Zuwachs an Einfluss und Legitimität, der sie zu dem Status einer Mittelmacht erhob, angelagert im Schwerpunkt der atlantischen Sicherheitsgemeinschaft und der westeuropäischen Wirtschaftsgemeinschaft und fähig, eigenständige politische Entscheidungen zu treffen. Zu diesem Zeitpunkt bestanden allerdings für die voraussehbare Zukunft keine echten Alternativen mehr. Die Dynamik geschichtlicher Entwicklungen hatte inzwischen politische und wirtschaftliche Umstände geschaffen, [...] die für die folgenden Jahrzehnte der Bundesrepublik genauso einengend wirkten wie die rechtlichen und politischen Schranken, die ihr zum Zeitpunkt ihres Entstehens auferlegt waren. [...] Erst die Vorgänge in der Sowjetunion, in Osteuropa und Ostdeutschland im Jahre 1989 schienen den Spielraum der deutschen Diplomatie etwas zu erweitern, wobei die Bonner Regierung sich aber gleichzeitig veranlasst sah zu betonen, dass sie unauflöslich an den Westen gebunden sei und dass sie eigentlich keinen größeren Handlungsspielraum anstrebe, es sei denn mit Übereinstimmung und Unterstützung ihrer Partner und Nachbarn.

W. F. Hanrieder: Deutschland, Europa, Amerika. Paderborn 1991, S. 2

a) Wie beurteilen die Autoren die Zugehörigkeit der Bundesrepublik zum westlichen Bündnissystem? Was ergibt sich dabei für die Frage der Handlungsspielräume?

b) Die Wissenschaftler schätzen die Rolle der militärischen Stärke unterschiedlich ein. Wem geben Sie recht?

1. *Skizzieren Sie die Grundzüge der Außenpolitik der „alten" Bundesrepublik und versuchen Sie eine Periodisierung.*
2. *Wägen Sie die Vor- und Nachteile ab, die sich aus der Verankerung im Westbündnis ergaben.*
3. *Untersuchen Sie die Zusammenhänge zwischen der wirtschaftlichen Stärke der Bundesrepublik und ihrer Außenpolitik.*
4. *Was ist „Anti-Amerikanismus" und welche Rolle spielte er in der Geschichte der Bundesrepublik?*
5. *Welche Ziele verfolgten Paris und Bonn in ihrer Europapolitik?*
6. *Zeigen Sie die besonderen Schwierigkeiten des deutsch-israelischen Verhältnisses auf.*
7. *Erörtern Sie die Gründe für das lange Zögern der Bonner Diplomatie, sich mit dem Osten in ähnlicher Weise zu verständigen wie mit dem Westen.*

Die Deutsche Demokratische Republik

Fackelzug der FDJ (Freie Deutsche Jugend) am 11.10.1949 in Berlin anlässlich der Gründung der DDR und der Wahl von Wilhelm Pieck zum Staatspräsidenten

Arbeiterklasse als Hauptkraft des gesellschaftlichen Fortschritts

„Die sozialistische Demokratie hat völlig neue, eigene Formen und Traditionen entwickelt. Letzten Endes beruhen sie alle darauf, dass die Grundinteressen der am Aufbau der sozialistischen Gesellschaft beteiligten Klassen und Schichten mit den Interessen der Arbeiterklasse als Hauptkraft des gesellschaftlichen Fortschritts übereinstimmen."

Erich Honecker, DDR-Staatsratsvorsitzender und SED-Generalsekretär, 1980

Leistung und Lebensglück

„Es muss deutlich gesagt werden: In der DDR gab es Leistung und Lebensglück – und zwar nicht wegen, sondern vielfach trotz des SED-Regimes."

Horst Köhler, Bundespräsident, 2008

Wie die Bundesrepublik war auch die DDR ein Geschöpf des Kalten Krieges. Der politische Wille der Sowjetunion entschied über ihre Gründung und bestimmte bis zum Ende ihr Schicksal. Den Machthabern fehlte es an demokratischer Legitimation und der inneren Zustimmung der Bevölkerungsmehrheit. Umso stärker waren sie bemüht, ihre Herrschaft stabil und unangreifbar zu machen: durch Indoktrination und Propaganda wie durch Unterdrückung jeglicher Opposition; durch die Einsperrung und Abschottung ihrer Bürger von allen unwillkommenen Einflüssen, aber auch durch den Aufbau eines Wohlfahrts- und Vorsorgestaates, der den Menschen alle Lebensrisiken abzunehmen versprach. Am Ende ging keine dieser Rechnungen auf: Moskau selbst leitete mit der gorbatschowschen Reformpolitik den Zusammenbruch des Sozialismus ein.

Am 17. Juni 1953 entstand diese dramatische Aufnahme in Ostberlin, im Hintergrund ist das Berolinahaus am Alexanderplatz zu sehen. Ein umgestürztes Auto von SED-Funktionären brennt.

1945	Gründung der Deutschen Demokratischen Republik
1952	Die SED beschließt den „Aufbau des Sozialismus".
1953	17. Juni – Der Arbeiteraufstand in Ostberlin und der DDR wird von sowjetischem Militär niedergeschlagen.
1954	Die UdSSR erkennt die Souveränität der DDR an.
1955	Die DDR wird Gründungsmitglied des „Warschauer Paktes".
1956	Die Volkskammer beschließt die Schaffung der „Nationalen Volksarmee" (NVA).
1961	13. August – Der Bau der „Mauer" quer durch Berlin vollendet die Abschließung der DDR-Bevölkerung.
1971	Erich Honecker löst Walter Ulbricht als Erster Sekretär der SED ab.
1973	Die DDR wird in die UNO aufgenommen.
1989	Die Volkskammer begrüßt die blutige Niederschlagung der Studentenopposition in Peking.
	Bürgerproteste gegen die Fälschung der Kommunalwahlergebnisse

1. Von Ulbricht zu Honecker: Etappen der Entwicklung

1.1 „Aufbau des Sozialismus" im Geiste des Stalinismus (1949–1961)

„Verschärfter Klassenkampf" Die schon vor der Staatsgründung von 1949 eingeleitete sozialistische Umwälzung fand in den 1950er-Jahren ihre verschärfte und beschleunigte Fortsetzung. Ihr Hauptantreiber war Walter Ulbricht, der als Erster Sekretär der SED alle Fäden in der Hand hielt und der die nötige Härte besaß, um alle Widersacher aus dem Wege zu räumen. In Ergebenheit gegenüber dem allmächtigen Stalin, der die DDR bis zu seinem Tode 1953 in Abhängigkeit hielt, betrieb er eine Politik des „verschärften Klassenkampfes". Gemäß den Lehren des Marxismus-Leninismus, der zur verbindlichen Weltanschauung aufstieg, vollendete die „Diktatur des Proletariats" die Entmachtung der ehemals „herrschenden Klassen". In mehreren „Säuberungsaktionen" schloss Ulbricht alle „Genossen" aus, die sich seinem harten Kurs nicht vorbehaltlos anschlossen. Innerparteiliche Opposition galt seitdem als besonders schwere Verfehlung. Nachdem 1958 die letzte Abweichlergruppe ihrer Parteiämter enthoben worden war, war die Disziplinierung der Partei abgeschlossen, und bis zur Wende von 1989 konnten sich die Generalsekretäre auf die Willfährigkeit aller Parteifunktionäre verlassen.

Gleichschaltung Auch über die SED hinaus herrschten Anpassung und Unterwerfung. Die vier „Blockparteien“ – CDU, LDPD, DBD und NDPD – sowie die Massenorganisationen (darunter als die größten der FDGB und die FDJ) schlossen sich in der „Nationalen Front“ mit der SED zusammen und fügten sich deren Weisungen und Kontrollen. Einzig die beiden großen christlichen Kirchen wehrten sich gegen ihre Vereinnahmung. Gegen die evangelische Kirche führte der SED-Staat einen regelrechten „Kirchenkampf“. Er betrieb eine aggressive atheistische Propaganda, stellte Pfarrer aus fadenscheinigen Gründen vor Gericht, schloss junge Menschen wegen ihrer Mitgliedschaft in der „Jungen Gemeinde“ vom Schulbesuch oder Studium aus. Mit der „Jugendweihe“ schuf er ein Gegenstück zur Konfirmation; der Religionsunterricht wurde aus den öffentlichen Schulen verbannt, an seine Stelle trat das Pflichtfach „Marxismus-Leninismus“.

Sozialistische Produktionsverhältnisse Zur ideologischen Indoktrination gesellte sich der ökonomische Kampf gegen die noch bestehenden nichtsozialistischen („kapitalistischen“) Eigentums- und Produktionsformen. Sein Ziel war die Überführung der Privatwirtschaft in genossenschaftliche oder staatliche („volkseigene“) Betriebsformen. Den von der Partei seit 1952 propagierten „Landwirtschaftlichen Produktionsgenossenschaften“ (LPG) traten anfangs nur die Bauern mit kleinem, unrentablem Landbesitz bei. Darum wurden die größeren Bauern unter Druck gesetzt: Sie mussten weitaus höhere Steuern zahlen, mehr Abgaben leisten und wurden bei der Versorgung mit Maschinen oder Düngemitteln benachteiligt. Ähnlich verfuhren die Machthaber mit selbstständigen Fabrikanten, Kaufleuten oder Handwerkern. Ein Teil der Bedrängten gab auf und setzte sich zumeist in den Westen ab. Als die Produktion sank, die Unzufriedenheit zunahm und die Flüchtlingszahlen stiegen – was erheblich zum Aufstand des 17. Juni 1953 beitrug –, lockerte die Ulbricht-Führung vorübergehend die Zügel. Aber sobald sie sich wieder sicher fühlte, kehrte sie zu den alten Zwangsmethoden zurück. Mit einem riesigen Propagandaaufwand und einer rigorosen Einschüchterung der zögernden Bauern gelang ihr im Frühjahr 1960 die vollständige Kollektivierung der Landwirtschaft. Auch in den anderen Wirtschaftsbereichen drängte sie den

Berlin war die Nahtstelle zwischen den beiden politischen Systemen in Deutschland und das Schlupfloch für DDR-Flüchtlinge. – Die Fotografie wurde Mitte Mai 1949 aufgenommen.

privaten Sektor – mit Ausnahme der Ärzte und Handwerker – entscheidend zurück. Jährlich verließen Hunderttausende das Land, bis zum Mauerbau von 1961 fast 3 Millionen Menschen. Das war ein gewaltiger Aderlass, den der Staat auf Dauer nicht verkraften konnte.

Wirtschaftliche Engpässe Allen Versprechungen zum Trotz blieb der Lebensstandard noch lange niedrig. Das war zum einen den hohen Reparationslasten zuzuschreiben, die die DDR bis 1954 tragen musste. Stärker aber wirkte sich die Grundsatzentscheidung der Parteiführung aus, vorrangig eine Grundstoff- und Schwerindustrie aufzubauen und dafür die Produktion von Konsumgütern hintanzustellen. Eine solche Industriepolitik war schlecht mit der Rohstoffarmut und den gewachsenen Gewerbestrukturen des Wirtschaftsraumes zwischen Elbe und Oder zu vereinbaren. Sie entsprang dem stalinistischen Dogma vom Vorrang der Montanindustrie und dem Ehrgeiz Ulbrichts, im Systemwettbewerb die Bundesrepublik zu überflügeln. Da diese Strategie fast sämtliche Investitionsmittel verschlang, taten sich in den anderen Wirtschaftsbereichen viele Lücken und Engpässe auf. Sie häuften sich, weil das überhastet eingeführte System der zentral gelenkten Plan- und Verwaltungswirtschaft nur selten funktionierte und viel Leerlauf und Ressourcenvergeudung erzeugte. Die ehrgeizigen, von oben verordneten Planziffern ließen sich vielfach nicht einhalten und die Produktionsabläufe griffen nicht so ineinander, wie es sich die Planer vorstellten. So blieben die Arbeitsproduktivität und das wirtschaftliche Wachstum ständig hinter westlichen Maßstäben zurück; hinzu kam der sich durch die Fluchtbewegung verschärfende Arbeitskräftemangel. So wussten sich die Parteispitzen in Moskau und Ostberlin schließlich nicht anders zu helfen, als mit dem Mauerbau im August 1961 die Schlupflöcher in den Westen zu stopfen und die DDR-Bevölkerung zu zwingen, sich mit den bestehenden Verhältnissen abzufinden und das Beste daraus zu machen.

Organe der Staatsmacht. Schon lange vor der Staatsgründung, seitdem aber in verstärktem Maße, betrieb die Parteiführung unter Ulbricht einen forcierten Ausbau des Machtapparates. Bereits 1950 entstand das „Ministerium für Staatssicherheit" („Stasi"), dem die Überwachung und Ausschaltung aller wirklichen oder potenziellen Regimegegner oblag. Die mit zuverlässigen SED-Juristen besetzten Gerichte taten ein Übriges und verhängten drakonische Strafen, die mögliche Oppositionelle wirksam einschüchterten. Die Volkspolizei betrieb schon früh die Aufstellung militärisch bewaffneter und ausgebildeter kasernierter Einheiten; zusammen mit den in allen größeren Wirtschaftsunternehmen rekrutierten „Betriebskampfgruppen" signalisierten sie die Entschlossenheit des Regimes, seine Ziele nötigenfalls mit militärischer Gewalt durchzusetzen. 1956 erfolgte die Gründung der „Nationalen Volksarmee" (NVA), vorgeblich als Reaktion auf den NATO-Beitritt der Bundesrepublik, tatsächlich aber in der konsequenten Fortführung der längst begonnenen Militarisierung. Begleitet wurde dieser Ausbau der Staatsmacht von einer ideologischen Mobilmachung: Seit 1952 mussten alle Studierenden einen Pflichtkurs über den Marxismus-Leninismus absolvieren; 1958 beschloss eine SED-Konferenz die Umgestaltung aller Universitäten und Hochschulen zu „sozialistischen Bildungsstätten". Fortan wurden nur noch Professoren eingestellt, deren ideologische Zuverlässigkeit gewährleistet schien.

Q 77 Stalinverehrung

a) *Walter Ulbricht dankt der Sowjetunion (1952):*

Die Aneignung der Sowjetwissenschaft und ihre schöpferische Anwendung in der täglichen Arbeit spielen eine große Rolle bei der politischen und ideologischen Erziehung der Massen. Ich habe bereits darauf hingewiesen, zu welchem großen Dank wir der Sowjetunion verpflichtet sind dafür, dass sie uns die Möglichkeit gibt, die Ergebnisse der Sowjetwissenschaft auf allen Gebieten nicht nur zu studieren, sondern auch anzuwenden. Parteigenossen, parteilose Aktivisten und Angehörige der Intelligenz sind in großem Maße bestrebt, in die Geheimnisse der fortgeschrittenen Sowjetwissenschaft einzudringen. Das wichtigste Mittel zur schnelleren Hebung des ideologischen Niveaus ist die Verbesserung des Studiums der Geschichte der KPdSU (B). [...] Von besonderer Bedeutung ist das Studieren der Werke des Genossen Stalin und seiner Biographie im Selbststudium. [...] Die großen Ziele, für die Tausende deutscher Arbeiter und Werktätiger ihr Leben hingegeben haben, sie werden Wirklichkeit, weil wir das große Beispiel des Sieges des Sozialismus in der Sowjetunion vor Augen haben. Wir werden siegen, weil uns der große Stalin führt! (Die Delegierten und Gäste erheben sich spontan von ihren Plätzen und spenden Genossen Ulbricht minutenlang begeisterte Ovationen.)

Protokoll der II. SED-Parteikonferenz, Berlin (Ost) 1952, S. 157ff.

b) *Johannes R. Bechers „Danksagung“ beim Tode Stalins (1953):*

In seinen Werken reicht er uns die Hand,
Band reiht an Band sich in den Bibliotheken.
Und niederblickt sein Bildnis von der Wand.
Auch in dem fernsten Dorf ist er zugegen.
Mit Marx und Engels geht er durch Stralsund,
Bei Rostock überprüft er die Traktoren,
Und über einen dunklen Wiesengrund
Blickt in die Weite er, wie traumverloren.
[...]
Mit Lenin sitzt er abends auf der Bank,
Ernst Thälmann setzt sich nieder zu den beiden.
Und eine Ziehharmonika singt Dank,
Da lächeln sie, selbst dankbar und bescheiden.
[...]
Gedenke, Deutschland, deines Freunds, des besten.
O danke Stalin, keiner war wie er
So tief verwandt dir. Osten ist und Westen
In ihm vereint. Er überquert das Meer
Und kein Gebirge setzt ihm eine Schranke,
Kein Feind ist stark genug, zu widerstehn
Dem Mann, der Stalin heißt, denn sein Gedanke
Wird Tat und Stalins Wille wird geschehn.

Sinn und Form, 5 (1953), Heft 2, S. 8f.

a) Wo sah die SED 1952 ihre Hauptaufgaben? Was steckte hinter ihrer Erwartung von der Wichtigkeit ideologischer Schulung?

b) Zeigen Sie an dem Becher-Gedicht die Elemente des Personenkults auf. Welche Funktionen sollte er erfüllen? Kennen Sie vergleichbare Erscheinungen in anderen politischen Systemen?

Am 27. Juli 1950 wurden neue Grundsätze der Städteplanung durch die SED verabschiedet. – Der Stalinallee wurde dabei eine besondere Rolle zugesprochen. Sie sollte der Mittelpunkt Berlins werden, geeignet für Großdemonstrationen und Aufmärsche. Ihr Name war Ausdruck des großen Einflusses, den man Stalin und der Sowjetunion zubilligte oder zubilligen musste. Beidseitig der breiten Straße wurden nunmehr sieben- bis neungeschossige Wohnblocks geplant und gebaut. Die Aufnahme aus den frühen 1950er-Jahren zeigt Arbeiter bei Straßenarbeiten vor der Deutschen Sporthalle in der Stalinallee, die Halle musste schon Anfang der 1960er-Jahre wegen irreparabler Bauschäden abgerissen werden.

Q 78 „Bittere Vorwürfe“

Die Abgeordnete Elli Schmidt (SED) vor der Volkskammer (1952):

Nicht nur in der Versorgung mit Lebensmitteln, sondern auch besonders in der Versorgung mit Textilien gab es große Mängel. Das Ministerium für Leichtindustrie sollte ebenfalls selbstkritisch zu den Fehlern, die in diesem Jahr gemacht wurden, Stellung nehmen und lernen, diese im kommenden Jahr nicht zu wiederholen. Wir Mütter müssen unserem Ministerium für Leichtindustrie bittere Vorwürfe darüber machen, dass vergessen wurde, Stoffe produzieren zu lassen, die für die Herstellung einer preiswerten Kinderkonfektion geeignet sind. Sicher hat der Minister für Leichtindustrie keine Kinder; denn sonst könnte er in der Sorge um unsere Jüngsten nicht vergessen, dass sie Strümpfe, Windeln, Babywäsche, Hosen, Kleider und Mäntel brauchen, und zwar der Jahreszeit angepasst. Im Winter brauchen unsere Kinder keine Sandalen, die es jetzt und nicht im Sommer zu kaufen gibt. Im Winter brauchen unsere Kinder keine Kniestrümpfe, die man jetzt haben kann, während sie im Sommer fehlten.

Protokolle der Volkskammer 1952, S. 807

Erörtern Sie die Gründe für die Versorgungsmängel, die die Abgeordnete beschreibt.

Q 79 Kirchenkampf

a) *Aus einer Erklärung der Evangelischen Bischofskonferenz (1953):*

Der Druck, der in Glaubens- und Gewissensfragen auf Glieder der evangelischen Kirche ausgeübt wird, droht untragbar zu werden. Uns ist bekannt geworden, dass gegen die Glieder der Jungen Gemeinde mit besonderer Härte vorgegangen wird und welche Mittel dabei angewendet werden. Wir wissen von vielen Fällen, in denen junge Menschen, die ihre Mitgliedschaft in der Jungen Gemeinde nicht aufgeben wollten, von der Schule verwiesen und am Abschluss ihrer Ausbildung gehindert wurden. Wir wissen von anderen noch schwereren Fällen, in denen ein unverantwortlicher Druck auf die jungen Menschen ausgeübt worden ist mit dem Ziel, das Rückgrat ihrer Gesinnung und ihres Glaubens zu brechen. Wir erklären, dass wir kein Wort von den Angriffen glauben, die in der „Jungen Welt“, dem Organ des Zentralrates der FDJ, gegen die Junge Gemeinde erhoben sind. Wir kennen diese jungen Christen und wissen, dass es nicht wahr ist, dass sie die Junge Gemeinde zu einer „Terrorgruppe zur Sabotage der Wiedervereinigung Deutschlands“ machen wollten. […] Wir wissen als Christen zwar um die Grenzen der irdischen Gerichtsbarkeit, verzichten aber gleichwohl nicht auf den Appell an Amtspflicht, Gewissen und Menschlichkeit der Richter. Wir glauben, dass Gottes Gericht über diejenigen ergehen wird, die das von Gott gesetzte Amt der Obrigkeit missbrauchen.

Keesings Archiv der Gegenwart, 23 (1953), S. 3963

b) *Aus einem Schreiben der SED-Bezirksleitung Neubrandenburg (1956):*

Durch die Verbreitung der marxistisch-leninistischen Lehre sowie wissenschaftlicher Kenntnisse wird erreicht, dass sich immer mehr Menschen von religiösen Auffassungen befreien. Zahlreiche Bürger haben im Ergebnis der Aufklärungstätigkeit mit dem Gedankengut der Kirche gebrochen oder zeigen keinerlei Drang zur Kirche. Dennoch sind sowohl Mitglieder unserer Partei als auch andere Bürger in ihrem Verhältnis zur Kirche inkonsequent und verbleiben weiterhin Mitglied der Kirche. […] Vielfach liegen die Ursachen eines inkonsequenten Verhaltens zur Kirche darin begründet, dass diese Menschen bei bestimmten Anlässen, wie z. B. bei der Eheschließung, eine feierliche Handlung, wie sie die Kirche vornimmt, als gewissen Höhepunkt der Hochzeit ansehen und deshalb nicht darauf verzichten möchten. Um diese Tradition, die ein gewisses Monopol der Kirche darstellt, zu überwinden, ist es notwendig, dass von anderer Stelle bei der Eheschließung ein feierlicher Akt als Höhepunkt erfolgt. Dafür sind die Standesämter am besten geeignet. Bei den Standesämtern muss deshalb in Zukunft […] in feierlicher Weise die Eheschließung gewürdigt und damit ein Höhepunkt geschaffen werden.

Bundesarchiv ZPA, IV 2/14/40, Bl. 8

Charakterisieren Sie die Strategie der SED gegenüber der Kirche. Hatte sie damit Erfolg?

1.2 Die DDR nach dem Mauerbau

Die neue Selbstsicherheit Der Mauerbau zwang die Bürger, im Land zu bleiben und sich mit dem Regime abzufinden. Er nötigte aber auch die Führung, den Druck auf die Bevölkerung zu lindern, erträgliche Lebensverhältnisse zu schaffen und dadurch jenes Mindestmaß an Loyalität zu erzeugen, ohne das auch eine Diktatur auf die Dauer nicht bestehen kann. In den 1960er-Jahren gewann das Ulbricht-Regime merklich an Selbstsicherheit. Der Sog, der bis zum 13. August 1961 von der Bundesrepublik ausgegangen war und der zu beständiger Unruhe geführt hatte, war weitgehend eingedämmt. Der Lebensstandard stieg langsam und übertraf schließlich den aller anderen Ostblockländer. Die Partei erklärte den Klassenkampf für beendet und Ulbricht verkündete die „sozialistische Menschengemeinschaft". 1969 legten der Staat und die evangelische Kirche ihren langen Streit bei. Die Kirche beugte sich der Forderung, aus der gesamtdeutschen Kirchengemeinschaft der EKD auszuscheiden, und gründete einen eigenen „Bund der Evangelischen Kirchen in der DDR". Dafür gestand ihr der Staat Unabhängigkeit im Rahmen der bestehenden Ordnung zu.

„Neues Ökonomisches System" Um die offenkundig gewordenen Mängel des Planungszentralismus abzustellen, führte Ulbricht 1963 das „Neue Ökonomische System" ein. Es gewährte den Betrieben mehr wirtschaftliche Bewegungsfreiheit und stärkere Gewinnanreize und führte mit dem Prinzip der „materiellen Interessiertheit" „ökonomische Hebel" ein, die zuvor als bürgerlich-kapitalistische Überbleibsel verpönt waren. Der Sachverstand der Fachleute kam wieder zu Ehren, nachdem bei der Vergabe der Leitungspositionen bislang die politische Linientreue den Ausschlag gegeben hatte. Die „wissenschaftlich-technische Revolution", die insbesondere Ulbricht zu seinem Anliegen machte, erweckte eine Zeit lang die Hoffnung, die sozialistische Utopie „Jeder nach seinen Fähigkeiten, jedem nach seinen Bedürfnissen" vielleicht doch noch erleben zu können. Als aber die erwarteten Erfolge ausblieben, kehrte die Führung bald wieder zu den alten Methoden der Gängelung von oben zurück.

Führungsmonopol der Partei Dem – am Ende doch nur halbherzigen – Versuch einer ökonomischen Modernisierung traten keinerlei Ansätze zu einer Liberalisierung und Demokratisierung des Herrschaftssystems zur Seite. Auch die bescheidensten Bestrebungen, mehr ideologische Offenheit und Unabhängigkeit in Wissenschaft, Literatur und Kunst zu praktizieren, wurden bekämpft. Der angesehene Physiker Robert Havemann, ein alter und überzeugter Kommunist, verlor sein akademisches Amt und seine SED-Mitgliedschaft, weil er mehr Denkfreiheit und öffentliche Kritik anmahnte. Das Zentralkommitee (ZK) der SED veranstaltete 1965 ein regelrechtes Scherbengericht über Schriftsteller wie Wolf Biermann, Stephan Hermlin, Stefan Heym, Günter Kunert, die es ablehnten, in die üblichen Lobhudeleien auf die bestehende Ordnung einzustimmen. Die neue Verfassung von 1968, mit der Ulbricht die vollzogene sozialistische Umgestaltung besiegelte, schrieb die führende Rolle der SED verbindlich fest.

Werbeplakat der HO Industriewaren: Erstklässler vor dem Haus des Kindes in der Berliner Stalinallee.

Q 80 Sozialistische Disziplin und Wachsamkeit

Aus der Präambel des Strafgesetzbuches von 1968:

Das sozialistische Strafgesetzbuch dient im Besonderen dem entschiedenen Kampf gegen die verbrecherischen Anschläge auf den Frieden und die Deutsche Demokratische Republik, die vom westdeutschen Imperialismus und seinen Verbündeten ausgehen und die Lebensgrundlagen unseres Volkes bedrohen. Es dient zugleich dem Kampf gegen Straftaten, die aus dem Fortwirken der Überreste der kapitalistischen Zeit erwachsen und durch feindliche Einflüsse und moralische Verfallserscheinungen aus den imperialistischen Staaten genährt werden. Damit gewährleistet das sozialistische Strafrecht den wirksamen Schutz der sozialistischen Staats- und Gesellschaftsordnung und der sozialistischen Gesetzlichkeit. Das sozialistische Strafrecht gebietet, dass jeder zur Verantwortung gezogen wird, der sich eines Verbrechens oder Vergehens schuldig macht. Es wendet sich an alle Bürger, staatlichen und gesellschaftlichen Organe und an alle Kollektive, wachsam und unduldsam gegenüber den feindlichen Machenschaften gegen die sozialistische Ordnung und gegenüber allen Erscheinungen von Ungesetzlichkeit und Verantwortungslosigkeit zu sein. Es fordert alle auf, aktiv mitzuwirken, damit Straftaten verhütet, alle Verbrechen und Vergehen aufgedeckt, ihre Ursachen und Bedingungen beseitigt und die Schuldigen zur Verantwortung gezogen werden.

Gesetzblatt der DDR, 1968, I, S. 1

a) Wo sieht dieser Text wesentliche Ursachen für Straftaten? Erläutern Sie die dahinterstehenden politischen Absichten des Gesetzgebers.

b) Vergleichen Sie die hier vorgenommene Zweckbestimmung des Strafrechts mit anderen Ihnen geläufigen Auffassungen von den Aufgaben des Rechts.

Q 81 Über Freizeit in Kapitalismus und Sozialismus

Der ostdeutsche Erziehungswissenschaftler Herbert Zerle (1961):

Im Sozialismus bietet die Freizeit, da sie sich gesetzmäßig mit der Steigerung der Arbeitsproduktivität vergrößert und die sozialistische Arbeit noch genügend Kraftreserven lässt, nicht nur die Möglichkeit der Entspannung und Unterhaltung, sondern auch der Persönlichkeitsentfaltung durch vielgestaltige kulturelle und wissenschaftliche Kontakte. „Nur keinen Bildungsfanatismus", empfiehlt dagegen die offiziöse westdeutsche „Welt der Arbeit". „Freizeit bedeutet Freiheit zu tun, was einem gefällt. Und wer stundenlang auf einer Brücke steht und in den Kahn spuckt, um zu sehen, ob die Spucke Kahn fahren kann, soll es tun dürfen." Hier wird unmissverständlich eine individualistische, auf politische Enthaltsamkeit hinzielende Freizeitunterhaltung empfohlen. [...] Im Kapitalismus soll sich der Werktätige amüsieren, um gut arbeiten zu können; er soll aber nicht denken, nicht klassenbewusst handeln lernen. Kulturelle Erholung ist deshalb nur mit politischer Indifferenz erwünscht. Im Sozialismus dagegen dient die Freizeit neben der physisch und psychisch notwendigen Entspannung vor allem dem baldigen Sieg der Kulturrevolution, der Entwicklung eines hochgebildeten, kulturvollen Menschen.

H. Zerle: Freundschaft und Geselligkeit im Sozialismus. In: Pädagogik 16 (1961), S. 581ff.

Diskutieren und vergleichen Sie den hier verwendeten Kulturbegriff mit den in westlichen Ländern üblichen Vorstellungen von Kultur.

Q 82 „Karat" und andere

Nach langem Sträuben fand sich die SED-Führung mit der Verbreitung westlicher Musik in der DDR ab. 1976 tritt die DDR-Rockband „Karat" auf dem Berliner Alexanderplatz auf. Die ab Ende der 1970er-Jahre sich langsam verbreitende Punkbewegung dagegen wird bis zum Ende der DDR misstrauisch beobachtet und teils gegängelt.

Erörtern Sie, welche gesellschaftliche Funktion diese Musik übernehmen kann.

1.3 Der „real existierende Sozialismus" in der Ära Honecker (1971–1989)

„Einheit von Wirtschafts- und Sozialpolitik" Erich Honecker, der den in Moskau wegen seines Eigensinns in Ungnade gefallenen Walter Ulbricht 1971 als SED-Generalsekretär ablöste, nahm mit dem neuen Motto der „Einheit von Sozial- und Wirtschaftspolitik" einen deutlichen Kurswechsel vor. Er beschnitt die kostspieligen Investitionen für die Großtechnologien, denen Ulbricht auf Kosten aller anderen Wirtschaftszweige den Vorrang gegeben hatte, und erhöhte die Ausgaben für den lange vernachlässigten Wohnungsbau und die Konsumgütererzeugung. An die Stelle der großen Fernziele des Sozialismus setzte er die kleinen Verbesserungen des täglichen Lebens. Das trug ihm zunächst eine gewisse Popularität ein. Aber er stellte sich auch unter Erfolgsdruck: Die Menschen wollten greifbare Erfolge hier und heute sehen, und sie erwarteten einen Lebensstandard, der nicht allzu weit hinter dem der Westdeutschen zurückblieb.

Etwa 1986 entstandene Modeaufnahme vor einem Wartburg, dem „Luxus"-PKW aus DDR-Fertigung. (Fotografiert für VEB Oberbekleidung, Kombinat Berlin)

Hohe Staatsausgaben Das ehrgeizige Vorhaben eines leistungsfähigen Sozial- und Wohlfahrtsstaates belastete die öffentlichen Haushalte beträchtlich. Um die Preise für Grundnahrungsmittel, Kinderkleidung, Wohnung, Heizung, Nahverkehrsmittel, kulturelle Veranstaltungen oder Ferienaufenthalte niedrig zu halten, zahlte der Staat ständig hohe Subventionen. Auch die Aufwendungen für das praktisch unentgeltliche Gesundheitswesen, für die Zuschüsse zu den Altersrenten und für die in den 1970er-Jahren eingeführten erheblichen Leistungen für Familien mit Kindern verschlangen große Summen. Sie zu erwirtschaften, wurde immer schwieriger. Das schwerfällige und nicht sehr leistungsstarke Wirtschaftssystem war zwar mit den herkömmlichen Produktionstechniken noch leidlich zurechtgekommen; den hohen Innovationsanforderungen und dem schnellen Entwicklungstempo der modernen computergestützten Technologie war es jedoch nicht mehr gewachsen und fiel im internationalen Wettbewerb mit dem Westen immer weiter zurück. Versuche, durch Schwerpunktprogramme das davoneilende Weltniveau wieder einzuholen – etwa bei den Mikrochips oder in der Biotechnik –, endeten als kostspielige Fehlschläge. Die industrielle Pro-Kopf-Arbeitsproduktivität blieb unverändert bei

Real existierender Sozialismus

Diese seit den 1970er-Jahren gebräuchliche Bezeichnung für die in der DDR (und anderen Ostblockländern) praktizierte Staats- und Gesellschaftsordnung verweist auf die Differenz zwischen dem Idealbild eines erst in der Zukunft zu erreichenden Sozialismus und dem Zustand auf dem Wege dorthin, in dem noch manches unvollkommen ist, der sich aber deutlich von der „bürgerlich-kapitalistischen Klassengesellschaft“ abhebt und dieser qualitativ überlegen sein soll. Dass man bereits im Sozialismus lebt, soll dem DDR-Bürger suggerieren, das Endziel sei nicht mehr weit entfernt; dass dieser Sozialismus lediglich ein „real existierender“ ist, soll den Glauben an die Utopie des vollendeten Sozialismus wach halten.

einer Marke von rund 50%, gemessen an der westdeutschen Arbeitsleistung, stehen. Überlegungen, den Spitzenkräften höhere Einkommen zu gewähren und dadurch die allgemeine Leistungsbereitschaft zu steigern, stießen sich mit dem sozialistischen Gleichheitsideal, das Honecker nicht preisgeben wollte.

Abstand von der Sowjetunion Honecker begann seine Amtszeit mit einer verstärkten Hinwendung zur Sowjetunion (an der es Ulbricht in seinen letzten Jahren als Generalsekretär hatte fehlen lassen); 1974 ließ er sogar die unauflösliche Verbundenheit der DDR mit der Sowjetunion in die Verfassung schreiben. Das änderte sich mit der Verhärtung des Ost-West-Konflikts Anfang der 1980er-Jahre. Jetzt bekannte sich die DDR-Führung zu einer deutsch-deutschen Verantwortungsgemeinschaft für den Frieden und zeigte sich bemüht, sich aus dem neuerlichen Rüstungswettlauf herauszuhalten und die Entspannungspolitik fortzusetzen. Als Michail Gorbatschow Mitte der 1980er-Jahre mit seinem „Perestroika“-Programm Reformen im gesamten Ostblock in Gang zu bringen versuchte, zog die SED-Spitze nicht mit.

DDR-Patriotismus Die SED-Spitze sprach gern vom „Sozialismus in den Farben der DDR“. Darin kam ein gewachsenes Selbstbewusstsein zum Ausdruck, begleitet von einer Wendung zu nationalen Werten und Traditionen. Ein national gefärbter Patriotismus war auch in der Ulbricht-Ära gepflegt, aber stets dem Internationalismus der Arbeiterbewegung untergeordnet worden. Seit den späten 1970ern jedoch trat die nationale Komponente in den Vordergrund. Man bekannte sich jetzt zu den Traditionen der gesamten deutschen Geschichte, auch zu den historischen Persönlichkeiten, die zuvor verpönt waren – wie etwa Luther, Friedrich II., Bismarck oder Stauffenberg. Dies diente auch dem Zweck, dem Regime zusätzliche Legitimität zu verschaffen, weil die Überzeugungskraft des Sozialismus zusehends nachließ. Gleichwohl hielt die SED-Führung an ihrem Herrschaftsmonopol fest. Unbequeme Kritiker wurden ausgebürgert – wie der Liedermacher Wolf Biermann (s. S. 174) 1976. Zwischen 1973 und 1989 verdoppelte sich der Kontroll- und Unterdrückungsapparat des „Ministeriums für Staatssicherheit“ auf 100 000 hauptamtliche Mitarbeiter.

Q 83 Die „Einheit von Wirtschafts- und Sozialpolitik“

a) *Aus Honeckers Autobiographie (1980):*

Als wir den VIII. Parteitag der SED (1971) vorbereiteten, bewegte uns die Frage, wie man, gestützt auf die bisherigen guten Ergebnisse, den Sinn des Sozialismus, nämlich alles zu tun für das Wohl des Volkes, mit noch größerer Konsequenz in den Zielen der Wirtschafts- und Sozialpolitik verankern und verwirklichen kann. [...] Dementsprechend beschloss der VIII. Parteitag der SED als Hauptaufgabe, das materielle und kulturelle Lebensniveau des Volkes weiter zu erhöhen und durch ein hohes Entwicklungstempo der sozialistischen Produktion, die Erhöhung der Effektivität, den wissenschaftlich-technischen Fortschritt und das Wachstum der Arbeitsproduktivität die Voraussetzungen dafür zu schaffen. [...] Die Nettogeldeinnahmen der Bürger der DDR erhöhen sich jährlich um rund 4%. Stetig wachsen die Zuwendungen aus den gesellschaftlichen Fonds des Staatshaushalts. Wir setzen sie vor allem dafür ein, das Wohnungswesen auszubauen, die erwähnten stabilen Verbraucherpreise, Tarife und Mieten aufrechtzuerhalten, das Bildungs- und Gesundheitswesen auszugestalten, sowie für Erholung, Kultur und Sport. Weitere Maßnahmen zielen darauf, die Mindestlöhne und die Alters- und Invalidenrenten zu erhöhen, den Grundurlaub für alle Werktätigen, den Urlaub für Schichtarbeiter sowie den Schwangerschafts- und Wochenurlaub für Mütter zu verlängern und nach und nach die 40-Stunden-Woche einzuführen. [...] Für die entwickelte sozialistische Gesellschaft sehen wir das Grundanliegen der Wirtschaftspolitik darin, durch einen dauerhaften, kräftigen Leistungsanstieg die sozialen Fortschritte sowohl kurzfristig als auch für längere Fristen zu sichern. Dieser Zusammenhang ist es, den wir als Einheit von Wirtschafts- und Sozialpolitik charakterisieren.

E. Honecker: Aus meinem Leben. Berlin (Ost) 1981, S. 244f.

b) *Das Politbüromitglied Günter Schabowski im Rückblick (1991):*

Schürer wagte den Einspruch gegen das ökonomische Hasard, auf das sich Honecker 1971 einlassen wollte, um seiner Ära ein eigenes Markenzeichen zu geben. Schürer tat es, als die Partei, von eingefleischten Ulbricht-Anhängern abgesehen, beeindruckt, teilweise begeistert war von der Generallinie, die der neue Mann an der Spitze der Partei verkündet hatte. Honecker hatte, wenn schon nicht die Aussicht auf ein neues Zeitalter, so doch auf eine DDR eröffnet, die mit einem breit und tief gestaffelten System sozialer Sicherheiten dem von der Bundesrepublik ausgehenden Konsumdruck etwas Handfestes entgegenzusetzen hätte und zudem greifbar eine höhere gesellschaftliche Qualität für sich in Anspruch nehmen könnte. 1972, ein Jahr nach dem 8. Parteitag, warnte Schürer, damals bereits 6 Jahre Vorsitzender der Staatlichen Plankommission, dass der ehrgeizige Kurs Honeckers [...] nur durch westliche Kredite oder durch eine sinkende Akkumulationsrate oder beides zu finanzieren sei. [...] 1977 unternahm Schürer einen weiteren Versuch, um Honecker auf die Gefahren seiner illusionären Wirtschaftspolitik aufmerksam zu machen. In den sechs Jahren seit dem Parteitag hatte sich die Zahlungsbilanz der DDR erheblich verschlechtert. Die Verschuldung war um mehr als das Fünffache gestiegen. [...] Seit 1977 wurde von Honecker, Mittag, aber auch von Stoph, der bis dahin auf Schürers Bedenken stets reagiert hatte, die Parole in Umlauf gesetzt, dass nicht die Zahlungsbilanz, sondern die Beschlüsse des 8. Parteitages, die Einheit von Wirtschafts- und Sozialpolitik Richtschnur für das sozialistische Wirtschaften seien. Das war eine generelle Absage an die Gültigkeit objektiver ökonomischer Kriterien.

G. Schabowski: Der Absturz. Reinbek b. Hamburg 1992, S. 121f

a) Diskutieren Sie Honeckers Annahme, verbesserte Sozialleistungen zögen bessere Arbeitsergebnisse nach sich.

b) Was sind „objektive ökonomische Kriterien“? Erörtern Sie Schabowskis These vom Primat der Wirtschaft gegenüber der Politik

2. Der vormundschaftliche Staat

2.1 Staatspartei und politisches System

Herrschaft und Legitimation Alle wesentlichen politischen Entscheidungen fielen im Politbüro mit seinen 20 bis 25 Mitgliedern und (nicht stimmberechtigten) Kandidaten, und hier wiederum war es der Generalsekretär, auf dessen Wort alles ankam. Alles, was in der DDR angeordnet wurde, hing vom politischen Willen, Sachverstand und Urteilsvermögen eines kleinen Kreises altgedienter Funktionäre ab, der sich zudem fast immer dem Ersten Mann der Partei unterordnete.
Die Rechtfertigung für diese Allmacht der politischen Führung entnahm die SED – wie alle kommunistischen Parteien – der Doktrin des Marxismus-Leninismus. Indem der Marxismus-Leninismus die Vorhersagbarkeit der gesellschaftlichen Entwicklung behauptete, erhob er den Anspruch, das Rezept für das richtige politische Handeln zu kennen. Aus der angeblichen Wissenschaftlichkeit dieser Lehre ergab sich, dass politische Fragen nicht durch Mehrheitsbeschlüsse zu entscheiden seien, sondern durch die ideologiekundige Anwendung der Erkenntnisse des „wissenschaftlichen Sozialismus". Gemäß der Lehre Lenins konnte darüber allein die Partei befinden. Wie die Geschichte des Kommunismus zeigt, war die Parteilinie keineswegs ein ein für alle Mal feststehender Kurs, sondern sie erfuhr vielfache Veränderungen. Ausschlaggebend war dabei letztlich die „Machtfrage", nicht die theoretische Schlüssigkeit.

Kaderpartei Seit 1948 verstand sich die SED als „Partei neuen Typs". Im Sinne Lenins und Stalins wollte sie eine Eliteorganisation sein, die sich strengster Disziplin unterwarf, keine politischen Abweichungen duldete und von jedem Mitglied höchsten Einsatz verlangte. In der Praxis wurde die Eliteidee schnell von dem Modell der Massenpartei verdrängt. 1987 zählte die Partei 2,26 Millionen Mitglieder – ungefähr jeder fünfte erwachsene DDR-Bürger gehörte ihr an. Dennoch war eine bloß nominelle Mitgliedschaft kaum möglich: Jede Genossin und jeder Genosse musste sich durch politische Aktivität und Linientreue bewähren. Unter den Parteimitgliedern war die sogenannte Intelligenz überproportional vertreten; dagegen blieb der Zulauf aus der Arbeiterschaft eher schwach, was der Parteiführung einige Verlegenheit bereitete. Besonderes Gewicht in der Parteiarbeit hatte stets die Personalpolitik. Wo immer die Besetzung leitender Positionen anstand, war die Zustimmung der Parteiinstanzen einzuholen. Das aus der Sowjetunion übernommene „Nomenklatura"-System, ein nach Rangklassen geordnetes Personalakten-Register aller für Führungsaufgaben geeignet erscheinender Personen, sollte gewährleisten, dass bei Beförderungen ausschließlich zuverlässige und bewährte Kräfte zum Zuge kamen. Der Auslese dieser „Kader" galt die größte Sorgfalt. Sie wurden schon früh, insbesondere unter den Studierenden, ausgesucht und systematisch auf ihre künftigen Aufgaben vorbereitet. Das erklärt den hohen Grad von politischer Loyalität gerade unter den Angehörigen der Intelligenz, die ihre Karriere vielfach der Partei zu verdanken hatten.

Marx-Engels-Denkmal in Berlin

Partei und Staat Die SED war als Staat hinter dem Staat organisiert. Den Ministerien entsprachen die Sekretariate des Zentralkomitees (ZK). Die Parteiinstanzen trafen die grundlegenden Entscheidungen und erließen die allgemeinen Richtlinien, der Staatsapparat sorgte für deren Aus-

Sozialistische Demokratie

Die SED behauptete stets, das den Deutschen in Potsdam verordnete Demokratisierungsgebot besser als die Bundesrepublik erfüllt zu haben. Sie ging dabei freilich von einem Demokratiebegriff aus, der mit dem westlichen nur wenig gemeinsam hatte. Die für den Westen maßgebenden Merkmale – wie etwa freie Wahlen, politischer Pluralismus, die Existenz einer parlamentarischen Opposition, die Gewaltenteilung – qualifizierten die Kommunisten als lediglich äußerlich-formale ab, die angeblich dazu dienten, die Herrschaft der privilegierten Kapitalistenklasse über die Bevölkerungsmehrheit zu verschleiern. Im Gegensatz dazu, so war der Anspruch, liege im sozialistischen Staat die Macht wirklich beim Volk, nachdem es die Eigentumsverhältnisse zu seinen Gunsten verändert und der bürgerlich-kapitalistischen Ausbeuterklasse die Herrschaftsbasis entzogen habe. Das lief auf eine Gleichsetzung von Demokratie und sozialistischer Staats-, Gesellschafts- und Wirtschaftsordnung hinaus und damit auf die Unumkehrbarkeit der Machtverhältnisse. Sozialistische „Demokratie" war nicht wie die westliche Herrschaft auf Zeit, die durch neue Mehrheitsverhältnisse abgelöst werden konnte. Folglich galt das Prinzip des „demokratischen Zentralismus": Es schützte die kommunistische Führung vor dem Risiko, „von unten" abgewählt zu werden.

führung. Beschlüsse der Parteitage und vor allem des Politbüros waren für alle staatlichen Instanzen unmittelbar verbindlich. Das mächtige und gefürchtete „Ministerium für Staatssicherheit" (Stasi) unterstand nicht dem Ministerrat, sondern ausschließlich der Parteiführung. Im Übrigen sorgte die Personalunion von Partei- und Staatsämtern für die jederzeitige Durchsetzung des Parteiwillens. Schließlich und vor allem galt das Prinzip des „demokratischen Zentralismus": Die Basis durfte zwar die Führungsgremien wählen (obzwar nur aus einer zuvor von oben manipulierten Bewerberliste) – das war das „demokratische" Element –, musste sich aber hinfort allen Beschlüssen dieser übergeordneten Gremien fügen – das war der „Zentralismus". „Fraktionsbildung", eine von der von oben verordneten Parteilinie abweichende politische Meinungs- oder Willensartikulation, wurde mit aller Härte geahndet.

Blockparteien 1945 hatte der SMAD die Weichen für ein Mehrparteiensystem gestellt. Dieses sollte eine funktionierende Demokratie vortäuschen, auf die man in den deutschlandpolitischen Auseinandersetzungen mit dem Westen Wert legte. Zugleich wollte man damit auch jene gesellschaftlichen Gruppen in das System einspannen, die als SED-Mitglieder nicht in Frage kamen: Für die kirchlich Gebundenen bot sich die CDU an, für das Wirtschafts- und Bildungsbürgertum die LDPD, für die Nationalgesinnten die NDPD, für die Landbevölkerung die DBD. Mit der Förderung dieser Parteien war weder ein politischer Pluralismus noch eine Konkurrenzdemokratie beabsichtigt. Das wurde spätestens 1948 deutlich, als alle Parteien (und Massenorganisationen) sich für die Wahlen zum „Volkskongress" auf eine gemeinsame Kandidatenliste einigten und die Mandatsverteilung vorab festlegten. Bei dieser Praxis – für die fortan die „Nationale Front" zuständig war – blieb es bis zum Ende der DDR.

Massenorganisationen Auch den Massenorganisationen ging jede politische Eigenständigkeit ab. Im Sinne Lenins hatten sie als „Transmissionsriemen" des Parteiwillens zu wirken. Die beiden wichtigsten, der Freie Deutsche Gewerkschaftsbund (FDGB) und die Freie Deutsche Jugend (FDJ), zählten in den 1980er-Jahren 9,4 bzw. 2,3 Millionen Mitglieder und erreichten damit eine Organisationsdichte von 100 bzw. 70 % aller in Frage kommenden Personen. Sie verstanden sich nicht als Interessenverbände, die sich für die Belange ihrer Klientel einsetzten, sondern als Agenturen des Sozialismus, die sich in den Dienst des Ganzen stellten.

Leben im autoritären Staat Im Gegensatz zum demokratischen Prinzip der Gewaltenteilung galt in der DDR der Grundsatz der Konzentration und Zentralisation der politischen

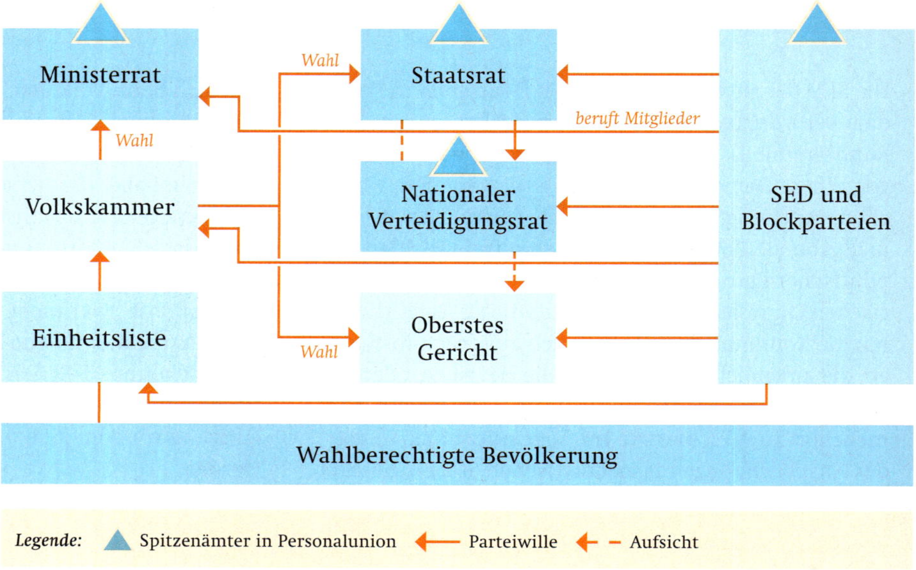

Staatsaufbau der DDR

Macht. Unabhängige Bereiche des öffentlichen Lebens wurden – mit einer gewissen Ausnahme bei den Kirchen – nicht geduldet. Die Parteiführung hielt sich für berufen und auch für kompetent, das Leben ihrer Bürger in allen Einzelheiten zu regeln.
Aber nach dem 17. Juni 1953 hütete sie sich, den Bogen zu überspannen. Sie wusste, dass sie auf den Sachverstand und die berufliche Tüchtigkeit der „Werktätigen" angewiesen war, und legte großen Wert auf deren Zufriedenheit und ein gutes Arbeitsklima. Wollten die Arbeitnehmer indes berufliche Nachteile vermeiden und auch sonst keinen Anstoß erregen, taten sie gut daran, bei offiziellen Anlässen (Wahlen, Versammlungen, staatlichen Feiertagen) ihre politische Loyalität zu bekunden.
Viele Menschen lebten in einer Doppelwelt: hier das zur Schau gestellte „sozialistische Bewusstsein", dort die wirkliche Meinung, die man aber nur Verwandten und guten Freunden offenbarte. Die ständige politische Mobilisierung, die das Regime den Menschen zumutete, trieb manchen in die politische Apathie oder Heuchelei. Dabei spielte oft die Angst vor Spitzeln und Denunzianten mit.

Erziehungsdiktatur Dem Misstrauen von unten entsprach der Argwohn von oben. Zu keiner Zeit war sich die Führung der Systemtreue der Staatsbürger wirklich sicher. Ein wesentlicher Teil ihrer politischen Arbeit bestand im Aufspüren von Mängeln, Fehlern, Sabotage und in der Disziplinierung und Bestrafung der dafür Verantwortlichen.
In dieser Erziehungsdiktatur, die das Bewusstsein der Menschen verändern und letztlich einen ganz neuen Menschentyp heranbilden wollte, spielte das „Ministerium für Staatssicherheit" eine ausschlaggebende Rolle. Es hatte den Auftrag, die sozialistische Ordnung zu schützen – gegen deren erklärte Feinde, aber auch gegen die Pflichtvergessenen und Fahrlässigen. Dafür entstand ein riesiger Kontrollapparat, in dem bis zu 100 000 hauptamtliche und 150 000 „Inoffizielle" Mitarbeiter (IM) tätig waren. Er hatte die Regimegegner aufzuspüren, aber auch die Stimmungen in der Bevölkerung auszukundschaften.

Politische Justiz Ein wesentlicher Teil des Unterdrückungsapparates war die Justiz. In der Phase des „verschärften Klassenkampfes" während der 1950er-Jahre schaltete sie viele wirkliche oder angebliche Regimegegner durch drakonische Strafen aus und erzielte damit einen Abschreckungseffekt, der die meisten Menschen einschüchterte. Die SED-Führung sah das Recht als Mittel des Klassenkampfes an und die meisten Richter unterwarfen sich diesem Rechtsverständnis.

Q 84 Programm der SED von 1976

Aus der Präambel:

Die SED lässt sich in ihren programmatischen Zielen und in ihrem praktischen Handeln von den durch den revolutionären Weltprozess bestätigten allgemeingültigen Gesetzmäßigkeiten der sozialistischen Revolution und des sozialistischen Aufbaus leiten und wendet sie unter den konkreten historischen Bedingungen der DDR schöpferisch an.

Im Sozialismus wird die politische Macht von der Arbeiterklasse ausgeübt. Unter Führung ihrer marxistisch-leninistischen Partei verwirklicht die Arbeiterklasse im Bündnis mit der Klasse der Genossenschaftsbauern, mit der Intelligenz und den anderen Werktätigen die Interessen des Volkes. […]

Im Sozialismus sind die Produktionsverhältnisse, alle gesellschaftlichen Beziehungen durch bewusstes Zusammenwirken, kameradschaftliche Zusammenarbeit und gegenseitige Hilfe charakterisiert. Dadurch sind die Grundlagen geschaffen für die politisch-moralische Einheit des Volkes, für die breite Entwicklung der Initiative und Aktivität aller Werktätigen. Der Sozialismus befreit die Werktätigen von Ausbeutung und Unterdrückung. Er braucht und verteidigt konsequent den Frieden. Für alle Mitglieder der Gesellschaft eröffnet er die Möglichkeit, ihre schöpferischen Fähigkeiten zu entfalten, eine hohe Bildung zu erwerben, ihre demokratischen Rechte und Freiheiten aktiv zur Vorwärtsentwicklung der sozialistischen Gesellschaft zu nutzen, ihre Persönlichkeit allseitig zu entwickeln. […] Der Sozialismus gibt allen Menschen die Perspektive eines erfüllten Lebens, einer glücklichen Zukunft.

E. Schneider (Hg.): SED, Programm und Statut von 1976. Opladen 1977, S. 82 f.

a) Untersuchen Sie, wie die Partei mit dem Verhältnis von Arbeiterklasse und übriger Bevölkerung umgeht.

b) Was halten Sie von den hier verkündeten Versprechungen?

Q 85 SED-Funktionäre an der Macht

a) *Politbüromitglied Günter Schabowski über Erich Honecker (1991):*

Auf einen Teil des Apparates, der ihm für den Machterhalt besonders wichtig schien, nahm er ständig und unmittelbar Einfluss. Die für die Personalpolitik zuständige Kaderabteilung gehörte dazu. Durch ihre Hände und Karteikästen liefen alle Personalvorgänge, die für die Partei, für die Regierung, für die Massenorganisationen von Bedeutung waren. Erst wenn sie mit dem Generalsekretär vorgeklärt waren, kamen die entsprechenden Vorlagen ins Politbüro.

Ein zweiter Bereich, mit dem er sich intensiv befasste, war die Arbeit des Ministeriums für Staatssicherheit. Jeden Dienstag nach der Sitzung des Politbüros empfing Honecker Mielke in seinem Arbeitszimmer. Es ist anzunehmen, dass in ihren Gesprächen das Vorgehen gegen oppositionelle Kräfte ebenso besprochen wurde wie bestimmte Aufgaben und Resultate der Aufklärung. […] Wenn Mielke Honecker verließ, pflegte das Telefon bei Herrmann zu klingeln. Der Chef war nun frei für die Besprechung über die Medienarbeit. Dann eilte der Sekretär zu ihm, um sich von Honecker das Layout des „Neuen Deutschland“ vom nächsten Tag sowie Inhalt und Abfolge der Nachrichten in der abendlichen „Aktuellen Kamera“ absegnen zu lassen. Als Machtelement verstand Honecker, was, wie und wo über Tatbestände informiert wird. […]

G. Schabowski: Der Absturz. Reinbek b. Hamburg 1992, S. 114 ff.

b) *Aus dem Alltag eines SED-Kreissekretärs:*

Fritschler berät mit den Parteisekretären der Ortsparteiorganisationen und der Wohnbezirksparteiorganisationen, er bittet sie, Fragen zu stellen und Probleme ihrer Arbeit zu erläutern. Diskutiert wird über Bürgersteige, Wohnungen für Liga-Fußballer, Wasserleitungen, Gemüseversorgung im Dorfkonsum, Schlaglöcher, […].

Wieder oben in seinem Zimmer sitzend, stützt der Erste den Kopf mit beiden Händen, schweigt minutenlang. Dann guckt er mich an und sagt: „Vielleicht haben wir als Partei auch selbst Schuld, dass wir uns in so viele Alltagsdinge mischen müssen. […] Oder weshalb wird manches kommunale Problem heute nur noch dann sofort gelöst, wenn der Erste Kreissekretär anruft? Ich bezweifle manchmal […]“ Beim Wort „Zweifel“ unterbreche ich ihn, frage, ob er zweifeln darf. […] Fritschler sagt, ich könnte mir als Schriftsteller Zweifel leisten, vielleicht würde ich sie sogar zum Schreiben brauchen. Er dagegen dürfe keinen Zweifel an den Beschlüssen, Verordnungen und zentralen Weisungen zulassen. Es sei nicht seine Aufgabe zu bezweifeln, sondern Beschlüsse, Verordnungen und zentrale Weisungen durchzusetzen. „Wenn ich alles erst mit Zweifeln im Hinterkopf studiere, bleibt keine Zeit, um etwas durchzusetzen.“

L. Scherzer: Der Erste. Protokoll einer Begegnung. Rudolstadt 1988, S. 151 f.

a) Wie vollzog sich Machtausübung im SED-Staat? Ziehen Sie Vergleiche mit der politischen Praxis in westlichen Demokratien heran.

b) Arbeiten Sie die Kritik an der Partei heraus, die in diesen Texten begegnet.

Q 86 Stimmungsbilder aus der DDR-Bevölkerung (1977):

Die Masse der Bevölkerung, das ist unsere Erfahrung nach zwei Jahren DDR, lässt die Politik längst an sich vorüberrauschen. Die Indoktrination durch die Partei- und Staatsführung spornt nicht mehr an, sondern bewirkt eher das Gegenteil: „Die wären viel überzeugender, wenn sie nicht so viel trommeln würden“, sagt der Mann, der unseren Elektroherd repariert. „Die Leute würden viel besser mitziehen, wenn nicht immer ein Muss dahinter stände.“ Selbst SED-Genossen bestätigen das in privatem Gespräch. Man arrangiert sich. Man flüchtet ins Hobby, kultiviert sein Gärtchen irgendwo im Grünen, steigt aufs Boot, trägt Baumaterialien zusammen für die Datsche. [...]

Erst die Ausbürgerung Wolf Biermanns brachte zutage, dass es unter den Intellektuellen schon lange gegärt haben musste. [...] Biermann, wie auch sein Dissidentenfreund Havemann, hat ja nie den Sozialismus attackiert. Im Gegenteil, er ist mit Leidenschaft Kommunist und betrauert die „verratene Revolution“, die Unfähigkeit des Staates, kritische Bürger zu ertragen. Das tun nahezu all die engagierten Leute, mit denen wir endlos diskutieren. [...] Ein Biologe sagt: „Der Staat behandelt uns wie unmündige Kinder. Das finde ich traurig. Er bestimmt, was wir lesen dürfen, für Wissenschaftler eine unmögliche Situation. Mehr Offenheit, mehr Ehrlichkeit – wie attraktiv wäre ein solcher Sozialismus für uns und wie gefährlich für euch!“

E. Windmöller/Th. Höpker: Leben in der DDR. Hamburg 1977, S. 216 f.

Prüfen Sie die Fehler, die der SED-Führung angekreidet werden. Stellen Sie Beziehungen zu den gegenwärtigen Problemen der „inneren“ Vereinigung der Ost- und Westdeutschen her.

Q 87 Warnung vor dem Klassenfeind

Aus einer Stasi-Dienstanweisung (1968):

Der Gegner hat die Bedeutung der planmäßigen Entwicklung unseres Hochschulwesens und der Volksbildung für die weitere Stärkung der DDR erkannt und organisiert durch staatlich gelenkte Organisationen und Einrichtungen [...] eine systematische Zersetzung. Das Ziel besteht darin, unter der studentischen Jugend Zweifel an der Richtigkeit der Politik der Partei und Regierung zu erzeugen; die führende Rolle der Partei zu untergraben; die Sieghaftigkeit des Sozialismus in Frage zu stellen. Die Zersetzungstätigkeit dient dem Zweck, feindliche Stützpunkte und Untergrundorganisationen im Inneren der DDR zu bilden, Ausgangspunkte für konterrevolutionäre Aktionen sowie Voraussetzungen für Spionage und Abschöpfung wichtiger Informationen und Forschungsergebnisse zu schaffen. [...]

An den Hoch-, Fach- und Erweiterten Oberschulen wirken eine Reihe den Gegner begünstigende Faktoren, die bereits bei der Zulassung zum Studium beginnen. Es wird zum Teil durch eine nicht verantwortungsvolle und nicht klassenmäßige Auswahl der neu zu Immatrikulierenden feindlichen, negativen [...] Elementen Eingang zu den Universitäten, Hoch- und Fachschulen gewährt. Die klassenmäßige Erziehung ist noch nicht in ausreichendem Maße gesichert. Einige Lehrkräfte verhalten sich gegenüber den Studenten und Schülern liberal, kommen nicht ihren Pflichten zur politischen Erziehung nach.

Zwischenarchiv Normannenstraße, Bl. 2 f.

Wo sieht die Stasi die Ursachen für die mangelnde Linientreue mancher Studenten? Diskutieren Sie die Triftigkeit dieser Analyse.

Teilnehmer der sogenannten Montagsdemonstration vor dem Gebäude des Ministeriums der Staatssicherheit – 6.11.1989

2.2 Dissidenz und Opposition

17. Juni 1953 Seine vor 1989 größte Gefährdung erlebte das SED-Regime im Aufstand des 17. Juni 1953. Der Anstoß dazu kam aus der Empörung der Arbeiterschaft über eine zehnprozentige Erhöhung der Arbeitsnormen, die sich schnell mit dem ständigen Ärger über die Versorgungsmängel und die bürokratische Parteiherrschaft verband. Dieser Verdruss weitete sich bald zu einem grundsätzlichen Protest gegen die gesamte DDR-Regierungspraxis aus. Zunächst in Ostberlin (wo die Bauarbeiter der Stalinallee den Anfang machten), bald darauf in insgesamt 250 Orten der DDR legten zwischen 300 000 und 500 000 Beschäftigte, hauptsächlich Produktionsarbeiter, die Arbeit nieder, gingen auf die Straße und forderten wirtschaftliche Verbesserungen, den Rücktritt der Regierung, freie Wahlen. Hier und dort wurden SED-Funktionäre verprügelt, Parteibüros demoliert, politische Gefangene befreit. Die völlig überraschte und hilflose Führung sah keinen anderen Ausweg, als die sowjetische Besatzungsmacht zu Hilfe zu rufen. Diese verhängte den Ausnahmezustand und erstickte mit ihren Panzern den Aufstand binnen weniger Stunden. Bei diesen Auseinandersetzungen kamen mindestens 50 Menschen ums Leben. Die Rote Armee vollzog 20 standrechtliche Erschießungen. Stasi und Volkspolizei verhafteten nach dem 17. Juni etwa 10 000 Verdächtige. Die Gerichte verhängten in nichtöffentlichen Prozessen 1300 Freiheits- und 6 Todesstrafen. Die Ulbricht-Führung bemühte sich, die Schuld auf „westliche Provokateure" zu schieben und die aufsässigen Arbeiter als Verführte hinzustellen. Der Schock saß auf beiden Seiten tief. Die SED-Machthaber suchten einer Wiederholung solcher Vorgänge vorzubeugen, indem sie die Zügel ein wenig lockerten und die Versorgung mit Konsumgütern verbesserten, zugleich aber den Stasi-Kontrollapparat ausbauten. Viele Menschen zogen die Schlussfolgerung, dass ein Aufbäumen gegen die Parteidiktatur aussichtslos sei, solange sich diese auf die Hilfe der Roten Armee verlassen konnte.

Widerständige Milieus Ein Großteil derjenigen, die die neue sozialistische Ordnung ablehnten, verließ das Land als „Republikflüchtige" – bis zum Mauerbau 1961 2,7 Millionen Menschen. Das hatte eine erhebliche Schwächung des oppositionellen Potenzials zur Folge. Unter den Zurückbleibenden war das alte Besitz- und Bildungsbürgertum nur noch

17.6.1953: Demonstranten tragen ein Plakat mit der Forderung nach freien Wahlen.

schwach vertreten und ohne politischen Einfluss. Allein die Pfarrer, Ärzte und Hochschullehrer (außerhalb der geistes- und gesellschaftswissenschaftlichen Fächer) vermochten sich noch einige Freiräume zu bewahren. Der in den frühen 1950er-Jahren starke staatliche Druck auf die evangelische Kirche – die katholische hatte sich weitgehend abgekapselt – ließ nach dem 17. Juni 1953 nach und schließlich kam es zu einer Art Stillhalteabkommen. Aber trotz ihrer Zugeständnisse an den sozialistischen Staat („Kirche im Sozialismus") behauptete die Kirche ihre Eigenständigkeit und bildete eine „Gegenwelt" gegen den staatlich propagierten Atheismus.

Arbeiterschaft Entgegen der offiziellen Lehre gehörten beträchtliche Teile der Arbeiterschaft nicht zu den zuverlässigen Parteigängern des Regimes. Sie waren nicht nur von dem – im Vergleich zur Bundesrepublik – kärglichen Lebensstandard enttäuscht, sondern kritisierten auch den faktischen Abbau aller Mitbestimmungsrechte am Arbeitsplatz. Sie konnten sich derlei Kritik erlauben, weil sie damit mangels echter Aufstiegsmöglichkeiten keine Karrierechancen gefährdeten, weil die Betriebsbelegschaften im Allgemeinen fest zusammenhielten und weil der Arbeiter- und Bauernstaat es sich nicht leisten konnte, sich ausgerechnet mit der Arbeiterklasse anzulegen. Während die Arbeiter bei den Parteimitgliedern unterrepräsentiert waren, gehörten sie während des Aufstandes vom 17. Juni 1953 und der Demonstrationen im Herbst 1989 zu den Aktivsten und Furchtlosesten.

Intelligenz Bei der Intelligenz, den Absolventen der Hoch- und Fachschulen, war es genau umgekehrt. Dank der Vertreibung der alten Eliten hatten sie in den Aufbaujahren glänzende Aufstiegschancen gehabt und genutzt. Diese in der Nachkriegszeit junge Generation fühlte sich von allen Bevölkerungsgruppen dem realsozialistischen System am stärksten verbunden – sei es, weil sie in aller Regel Privilegien genoss („Intelligenzrente") oder weil sie an die idealen Verheißungen des marxistisch-leninistischen Sozialismus glaubte.

Innerparteiliche Opposition Außer dem Volks- und Arbeiteraufstand des 17. Juni waren es die oppositionellen Strömungen innerhalb der Partei, die das Regime am stärksten herausforderten. Im Zusammenhang mit der Umformung der SED zu einer „Partei neuen Typus" waren es die Befürworter eines „besonderen deutschen Weges zum Sozialismus", die in Ungnade fielen, weil sie die bedingungslose Unterwerfung unter Stalins Willen nicht mitmachen wollten. 1953 und dann wieder 1957/58 ging die Auseinandersetzung um das richtige Tempo und die angemessenen Methoden beim „Aufbau des Sozialismus". Ulbrichts Widersacher verlangten eine Mäßigung des klassenkämpferischen Klimas und mehr innerparteiliche Demokratie. Jedes Mal blieb Ulbricht siegreich, und die Unterlegenen verloren ihre politischen Ämter. Hohe Zuchthausstrafen ereilten Theoretiker wie Wolfgang Harich (1957) oder Rudolf Bahro (1978), deren Schuld darin bestand, mehr Mitwirkungsrechte für die Basis und eine offene ideologische Diskussion gefordert zu haben.

Dissidenten Der Physikprofessor Robert Havemann und der Liedermacher Wolf Biermann, die in ähnlicher Weise Denk- und Meinungsfreiheit anmahnten, wurden zwar vom Regime „kaltgestellt" – der eine durch Berufsverbot, der andere durch Ausbürgerung –, ließen sich aber nicht mundtot machen. Mit der Unterzeichnung der KSZE-Schlussakte von Helsinki, durch die sich die DDR-Regierung zur Respektierung der Grundrechte verpflichtete, waren einem übermäßig harten Repressionskurs Grenzen gesetzt. Das erleichterte die Entstehung alternativer Gruppen, die sich für den Frieden, den Umweltschutz, die Rechte der Frau oder die Grundrechte einsetzten.

Q 88 Der 17. Juni 1953

a) *Augenzeugenbericht eines Bauarbeiters:*
Mindestens 90 Prozent von unserem Bau marschierten mit. Wir gingen zunächst in einer großen kreisförmigen Bewegung an allen Baustellen vorbei. „Berliner, reiht euch ein, wir wollen keine Sklaven sein!", riefen wir nach allen Seiten. Vor den HO-Läden riefen wir: „HO macht uns KO."

I. Spittmann, K. W. Fricke: 17. Juni 1953. Köln 1982, S. 118

b) *Telegramm einer Zentralen Streikleitung an die Regierung:*
Wir Werktätigen des Kreises Bitterfeld fordern von Ihnen: 1. Rücktritt der sog. Deutschen Demokratischen Regierung, die sich durch Wahlmanöver an die Macht gebracht hat; 2. Bildung einer provisorischen Regierung aus den fortschrittlichen Werktätigen; 3. Zulassung sämtlicher großen demokratischen Parteien Westdeutschlands; 4. freie, geheime, direkte Wahlen in vier Monaten; 5. Freilassung sämtlicher politischen Gefangenen (direkt politischer, sog. Wirtschaftsverbrecher und konfessionell Verfolgter); 6. sofortige Abschaffung der Zonengrenze und Zurückziehung der Vopo; 7. sofortige Normalisierung des sozialen Lebensstandards; 8. sofortige Auflösung der sog. Nationalarmee; 9. keine Repressalien gegen einen Streikenden.

a. a. O. S. 15

c) *Arbeiter diskutieren nach dem Aufstand mit Ulbricht:*
Danach stand der Meister Wilke auf, ein 60-jähriger, hoch qualifizierter Arbeiter. [...] Er frug Ulbricht: „Erklären Sie uns mal: Wenn ich schlecht arbeite an meinem Kessel, dann fliege ich. Sie haben öffentlich gestanden, dass Sie politisch schlecht gearbeitet haben, aber Sie bleiben! Und was gedenken Sie nun zu tun?" (Das saß. Es ging um den Posten). Ulbricht reagierte wütend: „Sie lügen! Es ist nicht wahr. Bringen Sie mir den Beweis, dass ein guter Arbeiter entlassen wird, wenn er mal an seiner Maschine was falsch macht – etwas anderes ist es, wenn er die Maschine absichtlich kaputt macht. Dann ist er ein Feind. Aber wer will behaupten, dass die Regierung ein Feind der Arbeiter ist!" Weitere Arbeiter schnellten ihre Fragen auf ihn ab. Einer verlangte, im Namen seiner Abteilung zu sprechen. Er sagte: „Zu mir haben die Arbeiter nämlich Vertrauen." Er forderte: „Entfernung der Plakate und Losungen in Weißensee, keine übergroßen Bilder der Parteiführer. Wir wollen eine saubere Stadt haben." Ein anderer rief: „Keine Versammlungen mehr!" Zwischenrufe: „Und keine Aufbauschichten!" [...] Am Ende verdarb Ulbricht alles, was noch zu verderben war, indem er eine vorbereitete „Resolution" zur Abstimmung bringen lassen wollte. Da brach der Sturm los. „Aha! – ein Hurra für die SED!" – „Es lebe der Führer!" – „Ohne uns!" – Ulbricht versuchte, sie zu überschreien. Schließlich gelang es ihm, die Resolution vorzulesen: die übliche Vertrauenserklärung für Partei und Regierung. Er stellte sie zur Abstimmung. Die Zählung ergab: 188 dafür; dagegen alle Übrigen. Ulbricht selber schätzte: „Also etwa 500 dagegen." Er erklärte die Versammlung für beendet. Die Arbeiter sagten: „Mensch, morgen koof ick mir auch ne Zeitung, mal sehen, was die draus machen."

A. Kantorowicz: Deutsches Tagebuch. Bd. 2, München 1961, S. 382ff.

d) *Karl Barthel, Wie ich mich schäme:*
Wie ich mich schäme! Maurer – Maler – Zimmerleute. Sonnengebräunte Gesichter unter weißleinenen Mützen, muskulöse Arme. Nacken – gut durchwachsen, nicht schlecht habt ihr euch in eurer Republik ernährt, man konnte es sehen. Vierschrötig kamt ihr daher. [...] Es gibt keine Ursache dafür, dass ihr an jenem, für euch – euch am allermeisten – schändlichen Mittwoch nicht Häuser bautet. [...]
Schämt ihr euch so, wie ich mich schäme? Da werdet ihr sehr viel und sehr gut mauern und künftig sehr klug handeln müssen, ehe euch diese Schmach vergessen wird. Zerstörte Häuser reparieren, das ist leicht. Zerstörtes Vertrauen wieder aufrichten, das ist sehr, sehr schwer.

I. Spittmann, K. W. Fricke: 17. Juni 1953. Köln 1982, S. 90f.

e) *Bertolt Brecht, Die Lösung:*
Nach dem Aufstand des 17. Juni
Ließ der Sekretär des Schriftstellerverbands
In der Stalinallee Flugblätter verteilen
Auf denen zu lesen war, dass das Volk
Das Vertrauen der Regierung verscherzt habe
Und es nur durch verdoppelte Arbeit
Zurückerobern könne. Wäre es da
Nicht doch einfacher, die Regierung
Löste das Volk auf und
Wählte ein anderes?

B. Brecht: Gesammelte Werke. Bd. 10, Frankfurt a. M. 1967, S. 1001

a) Stellen Sie die Beschwerden und Forderungen der Arbeiter zusammen und unterscheiden Sie dabei nach eher politischen und eher unpolitischen Themen.

b) Legen Sie dar, zu welch unterschiedlichen Bewertungen der Vorgänge des 17. Juni Barthel und Brecht kommen. Worauf zielt Brechts Kritik?

17. Juni 1953

Berlin, 1953: Von der SED organisierte Rechtfertigungsdemonstration nach der Niederschlagung des Aufstandes des 17. Juni 1953 in Berlin.

Der Juni-Aufstand von 1953 rangierte im offiziellen Geschichtsbild der DDR – so weit er nicht völlig totgeschwiegen wurde – nur in knappsten Erwähnungen. Schon einen Tag nach seiner Niederschlagung verkündete die SED-Führung ihre Version des Geschehens, von der sie nie wieder abwich: Danach war der Aufstand ein faschistischer, konterrevolutionärer, aus dem Westen ferngesteuerter Putschversuch, der dank der Wachsamkeit der klassenbewussten Arbeiter zum Scheitern gebracht worden sei. Aber hinter dieser parteiamtlichen Fassade war, buchstäblich bis zum Ende der DDR, das Trauma zu spüren, dass es ausgerechnet die Arbeiter gewesen waren, die sich von „ihrer" Partei losgesagt hatten. Und in den kritischen Tagen des Oktober 1989 geisterte erneut das Gespenst des 17. Juni in den Führungsgremien der SED umher, und das schlechte Gewissen trug zu seinem Teil dazu bei, dass die Partei so sang- und klanglos kapitulierte.

Der Deutsche Bundestag erhob den 17. Juni als „Tag der nationalen Einheit" bereits im August 1953 zu einem gesetzlichen Feiertag. Er wollte damit den Juni-Aufstand als einen Versuch verstanden wissen, auf dem Weg über gesamtdeutsche Wahlen zur Wiedervereinigung zu gelangen. Eine solche historische Sinngebung war nicht über jeden Zweifel erhaben: Zwar waren am 17. Juni auch solche Forderungen angeklungen, aber sie standen deutlich hinter den Parolen der demokratischen Mitbestimmung und der Freiheitlichkeit der Lebensverhältnisse zurück.

Bis 1967 wurde der Gedenktag alljährlich mit einer repräsentativen Feierstunde im Bundestag begangen, in der prominente Politiker und Wissenschaftler als Redner zu Worte kamen. Aber die öffentliche Resonanz dieser Gedenkveranstaltungen ließ ständig nach, und es wurden Stimmen laut, den Feiertag wieder abzuschaffen. In der Ära der sozial-liberalen Koalition hörten die Feierstunden im Bundestag ganz auf; erst die Regierung Kohl nahm die alte Tradition wieder auf. Die letzte Gedenkstunde des Bundestages fand am 17. Juni 1990 statt; die Rede hielt der ostdeutsche Politiker Manfred Stolpe. Danach wurde aus dem „Tag der nationalen Einheit" der „Tag der deutschen Einheit", den man seitdem am 3. Oktober begeht.

Der 17. Juni in den Schulbüchern

a) *DDR:*

Am 17. Juni 1953 gelang es Agenten verschiedener imperialistischer Geheimdienste, die von Westberlin aus massenhaft in die Hauptstadt und einige Bezirke der DDR eingeschleust worden waren, in Berlin und einigen Orten der Republik einen kleinen Teil der Werktätigen zu zeitweiligen Arbeitsniederlegungen und Demonstrationen zu verleiten. In Berlin und einigen anderen Städten plünderten Gruppen von Provokateuren und Kriminellen. Sie legten Brände, rissen Transparente herunter, misshandelten und ermordeten Funktionäre der Arbeiterbewegung, holten verurteilte Kriegsverbrecher aus Gefängnissen und forderten den Sturz der Arbeiter-und-Bauern-Macht. Doch der junge sozialistische Staat bestand unter Führung der Partei auch diese Belastungsprobe. Die Mehrheit der Arbeiterklasse und der Bevölkerung stand zu ihrem Staat. [...]

Geschichte 10. Berlin (Ost) 1973. S. 170

b) *Bundesrepublik:*

Empört über die verordnete Erhöhung der Arbeitsleistung und indirekte Lohnkürzung begannen am 16. Juni Bauarbeiter in Berlin (Ost) auf der Straße zu demonstrieren; eine wirksame Interessenvertretung hatten die Arbeiter nicht mehr, denn die Betriebsräte waren seit 1948 abgeschafft und die im Freien Deutschen Gewerkschaftsbund zentral zusammengeschlossenen Gewerkschaften verstanden sich – genau wie es die stalinistische Ideologie vorsah – als reine Erfüllungsgehilfen der SED. Am 17. Juni weiteten sich die Demonstrationen auf Forderungen nach besseren Lebensbedingungen und nach mehr Mitbestimmung aus. In fast allen Städten nahm die allgemeine Streikbewegung Formen einer offenen Revolte an. Sie richtete sich gegen die autoritäre Parteiführung, nicht aber gegen die Grundlagen der sozialistischen Gesellschaftsordnung.

U. Ernst/H. Günter-Arndt: Geschichtsbuch. Hrsg. v. P. Hültensberger u. B. Mülter, Bd. 4. Berlin 1988. S. 235

Die Lehren des 17. Juni

Egon Bahr (1969–1972 Staatssekretär im Bundeskanzleramt bei Willy Brandt; 1972–1990 MdB; 1974–1976 Bundesminister für wirtschaftliche Zusammenarbeit):

Der 17. Juni war der Beweis dafür, dass auch die Deutschen in Ostdeutschland bereit waren, Risiken einzugehen und – was noch wichtiger war – zu zeigen, was sie eigentlich wollten, wenn sie könnten. Es besteht gar kein Zweifel, dass wir ohne das Eingreifen der sowjetischen Panzer die Einheit schon damals bekommen hätten, denn die Ulbricht-Regierung war de facto entmachtet.

Der 17. Juni hat das Denken der Politiker geprägt. Im Osten habe ich das festgestellt, als ich viele Jahre später mit Hermann Axen zu sprechen hatte, der Mitglied des Politbüros war und der mir sagte: Niemand von uns im Politbüro, alte Herren, die damals schon etwas zu sagen hatten, wird vergessen, was damals am 17. Juni passierte. Die Lehre daraus ist: Wenn der Druck im Kessel steigt, darf man nicht den Deckel hochnehmen. Sonst fliegt er einem um die Ohren. [...]

Egon Bahr, in: Aus Politik und Zeitgeschichte. 23 (2003), S. 4

1. *Arbeiten Sie die jeweiligen Akzentsetzungen in den beiden Schulbüchern heraus.*

2. *Erörtern Sie die Schlussfolgerungen, die der west- und der ostdeutsche Politiker aus dem 17. Juni ziehen.*

Zur Diskussion: Was war „faul" im SED-Staat?

Nach dem Zusammenbruch der SED-Herrschaft bestand weitgehendes Einverständnis darüber, dass das Regime die Probe seiner Legitimität und Politikfähigkeit nicht bestanden hatte. Auch wenn nicht zu übersehen war, dass von ihm nicht zu verantwortende äußere Umstände – wie vor allem die machtpolitische Schwäche der Schutzmacht Sowjetunion – zu seinem Untergang beigetragen hatten, war doch offenkundig, dass es vor allem die eigenen Fehler gewesen waren, die der Führung zum Verderben wurden. Strittig war jedoch, ob diese Mängel dem Regime von Anfang an, sozusagen als Geburtsfehler, anhafteten oder ob es erst im Laufe der Entwicklung auf die abschüssige Bahn geriet.

Q 89 Geburtsfehler oder Fehlentwicklung

a) *Die ostdeutschen Historiker Armin Mitter und Stefan Wolle (1993):*

Der real existierende Sozialismus deformierte den Menschen so lange, bis er nicht mehr in der Lage war, gegen eine gesetzte Obrigkeit Widerspruch zu erheben. Alle für eine Gesellschaftsveränderung notwendigen Charaktereigenschaften dagegen verkümmerten im Laufe der Jahre. Kreativität, Phantasie, Intelligenz, Bildung, Risikobereitschaft, Initiative und Zivilcourage, Verantwortungsbewusstsein – all dies waren für eine Karriere im Parteiapparat zumindest tendenziell Hinderungsgründe. Wer sich mit der Macht zu tief einließ, verkam auch geistig und charakterlich. Diejenigen, die schließlich in den Chefetagen saßen, waren das Resultat einer langen und systematischen Negativauslese. Der Sozialismus ist nicht Opfer einer großen Verschwörung oder feindlicher Machenschaften geworden. Sein Sturz war nicht einmal primär das Ergebnis des Kampfes der Opposition, sondern das Resultat der systematischen Verkümmerung von menschlichen Eigenschaften, ohne die keine Gesellschaft auskommt. Je perfekter die Beherrschung und Reglementierung der Menschen funktionierte, desto labiler wurde die sozialistische Staatsmacht. Das kommunistische System ist an sich selbst zugrunde gegangen.

A. Mitter/S. Wolle: Untergang auf Raten. München 1993, S. 512

b) *Der westdeutsche Politologe Claus Offe (1993):*

Jedenfalls hat der Zusammenbruch der Wirtschaft der DDR keine dramatischen und akuten inneren, im System der wirtschaftlichen Organisation und Steuerung selbst liegenden Ursachen. [...] Der entscheidende Mangel des Systems war kein ökonomischer, sondern ein moralischer: Es war um seiner Stabilität willen darauf angewiesen, die eigene erwerbstätige Bevölkerung nicht nur physisch einzusperren, ihr also die Abwanderung zu untersagen, sondern sie zusätzlich an der Wahrnehmung zentraler politischer Rechte wie Meinungs- und Medienfreiheit, Streikrecht und Wahlrecht zu hindern. Der funktionale Zusammenhang von realsozialistischer Wirtschaftsweise und politischer Repression liegt auf der Hand. [...] Was man als „DDR-Identität" hätte in Anspruch nehmen können (z. B. eine Kultur der Hilfsbereitschaft und Bescheidenheit in einer Gesellschaft von „Nischen" und Versorgungsengpässen) stellte sich als Artefakt (Kunstprodukt) des autoritär-bürokratischen Regimes von Parteimonopol und Kommandowirtschaft heraus [...] Die DDR war stabil, weil sie durch Abriegelung nach außen und durch innere Repression ihr Produktionssystem so weit ausbauen konnte, dass sie der Gesellschaft ein ausreichendes Konsumniveau und ein hohes Maß an sozialer Sicherheit bieten konnte. Sie brach aus dem kontingenten Grund zusammen, dass die entscheidende „Produktivkraft Repression" plötzlich nicht mehr wirksam zur Verfügung stand. [...] Meine These ist deshalb, dass der dramatische und völlig unerwartete Wandel der DDR überhaupt nicht in Kategorien des „Willens" zu verstehen ist (und auch nicht in denen einer historischen Logik langfristig sich zuspitzender innerer „Widersprüche"), sondern in der Kategorie des historischen „Zufalls" und der von ihm ausgelösten Kettenreaktion.

C. Offe: Wohlstand, Nation, Republik, in: H. Joas/M. Kohli (Hg.): Der Zusammenbruch der DDR. Frankfurt a. M. 1993, S. 290 ff.

Was spricht für die These von der inneren Notwendigkeit des Zusammenbruchs der DDR, was für die von einem historischen Zufall?

1. *Worauf stützte sich die Macht der SED?*
2. *Vergleichen Sie die Struktur der SED mit der westdeutscher demokratischer Parteien.*
3. *Erläutern Sie das Prinzip des „demokratischen Zentralismus".*
4. *War die DDR ein Rechtsstaat?*
5. *Vergleichen Sie das Verhältnis der Arbeiterschaft und der „Intelligenz" zum SED-Staat.*
6. *Wie schätzen Sie die Bedeutung von Dissidenz und Opposition im SED-Staat ein?*

3. Die sozialistische Plan- und Kommandowirtschaft

Primat der Theorie Die sowjetische Besatzungsmacht und die deutschen Kommunisten zwangen der ehemals mitteldeutschen Wirtschaft drei einschneidende Veränderungen auf: den Umbau der Wirtschaftsstruktur zulasten der Leicht- und zugunsten der Schwerindustrie; die Umwandlung des Privateigentums in sozialistisches, d.h. staatliches oder genossenschaftliches Eigentum an den Produktionsmitteln; die Verdrängung der Marktwirtschaft durch eine Plan- und Verwaltungswirtschaft. Diese Umwälzungen folgten der marxistisch-leninistischen Theorie in ihrer sowjetisch-stalinistischen Ausprägung. Anders aber als die Sowjetunion, die 1917 erst am Anfang ihrer industriellen Entwicklung stand, gehörte Mitteldeutschland vor dem Zweiten Weltkrieg zu den höchstentwickelten Industrieregionen der Erde.

3.1 Der strukturelle Umbau der DDR-Wirtschaft

Der Einschnitt von 1945 Die mitteldeutsche Wirtschaft zeichnete sich bis 1945 durch ein hohes Qualitätsniveau der verarbeitenden Industrie aus, insbesondere im Maschinen- und Fahrzeugbau, in der Feinmechanik sowie in der Chemie- und der Elektrobranche. Diese Zweige profitierten vom Verbund mit den schwerindustriellen Zentren im Ruhrgebiet, Saarland und in Oberschlesien. Die Gebietsabtretungen und die Teilung Restdeutschlands seit 1945 zerrissen diesen bestens integrierten Wirtschaftsraum. Die SBZ/DDR stand nahezu ohne Grundstoff- und Schwerindustrie da. An nennenswerten Rohstoffen verfügte sie nur über Braunkohle und Kali. Auf Betreiben Moskaus, aber auch aus eigenem Ehrgeiz entschied sich die SED-Spitze für den beschleunigten Aufbau einer schwerindustriellen Basis, fast aus dem Nichts heraus. Sie nahm dafür zwei schwerwiegende Nachteile in Kauf: eine verlangsamte Entwicklung in den bis dahin leistungsfähigsten Industriezweigen und eine Vernachlässigung der Konsumgütererzeugung. Das – wirtschaftlich höchst problematische – Streben nach Autarkie, ein Merkmal fast aller Diktaturen, bekam den Vorrang. Ohne jede Rohstoffbasis entstand an der Oder das „Eisenhüttenwerk". Steinkohle und Koks bezog es aus dem polnisch gewordenen

Das Ufer des Silbersees bei Bitterfeld; Abwässer der großen Chemiekombinate und große Mengen abgekippten Hausmülls haben den See zu einem toten Gewässer gemacht. Aufnahme aus dem Jahr 1990.

Die Energieversorgung der DDR war abhängig von der Nutzung von Braunkohle. Die Aufnahme aus dem Juni 1990 zeigt das Kraftwerk Boxberg (Bezirk Cottbus), das größte der DDR. Die Verstromung der Braunkohle war maßgeblich an der erheblichen Luftverschmutzung der DDR beteiligt.

Oberschlesien, Eisenerz aus Schweden und der Sowjetunion. Nachdem sein Bau bereits erhebliche Investitionsmittel verschlungen hatte (die anderswo fehlten), produzierte es zu einem Selbstkostenpreis, der 70% über dem Weltmarktniveau lag. Das zweite bei Calbe (Saale) gleichsam aus dem Boden gestampfte Roheisenwerk erwies sich als noch schlimmere Fehlinvestition. Die hier verwendete Braunkohle erhöhte die Kosten, minderte die Produktqualität und stellte eine schwere Umweltbelastung dar. 1970 sah man sich gezwungen, das Werk stillzulegen.

Modernisierungsprobleme Erst 1965 drosselte die Führung die einseitige und wenig erfolgreiche Bevorzugung der Grundstoffindustrie – die bis dahin zwei Drittel aller Investitionsmittel verbraucht hatte – und tat mehr für den Maschinenbau und die Chemie. Das Nachsehen hatte weiterhin die Konsumgüterproduktion. Hier gab es wegen der begrenzten Zuweisungen immer neue Engpässe, und wo die Wirtschaftsplaner zur Beschwichtigung der Bevölkerung das eine Loch stopften, entstand an anderer Stelle ein neues. Zum Verhängnis aber wurde es der DDR-Wirtschaft, dass es ihr – nach den vergleichsweise erfolgreichen 1960er-Jahren – nicht gelang, den Anschluss an den sich in den 70er-Jahren weltweit vollziehenden stürmischen technologischen Wandel (vor allem in der Computertechnik) zu finden. Das war kein zufälliges Versäumnis, sondern in der mangelnden Innovationsfähigkeit der Befehlswirtschaft und in der Abkapselung von den westlichen Märkten begründet. Erschwerend kamen die drastischen Ölpreiserhöhungen von 1973 und 1978/79 sowie die hohen Sozialausgaben der Honecker-Ära hinzu. Um den Preis einer beträchtlichen Verschuldung und des Verschleißes der vorhandenen Produktionsanlagen – für eine angemessene Instandhaltung war kein Geld da – hielt sich die DDR-Wirtschaft noch eine Zeit lang über Wasser, bevor im Strudel der Ostblockrevolutionen von 1989/90 ihr miserabler Zustand endgültig offenbar wurde.

Umweltzerstörung Besonders erschreckend war die Umweltzerstörung. Um Kosten zu sparen, hatten es die Verantwortlichen jahrzehntelang hingenommen, dass Landschaften ruiniert, die Gewässer und die Luft mit Schadstoffen vollgepumpt, die Gesundheitsrisiken für die Bevölkerung vermehrt wurden. Die von der Sowjetunion bezogenen Kernkraftwerke bildeten ständige Gefahrenherde. Wohlweislich sorgte die SED dafür, dass eine öffentliche Diskussion über die Umweltschäden unterblieb.

Q 90 Planwirtschaft: Wunsch und Wirklichkeit

a) *Aus einem Brief des SED-Politbüros an die Staats- und Parteiführung der UdSSR (1956):*

Die Lage ist zur Zeit sehr ernst. Im Zusammenhang mit den letzten Ereignissen ist eine stärkere Nachfrage nach Lebensmitteln entstanden. Die Fonds für die Versorgung der Bevölkerung sind zu knapp. Durch Materialmangel sind in Betrieben des Maschinenbaus, der chemischen Industrie und der Leichtindustrie Stillstände und Einschränkungen der Produktion eingetreten. […]
Diese Verhältnisse führen zu politisch sehr schlechten Diskussionen und erleichtern besonders in der augenblicklichen Situation die Arbeit des Gegners. Deshalb sind noch in diesen Wochen dringend Maßnahmen nötig, damit unter allen Umständen eine weitere Zuspitzung unserer wirtschaftlichen und politischen Situation vermieden wird. Wir haben alle unsere Möglichkeiten nochmals überprüft, können aber die Probleme nicht durch eigene Ressourcen lösen. Im Minimum brauchten wir in diesen Wochen für die Versorgung im IV. Quartal 1956 noch folgende zusätzliche Lieferungen: […]

D. Hoffmann u.a. (Hg.): Die DDR vor dem Mauerbau. München 1993. S. 261f.

b) *Aus einem Referat Walter Ulbrichts auf dem V. SED-Parteitag (1958):*

Ich schlage daher im Auftrag des Zentralkomitees vor, als ökonomische Hauptaufgabe zu beschließen: Die Volkswirtschaft der Deutschen Demokratischen Republik ist innerhalb weniger Jahre so zu entwickeln, dass die Überlegenheit der sozialistischen Gesellschaftsordnung der DDR gegenüber der Herrschaft der imperialistischen Kräfte im Bonner Staat eindeutig bewiesen wird und infolgedessen der Pro-Kopf-Verbrauch unserer werktätigen Bevölkerung mit allen wichtigen Lebensmitteln und Konsumgütern den Pro-Kopf-Verbrauch der Gesamtbevölkerung in Westdeutschland erreicht und übertrifft. (Lebhafter Beifall)
Die Lösung dieser ökonomischen Hauptaufgabe wird der Anteil unserer Republik sein am weltweiten Kampf für die friedliche Koexistenz und für den friedlichen Wettkampf zwischen der sozialistischen und der kapitalistischen Gesellschaftsordnung, in der die Überlegenheit des Sozialismus zu beweisen ist. Die ökonomische Hauptaufgabe hat eine tiefen politischen Inhalt; ihre Lösung dient der Festigung der Arbeiter-und-Bauern-Macht in der DDR und des sozialistischen Lagers überhaupt, und sie wird zweifellos dem Volkskampf gegen die Bonner Atomrüstungspolitiker Aufschwung geben.

Protokoll der Verhandlungen des V. SED-Parteitags. Berlin (Ost) 1958. S. 69f.

c) *Aus einem Brief eines ostdeutschen Chemieingenieurs an seinen westdeutschen Freund (1969):*

Zur Zeit stimmt mich meine Arbeit wieder einmal maßlos traurig. Diese Anhäufung von Unvermögen, Fehlplanung und Borniertheit kann man nur ertragen, wenn man Teile seine Gehirns lahmlegt. […] Ich möchte einmal die Arbeit, wie ich sie selbst verrichte, unter kapitalistischen Bedingungen durchführen. Ich kann mir nicht vorstellen, wie ein kapitalistischer Betrieb Gewinne machen will, wenn er so arbeitet wie wir. Um die gesamte sozialistische Wirtschaft lahmzulegen, bedarf es nicht einmal mehr eines Streiks. Ein „Dienst nach Vorschrift“, wie er zum Teil bei Euch angewendet wird, hätte hier katastrophale Folgen. Dann würden die ganzen Fehler, die jetzt durch die mehr oder weniger gute Zusammenarbeit der Kollegen ausgebügelt werden, mit ihren ganzen Konsequenzen zutage treten. […] Dabei werden Fehler immer wieder gemacht, doch keiner zieht die Lehren daraus; jeder weiß, dass niemand bestraft wird. Im Gegenteil wenn alles wieder schön vertuscht ist, wird lauthals von sozialistischer Gemeinschaftsarbeit geschrieen. Die Hauptsache ist, man kann nach oben Erfolge melden. Wie und mit welchem Aufwand diese erreicht werden, spielt keine Rolle.

H. Baumgart (Hg.): Briefe aus einem anderen Land. Hamburg 1971. S. 260

d) *Aus einer Eingabe an den Staatsratsvorsitzenden Egon Krenz (1989) :*

In der Ilsenburger Kupferhütte werden u.a. auch Materialien verarbeitet, die in keinem westlichen Land, auf Grund gesetzlicher Bestimmungen, verhüttet werden dürfen – warum? Wiegt der wirtschaftliche Nutzen der Kupferhütte alle Nachteile – erkannte und noch nicht erahnte – auf? Wir meinen nein. Devisen sind wichtig, aber das Leben in einer attraktiven sozialistischen DDR ist wichtiger. Wissenschaftler und Ärzte gaben Werte über die Umweltbelastung bekannt, die bis zu 80% über den Grenzwerten liegen. Erkrankung der Atemorgane sowie Krebserkrankungen nahmen einen nachweisbar sprunghaften Anstieg. […] Wir fordern die Schließung der Kupferhütte zum 31.12.1989. Nur mit der Realisierung dieser Maßnahme kann verlorenes Vertrauen in Partei und Regierung zurückgewonnen werden.

M. Judt (Hg.): DDR-Geschichte in Dokumenten. Berlin 1997. S. 160

a) Erörtern Sie den Zusammenhang zwischen Politik und Wirtschaft, wie er für die DDR charakteristisch war.

b) Erläutern Sie die zeitgeschichtlichen Hintergründe der vorliegenden Dokumente.

c) Wo sieht der ostdeutsche Briefschreiber wesentliche Mängel der DDR-Wirtschaft?

d) Diskutieren Sie die Gründe für die ökologischen Versäumnisse der SED-Wirtschaftspolitik.

3.2 Sozialistisches Eigentum

Sozialistischer und privater Sektor Zeitgleich mit dem Umbau der Wirtschaftsstruktur betrieb das SED-Regime die Veränderung der Eigentumsverhältnisse. Eine erste Enteignungswelle hatte bereits 1945/46 die Banken und Versicherungen, den Außen- und Großhandel, den Großgrundbesitz und eine Reihe von Industriebetrieben betroffen. Mit dem Eintritt in den „Aufbau des Sozialismus" und den verschärften Klassenkampf verstärkte die Partei- und Staatsführung den Druck auf die verbliebenen mittelständischen Unternehmen in der Landwirtschaft und Industrie, in Handwerk und Handel. 1950 erzeugte der sozialistische Sektor 57, der private 43 % des Sozialproduktes. 1962, nachdem die Volkskammer den Sieg der sozialistischen Produktionsverhältnisse verkündet hatte, betrug der Produktionsanteil der sozialistischen Wirtschaft 85,5 %, der der Privatwirtschaft 7,9 %, und die restlichen 6,6 % entfielen auf private Unternehmen mit staatlicher Beteiligung. Lediglich einige kleine industrielle Spezialbetriebe, Geschäfte auf dem Lande und Gastwirtschaften hatten ihre Selbstständigkeit behaupten können. Bis 1972 ließ der Staat noch die Mischform der Privatbetriebe mit staatlicher Kapitalbeteiligung zu, dann versperrte er auch diese Möglichkeit. So blieb auf Dauer nur ein Teil der Handwerker von der Sozialisierung verschont. Sie waren als Reparaturexperten unentbehrlich und mussten einspringen, wo die schwerfällige volkseigene Wirtschaft nicht hinreichte. Zwar drängte die SED auf die Gründung von „Produktionsgenossenschaften des Handwerks" (PGH), konnte sich damit aber nicht recht durchsetzen.

Kollektivierung der Landwirtschaft In der Landwirtschaft dagegen erreichte sie bis zum Frühjahr 1960 das mit allen Mitteln angestrebte Ziel der Voll-Kollektivierung. Was die auf vollen Touren laufende Propaganda den „sozialistischen Frühling auf dem Lande" nannte, war für viele größere Bauern die Kapitulation vor den ökonomisch-finanziellen Benachteiligungen und dem psychischen Druck, die sie jahrelang hatten ertragen müssen. Dagegen versprachen sich viele kleine Bauern, deren Höfe häufig unrentabel waren, von einem LPG-Beitritt nicht zu Unrecht eher Vorteile.
Im Laufe der Zeit fanden sich die meisten LPG-Bauern mit der kollektiven Wirtschaftsweise leidlich ab. Sie hatten nunmehr feste Arbeitszeiten und die Zusammenfassung zu einer großen Wirtschaftseinheit brachte auch gewisse Rationalisierungsvorteile mit sich. In vielen LPGs wurden anfangs nur die Ackerflächen und die Maschinen gemeinsam bewirtschaftet, die übrigen Bereiche blieben in privater Verfügung (Typ I). Später gingen die meisten LPGs vom Typ I auf den „fortschrittlichen" Typ III über. Hier wurde – bis auf etwas Gartenland und wenige Stücke Vieh – alles gemeinsam genutzt.

LPG-Losung am Zaun eines Bauernhauses in Falkenthal (Mark Brandenburg) – Kampagne zur Voll-Kollektivierung der Landwirtschaft – Vor 1960

Q 91 Die Wirtschaftsordnung in der Verfassung von 1968:

Art. 9 (1) Die Volkswirtschaft der DDR beruht auf dem sozialistischen Eigentum an den Produktionsmitteln. Sie entwickelt sich gemäß den ökonomischen Gesetzen des Sozialismus auf der Grundlage der sozialistischen Produktionsverhältnisse und der zielstrebigen Verwirklichung der sozialistischen ökonomischen Integration. (2) Die Volkswirtschaft der DDR dient der Stärkung der sozialistischen Ordnung, der ständig besseren Befriedigung der materiellen und kulturellen Bedürfnisse der Bürger, der Entfaltung ihrer Persönlichkeit und ihrer sozialistischen gesellschaftlichen Beziehungen. (3) In der DDR gilt der Grundsatz der Leitung und Planung der Volkswirtschaft sowie aller anderen gesellschaftlichen Bereiche. Die Volkswirtschaft der DDR ist sozialistische Planwirtschaft. Die zentrale staatliche Leitung und Planung der Grundfragen der gesellschaftlichen Entwicklung ist mit der Eigenverantwortung der örtlichen Staatsorgane und Betriebe sowie der Initiative der Werktätigen verbunden. [...]
Art. 10 (1) Das sozialistische Eigentum besteht als gesamtgesellschaftliches Volkseigentum, als genossenschaftliches Gemeineigentum werktätiger Kollektive sowie als Eigentum gesellschaftlicher Organisationen der Bürger. (2) Das sozialistische Eigentum zu schützen und zu mehren ist Pflicht des sozialistischen Staates und seiner Bürger.
Art. 12 (1) Die Bodenschätze, die Bergwerke, Kraftwerke, Talsperren und großen Gewässer, die Naturreichtümer des Festlandsockels, Industriebetriebe, Banken und Versicherungseinrichtungen, die volkseigenen Güter, die Verkehrswege, die Transportmittel der Eisenbahn, der Seeschifffahrt sowie der Luftfahrt, die Post- und Fernmeldeanlagen sind Volkseigentum. Privateigentum daran ist unzulässig. [...]
Art. 14 (1) Privatwirtschaftliche Vereinigungen zur Begründung wirtschaftlicher Macht sind nicht gestattet. (2) Die auf überwiegend persönlicher Arbeit beruhenden kleinen Handwerks- und anderen Gewerbebetriebe sind auf gesetzlicher Grundlage tätig.

Gesetzblatt der DDR, 1968, Teil II, S. 339

a) Stellen Sie die Bestimmungen zusammen, die die sozialistische Wirtschaftsordnung verbürgen sollen. Wie steht es mit Reformchancen?

b) Vergleichen Sie die DDR-Eigentumsverhältnisse mit denen in der Bundesrepublik und erörtern Sie deren Vor- und Nachteile.

Bau von E-, und Dieselloks im VEB Lokomotivbau – Elektrotechnische Werke ‚Hans Beimler' in Hennigsdorf, Bezirk Potsdam. Der „Volkseigene Betrieb" (VEB) war eine Rechtsform von Betrieben in der DDR. Sie sind Ergebnisse von Enteignungen bzw. Verstaatlichungen.

3.3 Die zentral gelenkte Plan- und Verwaltungswirtschaft

Die antikapitalistische Utopie Der ursprünglichen Idee nach war die sozialistische Planwirtschaft der Versuch, die unübersehbaren Nachteile der kapitalistischen Marktwirtschaft zu überwinden. Im Sozialismus sollte Ordnung statt Chaos herrschen, Planung statt Zufall, Kooperation statt Konkurrenz, Solidarität statt Profitgier, optimaler Einsatz der Ressourcen statt Vergeudung. Das richtige Instrument war für die sozialistischen Wirtschaftstheoretiker der langfristige, komplexe, die Gesamtheit aller wirtschaftlichen Vorgänge im Voraus bedenkende und zentral steuernde „Volkswirtschaftsplan". 1949/50 begann man mit einem 2-Jahres-Plan; danach beschloss die SED-Spitze einen 5-, dann sogar einen 7-Jahres-Plan, brach diesen aber vorzeitig ab und kam aus den Revisionen und Korrekturen nie heraus.

Starre Pläne und Reformversuche Die Pläne der 50er-Jahre ließen den Betrieben keinerlei Freiräume. Die Führung machte grundlegende und scheinbar allumfassende Vorgaben. Eine aufgeblähte Planungsbürokratie arbeitete diese Eckdaten in eine Fülle von Einzelplänen um, die bis in die letzten Details den Betrieben vorschrieben, was sie zu tun und zu lassen hatten. Oberstes Ziel war es, die quantitativen Planvorgaben zu erfüllen („Tonnenideologie"), dahinter mussten andere Ziele zurückstehen. An diesen Mängeln konnte auch die 1963 von Ulbricht mit großem Propagandaaufwand als „Neues Ökonomisches System der Planung und Leitung der Volkswirtschaft" (NÖSPL) in Gang gesetzte Reform nichts ändern (s. S. 143). 1970 kehrte die Parteiführung endgültig zum alten System des zentralen Dirigierens zurück.

Fortschritt, Stagnation, Rückschritt Innerhalb des Ostblocks nahm die DDR-Wirtschaft allerdings den ersten Rang ein und 1983 lag sie im Pro-Kopf-Sozialprodukt weltweit immerhin an 24. Stelle. In ihrer besten Zeit, zwischen 1961 und 1975, erreichte sie durchschnittliche jährliche Wachstumsquoten von 4,5%. Das schlug sich in einem langsamen, aber stetigen Anstieg des Lebensstandards nieder.
Dennoch blieb die DDR von dem ständig beschworenen Ziel, die Bundesrepublik zu überholen, unvermindert weit entfernt. Das durchschnittliche Haushaltseinkommen war in der Bundesrepublik Anfang der 1980er-Jahre mehr als doppelt so hoch wie in der DDR, bei den Rentnern sogar mehr als dreifach. Zwar mussten die westdeutschen Arbeitnehmer wesentlich höhere Steuern und Sozialabgaben entrichten als die DDR-„Werktätigen"; auch die Preise für den Grundbedarf wie Wohnung, Heizung, einfache Lebensmittel, Kinderkleidung, Nahverkehrsmittel lagen in der DDR, dank der erheblichen staatlichen Subventionen, deutlich unter den westdeutschen. Andererseits mussten die Ostdeutschen für langlebige Gebrauchsgüter wie Waschmaschinen oder Fernsehapparate bei erheblich schlechterer Qualität wesentlich mehr bezahlen als die Bundesbürger und für ein Auto lagen die Wartezeiten bei zehn Jahren und mehr.
Die Schwachstellen der DDR-Wirtschaft waren der Arbeitskräftemangel, die unzureichende Arbeitsproduktivität, die Innovationsträgheit. Der chronische Mangel an Arbeitskräften resultierte vor allem aus der bis 1961 enormen Abwanderung in die Bundesrepublik, zumal hierbei der Anteil an jüngeren, gut ausgebildeten Berufstätigen besonders hoch war. So sah sich die Staatsführung genötigt, das Frauenpotenzial bis zum Letzten auszuschöpfen. Mit einer Frauen-Erwerbsquote von über 90% lag die DDR in den 1980er-Jahren weltweit an der Spitze. Zudem bemühte man sich um eine hohe Qualifikation der „Werktätigen". Der Anteil der an- und ungelernten Arbeitskräfte ging zwischen 1945 und 1988 von 75 auf 14% zurück, während die Quote der Beschäftigten mit Fach- und Hochschulabschluss auf 20% anstieg.

Arbeitsproduktivität In der Pro-Kopf-Arbeitsleistung gelangte die DDR nie über die Hälfte der in der Bundesrepublik üblichen Standards hinaus. Das hatte vielfältige Gründe. Sie reichten von der zumeist schlechteren Ausstattung mit leistungsfähigen Maschinen

Bei ihren Bemühungen um Produktionssteigerungen setzte die SED lange auf den guten Willen der Werktätigen. 1948 wurde eine nach dem sächsischen Bergarbeiter Adolf Hennecke benannte Aktivistenkampagne ins Leben gerufen, die mit Lohnsteigerungen Arbeitseifer belohnte und „Bummelantentum“ bestrafte. Hennecke wurde von Funktionären der SED ausgewählt, nach dem Vorbild des sowjetischen Bergmannes Stachanow unter günstigen Arbeitsbedingungen das Plansoll weit zu übertreffen.

über die vielen vom Planungssystem verursachten Produktionsstörungen bis zur eingeschränkten Arbeitsbereitschaft vieler Beschäftigter aus Mangel an Verdienstanreizen. Das 1948 aus der Sowjetunion übernommene System der Arbeitsnormen brachte keine Abhilfe, da die Betroffenen es verstanden, die Normanforderungen vergleichsweise niedrig zu halten. Auch die vielen Kampagnen der „Aktivistenbewegung“ – nach dem Vorbild des Bergmannes Adolf Hennecke, der 1948 sein Tagessoll mit 387 % überboten hatte – oder die „Sozialistischen Wettbewerbe“ vermochten die „Werktätigen“ auf Dauer nicht zu größeren Anstrengungen anzuspornen.

Innovationsträgheit Eine fast unvermeidliche Folge des zentralistisch-bürokratischen Wirtschaftssystems war die Innovationsträgheit. Es lohnte sich für die Betriebe zumeist wenig, neue Wege auszuprobieren, wenn sie auch mit bloßer Routine weiterkamen. Da die Planerfüllung Vorrang hatte, scheuten die meisten Betriebsleitungen den Aufwand und die Risiken, die mit zusätzlichen Initiativen verbunden waren. Die Folgen solcher Unbeweglichkeit waren nicht unmittelbar zu spüren, weil keine Konkurrenz da war, die die Versäumnisse hätte ans Licht bringen können. Umso höher war der Preis, den die Gesamtheit für diese Passivität zu zahlen hatte.

Q 92 Einstellungen zur Arbeit

Am Eingang des Restaurants ein Schild: „Bitte warten Sie, Sie werden plaziert.“ Vor dem Schild die Gäste, sie ordnen sich diszipliniert zur Schlange. Hinter dem Schild ein gähnend leeres Lokal. Niemand kommt, die Gäste einzuweisen. Kein Gast wagt, sich an einen Tisch zu setzen, er würde nicht bedient. […] Der Bürger weiß, er kann von einem anderen Werktätigen keine Dienstleistung erzwingen. Er selbst wäre auch nicht dazu bereit. Es gilt das ungeschriebene Gesetz, nicht der Kunde, sondern der Arbeitende ist König. […]
In einem Fahrradladen in Halle verkaufte eine Verkäuferin jahrelang grundsätzlich nichts aus dem Lagerraum. Sie hatte keine Lust, nach hinten zu gehen, womöglich noch auf die Leiter zu steigen. Lagen die Artikel nicht griffbereit im Verkaufsraum, gab es sie nicht. Die Kunden verwunderte das kaum, sie sind daran gewöhnt, die einfachsten Dinge nicht zu bekommen. Nach zwei Jahren fiel der HO-Zentrale der überhöhte Lagerbestand und der niedrige Umsatz auf. Die Verkäuferin wurde – ein seltener Fall in der DDR – fristlos entlassen.
Das Gefühl des DDR-Bürgers für Zeit ist von besonderer Art. Das russische „wso budjet“, es wird schon werden, ist zur Mentalität geworden. Das amerikanische „time is money“ kommt niemand in den Sinn. Langjährige Erfahrung lehrt, dass es in der zentral geleiteten Wirtschaft vollkommen sinnlos ist, sich bei der Arbeit „zu überschlagen“. Arbeitet man schnell, ist das Material schnell verbraucht, es stoppt die Zulieferung, es entstehen Wartezeiten. Schafft man sein Pensum vorfristig, muss man dennoch die Arbeitszeit absitzen.

I. Böhme: Die da drüben. Berlin (West) 1986, S. 28 ff.

Versuchen Sie die hier geschilderten Beispiele mit dem sozialistischen Wirtschaftssystem in Verbindung zu bringen. Ziehen Sie Vergleiche zum Arbeitsverhalten in marktwirtschaftlichen Ländern.

Gemäß der SED-Ideologie sollte der Betrieb nicht nur Arbeitsstätte, sondern auch ein gesellschaftliches Zuhause sein.

Q 93 Sozialistische Wirtschaft

Der 1986 in die Bundesrepublik übergesiedelte DDR-Wirtschaftsexperte Harry Maier (1987):

Es ist durchaus plausibel, dass in diesem Labyrinth von Entscheidungsinstanzen die unteren Wirtschaftseinheiten gegenüber den übergeordneten Planungs- und Entscheidungsinstanzen eine Strategie der Desinformation betreiben müssen, um nicht im Räderwerk der Bürokratie zermalmt zu werden. Da ihre Leistung nach der Planerfüllung bewertet wird, sind sie vor allem daran interessiert, einen möglichst risikoarmen Plan (DDR-Planungsjargon: „weicher Plan“) mit der Zentrale auszuhandeln. […] Hiervon hängt alles Übrige ab. Der Gewinn, der ja mit dem (von der Planbehörde) festgelegten Preis der zu produzierenden Erzeugnisse vorgegeben ist, das Produktivitätswachstum, das produzierte Nettoprodukt (Umsatz minus Produktionskosten), die Erfüllung des Exportplans etc. Davon wiederum hängen die Zuführungen für den Lohn- und Prämienfonds sowie den Sozial- und Kulturfonds der Beschäftigten ab, aber auch die Jahresendprämien für die Leitungskader, ihre Auszeichnungen mit Orden und Ehrenzeichen sowie ihre Aufstiegschancen innerhalb der Partei- und Wirtschaftsbürokratie.
Im Rahmen dieses Systems müssen die Leitungskader nicht nur darauf achten, dass der ausgehandelte Plan termingerecht erfüllt, sondern auch darauf, dass er nicht zu sehr übererfüllt wird. Im letzteren Fall müssen sie damit rechnen, im kommenden Jahr mit einem wesentlich höheren Plan beauflagt zu werden.

I. Spittmann/G. Helwig (Hg.): Das Profil der DDR in der sozialistischen Staatengemeinschaft. Köln 1987, S. 37 f.

Arbeiten Sie die in diesem Text angesprochenen Schwachstellen der sozialistischen Planwirtschaft heraus.

Zur Diskussion: Die DDR-Wirtschaft – zum Scheitern verdammt?

Nach dem Zusammenbruch der DDR, der nicht zuletzt auch auf wirtschaftliche Ursachen zurückzuführen war, wurde viel darüber diskutiert, ob das sozialistische Wirtschaftssystem grundsätzlich untauglich war oder unter anderen Umständen die Chance gehabt hätte, zu einer ernsthaften Alternative zur westlichen Marktwirtschaft zu werden.

Q 94 Zwischen Hoffnung und Illusion

a) *Der Wirtschaftswissenschaftler Gernot Gutmann (1990):*

Die hierarchisch und zentralistisch aufgebaute Struktur der volkswirtschaftlichen Planungs- und Lenkungsorganisation enthielt eine nicht vermeidbare Schwäche hinsichtlich der Gewinnung und der Nutzung von Informationen über die Beschaffenheit all der Umstände, die man eigentlich kennen müsste, um gesamtwirtschaftlich richtige ökonomische Entscheidungen treffen zu können. In arbeitsteiligen Wirtschaften hat man es mit der Tatsache zu tun, dass die Gesamtheit des Wissens über alle jene Gegebenheiten, die letztlich für den sinnvollen Ablauf des volkswirtschaftlichen Geschehens von Bedeutung sind, in den Köpfen der wirtschaftenden Menschen verstreut vorhanden ist. […] Die Vielfalt dieses Wissens kann aber nur zum kleinen Teil im Rahmen einer hierarchischen Planungs- und Verwaltungsstruktur zusammengefasst und den Entscheidungsinstanzen verfügbar gemacht werden. […] Man kann zusammenfassend sagen, dass die planwirtschaftliche Ordnung in der DDR nicht vermeidbare informationelle Mängel aufwies und ein volkswirtschaftlich negativ wirkendes Verhalten der Menschen bewirkte – Schlamperei, Verantwortungslosigkeit, Risikoscheu und Desinteresse –, was sich dann in einer relativ niedrigen Arbeitsproduktivität und in schlechter Versorgung des Gemeinwesens mit Gütern der verschiedensten Art niederschlug. Es wäre also ein Irrtum anzunehmen, das ökonomische und ökologische Desaster in der DDR wäre wesentlich auf das Versagen und die Inkompetenz einzelner Personen zurückzuführen, etwa des im ehemaligen Politbüro für Fragen der Wirtschaft zuständigen Günter Mittag. Der Misserfolg der DDR-Wirtschaft war in der Anlage dieser Wirtschaftsordnung selbst vorprogrammiert und musste daher früher oder später zutage treten.

G. Gutmann: Produktivität und Wirtschaftsordnung. in: Aus Politik und Zeitgeschichte 33/90, S. 20 f.

b) *Der Wirtschaftswissenschaftler Heiner Ganßmann (1993):*

Die DDR-Ökonomie ist an einer inkompatiblen Mixtur von Demokratiemangel, traditionellen sozialistischen Leitideen und entsprechenden Planungs- und Lenkungsmethoden gescheitert, nicht einfach am Planungsparadox. Einerseits konnte der programmatische sozialistische Anspruch, wonach die arbeitenden Menschen auf allen Ebenen in den Planungsprozess einbezogen werden sollten, nicht erfüllt werden, solange Entscheidungsspielräume „unten" als Störfaktoren galten. Damit konnte die ehrgeizige Planung nur noch dirigistisch von oben, notfalls mit Zwangsmitteln durchgehalten werden, die „unten" zu passiver Resistenz führten. Andererseits war die Anwendung von kapitalismusanalogen Disziplinierungsmethoden zur Erzielung eines erwünschten Arbeitsverhaltens nicht nur durch die sozialistische Ideologie verstellt, sondern auch durch die mehr oder weniger heftigen Anstrengungen, das permanente Planversagen lokal durch Mobilisierung der generalisierten Ressource Arbeitskraft zu kompensieren. In dieser Konstellation hatten die unmittelbaren Produzenten ironischerweise gerade deshalb eine große, wenngleich passive Macht, weil die Planung so schlecht war, wie sie war. […] Auf die Dauer kann man nicht gegen eine widerwillige Bevölkerungsmehrheit anplanen, selbst wenn es die Bevölkerung nicht gerade an Autoritätsfixierung mangeln lässt.

H. Ganßmann: Die nicht beabsichtigten Folgen einer Wirtschaftsplanung, in: H. Joas/M. Kohli (Hg.): Der Zusammenbruch der DDR. Frankfurt a. M. 1993, S. 188

Worin unterscheiden sich die Befunde der beiden Autoren? Diskutieren Sie die Reformierbarkeit der Planwirtschaft.

1. *Erörtern Sie die Folgen der Verdrängung des „privaten Sektors". Unterscheiden Sie dabei nach den Wirtschaftszweigen.*
2. *Erklären Sie den Rückstand der DDR-Wirtschaft gegenüber der der Bundesrepublik.*
3. *Erläutern Sie das System der DDR-Planwirtschaft. Wo lagen dessen Schwächen?*
4. *Skizzieren Sie die Grundprinzipien des „Neuen Ökonomischen Systems" von 1963. Warum blieb der erhoffte Erfolg dieser Reform aus?*
5. *Was trieb die DDR-Wirtschaft in den 1980er-Jahren in den Ruin?*

4. Die sozialistische Gesellschaft

4.1 Vom Klassenkampf zur sozialistischen Gleichheit

Vorrang der Arbeiterklasse Der Sozialismus versprach allen gleiche Chancen und Rechte. Zunächst aber drangsalierte und benachteiligte die SED die alten Oberschichten und bevorzugte die Arbeiter. In den ersten Jahren der SBZ/DDR verschaffte die „proletarische" Herkunft viele Vorteile: bei der Vergabe von Posten in der Partei, im Öffentlichen Dienst, in den „Volkseigenen Betrieben" oder bei der Zulassung zum Studium. Die Parteiführung betrieb die Einrichtung von „Arbeiter- und Bauernfakultäten", die Bewerber mit dem richtigen sozialen Hintergrund, aber ohne Abitur, auf das Studium vorbereiteten. So gelang vielen jungen Menschen aus einfachen Verhältnissen ein früher undenkbar gewesener beruflicher und sozialer Aufstieg. Kinder aus besitz- und bildungsbürgerlichen Familien dagegen erfuhren viele Benachteiligungen. Erst in den 1960er-Jahren ging die Ungleichbehandlung zu Ende.

Soziale Umschichtungen Allerdings waren es jetzt die mittlerweile entstandenen neuen Führungsschichten, die alles daransetzten, ihren Kindern die Statusvorteile zu vererben. Immer mehr Studierende kamen nun aus den Familien der „Intelligenz", während der Anteil der Arbeiterkinder drastisch zurückging. Auch in den „gesellschaftlichen" Einrichtungen und Organisationen, nicht zuletzt in der SED selbst, verloren die Arbeiter fortwährend an Gewicht. Das hatte freilich auch mit der allgemeinen Höherqualifizierung zu tun: In den 1980er-Jahren hatten die meisten Arbeiter den Facharbeiterbrief erworben, nur jeder sechste bis siebente gehörte zur Gruppe der An- und Ungelernten. Insofern vollzog sich in der DDR, genau wie in der Bundesrepublik, eine „Entproletarisierung". Diese Entwicklung ging mit einer starken Einkommensnivellierung einher. Der Durchschnittsverdienst eines Industriearbeiters verhielt sich zu dem eines „Akademikers" wie etwa 5 zu 6. Die Spitzengehälter, die die kleine politische und ökonomische Führungsschicht bezog, lagen in den 1980er-Jahren zwischen 3000 und 4500 Mark; sie erlaubten kaum eine Vermögensbildung, die große Unterschiede im Lebensstandard hätte begründen können. Selbst die Privilegien der „Bonzen", die nach der „Wende" so viel Empörung erregten, gestatteten den Begünstigten lediglich einen Lebensstil, der sich zwar stark vom grauen DDR-Alltag abhob, sich aber im Vergleich zum Luxus der vielen Gutverdienenden im Westen ziemlich bescheiden ausnahm.

Vorrang der politischen Gesinnung Über die Platzierung in der sozialen Rangordnung entschied letztlich die Partei. Wer beruflich vorankommen wollte, musste mindestens als

Entproletarisierung

Der in Ost- wie Westdeutschland seit etwa den 60er-Jahren ablaufende Vorgang des Ausklingens von Lebensweisen und Mentalitäten, die für die Industriearbeiterschaft seit der Mitte des 19. Jahrhunderts charakteristisch gewesen waren. Zur proletarischen Existenz gehörten vor allem die Unsicherheit der Lebensumstände mit ihren fatalen Folgen beim Ausscheiden aus der Erwerbstätigkeit (durch Krankheit, Invalidität, Alter); der armselige Lebensstandard mit chronischer materieller Not und dem Zwang für die arbeitsfähigen Familienmitglieder, durch außerhäusliche Arbeit zum Familieneinkommen beizutragen (Frauen- und Kinderarbeit); die Unwahrscheinlichkeit eines sozialen Aufstiegs mangels entsprechender Bildungs- und Vermögenserwerbschancen. Diese dreifache Benachteiligung der Arbeiterschaft (bei den Landarbeitern kam häufig noch die persönliche Abhängigkeit hinzu) wurde in den letzten Jahrzehnten nicht vollständig, aber weitgehend abgebaut. Maßgeblich hierfür waren die beträchtlichen Einkommenszuwächse, der Ausbau des Sozialstaates und die verbesserten Bildungsmöglichkeiten.

politisch zuverlässig gelten, besser noch ein „Aktivist" sein. Nur wenige herausragende Fachleute - Wissenschaftler, Techniker, Ärzte - oder bekannte Künstler und Schriftsteller konnten sich eine gewisse politische Unabhängigkeit leisten. Die Masse passte sich, zumindest äußerlich, den Verhaltenserwartungen der politischen Führung an. Viele zogen sich so oft wie möglich in die privaten Freiräume zurück, in die Familie, den Garten, das Wochenendhäuschen („Datsche"). Als Kompensation diente weithin der Sport: Aus der eigenen Fitness oder aus den beachtlichen internationalen Erfolgen der DDR-Spitzensportler schöpfte mancher Selbstwertgefühle. Die SED ließ sich die Sportförderung viel kosten; aber nicht nur die Volksgesundheit, sondern auch politischer Prestigegewinn lag ihr dabei am Herzen.

Leben im Zwiespalt
Abbildung oben: Wochenendhaus („Datsche")
in „Neu-Venedig" (Ostberlin).
Abbildung links: Karikatur aus dem „Eulenspiegel",
einer Ostberliner satirischen Wochenzeitung (1986).

Q 95 Der neue sozialistische Mensch

a) *Walter Ulbricht verkündet die „Zehn Gebote der sozialistischen Moral“ (1958):*

Das moralische Gesicht des neuen sozialistischen Menschen, der sich in diesem edlen Kampf um den Sieg des Sozialismus entwickelt, wird bestimmt durch die Einhaltung der grundlegenden Moralgesetze:

1. Du sollst Dich stets für die internationale Solidarität der Arbeiterklasse und aller Werktätigen sowie für die unverbrüchliche Verbundenheit aller sozialistischen Länder einsetzen.
2. Du sollst Dein Vaterland lieben und stets bereit sein, Deine ganze Kraft und Fähigkeit für die Verteidigung der Arbeiter-und-Bauern-Macht einzusetzen.
3. Du sollst helfen, die Ausbeutung des Menschen durch den Menschen zu beseitigen.
4. Du sollst gute Taten für den Sozialismus vollbringen, denn der Sozialismus führt zu einem besseren Leben für alle Werktätigen.
5. Du sollst beim Aufbau des Sozialismus im Geiste der gegenseitigen Hilfe und der kameradschaftlichen Zusammenarbeit handeln, das Kollektiv achten und seine Kritik beherzigen.
6. Du sollst das Volkseigentum schützen und mehren.
7. Du sollst stets nach Verbesserung Deiner Leistungen streben, sparsam sein und die sozialistische Arbeitsdisziplin festigen.
8. Du sollst Deine Kinder im Geiste des Friedens und des Sozialismus zu allseitig gebildeten, charakterfesten und körperlich gestählten Menschen erziehen.
9. Du sollst sauber und anständig leben und Deine Familie achten.
10. Du sollst Solidarität mit den um ihre nationale Befreiung kämpfenden und den ihre nationale Unabhängigkeit verteidigenden Völkern üben.

Protokoll der Verhandlungen des V. SED-Parteitages. Bd. 1, Berlin (Ost) 1958, S. 160

b) *Aus dem Gesetzbuch der Arbeit (1966):*

In der Deutschen Demokratischen Republik hat sich die Arbeiterklasse von der kapitalistischen Ausbeutung befreit und zu der Klasse erhoben, die mit ihren Verbündeten den Staat und die Wirtschaft leitet und die Volksmassen auf dem Wege der bewussten Gestaltung ihres Lebens führt. Mit der Befreiung von der Ausbeutung und Unterdrückung hat die Arbeiterklasse für sich, für die werktätigen Bauern, die Intelligenz und alle anderen Werktätigen die entscheidende Freiheit errungen. Die Arbeiter-und-Bauern-Macht und das Volkseigentum garantieren erstmals in der Geschichte Deutschlands die Freiheit und die sozialen Rechte der Werktätigen. Das Recht auf Arbeit, das Recht auf gleichen Lohn für gleiche Arbeit, das Recht auf Bildung, das Recht auf Erholung und das Recht auf Gesundheits- und Arbeitsschutz sowie auf materielle Versorgung bei Krankheit, Invalidität und Alter sind gesichert. Das sind entscheidende sozialistische Errungenschaften der Werktätigen.

In der Deutschen Demokratischen Republik hat sich der Charakter der Arbeit grundlegend verändert. Aus der Last der unfreien Arbeit für schmarotzende Ausbeuter wurde die freie Arbeit der Werktätigen für sich selbst und für die Gesellschaft. [...] Kameradschaftliche Zusammenarbeit und gegenseitige Hilfe bestimmen in zunehmendem Maße die Arbeit und führen zur Herausbildung der sozialistischen Menschengemeinschaft. Im Prozess der wissenschaftlich-technischen Revolution entfalten sich die von allen Fesseln befreiten schöpferischen Talente und Fähigkeiten der Werktätigen. Die sozialistische Gemeinschaftsarbeit trägt in hohem Maße dazu bei, dass sich sozialistische Persönlichkeiten entwickeln.

Die Arbeit wird zur Sache des Ruhmes und der Ehre. Die gemeinsame bewusste Arbeit aller Werktätigen nach einheitlichem Plan ist die Hauptquelle der Macht und des Reichtums des sozialistischen Staates. Sie beruht auf der Ausnutzung der objektiven Gesetze der gesellschaftlichen Entwicklung und der Übereinstimmung der gesellschaftlichen und der persönlichen Interessen.

Gesetzbuch der Arbeit vom 23. November 1966. Berlin (Ost) 1969, S. 22

a) *Vergleichen Sie die „10 Gebote“ mit anderen Wertekatalogen und Erziehungszielen.*

b) *Wie verhalten sich die „sozialistischen Errungenschaften“ der DDR zu den Grundrechten des Grundgesetzes?*

c) *Nehmen Sie Stellung zu dem Anspruch, in der DDR habe sich „der Charakter der Arbeit grundlegend verändert“.*

d) *Benennen und erläutern Sie das typische marxistisch-leninistische Vokabular dieser Texte.*

4.2 Schule, Bildung, Jugend

Schulreform Bereits 1946 führten die SBZ-Behörden die „Einheitsschule" ein. Sie fasste 8 Jahre lang die Kinder aller Schichten und Begabungsrichtungen zusammen und war dazu bestimmt, das sogenannte Bildungsprivileg der alten Oberschichten zu beseitigen. Die Masse der Jugendlichen ging anschließend in die Berufsausbildung, die mit einem 3-jährigen Berufsschulbesuch verbunden war. Eine Minderheit durfte die 4-jährige Oberschule besuchen, die zur Hochschulreife führte. Die Zulassung richtete sich zum einen nach dem mutmaßlichen künftigen Bedarf an Hochschulabsolventen, zum andern nach den Gutachten der Grundschule (und später auch der FDJ), für die, neben den schulischen Leistungen, die soziale Herkunft und „politische Bewährung" der Schülerinnen und Schüler wichtig waren.

Polytechnische Bildung Mit der Einführung der 10-jährigen Polytechnischen Oberschule für alle schulpflichtigen Kinder und Jugendlichen 1959 verwirklichte die DDR das marxsche Programm der Einheit von Hand- und Kopfarbeit, von beruflicher und allgemeiner Bildung. Dem dienten eine berufskundliche Grundausbildung und regelmäßige Betriebspraktika. Im Übrigen erhielten die naturwissenschaftlichen Fächer großes Gewicht. Das anfangs verfolgte Ziel einer frühzeitigen Verzahnung von Unterricht und Produktionsarbeit zum Zwecke einer regelrechten Berufsausbildung bereits auf der Schule wurde bald zugunsten einer breit angelegten technologischen Grundbildung („Einführung in die sozialistische Produktion" und „Technisches Zeichnen") aufgegeben.

Einheitliches sozialistisches Bildungssystem Das grundlegende Gesetz von 1965 brachte das DDR-Bildungssystem in seine endgültige Form. Es fügte das Schul- und Hochschulwesen voll in das allgemeine Planungssystem ein. Es oblag dem Ministerium für Volksbildung, alle jungen Menschen in die Bildungslaufbahnen zu lenken, die gesamtwirtschaftlich gebraucht wurden. Die Steuerung erfolgte vor allem mittels der Zulassung zur „Erweiterten Oberschule" (EOS) (die die Hochschulreife vergab) und zu den Hochschulen; zugelassen wurden stets nur so viele, wie die Planungsziffern vorgaben. Das schränkte die Berufs- und Studienfachwahl der jungen Menschen empfindlich ein. Seit den 1970er-Jahren drosselte die SED-Führung die Zulassung zum Studium. Das gab ihr ein weiteres Druckmittel in die Hand, um sich den akademischen Nachwuchs gefügig zu machen.

Lernschule und Gesinnungstreue Mittels der verbindlich vorgegebenen Lern- und Erziehungsziele, die sich in den Lehrplänen und Lehrbüchern widerspiegelten, versuchte der Staat, den Unterricht in seinem Sinne zu bestimmen. Diskussionen waren offiziell zwar erwünscht, aber sie hatten, soweit sie politische und ideologische Grundsätze berührten, stets im Rahmen zu bleiben, den die verbindliche Doktrin des Marxismus-Leninismus darstellte. Die Schule hatte auch die Aufgabe, die Schüler ideologisch zu formen, was insbesondere Ziel des Unterrichtsfaches Staatsbürgerkunde (ab Klasse 7) war. Das von der SED propagierte Erziehungsziel war die „sozialistische Persönlichkeit", die sich durch gesinnungstreue und kämpferische Parteilichkeit auszeichnen sollte. Aber spätestens in den 1980er-Jahren verlor dieses Idealbild an Glaubwürdigkeit. Immer häufiger kam es vor, dass Lehrer und Schüler, wenn auch zumeist in verdeckter Form, abweichende und kritische Meinungen durchblicken ließen.

Bildungsgesellschaft Insgesamt spielten Lernen, Weiterbildung, Qualifizierung in der DDR-Gesellschaft eine große Rolle. Die zahlreichen Angebote der beruflichen Fortbildung, wie Abendkurse und Fernstudien, fanden lebhaften Zuspruch. Die Betriebe unterstützten derartige Aktivitäten ihrer Mitarbeiter mit Beurlaubungen und Stipendien. Das herkömmliche bürgerliche Kultur- und Bildungsideal, das in der Arbeiterbewegung seit dem 19. Jahrhundert in hohem Ansehen stand, wurde von der Partei- und Staatsführung nachhaltig gefördert.

FDJ Wie in allen Regimen mit totalitärem Anspruch galt auch in der DDR der Jugend die besondere Aufmerksamkeit der Machthaber. Mit der schon im Februar 1946 vollzogenen Gründung der „Freien Deutschen Jugend" (FDJ) als des Ausschließlichkeit beanspruchenden einheitlichen Jugendverbandes für die gesamte SBZ stellte die KPD die Weichen für eine lückenlose Erfassung aller Kinder und Jugendlichen. Der mit dieser Aufgabe von der KPD/SED-Spitze beauftragte Erich Honecker betrieb mit Erfolg die allmähliche Umwandlung der zunächst überparteilichen FDJ in eine sozialistische Staats-Jugendorganisation. Diese war seit 1949 eine primär politische Massenorganisation, die von der SED kontrolliert wurde und ihre Vertreter in die politischen Körperschaften, wie den „Demokratischen Block", die „Nationale Front" und die Volkskammer, entsandte. Sie war in allen staatlichen Einrichtungen, die es mit jungen Menschen zu tun hatten – wie vor allem die Schulen, Hochschulen und die Nationale Volksarmee –, vertreten und entschied in wichtigen Angelegenheiten mit. Junge Menschen mit beruflichem Ehrgeiz kamen nicht umhin, der FDJ beizutreten, und wer vorankommen wollte, war darauf angewiesen, günstige Beurteilungen von den FDJ-Leitungen zu bekommen. In seinen besten Jahren, den 1970ern, erreichte der Staatsjugendverband eine Mitgliederquote von 70 % der in Frage kommenden Jahrgänge. Bezeichnenderweise waren EOS-Schüler und Studenten nahezu vollzählig FDJ-Mitglieder – nicht weil sie besonders überzeugte Sozialisten waren, sondern weil sie ohne eine FDJ-Mitgliedschaft kaum eine Chance gehabt hätten, in die begehrten Bildungswege hineinzukommen.

Politik und Jugendkultur Die (hauptamtlichen) FDJ-Funktionäre steckten in einem gewissen Dilemma. Einerseits hatten sie politische Aufträge zu erfüllen, die bei den jungen Menschen nicht immer populär waren – wie die Werbung für die NVA, die zeitaufwendigen Einsätze bei allen möglichen Kampagnen der SED, von der Wahlpropaganda bis zur Erntehilfe. Andererseits waren sie bestrebt, den Jugendlichen attraktive Angebote zu machen – im Sport, in der Freizeitunterhaltung, der Touristik oder der Weiterbildung. Hier mussten sie auf jugendliche Wünsche und Interessen Rücksicht nehmen, auch wenn diese der Parteiführung nicht immer gefielen. Als sich in den späten 1960er-Jahren auch in der abgeschirmten DDR die jugendliche Alternativkultur der Rock- und Popmusik, der Jeans und Lederjacken, der Hippies und „Langhaarigen" ausbreitete, blieb den Machthabern nichts anderes übrig, als gute Miene zum „bösen Spiel" zu machen, kostbare Devisen für den Import von Jeans zu bewilligen und Rockkonzerte zu genehmigen. So brachte es die FDJ fertig, im Leben der DDR-Jugend präsent zu bleiben. Mochten auch ihre politischen Parolen und Aktivitäten bei vielen Mitgliedern Überdruss auslösen: Die FDJ bot auch einen Rahmen für jugendgemäßes Leben und Erleben. Das galt besonders für die Kinder-Pionierorganisation „Ernst Thälmann", die den Kindern vom 7. bis 14. Lebensjahr Betätigungsmöglichkeiten eröffnete, die durchaus Anklang fanden.

Q 96 Wehrerziehung

a) *Aus der Direktive des Volksbildungsministeriums vom 1. Februar 1978:*

Der Wehrunterricht dient der sozialistischen Wehrerziehung der Jugend und ist fester Bestandteil des Bildungs- und Erziehungsprozesses an der Schule. Er fördert die Entwicklung der Wehrbereitschaft und Wehrfähigkeit der Schüler und hat zum Ziel,

- Mädchen und Jungen auf die Wahrnehmung des in der Verfassung festgelegten Rechts und der Ehrenpflicht zum Schutz des Friedens, des sozialistischen Vaterlandes und der sozialistischen Staatengemeinschaft vorzubereiten;
- die klassenmäßige, patriotische und internationalistische Haltung der Schüler weiter auszuprägen und die Wehrmotivation zu festigen;
- die systematische und planmäßige Vorbereitung der Jugendlichen auf die Anforderungen des Wehrdienstes und der Zivilverteidigung durch Vermittlung entsprechender Kenntnisse, Fähigkeiten und Fertigkeiten zu unterstützen. [...]

Der Wehrunterricht umfasst für die Klassen 9

- 4 Doppelstunden zu Fragen der sozialistischen Landesverteidigung für alle Schüler,
- die Wehrausbildung im Lager für die Jungen, die daran freiwillig teilnehmen (12 Ausbildungstage zu je 8 Stunden) und
- den Lehrgang „Zivilverteidigung" für alle Mädchen und den Teil der Jungen, der nicht an der Wehrausbildung im Lager teilnimmt (12 Lehrgangstage zu je 6 Stunden);

für die Klassen 10

- 4 Doppelstunden zu Fragen der sozialistischen Landesverteidigung für alle Schüler und
- 3 Tage Wehrbereitschaft mit insgesamt 18 Stunden für alle Schüler.

b) *Aus einer Elterneingabe an das Ministerium für Volksbildung (1988):*

Als christliche Bürger, die in diesem Land ihr verfassungsmäßiges Recht auf freie Religionsausübung – wozu auch eine christliche Erziehung der Kinder gehört – wahrnehmen wollen, geraten wir in Konflikt mit der sozialistischen Wehrerziehung an der Schule. So können wir uns nicht damit einverstanden erklären, dass es schon in der 6. Klasse im Sportunterricht lehrplanmäßige Pflicht ist, mit Handgranaten zu werfen, damit also bereits im Kindesalter eine langsame Gewöhnung an den Umgang mit militärischen Gegenständen stattfindet. Weiterhin sehen wir uns aus Glaubens- und Gewissensgründen nicht in der Lage, einer Teilnahme unseres Sohnes am Wehrunterricht und dem in der 9. Klasse stattfindenden Wehrlager für Jungen zuzustimmen. Auch die Hans-Beimler-Wettkämpfe, die durch ihren militärischen Charakter in keiner Weise mit der von uns angestrebten christlichen Erziehung zur friedlichen Konfliktbewältigung in Einklang gebracht werden können, müssen von uns als Pflichtveranstaltung der Schule abgelehnt werden. [...]

Wir bitten Sie dringend, diesen Wunsch der christlichen Bürger nach Veränderung des Erziehungskonzeptes nicht länger zu negieren und anstelle des jetzigen Systems der Wehrerziehung ein neues System der friedlichen Konfliktbewältigung in der Volksbildung zu schaffen. Die nach außen gerichtete Friedenspolitik der DDR kann nur glaubhaft und wirksam sein, wenn sie mit gleicher Intensität auch innerhalb des Landes betrieben wird.

O. Anweiler u. a. (Hg.), Bildungspolitik in Deutschland 1945–1990, Bonn 1992, S. 426 ff.

Panzer auf einem Kinderkarussell in Ostberlin 1982

a) Gehört Wehrerziehung in die Schule? Warum wäre ein solcher Unterricht in der Bundesrepublik undenkbar?

b) Würdigen Sie die Argumente der Eltern unter rechtlichem und politischem Aspekt?

4.3 Kunst, Literatur, Massenmedien

„Sozialistischer Realismus" Die künstlerischen Freiheiten und Experimente der ersten Nachkriegsjahre waren zu Ende, als es 1948 an den „Aufbau des Sozialismus" ging. Fortan erhielt der „sozialistische Realismus" kanonische Geltung. Die Künstler und Schriftsteller wurden ermahnt, vom „Formalismus" und „Kosmopolitismus" abzulassen und lebensnahe, volkstümliche Werke zu schaffen, die einen nützlichen Beitrag zum sozialistischen Aufbau leisteten. Die Kunst wurde unverblümt in den Dienst der Politik gestellt. Wer sich darauf nicht festlegen lassen wollte, durfte seine Bilder nicht ausstellen, seine Kompositionen nicht aufführen, seine Manuskripte nicht drucken lassen. Regimetreue Kunstschaffende und Autoren dagegen erfuhren eine großzügige Förderung und finanzielle Absicherung. Aufmüpfige Geister wie Wolf Biermann oder Stefan Heym wurden verwarnt und gemaßregelt (s. S. 154).

Literatur als heimliche Öffentlichkeit Dennoch entwickelte sich eine – weder konformistische noch oppositionelle – Literatur von anerkanntem Rang. Die meiste Beachtung fanden die Bücher von Christa Wolf, die sich, bei aller grundsätzlichen Bejahung des Sozialismus, ihre geistige Unabhängigkeit bewahrte. Als die Honecker-Führung sich 1976 des renitenten Wolf Biermann durch Ausbürgerung entledigte, war die Mehrheit seiner Schriftstellerkollegen beherzt genug, dagegen öffentlich zu protestieren. Dieser Protest hatte zwar keinen Erfolg, aber die SED-Führung wagte es auch nicht, gegen die Unterzeichner vorzugehen. So gewann die anspruchsvolle Literatur in der DDR der 1970er- und 1980er-Jahre nicht nur eine große Leserschaft, sondern erhielt auch die Funktion eines heimlichen Diskussionsforums, einer „Ersatzinformationsquelle"; sie brachte, wie verschlüsselt auch immer, zur Sprache, was direkt nicht gesagt werden konnte.

Massenmedien Die Massenmedien waren das Mittel, mit dem die Herrschenden in erster Linie ihr Informations- und Meinungsbildungsmonopol ausübten. Alle maßgebenden Zeitungen – an der Spitze das SED-Organ „Neues Deutschland" – erschienen im Auftrag der Parteien und Massenorganisationen; ohne staatliche Lizenz durfte keine Zeitung oder Zeitschrift gedruckt werden. Rundfunk und Fernsehen waren staatliche Einrichtungen. Die Mehrzahl aller Informationen stammte aus der staatlichen Nachrichtenagentur ADN, die unmittelbar von der SED kontrolliert wurde. Honecker selbst kümmerte sich fast täglich um die Inhalte der Hauptnachrichtensendung des Fernsehens und die Leitartikel des „Neuen Deutschland". Allerdings hatte das staatliche Informationsnetz eine empfindliche Lücke: das Westfernsehen. Nachdem zu Ulbrichts Zeiten die Partei unter Einspannung der FDJ vergeblich versucht hatte, die auf Westempfang gestellten Antennen umzudrehen, fügte sie sich in der Honecker-Ära in das Unvermeidliche. So bekam ein großer Teil der DDR-Bevölkerung allabendlich die westdeutsche Sicht der Dinge ins Haus geliefert.

Übergabe des Parteidokuments – Gemälde von Hans Mrozcinki (um 1953)

Q 97 Die Erwartungen der Partei und die Probleme der Schriftsteller

a) *Erich Honecker auf dem 9. ZK-Plenum (1973):*

Dem Neuen nachzuspüren, es aufzudecken und mitzugestalten, gelingt wohl nicht immer beim ersten Versuch und am wenigsten dadurch, dass versucht wird, eigene Leiden der Gesellschaft aufzuoktroyieren. Die in verschiedenen Theaterstücken und Filmen dargestellte Vereinsamung und Isolierung des Menschen von der Gesellschaft, ihre Anonymität in Bezug auf die gesellschaftlichen Verhältnisse machen schon jetzt deutlich, dass die Grundhaltung solcher Werke dem Anspruch des Sozialismus an Kunst und Literatur entgegensteht. [...] Manches mutet Bürgern unserer Republik, die sich mit ihrem sozialistischen Staat fest verbunden fühlen, Arbeitern, Genossenschaftsbauern und Angehörigen der Intelligenz, die ihn aufgebaut haben und Hervorragendes für seinen weiteren Fortschritt leisten, zu viel Selbstverleugnung zu. Sie stellen, und wir meinen mit Recht, in Abrede, dass bestimmte Kunstwerke zur weiteren Herausbildung sozialistischer Denk- und Verhaltensweisen beitragen.

G. Rüß (Hg.): Dokumente zur Kunst-, Literatur- und Kulturpolitik der SED. Bd. 2. Stuttgart 1976, S. 777

b) *Die Schriftstellerin Christa Wolf (1973):*

Wenn man über längere Zeit daran gehindert wird, es öffentlich zu tun, kann man überhaupt verlernen, die – verdammten oder nicht verdammten, jedenfalls bedeutsamen – Fragen, die keineswegs immer gleich „zu lösen" sind, wenigstens ohne Umschweif zu stellen und sei es zunächst nur sich selbst. Das betrifft nicht nur die Literatur, aber sie trifft es im Kern. Der Mechanismus der Selbstzensur, der dem der Zensur folgt, ist gefährlicher als dieser. Er verinnerlicht Forderungen, die das Entstehen von Literatur verhindern können, und verwickelt manchen Autor in ein unfruchtbares und aussichtsloses Gerangel mit einander ausschließenden Geboten: Daß er realistisch schreiben soll zum Beispiel und zugleich auf Konflikte zu verzichten; daß er wahrheitsgetreu schreiben soll, aber sich selbst nicht glauben, was er sieht, weil es nicht „typisch" sei.

Christa Wolf: Lesen und Schreiben. Neue Sammlung. Darmstadt/Neuwied 1980, S. 84

c) *Der Schriftsteller Stefan Heym (1975):*

Ich wüsste keinen Schriftsteller in der DDR, der nicht aufseiten des Sozialismus stünde. [...] Bei der Lektüre von insgesamt 35 Texten fiel mir auf, dass kaum einer der Autoren den Sozialismus besonders zu verteidigen für notwendig hielt; sie nahmen ihn als Tatsache des Lebens. [...] Was aber, wenn die taktischen Notwendigkeiten der Tagespolitik nicht übereinstimmen wollen mit den Anforderungen der Kunst, wie es nicht nur mir, sondern auch anderen Autoren erging? Wonach soll sich der Schriftsteller nun richten? Neulich hat sich ein jüngerer Kollege an meiner Schulter ausgeweint. Er hatte einen neuen Roman geschrieben, genau nach den politischen Wünschen von oben. Dann kam eine Veränderung auf hoher Ebene, die Wünsche wurden fallen gelassen, und das Buch, obwohl noch unveröffentlicht, war bereits ein Anachronismus. Taktische Notwendigkeiten sind eines; Kunst, soll sie wirksam sein, etwas anderes. [...] Es gibt einen Punkt, in dem der Schriftsteller im Sozialismus sich keine Kompromisse leisten kann, wenn er will, dass seine Arbeit den Tag überdauert: die Wahrheit.

Stefan Heym: Wege und Umwege. München 1980, S. 342f.

d) *Der ZK-Sekretär Kurt Hager vor dem DDR-Schriftstellerverband (1986):*

Mitunter hört man die Auffassung, dass die DDR-Literatur der achtziger Jahre im Umbruch zu einem neuen Funktionsverständnis stehe, mit dem eine Neigung zum problematischen Helden, zum leidenden Helden, zum Antihelden zusammenhänge. [...] Dahinter steht eine ältere Auffassung, wonach der künstlerischen Darstellung sogenannter Defizite größere Wirkung als der Darstellung vorbildlicher Verhaltensweisen zukomme. Viele Werktätige erwarten Anregungen aber gerade durch die künstlerische Darstellung vorbildlichen Verhaltens. Das Bedürfnis nach Identifikation, nach Bestätigung, nach Bekräftigung ist ein massenhaft vorhandenes Bedürfnis. Wobei sich vorbildliches Verhalten vor allem dort erweist, wo große Aufgaben unter realen Schwierigkeiten zu meistern, unter realen Konflikten zu lösen sind.

Neue Deutsche Literatur, 35 (1986) Heft 1, S. 21f.

a) Diskutieren Sie die in den Texten deutlich werdenden Vorstellungen von den Aufgaben der Literatur.

b) Was meint Stefan Heym mit der „Wahrheit", zu der der Schriftsteller verpflichtet sei?

4.4 Die Kirchen

Staatsfreier Raum Allein die beiden christlichen Kirchen bildeten einen staatsfreien Raum, in dem ein Welt- und Politikverständnis zu Worte kommen konnte, das von der herrschenden Doktrin entschieden abwich. Zunächst freilich hatte die Partei- und Staatsführung alles getan, um dies zu verhindern: Sie erschwerte die kirchliche Arbeit, wo immer es ging, und suchte durch Druck und Propaganda die Menschen dem christlichen Glauben abspenstig zu machen. Die katholische Kirche – der 1949 11% der Bevölkerung angehörten – reagierte auf die staatlichen Schikanen, indem sie sich auf ihre innerkirchlich-seelsorgerischen Obliegenheiten zurückzog, sich vom öffentlichen Leben abkapselte und die Kontakte zum Staat auf das Notwendigste beschränkte. Im Unterschied dazu verstand sich die evangelische Kirche (zu der sich anfangs 80% der DDR-Bürger bekannten) gemäß ihren reformatorischen Ursprüngen als mitverantwortlich für das staatliche und gesellschaftliche Leben. Sie sah sich darum in einen regelrechten „Kirchenkampf" mit dem atheistischen Staat verwickelt, der keine von ihm unabhängige Instanz dulden wollte. Von diesem scharfen Kurs ging die Partei erst ab, als sie einsehen lernte, dass mit Zwang allein wenig auszurichten war, und als die Kirchenleitungen zu verstehen gaben, dass sie den SED-Staat als legitime Obrigkeit zu respektieren gedachten. Seitdem bewegte sich die evangelische Kirche auf einem schmalen Grat zwischen Anpassung an die sozialistische Gesellschaftsordnung und Selbstbehauptung im den Marxismus-Leninismus verwerfenden christlichen Glauben.

„Kirche im Sozialismus" 1969 gab die Kirchenleitung dem Drängen der SED-Führung nach, gründete den „Bund der Evangelischen Kirchen in der DDR" und löste diesen aus der organisatorischen Verbindung mit der gesamtdeutschen „Evangelischen Kirche in Deutschland" (EKD); zugleich betonte sie freilich die Fortdauer der Glaubensgemeinschaft mit den westdeutschen Landeskirchen und in der Tat blieben eine Menge institutioneller und persönlicher Verbindungen über die Grenze hinweg bestehen. Im Übrigen war man sich innerhalb der Kirche durchaus nicht immer einig. Während sich die Kirchenleitungen durchweg um ein gutes Einvernehmen mit dem Regime bemühten, war die Basis in den Gemeinden vielfach geneigt, Konflikten nicht auszuweichen. So blieb die in den Medien viel gebrauchte Formel „Kirche im Sozialismus" stets umstritten. Als die SED 1978 die „Wehrerziehung" als verbindliches Unterrichtsprinzip in den Schulen einführte, waren sich jedoch alle Kirchenmitglieder in ihrem Protest einig. Seitdem wurde das Eintreten für den Frieden zu einem Thema, das das kirchliche Selbstverständnis in starkem Maße prägte und das auch Nichtchristen in Kontakt mit der Kirche brachte. Deren Zahl war ständig angewachsen: 1989 gehörten nur noch 24% der Bevölkerung zur evangelischen und knapp 5% zur katholischen Kirche. Aus der „Volkskirche" war eine „Minderheitskirche" geworden. Dass dies deren Ausstrahlungskraft nicht unbedingt beeinträchtigen musste, zeigte sich im Herbst 1989. Damals wurde die evangelische Kirche buchstäblich zu einem Schutzraum, in dem sich die Bürger- und Demokratiebewegung entfalten konnte.

Q 98 „Kirche im Sozialismus“

a) *Erklärung des SED-Politbüromitglieds Werner Jarowinsky (1988):*

Das ist und bleibt das Grundprinzip unserer Kirchenpolitik. Der Kirche, was der Kirche, dem Staate, was dem Staate ist. […] Wer versucht, in die kirchliche Tätigkeit Fragen einzubringen, die mit der Kirche nichts zu tun haben, stört das gute Verhältnis zwischen Kirche und Staat, handelt gegen die Interessen der Gläubigen und untergräbt die eigene Basis. Eine elementare Voraussetzung für die alles in allem positive Gesamtentwicklung war und ist die Standortbestimmung der evangelischen Kirche in unserer Republik, in unserer Gesellschaft als Kirche nicht gegen, nicht neben, sondern als Kirche im Sozialismus. In letzter Zeit wurde diese bewährte Grundlage zunehmend ausgehöhlt.

„Frankfurter Allgemeine Zeitung“ vom 14.11.1988

b) *Schreiben von Bischof Werner Leich an Erich Honecker (1988):*

Die Fragen, die unsere evangelischen Kirchen in den letzten Monaten bewegt haben, sind Fragen, die aus dem gesellschaftspolitischen Bereich kommen. Sie haben keinen Ursprung im Dienst unserer Kirchen. Die Auseinandersetzung mit diesen Fragen mussten wir stellvertretend für Staat und Gesellschaft wahrnehmen. Wir haben uns diese Rolle nicht ausgesucht. Die eigentlichen Adressaten haben keine Bereitschaft zum Dialog signalisiert. […] Die Zahl der Menschen, die unser Land verlassen wollen und dies beantragt haben, hat erheblich zugenommen. Wir sind darüber betroffen. […]

Besorgt sehe ich auch, wie die alltäglich erfahrene Wirklichkeit und die durch die Medien vermittelte Einschätzung auseinanderklaffen. Das ruft den Eindruck hervor, als würden die tatsächlichen Aufgaben von den Verantwortlichen nicht oder nur unzureichend erkannt.

„Süddeutsche Zeitung“ vom 12./13.3.1988

Das Emblem fand zu Beginn der 1980er-Jahre starke Verbreitung. Ein behördliches Verbot hatte nur beschränkten Erfolg.

Wo ziehen die Kontrahenten die Grenze zwischen den Zuständigkeiten des Staates und der Kirche? Äußern Sie sich zu der Begründung, die der Bischof für die kirchliche „Einmischung“ in öffentliche Angelegenheiten gibt.

Q 99 Jugendweihe statt Konfirmation oder Kommunion: Das Gelöbnis

Liebe junge Freunde! Seid Ihr bereit, als junge Bürger unserer Deutschen Demokratischen Republik mit uns gemeinsam, getreu der Verfassung, für die große und edle Sache des Sozialismus zu arbeiten und zu kämpfen und das revolutionäre Erbe des Volkes in Ehren zu halten, so antwortet: Ja, das geloben wir!

Seid Ihr bereit, als treue Söhne und Töchter unseres Arbeiter-und-Bauern-Staates nach hoher Bildung und Kultur zu streben, Meister Eures Faches zu werden, unentwegt zu lernen und all Euer Wissen und Können für die Verwirklichung unserer großen humanistischen Ideale einzusetzen, so antwortet: Ja, das geloben wir!

Seid Ihr bereit, als wahre Patrioten die feste Freundschaft mit der Sowjetunion weiter zu vertiefen, den Bruderbund mit den sozialistischen Ländern zu stärken, im Geiste des proletarischen Internationalismus zu kämpfen, den Frieden zu schützen und den Sozialismus gegen jeden imperialistischen Angriff zu verteidigen, so antwortet: Ja, das geloben wir!

Wir haben Euer Gelöbnis vernommen. Ihr habt Euch ein hohes und edles Ziel gesetzt. Feierlich nehmen wir Euch auf in die große Gemeinschaft des werktätigen Volkes, das unter Führung der Arbeiterklasse und ihrer revolutionären Partei, einig im Willen und im Handeln, die entwickelte sozialistische Gesellschaft in der Deutschen Demokratischen Republik errichtet.

Wir übertragen Euch eine hohe Verantwortung. Jederzeit werden wir Euch mit Rat und Tat helfen, die sozialistische Zukunft schöpferisch zu gestalten.

Ministerium für Bildung des Landes Brandenburg (Hg.): In Linie angetreten. Bearb. v. F. Blask u. G. Geissler. Berlin 1996, S. 170 f.

a) *Charakterisieren Sie anhand von Beispielen den Ton des Gelöbnisses. Welche Wirkung soll er erzielen?*

b) *Erläutern Sie das parteiamtliche Vokabular. Wie stellen Sie sich dessen Wirkung auf die jungen Menschen vor?*

4.5 Die DDR als Sozial- und Versorgungsstaat

Lebensstandard Die von der SED behauptete Überlegenheit der sozialistischen Gesellschaftsordnung musste sich in der materiellen Versorgung und sozialen Sicherheit ihrer Bürger erweisen. Deren Bilanz fiel zwiespältig aus. Einerseits gab es – zumindest äußerlich – keine Arbeitslosigkeit. Die Kosten für den Grundbedarf waren dank hoher staatlicher Subventionen niedrig. Auch die Belastung des Einzelnen durch Steuern und Sozialabgaben blieb höchst erträglich. Die medizinische Versorgung war nahezu unentgeltlich. Ferienaufenthalte wurden von den Betrieben, dem FDGB oder der FDJ zu günstigen Preisen angeboten (wofür der Urlauber freilich zumeist „Massenbetrieb" in Kauf nehmen musste). Allerdings gab es neben solchem Licht auch viel Schatten. Wohnungen waren knapp und in einem oft erbärmlichen baulichen Zustand; erst die von Honecker verfügte Verstärkung des Wohnungsbaus brachte gewisse Erleichterungen. Die Preise für alle Gebrauchsgüter oberhalb des elementaren Grundbedarfs waren enorm überhöht; hier holte der Staat zum Teil wieder herein, was er für die Grundversorgung ausgab.

Soziales Netz In der DDR litt, nach Überwindung der lange währenden Versorgungsschwierigkeiten der Nachkriegszeit – die letzten Lebensmittelkarten wurden erst 1958 abgeschafft –, niemand akute Not. Solange man im Arbeitsleben stand, hatte man sein Auskommen – zumal in der Regel alle erwachsenen Familienmitglieder berufstätig waren. Freilich blieben die Ansprüche, verglichen mit westdeutschen Verhältnissen, durchweg bescheiden. Völlig unzulänglich war allerdings die Altersversorgung. Den niedrigen Beiträgen zur allgemeinen Rentenpflichtversicherung (Höchstsatz 60 Mark) entsprachen kümmerliche Renten. Wer nicht auf andere Finanzquellen zurückgreifen konnte, musste im Alter ein Leben in Armut führen; das galt besonders für verwitwete Frauen, die keine längere Berufstätigkeit vorzuweisen hatten. Vier Fünftel aller DDR-Bürger machten darum von der 1968 geschaffenen Möglichkeit Gebrauch, durch eine freiwillige Zusatzversicherung ihre Altersbezüge aufzustocken. Die DDR war eine „Arbeitsgesellschaft": Wer nicht erwerbstätig war, musste erhebliche Einbußen hinnehmen.

Betriebsferienlager des VEB Kali- und Steinsalzbetrieb Staßfurt in Wusterhausen (1974)

Q 100 Sozialdaten

a) *Wohnungsbestand 1981:*

	Bundesrepublik	DDR
Wohnungen je 1000 Einwohner	412	387
Durchschnittl. Wohnungsgröße (m^2)	82	58
Altersstruktur:		
vor 1919 (in v. H.)	21	46
1919–1945	15	19
nach 1945	64	35
Ausstattung mit		
Zentralheizung (in v. H. aller Wohnungen)	84	26
mit Bad	89	54

Gesamtdeutsches Institut (Hg.), Zahlenspiegel, Bonn 1983, S. 63

b) *Monatliches Nettoeinkommen 1978:*

	Bundesrepublik (DM)	DDR (M)
Arbeitnehmer	1778	870
Selbstständiger	5571	1650
Rentner	1238	345

Bundesministerium für innerdeutsche Beziehungen, Zahlenspiegel, Bonn 1981, S. 56

c) *Preise und Kaufkraft 1981:*

	Bundesrepublik		DDR	
	Preis (DM)	Aufzuwendende Arbeitszeit	Preis (M)	Aufzuwendende Arbeitszeit
Roggenmischbrot (1 kg)	2,65	0:13	0,52	0:06
Butter (1 kg)	9,52	0:46	10,00	1:59
Käse (1 kg)	10,50	0:51	11,00	2:11
Äpfel (1 kg)	1,90	0:09	2,30	0:27
Schokolade (100 g)	0,99	0:05	4,80	0:57
Bohnenkaffee (1 kg)	16,90	1:22	80,00	15:50
Herrenoberhemd	19,90	1:36	45,00	8:55
Bettwäsche	38,00	3:04	108,00	21:23
Waschvollautomat	558,00	45:00	2050,00	405:56
Pkw	9300,00	750:00	19800,00	3920:48
Elektrischer Strom (75 kWh)	24,20	1:57	8,00	1:35
Straßenbahn/Omnibus	1,54	0:05	0,20	0:02
Herrenhaarschnitt	9,05	0:44	1,80	0:21

Bundesministerium für innerdeutsche Beziehungen, Zahlenspiegel, Bonn 1983, S. 57

Was sagen die Zahlen über das Alltagsleben der DDR-Bürger aus?

4.6 Frauen in der DDR

Gleichstellung Auch die Frauenpolitik der SED war von ihrem Interesse an der vollen Ausbildung der „Arbeitsgesellschaft" bestimmt. Bereits 1965, lange vor entsprechenden gesetzlichen Regelungen in der Bundesrepublik, verankerte das Familiengesetzbuch die allseitige Gleichstellung von Männern und Frauen. Beide Geschlechter hatten nicht nur am Arbeitsplatz und im öffentlichen Leben gleiche Rechte und Pflichten – das galt schon seit Längerem –, sondern waren auch in gleicher Weise für die Aufgaben im Haushalt und in der Kinderbetreuung zuständig. 1972 legalisierte die Volkskammer den bis dahin verbotenen Schwangerschaftsabbruch gemäß dem Grundsatz der Fristenregelung.

Mobilisierung der weiblichen Arbeitskraft Die Emanzipation der Frauen in der DDR war das Werk der Staats- und Parteiführung, nicht das Resultat einer Frauenbewegung „von unten". Der Staat unternahm große Anstrengungen, um die Frauen in die „Produktion" zu bringen: Er strich die Witwenrenten für arbeitsfähige Frauen und gewährte erwerbstätigen Müttern mit kleinen Kindern großzügige Hilfen. Vor allem in der Ära Honecker betrieb er – unter dem doppelten Druck des Arbeitskräftemangels und der sinkenden Geburtenziffern – eine ausgeprägte „Mutti-Politik". Frauen erhielten nach der Geburt ihrer Kinder für ein halbes Jahr Mutterschaftsurlaub bei voller Lohnfortzahlung und anschließend für mehrere Monate (je nach Kinderzahl) weitere Arbeitsbefreiungen mit nur leicht verkürzten Bezügen. Sie hatten Anspruch auf Teilzeitbeschäftigung ohne merkliche finanzielle Einbußen und durften bis zu 13 Wochen im Jahr bei Krankheiten der Kinder der Arbeit fernbleiben. Insgesamt übernahm der Staat durchschnittlich etwa 85 % der beim Aufwachsen der Kinder anfallenden Kosten.
Trotz solcher Vergünstigungen konnte von einer vollständigen Gleichstellung der Frauen nicht die Rede sein. Das galt nicht nur für die ungleiche Verteilung der Haushaltslasten, sondern auch für die Verhältnisse am Arbeitsplatz. Zwar lag der Erwerbstätigenanteil der Frauen mit 90 % (in den 80er-Jahren) fast genauso hoch wie der der Männer, aber das durchschnittliche Fraueneinkommen erreichte nur 78 % von dem der männlichen Kollegen. Das hing zum Teil mit dem schlechteren Ausbildungsstand der Frauen zusammen (es gab wesentlich mehr weibliche als männliche ungelernte Arbeitskräfte), vor allem aber damit, dass ihnen in der nach wie vor von Männern beherrschten Berufswelt viel seltener der Aufstieg in die Führungspositionen gelang.

Kindergärtnerinnen mit spielenden Kindern in einem Sandkasten in einer Siedlung in Schwerin – 1976

Q 101 Die Partei zur Rolle der Frauen

Inge Lange, ZK-Sekretärin für Frauenfragen (1974):
Was kann im Interesse der Frauen selbst und was muss im Interesse der effektiven Nutzung des gesellschaftlichen Arbeitsvermögens getan werden, um insgesamt noch mehr Frauen die Möglichkeit zu geben, sich in den gesellschaftlichen Produktionsprozess einzugliedern? In absoluten Zahlen ausgedrückt, sind etwa gegenwärtig noch 801 000 Frauen unserer Republik bis zu 60 Jahren nicht berufstätig, das sind immerhin noch 19,4 % aller Frauen im arbeitsfähigen Alter. Dazu kommt, dass von den berufstätigen Frauen 33,2 % verkürzt arbeiten. [...] Es bleibt der Fakt, dass hier noch beträchtliche Arbeitskräftereserven zu erschließen sind. Gründliche Untersuchungen haben ergeben, dass für mindestens 20 % dieser Frauen keine zwingenden Gründe für eine verkürzte Berufstätigkeit vorliegen. [...] Auf keinen Fall dürfen wir zulassen, dass sich die Teilzeitarbeit als eine Möglichkeit, nicht berufstätigen Frauen den Eintritt ins Berufsleben zu erleichtern, in ihr Gegenteil verkehrt [...] und dazu führt, dass Tausende von Frauen, die bislang voll arbeiteten, ohne besondere Gründe zu einer verkürzten Arbeit übergehen. [...] Meistens ist der Übergang von voll berufstätigen Frauen zur Teilzeitarbeit Ausdruck eines gewissen Kompromisses zwischen den Eheleuten „um des lieben Friedens willen", wobei sehr oft die Ehemänner die treibende Kraft sind. Das Leben selbst jedoch hat bestätigt, dass die Teilzeitarbeit die Herausbildung der sozialistischen Frauenpersönlichkeit und auch die Entwicklung einer neuen, sozialistischen Lebensweise im Rahmen der Familie hemmt.

I. Lange: Aktuelle Probleme der Arbeit mit den Frauen. Berlin (Ost) 1974, S. 13

Q 102 Spitzenpositionen in der DDR in den 1980er-Jahren

	Frauen	Männer
Minister	1	44
Bezirksratsvorsitzende	1	44
Oberbürgermeister der Großstädte	3	25
Vollmitglieder des Politbüros	0	22
Kandidaten des Politbüros	2	3
Abteilungsleiter im ZK der SED	2	26
1. Sekretäre der Bezirksleitungen der SED	1	14
1. Sekretäre der FDJ-Bezirksleitungen	4	14
ordentliche und korrespondierende Mitglieder der Akademie der Wissenschaften	6	ca. 200

H. Weber: DDR, Grundriss der Geschichte 1945–1990. Hannover 1992, S. 199 f.

a) Charakterisieren Sie das Interesse der SED an der Frauenpolitik.

b) Was verstand die SED unter einer „sozialistischen Frauenpersönlichkeit"? Ziehen Sie Vergleiche mit anderen Frauenbildern.

c) Diskutieren Sie die Chancengleichheit für Frauen in der DDR.

„Löwenmaul" und „Fleißiges Lieschen". Aus einer DDR-Frauenzeitschrift von 1974

Zur Diskussion: Frauen in der DDR – eine geglückte Emanzipation?

Zu den positiven Errungenschaften der DDR zählt man vielfach ihre Frauenpolitik – etwa im Hinblick auf die hohen Quoten der weiblichen Erwerbstätigkeit oder das flächendeckende Angebot von Einrichtungen zur Kinderbetreuung. Dabei stellt sich jedoch die Frage, was es mit der Chancengleichheit von Frauen tatsächlich auf sich hatte.

Q 103 Ehefrau, Mutter, Werktätige

a) *Die Politologen Kurt Sontheimer und Wilhelm Bleek (1979):*

Gleichberechtigung heißt daher in der DDR nicht bloß formaljuristische Gleichbehandlung, sondern auch Chancengleichheit in einer Leistungsgesellschaft. Die Gleichstellung der Frau soll in der sozialistischen Gesellschaft der DDR nicht nur in passiver, sondern vor allem in aktiver Hinsicht erfolgen. Von diesem Gesichtspunkt der Chancengleichheit der Frau aus hat die DDR [...] eine stolze Bilanz aufzuweisen. [...] In zahlreichen Führungspositionen des gesellschaftlichen und politischen Lebens finden sich Frauen. Gleichberechtigung der Geschlechter ist in der DDR von Anfang an nicht nur als verfassungsrechtlicher Programmsatz, sondern als gesellschaftspolitisches Postulat verstanden worden. [...] Die Berufstätigkeit von Frauen ist in der DDR eine fundamentale gesellschaftspolitische Forderung, die aus dem Prinzip der Gleichberechtigung abgeleitet wird. Nach Ansicht der marxistischen Klassiker [...] wird die Frau erst dann gleichberechtigt sein, wenn sie auch ökonomisch dem Mann gleichgestellt ist. Die Gleichstellung von Mann und Frau heißt im sozialistischen System ihre Gleichstellung als Werktätige. Eine berufstätige Frau wird nicht mehr aus bloßen Versorgungsgründen an die Ehe mit einem nicht mehr geliebten und gewollten Partner gebunden sein. [...] Die Konsequenz einer solchen Konzeption ist u. a. der Verzicht des Scheidungsrechts der DDR auf einen Unterhaltsanspruch vonseiten der geschiedenen Frau.

K. Sontheimer/W. Bleek: Die DDR. Hamburg 1979[5], S. 156 f.

b) *Die Soziologin Hildegard Maria Nickel (1993):*

Hinsichtlich der zahlenmäßigen Entwicklung von Frauenerwerbsarbeit und der damit verbundenen relativen ökonomischen Selbstständigkeit von Frauen war diese Politik durchaus erfolgreich. Der paternalistisch-patriarchale Zug dieser DDR-Gleichberechtigungspolitik war nicht auf den ersten Blick erkennbar, und die ambivalenten Folgen, die diese Politik für Frauen hatte, blieben unter propagandistischen Vordergründigkeiten verdeckt. Das Geschick der östlichen Landestöchter lag in der Hand von Vater Staat. Er definierte, was das höchste Glück der Frau zu sein hatte: der Drahtseilakt von Mutterschaft und planwirtschaftlichem und beruflichem Leistungsdruck, die Vereinbarkeit von Beruf und Familie als rein weibliche Tugend. [...] Quoten weiblicher Berufstätiger und die Angleichung formaler Bildungs- und Qualifikationsabschlüsse zwischen Frauen und Männern wurden gebetsmühlenartig als Beweise für die erfolgreiche Realisierung der Gleichberechtigung in der DDR zitiert. Schließlich hat sich vor dem Hintergrund sozialer Sicherheit die Mythologie von der Gleichberechtigung in den Köpfen vieler Frauen festgesetzt und sie blind gemacht für die realen Benachteiligungen. [...] Tabuisiert wurde, dass mit der formalen Gleichberechtigung längst nicht die sozialen Ungleichheiten zwischen den Geschlechtern beseitigt waren und dass eine Sozialpolitik, die einseitig auf die Vereinbarkeit von Mutterschaft und Beruf – statt Elternschaft und Erwerbstätigkeit – setzt, immer wieder neue Diskriminierungen und Benachteiligungen schaffen muss.

H. M. Nickel: Frauen, in: W. Weidenfeld/K. R. Korte (Hg.): Handbuch zur deutschen Einheit. Bonn 1993, S. 312 f.

Wo sehen die Verfasser die Erfolge und Grenzen der Gleichberechtigungspolitik? Vergleichen Sie die hier vorgetragenen Befunde mit den Verhältnissen in der „alten" Bundesrepublik.

1. *In welchem Maße gab es in der DDR Gleichheit und Ungleichheit?*
2. *Nehmen Sie Stellung zu der Selbstbeschreibung der DDR als „Leistungsgesellschaft".*
3. *Kennzeichnen Sie die Unterschiede zwischen den Bildungssystemen der beiden deutschen Staaten.*
4. *Erörtern Sie die Probleme der FDJ-Jugendarbeit. Inwieweit kann man von einem Dilemma sprechen?*
5. *Was ist unter „sozialistischem Realismus" zu verstehen? Darf sich ein Staat in Kunst und Literatur einmischen?*
6. *Versuchen Sie eine Beurteilung der DDR als Sozialstaat.*
7. *Diskutieren Sie die unterschiedlichen Bedeutungen des Schlagworts „Kirche im Sozialismus".*
8. *Vergleichen Sie die Frauenpolitik der Bundesrepublik und der DDR.*

5. Die DDR in der internationalen Politik

Ergebenheit gegenüber der Sowjetunion Bis zu Stalins Tod (1953) trafen die DDR-Führer keine wichtige Entscheidung, ohne zuvor die Billigung der Sowjetunion eingeholt zu haben. Seit dem Übergang zur Partei „neuen Typs" 1948 war das sowjetische Beispiel in allen Bereichen maßgebend. „Von der Sowjetunion lernen heißt siegen lernen" lautete die ständig zitierte Parole. Diese strikte Unterordnung unter den Willen Moskaus erfuhr in der Nachfolge Stalins eine gewisse Lockerung. Je unentbehrlicher die erstarkende DDR-Wirtschaft für die Sowjetunion und den Ostblock wurde, desto mehr Eigenständigkeit konnte sich die SED-Führung erlauben. So nahm es Chruschtschow hin, dass die DDR die von ihm betriebene Entstalinisierung nur halbherzig mitmachte. Zu ernsteren Spannungen kam es erst, als Ulbricht sich sträubte, die von Breschnew angestrebte Entspannungspolitik gegenüber dem Westen zu unterstützen, weil er davon Nachteile für die begehrte völkerrechtliche Anerkennung der DDR befürchtete. Am Ende musste Ulbricht 1971 seine Führungsämter aufgeben. Sein Nachfolger Honecker tat sich zunächst als besonders beflissener Gefolgsmann der Sowjetunion hervor. 1974 ließ er in die revidierte DDR-Verfassung die Festlegung hineinschreiben, die DDR „sei für immer und unwiderruflich mit der UdSSR verbündet". Wie in den 1950er-Jahren schloss sich die DDR in allen internationalen Streitfragen vorbehaltlos dem sowjetischen Standpunkt an.

Abkühlung in den 1980er-Jahren Das betont freundschaftliche Verhältnis kühlte jedoch in den 1980er-Jahren ab. Honecker zögerte, den erneuten Rüstungswettlauf und die Verhärtung der Fronten des wiederauflebenden Kalten Krieges mitzutragen, und machte sich für eine Politik des Dialogs und der Schadensbegrenzung stark. Die 1986 einsetzende Perestroika-Politik Gorbatschows lehnte er immer unverhohlener ab. Dennoch konnte und wollte sich die DDR-Führung nie aus ihrem engen Bündnis mit der UdSSR lösen. Knapp 400 000 in der DDR stationierte Sowjetsoldaten hätten dies ohnehin zu vereiteln gewusst. Auch vergaß die DDR-Spitze nie, dass sie ohne den sowjetischen Rückhalt dem Druck und Sog des Westens schwerlich standhalten konnte. Das erwies sich 1989. Als die Gorbatschowregierung zu erkennen gab, dass eine militärische Intervention für sie nicht in Frage kam, brach die Macht der SED schnell zusammen.

Die DDR im „Rat für gegenseitige Wirtschaftshilfe" (RGW) Die feste Einbindung der DDR in den von der Sowjetunion beherrschten Ostblock lag im Interesse aller kommunisti-

Sozialistischer Internationalismus

Die Ausrichtung aller kommunistischen Parteien und insbesondere der Staats- und Parteiführungen sozialistischer Länder auf eine enge und freundschaftliche Zusammenarbeit. Sie entsprach der Grundorientierung der sozialistischen Arbeiterbewegung seit Marx und Engels („Proletarier aller Länder, vereinigt euch"). Diese Orientierung lief lange auf eine vorbehaltlose Unterstützung der Sowjetunion durch alle anderen kommunistischen Kräfte hinaus. Stalin benutzte die Komintern (bis 1943) und das Kominform (seit 1947) als Werkzeuge der Disziplinierung aller kommunistischen Parteien im Dienste der sowjetischen Interessen. Abtrünnige wurden mit aller Härte verfolgt – so das Jugoslawien Titos seit 1948. Die alleinige Führerschaft der KPdSU ging zu Ende, als die chinesische KP unter Mao den Entstalinisierungskurs Chruschtschows 1963 als Abweichung von der richtigen Generallinie anprangerte. Seitdem musste die sowjetische Führung Schritt für Schritt die Gleichberechtigung und Unabhängigkeit aller kommunistischen Parteien und Länder zugestehen. Breschnew drehte 1968 das Rad eine Zeit lang zurück, als er im Anschluss an den Einmarsch von Truppen der Warschauer-Pakt-Staaten in die Tschechoslowakei das Recht und die Pflicht aller sozialistischen Länder proklamierte, im Falle der Gefährdung eines sozialistischen Regimes zu dessen Rettung zu intervenieren. Diese sogenannte Breschnew-Doktrin widerrief Gorbatschow Ende der 1980er-Jahre, indem er allen sozialistischen Ländern die Freiheit ihrer Außenpolitik zugestand.

schen Parteiführungen. Neben den ideologischen Gemeinsamkeiten waren es vor allem die wirtschaftlichen, im Weiteren auch die militärischen Beziehungen, die dem Ostbündnis Festigkeit gaben. Der Umbau der industriellen Strukturen, den die DDR in den 1950er-Jahren vornahm, diente auch den wirtschaftlichen Interessen der Sowjetunion und der übrigen Ostblockländer. Die mit hohen Kosten aus dem Boden gestampfte ostdeutsche Grundstoff- und Schwerindustrie musste die osteuropäischen Partnerländer mit den für eine wirtschaftliche Modernisierung notwendigen Investitionsgütern versorgen. Drei Viertel der DDR-Exporte gingen in diese Länder, darunter 40 bis 50% in die Sowjetunion. Für die Empfängerländer war dies ein Gewinn, für die DDR letztlich ein Verlustgeschäft. Die Rohstoffe und Halbfabrikate, die die ostdeutsche Wirtschaft aus dem RGW-Raum bezog, konnten nicht die Einbußen wettmachen, die der vergleichsweise hoch entwickelten DDR-Industrie aus ihrer Abschneidung von den westlichen Märkten entstanden. Beträchtliche Nachteile erwuchsen der DDR-Wirtschaft auch aus den künstlichen Preisen, die im RGW-Handel galten und die vornehmlich auf die Interessen der Sowjetunion zugeschnitten waren. Auf dem Weltmarkt hätte die DDR vielfach höhere Gewinne erzielen können, als ihr die RGW-Planer zugestanden.

Die Nationale Volksarmee (NVA) Militärisch war der ostdeutsche Staat fest in die Militärorganisation des 1955 geschaffenen Warschauer Paktes eingefügt. In ihrer Bewaffnung und Organisationsstruktur hatten sich alle Paktstaaten nach der Roten Armee auszurichten, die auch den Oberkommandierenden stellte. Die 1956 gegründete NVA war eine wichtige Stütze des kommunistischen Herrschaftssystems. Fest unter der Kontrolle der SED – mehr als 90% der Offiziere waren Parteimitglieder –, nahm sie nicht nur Verteidigungsaufgaben nach außen wahr, sondern bildete auch einen wichtigen Pfeiler des inneren Sicherheitsapparates. In den Einsatzleitungen für den „Spannungsfall" saßen neben den Vertretern der Partei, der Stasi und der Volkspolizei stets auch NVA-Offiziere. Die militärischen Aufwendungen des Staates waren beträchtlich. 1975 kamen auf 10 000 Einwohner 110 Soldaten (in der Bundesrepublik 80); die Pro-Kopf-Militärausgaben betrugen 563 Mark (in der Bundesrepublik 477). Wehrgesinnung und militärische Fähigkeiten standen in hohem öffentlichen Ansehen. Wer als Freiwilliger eine verlängerte NVA-Dienstzeit ableistete, verbesserte nachhaltig seine Chancen in Ausbildung und Beruf.

Sozialistischer Patriotismus Neben dem gern zur Schau gestellten „proletarischen Internationalismus" pflegte die SED-Führung von Anfang an einen durchaus national getönten Patriotismus. Besonders gegenüber Polen blieb das Verhältnis im Grunde stets außerordentlich kühl, besonders in Teilen der Bevölkerung, in der alte deutsche Vorurteile und Überlegenheitsgefühle ungebrochen fortlebten. Als die Streik- und Oppositionsbewegung in Polen 1981 bedrohliche Züge annahm, war die SED-Führung jederzeit bereit, sich an einer bewaffneten Intervention zu beteiligen. Schon beim Einmarsch in die ČSSR 1968, der dem Prager Reformkommunismus ein Ende machte, gehörte die DDR zu den Warschauer-Pakt-Staaten, die dieses gewaltsame Vorgehen nachdrücklich befürworteten. So nahm es nicht wunder, dass die DDR sich bei den reformgeneigten Ostblockländern keiner großen Beliebtheit erfreute.

Streben nach internationaler Anerkennung Ein vorrangiges Ziel der DDR-Außenpolitik war seit der Staatsgründung die völkerrechtliche Anerkennung als souveräner Staat auch außerhalb des sozialistischen Staatenblocks. Dies vermochte die Bonner Regierung lange zu verhindern (s. S. 132/133). Erst der deutsch-deutsche Grundlagenvertrag von 1972 bescherte der DDR den lang ersehnten Durchbruch. Zusammen mit der Bundesrepublik wurde sie 1973 Mitglied der Vereinten Nationen und nahm im Laufe der nächsten Zeit mit fast allen Staaten der Erde, darunter auch den westlichen Siegermächten, normale diplomatische Beziehungen auf. Ihr internationales Ansehen war ihr stets besonders wichtig. Hier lag für die Staats- und Parteiführung der wichtigste Grund, den Spitzensport mit allen Mitteln zu fördern.

Q 104 Der deutsch-sowjetische „Bruderbund“

a) *Aus dem Vertrag über Freundschaft, Zusammenarbeit und gegenseitigen Beistand zwischen der DDR und der UdSSR vom 7. Oktober 1975:*

Art. 12. Die hohen vertragschließenden Seiten werden in Übereinstimmung mit den Prinzipien des sozialistischen Internationalismus auch künftig die Beziehungen der ewigen und unverbrüchlichen Freundschaft und der brüderlichen gegenseitigen Hilfe auf allen Gebieten festigen. Sie werden die allseitige Zusammenarbeit planmäßig und unentwegt entwickeln und vertiefen und einander allseitige Hilfe und Unterstützung gewähren auf der Grundlage der gegenseitigen Achtung der staatlichen Souveränität und Unabhängigkeit, der Gleichberechtigung und der Nichteinmischung in die inneren Angelegenheiten. [...] Im Falle eines bewaffneten Überfalles irgendeines Staates oder irgendeiner Staatengruppe auf eine der hohen vertragschließenden Seiten wird die andere hohe vertragschließende Seite dies als einen Angriff auf sich selbst betrachten und ihr unverzüglich jeglichen Beistand, einschließlich militärischen leisten. [...]

„Neues Deutschland“ vom 8. Oktober 1975

b) *Politbüromitglied Kurt Hager in einem Interview mit der Illustrierten „Stern“ (1987):*

Stern: Die SED-Führung unterstützt die von Michail Gorbatschow eingeleiteten Reformen in der Sowjetunion. Zugleich betont die DDR ihre Eigenständigkeit. Sind die Zeiten vorbei, in denen das Land Lenins für deutsche Kommunisten vorbildlich war?

Hager: Wir haben uns die Lehren Lenins, insbesondere die Theorie der sozialistischen Revolution und des sozialistischen Aufbaus sowie die Lehre von der Partei, angeeignet und aus dem reichen Erfahrungsschatz der KPdSU Nutzen gezogen. Dies bedeutet jedoch nicht, dass wir alles, was in der Sowjetunion geschah, kopierten.

Stern: Ein hartes Wort [...]

Hager: Schon im Aufruf des ZK der KPD vom 15. Juni 1945 heißt es: „Wir sind der Auffassung, dass der Weg, Deutschland das Sowjetsystem aufzuzwingen, falsch wäre, denn dieser Weg entspricht nicht den Entwicklungsbedingungen in Deutschland.“ [...] Würden Sie, nebenbei gesagt, wenn Ihr Nachbar seine Wohnung neu tapeziert, sich verpflichtet fühlen, Ihre Wohnung ebenfalls neu zu tapezieren?

„Neues Deutschland“ vom 10. April 1987

Was war der reale Gehalt der Treuebekundungen gegenüber der Sowjetunion?

Q 105 Internationale sozialistische Arbeitsteilung

Anteil der DDR-Exporte am Intrablockhandel der RGW-Länder (in v. H.):

	1979	1982
Insgesamt	14,8	13,6
Maschinen, Ausrüstungen, Transportmittel	22,4	22,1
Brennstoffe, mineralische Rohstoffe, Metalle	3,7	3,5
Sonstige industrielle Rohstoffe, Baumaterialien	12,8	12,4
Chemische Produkte, Dünger, Kautschuk	28,2	23,9
Landwirtschaftliche Rohstoffe, Ernährungsgüter	2,2	2,3
Industrielle Konsumgüter	19,4	20,0

G. Burkhardt/BPB: Rat für gegenseitige Wirtschaftshilfe, Bonn 1987, S. 236 f.

a) Nennen Sie die Prinzipien der internationalen Arbeitsteilung. Vergleichen Sie die Strukturen des RGW und der EG.

b) Charakterisieren Sie die außenwirtschaftlichen Verflechtungen der DDR.

1. ***Erläutern Sie die Grundlagen der engen Beziehungen zwischen der DDR und der UdSSR.***
2. ***Wir beurteilen Sie die Grundprinzipien der „internationalen sozialistischen Arbeitsteilung“? Erörtern Sie die Vor- und Nachteile für die DDR.***
3. ***Vergegenwärtigen Sie sich die Gründe für die insgesamt kühlen Beziehungen zwischen der DDR und der Volksrepublik Polen. Was hatten die Nachbarländer aneinander auszusetzen?***

Was war die DDR?

Egon Krenz, der letzte SED-Generalsekretär und DDR-Staatsrats-Vorsitzende in einem „Spiegel"-Interview 1997:

Spiegel: Herr Krenz, Sie kontern die Frage: War die DDR ein Rechts- oder Unrechtsstaat, beharrlich mit Schuldzuweisungen an die Bundesrepublik. Wie halten Sie es denn nun wirklich mit der DDR?

Krenz: Unrechtsstaat ist für mich ein rechtsfremder „Kampfbegriff" Er soll die DDR diffamieren. Die DDR hatte ein anderes Recht und auch ein anderes Rechtsverständnis als die Bundesrepublik. Leider gab es auch Unrecht. Ich will aber nicht einsehen, dass die Auffassung vom Rechtsstaat, wie sie die Bundesrepublik vertritt, die allgemeingültige, die einzige sein soll, das Maß für alle Handlungen in der DDR, die ein eigenes Recht hatte. […]

Spiegel: Ein Land, aus dem man nicht ausreisen darf, wenn man will, sondern allein für das Begehren in den Knast kommen kann, ist das in Ihren Augen ein Rechtsstaat oder ein Unrechtsstaat?

Krenz: Ich weiß heute, dass die Reiseunfreiheit gegen die DDR spricht. Leute nicht reisen zu lassen, war eine Schwäche der DDR. Aber auch hieraus ziehe ich nicht den Schluss, die DDR sei ein „Unrechtsstaat" gewesen. […]

Spiegel: Wollte die DDR überhaupt ein Rechtsstaat sein? War das nicht etwas dekadent Bürgerliches?

Krenz: Ich bin der Letzte, der beide deutsche Staaten auf eine Stufe stellt. Ich habe immer den Standpunkt vertreten, dass die DDR der bessere deutsche Staat war. Ich kann verstehen, dass nach westlicher Vorstellung die DDR kein Rechtsstaat war, aber nach meiner Vorstellung hatte auch der Rechtsstaat Bundesrepublik Ecken und Kanten. In der DDR wäre es eben nicht möglich gewesen, dass eine 90jährige kranke Frau durch Gerichtsentscheid – wie ich es jetzt gelesen habe – aus ihrer Wohnung rausgeklagt wurde. […] Die DDR wollte eine sozialistische Alternative zur Bundesrepublik sein, mit anderen Idealen und anderen Rechtsvorstellungen. Auch ich habe geduldet, dass sozialistische Ideale verbürokratisiert und auch entstellt wurden, dass persönliche Freiheiten in die Abhängigkeit von ökonomischen Beschränkungen kamen. Ich habe die sozialen Menschenrechte für existenzwichtiger gehalten als die politischen. Das waren schwere politische Irrtümer und Fehler.

„Der Spiegel" 34 (1997), S. 36ff.

Witze aus DDR-Zeiten

Kommt einer ins Kaufhaus und fragt: „Haben Sie Teppiche?" – „Nein, keine Teppiche gibt's eine Etage höher, hier gibt's keine Schuhe."

„Keine Bretter für die Laube, keine Nägel, keine Schraube, für den Hintern kein Papier, aber'n Sputnik haben wir."

Was tut ein Franzose, wenn er seine Frau mit einem Liebhaber erwischt? Er nimmt das Küchenmesser und ersticht ihn. Und ein Engländer? Er nimmt den Revolver und erschießt sich. Und ein DDR-Bürger? Er sagt: „Ihr mehrt hier rum, und im Konsum gibt's Spargel!"

„Was passiert, wenn der Sozialismus in der Sahara eingeführt wird?" – „Drei Jahre nichts, dann wird der Sand knapp."

Zit. nach: „Frankfurter Allgemeine Zeitung", 202 (2004), S. 6

1. *Charakterisieren Sie Krenz' Verteidigungsstrategie. Wie stehen Sie dazu?*
2. *Kann es verschiedene Definitionen des Rechtsstaates geben?*
3. *Erläutern Sie die Erscheinungen des DDR-Lebens, auf die die Witze anspielen. Ziehen Sie zum Vergleich Witze über die Bundesrepublik heran.*

Die deutsche Teilung

September 1961: Ein DDR-Grenzsoldat bessert den Stacheldraht auf der Grenzmauer aus.

Festhalten an der Einheit der Nation

„Wir haben durch unsere Politik das Bewusstsein für die Einheit der Nation wach gehalten und geschärft und das Zusammengehörigkeitsgefühl der Deutschen vertieft."

Helmut Kohl, Bundeskanzler, 1989

Keine innerdeutschen Beziehungen

„Zwischen der DDR und der BRD kann es keine „Innerdeutschen Beziehungen" geben. Möglich und notwendig sind allein normale völkerrechtliche Beziehungen."

Willi Stoph, Vorsitzender des DDR-Ministerrates, 1971

Kaum jemand in Deutschland mochte 1949 daran glauben, dass die doppelte Staatsgründung die deutsche Teilung unwiderruflich besiegeln könnte. Hier wie dort hofften die Menschen auf eine baldige Wiedervereinigung. Aber je mehr Zeit verging, desto vager wurden diese Hoffnungen. Neue Generationen wuchsen heran, die nie ein vereintes Deutschland erlebt hatten und denen solche Einheit immer weniger bedeutete. Die Lebensumstände und Mentalitäten beiderseits der Grenze entfernten sich zusehends voneinander, und besonders im Westen nahm die Anteilnahme an den Vorgängen im anderen deutschen Staat stetig ab. Dennoch blieb ein Bewusstsein von den deutschen Gemeinsamkeiten bei den meisten Bürgerinnen und Bürgern lebendig, im Osten stärker als im Westen.

Das Bild zeigt einen DDR-Grenzpfosten mit dem Emblem der Deutschen Demokratischen Republik vor dem Grenzzaun.

1949	Beide deutsche Regierungen erheben den Anspruch, allein das deutsche Volk rechtmäßig zu vertreten.
1952	In Absprache mit der Bundesregierung lehnen die Westmächte das Angebot Stalins ab, Deutschland unter der Voraussetzung seiner Neutralisierung wieder zu vereinigen.
1955	Die Bundesrepublik und die DDR werden souverän und treten den Militärbündnissen der NATO bzw. des Warschauer Paktes bei.
1961	13. August – Mit dem Bau der „Mauer" zwischen Ost- und Westberlin vollendet die DDR-Regierung die Abriegelung ihrer Bevölkerung.
1967	Die DDR führt eine eigene Staatsbürgerschaft ein.
1970	Die Regierungschefs Brandt und Stoph treffen sich zu Gesprächen in Erfurt und Kassel.
1971	Das Vier-Mächte-Abkommen regelt die Beziehungen Westberlins zur Bundesrepublik und garantiert die Freiheit der Zugangswege.
1972	Der Grundlagenvertrag eröffnet unter der Voraussetzung der Gleichberechtigung normale zwischenstaatliche Beziehungen zwischen den beiden deutschen Staaten, aber ohne völkerrechtliche Anerkennung der Ostberliner Regierung.
1987	Staatsbesuch Honeckers in der Bundesrepublik

1. Die Deutschlandpolitik der Siegermächte

Alliierte Vorbehaltsrechte Bis zur deutschen Vereinigung von 1990 hatten die vier Siegermächte in allen Gesamtdeutschland und Berlin betreffenden Fragen das letzte Wort. Seit der doppelten Staatsgründung von 1949 und der Übertragung der Souveränität an die beiden Teilstaaten, 1955, übten sie ihre Vorbehaltsrechte zwar in Absprache mit ihren deutschen Verbündeten aus; aber es blieb ihnen unbenommen, sich gelegentlich auch über deren Wünsche hinwegzusetzen. In erster Linie waren die Sowjetunion wie die Westmächte darauf bedacht, die ihrem Einflussbereich zugefallenen Teile Deutschlands möglichst eng an sich zu binden.

Sowjetische Angebote Strittig ist bis heute, ob und inwieweit die Sowjetunion zwischen 1952 und 1955 bereit war, die DDR preiszugeben und einen von Ost und West unabhängigen gesamtdeutschen Staat zuzulassen, um dadurch die Eingliederung der Bundesrepublik in das westliche Bündnissystem zu verhindern. Mehrmals – am eindringlichsten in der sogenannten Stalin-Note vom 10. März 1952 – unterbreitete die Sowjetregierung dem Westen

Vorschläge einer Wiedervereinigung und Neutralisierung Deutschlands. Die Westmächte ließen sich, im Einvernehmen mit der Bonner Regierung, nicht einmal darauf ein, die Ernsthaftigkeit des Moskauer Angebotes auszuloten, sondern brachten den Dialog bald zum Scheitern, indem sie für die sowjetische Seite unannehmbare Maximalforderungen stellten. Der Westen versteifte sich auf zwei Grundbedingungen: Die Regierung eines wiedervereinigten Deutschland sollte aus freien Wahlen hervorgehen und der gesamtdeutsche Staat müsste in der Wahl seiner außenpolitischen Bindungen frei sein. Beidem wollte und konnte die Sowjetführung nicht zustimmen: Freie Wahlen bedeuteten das Ende der SED-Macht; die Bündnisfreiheit musste zum Anschluss an den Westen führen.

Wiedervereinigung in der Sackgasse Zehn Jahre nach der Potsdamer Konferenz, die sich für die Einheit eines um die Ostgebiete verkleinerten Deutschlands ausgesprochen hatte, war die Deutschlandpolitik der Alliierten endgültig in die Sackgasse geraten. Der Westen beschränkte sich fortan auf verbale Bekundungen seines Interesses an der deutschen Einheit. In Wirklichkeit waren viele westliche Politiker mit dem Zustand der deutschen Teilung durchaus zufrieden. Die Sowjetunion erklärte schon 1955 die deutsche Einheit zu einer Sache der beiden deutschen Staaten. Allerdings ließ sie keinen Zweifel daran, dass eine Preisgabe der „sozialistischen Errungenschaften" in der DDR nicht in Frage käme. Als Chruschtschow 1958 die Westmächte zum Abzug aus Berlin aufforderte und damit die zweite Berlin-Krise auslöste, begründete er sein Ultimatum mit der Behauptung, wegen der vielfachen Verletzungen des Potsdamer Abkommens seien die gesamtdeutschen Rechte der Westalliierten erloschen. Als sich dergleichen Versuche, die Westmächte aus Deutschland zu verdrängen, als fruchtlos erwiesen, kehrte die Sowjetregierung stillschweigend zur Anerkennung des Vier-Mächte-Status zurück. Fortan war es ihr wichtigstes deutschland-politisches Anliegen, die in Deutschland (und im östlichen Europa) bestehenden Staatsgrenzen und Machtverhältnisse vertraglich anerkannt zu bekommen. Das geschah in den sogenannten „Ostverträgen" der frühen 1970er-Jahre.

„Ich weiß nicht, was soll es bedeuten …?" – Karikatur aus „Der deutsche Eisenbahner" vom 20.5.1952

Q 106 Ein neutralisiertes Gesamtdeutschland

a) *Aus der sowjetischen Note an die Westmächte vom 10. März 1952:*

Grundlagen des Friedensvertrages mit Deutschland:

1. Deutschland wird als einheitlicher Staat wiederhergestellt. Damit wird der Spaltung Deutschlands ein Ende gemacht und das geeinte Deutschland gewinnt die Möglichkeit, sich als unabhängiger, demokratischer, friedliebender Staat zu entwickeln.

2. Sämtliche Streitkräfte der Besatzungsmächte müssen spätestens ein Jahr nach Inkrafttreten des Friedensvertrages aus Deutschland abgezogen werden. Gleichzeitig werden sämtliche ausländischen Militärstützpunkte auf dem Territorium Deutschlands liquidiert. [...]

4. In Deutschland muss den demokratischen Parteien und Organisationen freie Betätigung gewährleistet sein; sie müssen das Recht haben, über ihre inneren Angelegenheiten frei zu entscheiden, Tagungen und Versammlungen abzuhalten, Presse- und Publikationsfreiheit zu genießen.

5. Auf dem Territorium Deutschlands dürfen Organisationen, die der Demokratie und der Sache der Erhaltung des Friedens feindlich sind, nicht bestehen. [...]

7. Deutschland verpflichtet sich, keinerlei Koalitionen oder Militärbündnisse einzugehen, die sich gegen irgendeinen Staat richten, der mit seinen Streitkräften am Krieg gegen Deutschland teilgenommen hat.

b) *Aus der amerikanischen Antwortnote vom 25. März 1952:*

Der Abschluss eines derartigen Friedensvertrages macht, wie die Sowjetregierung selbst anerkennt, die Bildung einer gesamtdeutschen Regierung erforderlich, die den Willen des deutschen Volkes zum Ausdruck bringt. Eine derartige Regierung kann nur auf der Grundlage freier Wahlen in der Bundesrepublik, der sowjetischen Besatzungszone und in Berlin geschaffen werden. Derartige Wahlen können nur unter Verhältnissen stattfinden, die die nationalen und individuellen Freiheiten des deutschen Volkes gewährleisten. [...]

Die Vorschläge der sowjetischen Regierung geben keinen Hinweis auf die internationale Stellung einer gesamtdeutschen Regierung vor dem Abschluss eines deutschen Friedensvertrages. Die amerikanische Regierung ist der Ansicht, dass es der gesamtdeutschen Regierung sowohl vor wie nach Abschluss eines Friedensvertrages freistehen sollte, Bündnisse einzugehen, die mit den Grundsätzen und Zielen der Vereinten Nationen in Einklang stehen. [...]

Nach Ansicht der US-Regierung wird es nicht möglich sein, sich auf ins Einzelne gehende Diskussionen über einen Friedensvertrag einzulassen, bis die Voraussetzungen für freie Wahlen geschaffen sind und eine freie gesamtdeutsche Regierung gebildet worden ist, die an derartigen Erörterungen teilnehmen könnte.

Bundesministerium für gesamtdeutsche Fragen (Hg.): Die Bemühungen der Bundesrepublik um Wiederherstellung der Einheit Deutschlands. Teil I. Bonn 1959[4], S. 86 ff.

c) *Konrad Adenauer im Rückblick (1966):*

Grundziel der sowjetischen Außenpolitik war nach wie vor die Verhinderung der Einigung Europas. Unter allen Umständen sollte durch die Ausklammerung Deutschlands die europäische Integration gestört werden. Deutschland sollte ein machtloses Gebilde werden, in dem die Sowjetunion aufgrund ihrer geografischen Lage und ihres gewaltigen Übergewichts den entscheidenden Einfluss gewinnen und das sie jederzeit gänzlich in ihren Machtbereich einbeziehen konnte. [...]

Die sowjetische Note enthielt nur scheinbare Konzessionen. Sie sollten das deutsche Volk über die Gefahren, denen wir isoliert ausgesetzt sein würden, hinwegtäuschen. Das Ziel der Sowjetunion war unverkennbar. Man wollte in lange Verhandlungen kommen, damit während dieser Zeit die Beratungen über die Europäische Verteidigungsgemeinschaft, die sowieso schwierig waren, ins Stocken gerieten.

Ein entscheidender Punkt des Friedensvertragsentwurfes war, dass Deutschland sich verpflichten sollte, keinerlei Koalitionen einzugehen, die sich gegen irgendeinen Staat richteten, der mit seinen Streitkräften am Krieg gegen Deutschland teilgenommen hatte. Es würde in künftigen Verhandlungen zu klären sein, ob die Sowjetregierung darunter verstanden haben wollte, dass Deutschland sich weder an der EVG noch an einer künftigen europäischen politischen Gemeinschaft beteiligen durfte. Ich war überzeugt, dass die Russen nach ihrer Auslegung die Beteiligung Deutschlands an den vorgenannten Gemeinschaften ablehnen würden.

K. Adenauer: Erinnerungen. Bd. 2. Frankfurt a. M. 1968, S. 68 ff. (Originalausgabe: Stuttgart 1965)

a) Arbeiten Sie die taktischen Erwägungen beider Seiten heraus. Worauf legte jede besonderen Nachdruck und was waren die Gründe dafür?

b) Äußern Sie sich zu Adenauers Bedenken. Wird er den Beweggründen der Sowjetunion gerecht?

2. Zwei deutsche Staaten, eine deutsche Nation

Westintegration oder Wiedervereinigung In den Jahren nach 1949 bildete die „deutsche Frage“ hüben wie drüben das wichtigste politische Problem. Für die sozialdemokratische Opposition in Bonn galt die Alternative: Westintegration oder Wiedervereinigung. Weil, wie sie glaubte, die Eingliederung der Bundesrepublik in das westliche Staatenbündnis das Ende aller Wiedervereinigungschancen bedeutete, verweigerte sie die Ratifizierung der Westverträge. Im Gegensatz dazu verfocht die Adenauer-Koalition den Vorrang der Westintegration und rechtfertigte ihn mit der Behauptung, die Westintegration sei der beste Weg, eines Tages die Wiedervereinigung zu erlangen. Dahinter stand das Konzept einer „Politik der Stärke“: Wenn der Westen, so war das adenauersche Kalkül, durch Einigkeit wirtschaftliche Attraktivität und militärische Kraft entwickele, werde die Sowjetunion auf Dauer seinem Sog nicht standhalten können und sich genötigt sehen, die DDR freizugeben. Wie dies konkret zu bewerkstelligen war, vermochte Adenauer nicht zu erklären.

Nichtanerkennung der DDR Alle im Bundestag vertretenen Parteien waren sich darin einig, dass eine politische oder gar völkerrechtliche Anerkennung des DDR-Regimes nicht in Frage käme, solange dieses freie demokratische Wahlen verweigerte. Damit waren auch Kontakte zwischen den beiden deutschen Regierungen für Bonn tabu. Bis 1969 pochten alle Bundesregierungen auf ihren „Alleinvertretungsanspruch“; sie begründeten ihn mit der fehlenden demokratischen Legitimität der DDR-Machthaber. So bewegte sich in der Deutschlandpolitik seit 1955 kaum noch etwas.

SED-Deutschlandpolitik mit zwei Gesichtern Die SED-Führung verfocht mit großem propagandistischen Aufwand die Parole „Deutsche an einen Tisch“ und forderte paritätische Verhandlungen auf Regierungsebene. Da Bonn darauf nicht einging, fiel es ihr leicht, sich als die einzige Sachwalterin der deutschen Einheit in Szene zu setzen. Im Grunde erhob aber auch Ulbricht eine Art „Alleinvertretungsanspruch“, indem er die DDR als den wahrhaft „fortschrittlichen“ deutschen Staat anpries und die Unaufgebbarkeit des „sozialistischen Weges“ betonte. Nach dem Mauerbau nahm das Selbstbewusstsein der Staats- und Parteispitze merklich zu. Sie berief sich jetzt auf die Zwei-Staaten-Doktrin, verlangte von Bonn die Abschaffung der im Grundgesetz verankerten gesamtdeutschen Staatsbürgerschaft, führte selbst eine gesonderte DDR-Staatsbürgerschaft ein und erklärte, die beiden deutschen Staaten seien füreinander Ausland.

Reisepass der DDR von 1957

Q 107 Die deutsche Frage vor und nach dem Mauerbau

a) *Aus der Erklärung des DDR-Ministerrats vom 27. Juli 1957:*

Auf dem Territorium Deutschlands bestehen zwei völlig unterschiedliche Staaten. Zwei Staaten, von denen der eine ein hochkapitalistisches, imperialistisches und militaristisches Gepräge trägt, während der andere Staat in seinem Gesellschafts- und Wirtschaftsleben die Grundlagen des Sozialismus entwickelt hat und weiterhin zum Sozialismus strebt. Unter solchen Umständen können diese beiden Staaten nicht mechanisch von außen durch gesamtdeutsche Wahlen in einem Staat zusammengefügt werden.

Ein konkreter Weg ist die Bildung eines Staatenbundes zwischen der DDR und der Deutschen Bundesrepublik auf der Basis eines völkerrechtlichen Vertrages. [...] Ein in beiden Teilen Deutschlands aus Vertretern der Parlamente geschaffener Gesamtdeutscher Rat, der beratenden Charakter hat, könnte solche Maßnahmen empfehlen und beschließen, die der schrittweisen Annäherung der beiden deutschen Staaten dienen. Der Anfang einer deutschen Konföderation wäre ein Abkommen [...] über die Durchführung einer gemeinsamen Politik in bestimmten Fragen. Wir schlagen deshalb vor: [...]

2. Ausscheiden der beiden deutschen Staaten aus der NATO und aus dem Warschauer Vertrag, Aufhebung der Wehrpflicht und Vereinbarung über die beiderseitige Truppenstärke.

3. Gemeinsames oder einzelnes Ersuchen an die vier Mächte auf baldige schrittweise Zurückziehung ihrer Truppen aus ganz Deutschland.

Ein solches Abkommen über diese vorrangigen Fragen wäre der Beginn einer zwischen den souveränen und unabhängigen deutschen Staaten einzugehenden Konföderation. [...] Dabei sollen die von den Körperschaften der Konföderation in gegenseitigem Einvernehmen angenommenen Empfehlungen und Beschlüsse von den Regierungen der beiden deutschen Staaten nur freiwillig durchgeführt werden.

„Neues Deutschland“ vom 28. Juli 1957

b) *Egon Bahr, damals Presseamtsleiter des Berliner Senats, in einem Vortrag in Tutzing (1963):*

Wenn es richtig ist, [...] dass die Zone dem sowjetischen Einflussbereich nicht entrissen werden kann, dann ergibt sich daraus, dass jede Politik zum direkten Sturz des Regimes drüben aussichtslos ist. Diese Folgerung ist rasend unbequem und geht gegen unser Gefühl, aber sie ist logisch. Sie bedeutet, dass Änderungen und Veränderungen nur ausgehend von dem zurzeit dort herrschenden verhassten Regime erreichbar sind. [...] Den Prozess zur Hebung des Lebensstandards zu beschleunigen, weil sich dadurch Erleichterungen mannigfacher Art für die Menschen und durch verstärkte Wirtschaftsbeziehungen verstärkte Bindungen ergeben können, würde demnach in unserem Interesse liegen. [...] Man könnte sagen, das Regime würde dadurch gestützt. Aber [...] ich sehe nur den schmalen Weg der Erleichterung für die Menschen in so homöopathischen Dosen, dass sich daraus nicht die Gefahr eines revolutionären Umschlags ergibt, die das sowjetische Eingreifen aus sowjetischem Interesse zwangsläufig auslösen würde. Das ist eine Politik, die man auf die Formel bringen könnte: Wandel durch Annäherung.

H. von Siegler (Hg.): Dokumentation zur Deutschlandfrage. Bd. III. Bonn 1966, S. 257 ff.

Karikatur von Hanns Erich Köhler, 1949

a) Wie denken Sie über die Praktikabilität der beiden Vorschläge?

b) Prüfen Sie die von Bahr empfohlene Strategie im Lichte der weiteren Entwicklung.

c) Überprüfen Sie, inwiefern sich die Prophetie des Karikaturisten als zutreffend erwiesen hat.

3. Deutschlandpolitik im Zeichen der Entspannung

Gegensätzliche Positionen Die Entspannungspolitik der 1970er-Jahre konnte ohne eine Regelung der deutsch-deutschen Beziehung schwerlich vorankommen. Allerdings waren die Vorstellungen beider Seiten hier besonders gegensätzlich. Die Bundesregierung wollte in erster Linie die deutschen Gemeinsamkeiten stärken und die menschlichen Beziehungen über die Grenzen hinweg verbessern, um ein weiteres Auseinanderleben der geteilten Nation zu verhindern. Der DDR-Regierung ging es vor allem um ihre volle staatliche Anerkennung durch den westdeutschen Rivalen und die dann möglich werdende weltweite Aufnahme diplomatischer Beziehungen; engere Ost-West-Kontakte dagegen waren ihr nicht geheuer. Wie tief die Kluft war, zeigte sich im Frühjahr 1970, als die beiden Regierungschefs Brandt und Stoph zwei Mal, in Erfurt und Kassel, zusammentrafen. Während Brandt die historische und kulturelle Einheit der nach wie vor existierenden deutschen Nation hervorhob, bestand Stoph auf völkerrechtlich geregelten zwischenstaatlichen Beziehungen und sprach der nationalen Zusammengehörigkeit jede aktuelle Bedeutung ab. Brandt hatte schon in seiner ersten Regierungserklärung 1969 seine Bereitschaft erklärt, die Eigenstaatlichkeit der DDR hinzunehmen und den Alleinvertretungsanspruch der Bundesrepublik fallen zu lassen, aber er hatte sich nachdrücklich geweigert, die DDR als Ausland anzusehen. Weil die SED-Machthaber genau dies verlangten, blieb der deutsch-deutsche Dialog vorerst stecken.

Der Grundlagenvertrag von 1972 Der Dialog kam erst wieder in Gang, als Moskau die DDR-Führung dazu drängte. Die beiden Unterhändler, Egon Bahr für die Bundesrepublik und Michael Kohl für die DDR, handelten in einer Vielzahl von Sitzungen den „Grundlagenvertrag" aus. Er wurde am 21. Dezember 1972 unterzeichnet und war ein klassischer Kompromiss. Er klammerte aus, worüber man uneins war, vor allem die Rolle der deutschen Nation und die Frage der Staatsbürgerschaft. Er brachte aber auch Regelungen für Bereiche, die 23 Jahre lang als unlösbar gegolten hatten. Die DDR sah wesentliche Wünsche erfüllt: Beide Vertragsparteien bestätigten einander die Unabhängigkeit, beschworen die Unverletzlichkeit der zwischen ihnen liegenden Grenzen und versprachen normale gutnachbarliche Beziehungen auf der Grundlage der Gleichberechtigung. Die Bundesrepublik setzte es gegen die Absichten der DDR durch, dass man wechselseitig nicht Botschaften, sondern „ständige Vertretungen" einrichtete und dass man sich die einvernehmliche Regelung praktischer und humanitärer Fragen zusagte. Ein von der Bundesregierung übergebener „Brief zur deutschen Einheit" stellte klar, dass die Bundesrepublik nach wie vor die Wiederherstellung der deutschen staatlichen Einheit anstrebte.

„Menschliche Erleichterungen". – Karikatur 1973.
So langsam der Fortschritt auch erfolgte: Die stetige Zunahme des Reiseverkehrs sowie vermehrte politische, wirtschaftliche, kulturelle und sportliche Kontakte verbesserten das deutsch-deutsche Klima fühlbar.

Friedliche Koexistenz

Ein schon von Lenin geprägter, durch Chruschtschow in den 1950er-Jahren verbreiteter Begriff, der die Beziehungen zwischen sozialistischen und kapitalistischen Staaten beschreibt. Er war die kommunistische Antwort auf die atomare Bedrohung der Menschheit, die den Krieg als Mittel der Politik ausschloss. Damit distanzierten sich die sowjetische Führung und ihre europäischen Satelliten von der bis dahin gängigen Vorstellung einer wenn nötig gewaltsamen Durchsetzung des Kommunismus im Zuge der Weltrevolution. Die nach kommunistischer Lehre gleichwohl unvermeidliche Auseinandersetzung zwischen dem Sozialismus/ Kommunismus und dem Kapitalismus sollte fortan mit friedlichen, in der Hauptsache wirtschaftlichen und ideologischen Mitteln ausgetragen werden. Koexistenz bedeutete also ein zwar gewaltfreies, aber durchaus von unversöhnlicher Rivalität bestimmtes Neben- und Gegeneinander von Staaten mit unterschiedlicher Gesellschaftsordnung.

Innenpolitischer Streit in der Bundesrepublik Die CDU/CSU-Opposition lehnte den Grundlagenvertrag ab. Sie warf, wie schon beim Moskauer und Warschauer Vertrag, der Regierung vor, schlecht verhandelt und wesentliche nationale Interessen ohne zwingenden Grund preisgegeben zu haben. Die bayerische Staatsregierung beantragte beim Bundesverfassungsgericht, den Grundlagenvertrag für verfassungswidrig zu erklären, hatte mit dieser Klage aber keinen Erfolg. Die Verfassungsrichter unterstrichen allerdings noch einmal die Pflicht aller Verfassungsorgane, auf die Wiedervereinigung hinzuwirken; in diesem Zusammenhang behaupteten sie die Fortdauer eines „wenn auch handlungsunfähigen ... umfassenden Staates Gesamtdeutschland mit einem einheitlichen Staatsvolk". Diese und einige andere Textpassagen trugen ihnen in Teilen der kritischen Öffentlichkeit den Vorwurf der Realitätsblindheit ein.

Zweischneidige Auswirkungen Die SED-Führung betrachtete das Abkommen zunächst vornehmlich als Ermächtigung zu einer Politik der Abgrenzung. 1974 strich sie in einer Verfassungsänderung alle Hinweise auf gesamtdeutsche Zielsetzungen: Aus dem „sozialistischen Staat deutscher Nation" machte sie den „sozialistischen Staat der Arbeiter und Bauern". Die Parteiideologen verwandten viel Mühe darauf, die Doktrin von den zwei Nationen in Deutschland - der sozialistischen und der kapitalistischen - zu verbreiten, konnten die Menschen damit aber nicht überzeugen. Vielmehr sahen sie sich durch die wachsenden wirtschaftlichen Probleme genötigt, die Grenzen durchlässiger zu machen und die Beziehungen zum „Klassenfeind" - von dem jetzt weniger die Rede war - zu verstärken. Die technologische und finanzielle Hilfe, die sich die DDR-Führung von der Bundesrepublik erhoffte, war nicht ohne gewisse politische Lockerungen zu erlangen. Die Bundesregierungen taten das ihre, um diese Entwicklung zu fördern. Der bayerische CSU-Ministerpräsident Franz Josef Strauß vermittelte einen Milliardenkredit für die bedrängte DDR-Wirtschaft. Bundeskanzler Schmidt traf sich 1981 zu mehrtägigen Gesprächen mit Honecker in der DDR, die Kohl-Regierung empfing den DDR-Staatsratsvorsitzenden 1987 zu einem offiziellen Staatsbesuch mit dem ganzen Zeremoniell, das einem ausländischen Staatsoberhaupt gebührt. Trotz der Verschärfung des Ost-West-Konfliktes in der Folge der sowjetischen Afghanistan-Intervention und der westlichen Raketennachrüstung zu Beginn der 1980er-Jahre hielten die beiden deutschen Regierungen an ihrer „Sicherheitspartnerschaft" fest.

Q 108 Zweimal Deutschland

a) *Bundeskanzler Willy Brandt in seiner Regierungserklärung vom 28. Oktober 1969:*

Aufgabe der praktischen Politik in den jetzt vor uns liegenden Jahren ist es, dass das Verhältnis zwischen den Teilen Deutschlands aus der gegenwärtigen Verkrampfung gelöst wird. Die Deutschen sind nicht nur durch ihre Sprache und Geschichte – mit ihrem Glanz und Elend – verbunden; wir sind alle in Deutschland zu Haus. Wir haben auch noch gemeinsame Aufgaben und gemeinsame Verantwortung: für den Frieden unter uns und in Europa. 20 Jahre nach Gründung der Bundesrepublik und der DDR müssen wir ein weiteres Auseinanderleben der deutschen Nation verhindern, also versuchen, über ein geregeltes Nebeneinander zu einem Miteinander zu kommen. Dies ist nicht nur ein deutsches Interesse, denn es hat seine Bedeutung auch für den Frieden in Europa und für das Ost-West-Verhältnis. [...]
Die Bundesregierung [...] bietet dem Ministerrat der DDR erneut Verhandlungen beiderseits ohne Diskriminierung auf der Ebene der Regierungen an, die zu vertraglich vereinbarter Zusammenarbeit führen sollen. Eine völkerrechtliche Anerkennung der DDR durch die Bundesregierung kann nicht in Betracht kommen. Auch wenn zwei Staaten in Deutschland existieren, sind sie doch füreinander nicht Ausland; ihre Beziehungen zueinander können nur von besonderer Art sein.

Verhandlungen des 6. Deutschen Bundestages. 28.10.1969, S. 20f.

b) *DDR-Ministerpräsident Willi Stoph beim Treffen mit Brandt in Erfurt am 19. März 1970:*

Es ist müßig, die Verweigerung der völkerrechtlichen Beziehungen mit der Formel tarnen zu wollen, wir seien doch „alle Deutsche“. So simpel ist die Sache nicht. Seit Beginn des vorigen Jahrhunderts hat es stets Deutsche gegeben, die auf der Seite des Fortschritts, der Arbeiterklasse und des arbeitenden Volkes, und andere, die auf der Seite der Reaktion, auf der Seite des Kapitalismus standen. Heute existieren die sozialistische Deutsche Demokratische Republik und die monopolkapitalistische Bundesrepublik, zwei voneinander unabhängige Staaten. Ihre Bürger leben und arbeiten unter völlig gegensätzlichen Bedingungen. Die Bürger der DDR mehren mit ihrer Arbeit den eigenen Wohlstand und den der sozialistischen Gesellschaft. In der Bundesrepublik dagegen profitiert eine kleine Schicht von Millionären aus der Arbeit des werktätigen Volkes. [...]
Sie selbst, Herr Bundeskanzler, haben geäußert, dass es zwischen den gegensätzlichen gesellschaftlichen Systemen in der DDR und der BRD „keine Mischung, keinen faulen Kompromiss“ geben könne. In der Tat – die beiden souveränen Staaten DDR und BRD lassen sich nicht vereinigen, weil gegensätzliche Gesellschaftsordnungen nicht vereinigt werden können. Ich würde es begrüßen, wenn diese – wie es scheint – übereinstimmende Einschätzung auch Grundlage für eine realistische Politik, für eine Politik der Vernunft zur Herstellung gleichberechtigter völkerrechtlicher Beziehungen zwischen der DDR und der BRD werden würde. Natürlich – wer wollte das verschweigen – sind wir als Sozialisten am Sieg des Sozialismus in allen Ländern und auch in der Bundesrepublik interessiert, was eine spätere Vereinigung auf der Grundlage von Demokratie und Sozialismus möglich machen würde.

„Neues Deutschland“ vom 20. März 1970

a) Wie schätzen die beiden Regierungschefs die Rolle der Nation ein?

b) Nehmen Sie zu Stophs These Stellung, die gegensätzlichen Gesellschaftsordnungen der beiden deutschen Staaten ließen sich nicht vereinigen.

Die Treffen der beiden deutschen Regierungschefs in Erfurt und Kassel 1970 brachten keine Annäherung. Diese wurde erst 1972 möglich, als Moskau Druck auf Ost-Berlin ausübte.
Die Aufnahme zeigt die Regierungsdelegationen beider deutscher Staaten am 19. März 1970 bei ihren Gesprächen im „Erfurter Hof“.

Q 109 Der Grundlagenvertrag von 1972: Bewahrung oder Preisgabe deutscher Gemeinsamkeiten?

a) *Aus dem Vertrag vom 21. Dezember 1972:*

Die hohen vertragsabschließenden Seiten, […] ausgehend von den historischen Gegebenheiten und unbeschadet der unterschiedlichen Auffassungen […] zu grundsätzlichen Fragen, darunter zur nationalen Frage, geleitet von dem Wunsch, zum Wohle der Menschen in den beiden deutschen Staaten die Voraussetzungen für eine Zusammenarbeit […] zu schaffen, sind wie folgt übereingekommen:

Art. 1. Die Bundesrepublik Deutschland und die Deutsche Demokratische Republik entwickeln normale gutnachbarliche Beziehungen zueinander auf der Grundlage der Gleichberechtigung.

Art. 3. […] Sie bekräftigen die Unverletzlichkeit der zwischen ihnen bestehenden Grenze jetzt und in der Zukunft und verpflichten sich zur uneingeschränkten Achtung ihrer territorialen Integrität.

Art. 4. Die Bundesrepublik Deutschland und die Deutsche Demokratische Republik gehen davon aus, dass keiner der beiden deutschen Staaten den anderen international vertreten oder in seinem Namen handeln kann.

Art. 7. Die Bundesrepublik Deutschland und die Deutsche Demokratische Republik erklären ihre Bereitschaft, im Zuge der Normalisierung ihrer Beziehungen praktische und humanitäre Fragen zu regeln. Sie werden Abkommen schließen, um auf der Grundlage dieses Vertrages und zum beiderseitigen Vorteil die Zusammenarbeit zu entwickeln und zu fördern.

Bulletin des Presse- und Informationsamtes der Bundesregierung vom 8. November 1972

b) *Aus einem Beschluss der CDU/CSU-Bundestagsfraktion vom 19. Dezember 1972:*

2. Der Vertrag sollte verlässliche Grundlagen für das Verhältnis zwischen beiden Teilen Deutschlands schaffen. Stattdessen sind Grundfragen, wie Einheit der Nation, Freiheit, Menschenrechte, entweder gar nicht berührt oder wurden so formuliert, dass unterschiedliche Auslegungen Anlass ständigen Streites sein können. Die Verhinderung von Freiheit, Grund- und Menschenrechten in der DDR können wir ebenso wenig hinnehmen wie Schießbefehl und Mordanlagen an der jetzt Grenze genannten Demarkierungslinie. […]

4. Wir stellen fest: Der Vertrag enthält keinen politisch wirksamen Friedensvertragsvorbehalt;
- er wird die Verwirklichung des Selbstbestimmungsrechts für das ganze deutsche Volk nicht erleichtern, sondern erschweren;
- er erwähnt nicht die Rechte und Verantwortlichkeiten der Vier Mächte für Deutschland als Ganzes und Berlin;
- er höhlt Geist und Buchstaben des Deutschlandvertrages von 1954 und der mit ihm verbundenen Erklärungen aus, in denen sich die drei Westmächte mit uns zu einer gemeinsamen Politik der Wiedervereinigung in Freiheit verpflichtet haben.

Texte zur Deutschlandpolitik. Bd. 11, Bonn 1973, S. 378 f.

a) Welche Vertragsbestimmungen kamen mehr den Wünschen der DDR, welche denen der Bundesrepublik entgegen? Nehmen Sie zu den Einwänden der CDU/CSU Stellung.

b) Verdiente die DDR die Bezeichnung „Nationalstaat"?

Q 110 Die Einheit der Nation

a) *Erich Honecker in einem Vier-Augen-Gespräch mit dem Unterhändler der Bundesrepublik, Egon Bahr (1972):*

Die Nation: Zu keinem anderen Thema äußerte sich Honecker ausführlicher, facettenreicher und unter verschiedenen Blickwinkeln, zuletzt offen. Zur Wiedervereinigung habe man uns ursprünglich durch die Einbeziehung des Wortes „Selbstbestimmung" entgegenkommen wollen. Aber das genüge offensichtlich nicht. „Wiedervereinigung und Einheit der Nation sind sehr strapaziert. Wir können uns keinen Vertrag vorstellen, in dem davon etwas niedergeschrieben wird." Die DDR bereite sich auf den 23. Jahrestag ihres Staates vor. „Wir werden auch weitere 23 Jahre existieren." […] Wir könnten doch ein Vorschaltgesetz zum Grundlagenvertrag machen, in dem wir unsere Meinung zur Einheit bekräftigten. „Sie können uns auch einen Brief überreichen, den wir zur Kenntnis nehmen." – Damit war dieser Punkt der Verhandlungen auch erledigt. „Wir wollen nicht unehrlich sein: Kein Vertrag wird unterschrieben werden, in dem das Wort Einheit der Nation und Wiedervereinigung vorkommt. Hier ist die Interessenlage zwischen BRD und DDR verschieden."

Dazu komme noch etwas anderes: Keiner unserer Verbündeten sei für die Einheit. Beide Staaten zusammen würden wirtschaftlich und militärisch so stark sein, dass unsere Verbündeten auf beiden Seiten „alle Hände hochheben, wenn sie das Wort nur hören." Einheit sei Illusion. „Wir wollen nicht unwahrhaftig sein: Wir leben uns auseinander. Aber durch den Vertrag, unter Vermeidung dieser Worte, werden wir die Menschen näherbringen, und das ist die entscheidende Frage, nehme ich an." Die bisherige Einmischung sei dafür sehr hinderlich. […] Er wolle die Einmischung in die inneren Angelegenheiten der Bundesrepublik abbauen. Der [ostdeutsche] Deutschlandsender habe das dauernd getan. Das gesamtdeutsche Staatssekretariat werde liquidiert und umgetauft, die Westabteilung der Partei aufgelöst. [...] Einen entsprechenden Schlussstrich unter die Vergangenheit habe der Parteitag gezogen. In Zukunft gehe es um „das Verhältnis der beiden deutschen Staaten zueinander." Er unterstrich: „zu-einander". [...]

E. Bahr: Zu meiner Zeit. Berlin 1998, S. 406f.

b) *Albert Norden, Mitglied des SED-Politbüros, in einem Vortrag an der Parteihochschule „Karl Marx" (1972):*

Heute ist die Lage doch so, dass in der DDR die neue, die sozialistische Nation wächst, während in der BRD die alte kapitalistische Nation fortbesteht. Zwischen ihnen gibt es keine Klammer, weil eine vom Gesetz der Ausbeutung des Menschen beherrschte Nation und eine ausbeutungsfreie Nation von keiner sogenannten nationalen Klammer zusammengehalten werden können. Die eine Nation entwickelt sich als Bestandteil des sozialistischen Weltsystems, während die BRD zur imperialistischen Welt gehört, mit der uns überhaupt keine Gemeinsamkeit verbindet und verbinden kann. Es gibt nicht zwei Staaten einer Nation, sondern zwei Nationen in Staaten verschiedener Gesellschaftsordnung. [...] Zu den Kriterien einer Nation gehört die gemeinsame Kultur. Sie existiert nicht. Denn die herrschende Kultur ist stets die Kultur der herrschenden Klasse, also in der BRD die imperialistische Kultur. Die Kunst und die anderen Bereiche der Kultur dienen der herrschenden monopolkapitalistischen Schicht, die das Volk von den echten künstlerisch-kulturellen Werten trennt. Der Sinn des Sozialismus aber liegt in der Weckung und Befriedigung der geistigen und künstlerischen Bedürfnisse des Volkes, vor allem der Arbeiterklasse.

Zu den Kriterien einer Nation gehört die geschichtliche Gemeinsamkeit. [...] Unsere geschichtlichen Traditionen, das sind der Bauernkrieg des Mittelalters, die Revolution von 1848, der Kampf von August Bebel und Wilhelm Liebknecht gegen die Monarchien und die Eroberungskriege, die Novemberrevolution 1918 und die revolutionären Kämpfe in den folgenden Jahren. [...] In der BRD werden völlig entgegengesetzte geschichtliche Traditionen gepflegt. Dort feiert man in den Geschichtsbüchern die Schlächter der Bauern des Mittelalters, die Hohenzollernsche Reaktion, dort werden Krieg und Ausbeutung und die Niederschlagung der deutschen Arbeitererhebungen des 20. Jahrhunderts verherrlicht. Was das frühere Deutsche Reich betrifft, so bestand die sogenannte Gemeinsamkeit doch nur darin, dass die Armen der Amboss waren, auf den der Hammer des Reiches nach Lust und Willkür schlug.

Deutschland-Archiv. Bd. 5 (1972). S. 1223f.

c) *Bundeskanzler Willy Brandt (SPD) vor dem Deutschen Bundestag (1971):*

Bei der Betrachtung der Lage unseres geteilten Volkes darf man nicht dem Irrtum verfallen, die heutigen Probleme der Deutschen seien allein die Folge des Entstehens zweier deutscher Staaten im Jahre 1919. Die Ursprünge liegen, wie wir wissen, weiter zurück. Dazu möchte ich an das erinnern dürfen, was ich in der Regierungserklärung vom 28. Oktober 1969 sagte: Diese Regierung geht davon aus, dass die Fragen, die sich für das deutsche Volk aus dem Zweiten Weltkrieg und aus dem nationalen Verrat durch das Hitler-Regime ergeben haben, abschließend nur in einer europäischen Friedensordnung beantwortet werden können. Niemand kann uns jedoch ausreden, dass die Deutschen ein Recht auf Selbstbestimmung haben wie alle anderen Völker auch. Aufgabe der praktischen Politik in den jetzt vor uns liegenden Jahren ist es, die Einheit der Nation dadurch zu wahren, dass das Verhältnis zwischen den Teilen Deutschlands aus der gegenwärtigen Verkrampfung gelöst wird.

Und in dem Bericht zur Lage der Nation vor einem Jahr fügte ich hinzu: 25 Jahre nach der bedingungslosen Kapitulation des Hitler-Reiches bildet der Begriff der Nation das Band um das gespaltene Deutschland. Die Nation gründet sich auf das fortdauernde Zusammengehörigkeitsgefühl der Menschen eines Volkes. Niemand kann leugnen, dass es in diesem Sinn eine deutsche Nation gibt und geben wird, soweit wir vorauszudenken vermögen. [...]

Ich zögere nicht, in dieser Frage einen Mann zu zitieren, der am 30. November 1970 unter anderem erklärte: Wir sind Patrioten und Internationalisten zugleich. Denn ob man es wahrhaben will oder nicht, die Nation ist eine Wirklichkeit, die in absehbare Zeit nicht verschwinden wird. Damit es fruchtbare internationale Beziehungen zwischen den Staaten gibt, müssen die Nationen unter sich Beziehungen der Zusammenarbeit, der Verständigung und der Freundschaft entwickeln. Das bedeutet, dass wir entschlossene Gegner dessen sind, was man den nationalen Nihilismus nennen kann.

Soweit das Zitat. Es stammt vom Vorsitzenden der Fraktion der Kommunistischen Partei Frankreichs im dortigen Senat, Jacques Duclos.

Bundesministerium für innerdeutsche Beziehungen (Hg.): Zehn Jahre Deutschlandpolitik. Bonn 1980, S. 402

a) *Lassen sich Verbindungen zwischen der Biografie des 1912 geborenen Honecker und seinem deutschen „Denken und Fühlen" herstellen?*

b) *Überprüfen Sie die Stichhaltigkeit der Ausführungen Nordens über die Geschichtsbilder in den beiden deutschen Staaten.*

c) *Brandt spricht vom „Zusammengehörigkeitsgefühl" der Deutschen in Ost und West. Wie stehen Sie zu seiner Auffassung?*

Zur Diskussion: Wandel durch Annäherung, Anerkennung, Zusammenarbeit?

Die erstmals von Egon Bahr 1963 empfohlene Politik eines „Wandels durch Annäherung" bestimmte die Deutschlandpolitik der Bundesregierungen in den 1970er- und 1980er-Jahren. Die sozialdemokratischen Bundeskanzler Brandt und Schmidt wie auch der christdemokratische Regierungschef Kohl pflegten die Kontakte auf der Regierungsebene und vermieden weitgehend Gespräche mit den Oppositionsgruppen in der DDR. Nach der Wiedervereinigung kam eine Diskussion auf, ob diese Strategie nicht auf das falsche Pferd gesetzt habe. Seien die westdeutschen Politiker, so wurde gefragt, nicht zu Komplizen der SED-Machthaber geworden, hätten sie nicht deren Stellung gefestigt und damit den Zusammenbruch der DDR hinausgezögert?

Q 111 Wege zur Wiedervereinigung

a) *Der SPD-Politiker und Direktor des Hamburger Instituts für Friedensforschung, Egon Bahr (1993):*

Unsere Überlegungen gingen von der Erfahrung aus, dass in den kommunistisch regierten Staaten die Partei entscheidet und die Regierungen nur ausführende Organe des politischen Willens sind. Sofern wir also unsere Kontakte von der bisherigen Regierungsebene auf die der Parteien verlegen würden, ergäbe sich die ungewöhnliche und wirklich neue Situation, operativen Einfluss nehmen zu können. [...] Im Ergebnis hat das funktioniert. Ich sehe es als geschichtlich unhaltbare Vereinfachung, zu behaupten, dass es zur Veränderung und zum Zusammenbruch der kommunistischen Herrschaft in Osteuropa nur durch Druck von unten, also der Bevölkerung, oder durch Druck von außen, durch amerikanische Rüstung, gekommen ist. Die Veränderung im Denken der Herrschenden durch sozialdemokratische Ideen und Argumente war auch unentbehrlich. In der Tat kann man sagen, dass die SPD sich so auf die Regierenden konzentriert hat, dass sie darüber Dissidenten vernachlässigte, aber sie konzentrierte sich auf den Gegner, den allein sie – die SPD – ideologisch beeindrucken, bewegen, verändern konnte.

D. Dowe (Hg.): Die Ost- und Deutschlandpolitik der SPD in der Opposition 1982–1989. Bonn 1993, S. 23, 28

b) *Der britische Historiker Timothy Gordon Ash (1993):*

Die Bonner Regierung ging über Moskau und kam in Berlin an. In dieser Hinsicht erwies sich das ursprüngliche Paradox – nur dann in der Lage zu sein, den Status quo zu ändern, wenn zuerst der Status quo anerkannt würde – als richtig. Doch das zweite Paradox der Strategie „Wandel durch Annäherung" – Liberalisierung durch Stabilisierung – erwies sich als falsch und der Zusatz, dass man den demokratischen Kräften in der DDR am besten helfen könnte, indem man ihnen nicht half, war eindeutig ein Paradox zu viel. [...] Die Lehre aus den Erfahrungen anderer sozialistischer Staaten, ja anderer Diktaturen überhaupt in der Geschichte, war jedoch, dass ein gewisses Maß an Spannungen, Opposition, Konflikt und sozialem Druck von unten die notwendige (wenn auch natürlich nicht hinreichende) Bedingung für einen Wandel war. [...] „Revisionismus", Wandel durch Reform von oben, initiiert von einer aufgeklärten Partei, würde niemals ausreichen. In dieser Hinsicht hinkten die Sozialdemokraten der Zeit um ein Jahrzehnt hinterher. [...] Anstatt Liberalisierung durch Stabilisierung fand in der DDR Stabilisierung ohne Liberalisierung statt. Die Bundesrepublik trug dazu mit DM und Anerkennung bei.

T. G. Ash: Im Namen Europas. Übersetzt v. Yvonne Badal. München 1993, S. 537 f.

a) Worum dreht sich der Streit? Welcher Seite geben Sie recht, welche Argumente leuchten Ihnen ein, welche nicht?

b) Prüfen Sie die hier verfochtenen Thesen im Licht Ihnen bekannter Fakten.

1. *Wie schätzen Sie das Interesse der Siegermächte an einer deutschen Wiedervereinigung ein?*
2. *Erörtern Sie das adenauersche Konzept einer „Politik der Stärke".*
3. *Durchdenken Sie die Konsequenzen, die bei einer Neutralisierung Gesamtdeutschlands hätten eintreten können.*
4. *Diskutieren Sie die These, die Teilung Deutschlands sei eine Garantie für den Frieden Europas im Zeitalter des Ost-West-Konflikts gewesen.*
5. *Versuchen Sie eine Bilanz der Bonner Entspannungspolitik gegenüber der DDR.*

Das wiedervereinigte Deutschland

Fall der Berliner Mauer: Am Grenzübergang Chausseestraße werden Ostberliner Autos von begeisterten Westberlinern empfangen.

Einheit in den Köpfen und Herzen?

„Zu vollziehen aber ist die Einheit nur durch das souveräne Volk, durch die Köpfe und Herzen der Menschen selbst. Jedermann spürt, wie viel da noch zu tun ist."

Richard von Weizsäcker, Bundespräsident, 1990

Über die Köpfe der Ostdeutschen hinweg

„Ich denke, dass ein großes Problem der Einheit darin bestand, dass fast nichts aus dem Osten übernommen wurde."

Gregor Gysi, Bundestagsabgeordneter der PDS, 2002

Der Zusammenbruch des SED-Regimes im Herbst 1989 und die schnell darauf folgende staatliche Vereinigung Deutschlands kamen für alle Zeitgenossen völlig überraschend. Der Jubel und die Freude über die Wiedervereinigung hielten nicht ständig an. Der „Aufbau Ost" dauerte länger, kostete ein Vielfaches mehr, als führende Politiker angekündigt hatten. Die „Vereinigungskrise" verschärfte sich noch, als auch die westdeutsche Wirtschaft zu schwächeln begann. Erst als man nicht länger um die Einsicht herumkam, dass das bisherige Sozialstaats-Niveau nicht mehr zu finanzieren war, rang sich die rot-grüne Regierung Schröder 2003 mit der „Agenda 2010" dazu durch, den Bürgern schmerzhafte Einschränkungen zuzumuten. Auch der 2006 einsetzende wirtschaftliche Aufschwung änderte vorerst wenig am Sparkurs der Regierung.

Soldaten der Bundeswehr mit einem afghanischen Polizisten bei der Patrouille in Kabul – 10.5.2002

1989	9. November – Die DDR-Behörden öffnen die Grenzübergänge nach Westberlin und zur Bundesrepublik.
1990	10. Februar – Gorbatschow stimmt der deutschen Wiedervereinigung zu.
	12. September – Im „Zwei-plus-Vier-Vertrag" erhält die Bundesrepublik die uneingeschränkte Souveränität.
	3. Oktober – Die staatliche Vereinigung Deutschlands tritt in Kraft.
1994	Das Bundesverfassungsgericht erklärt die „out of area"-Kampfeinsätze der Bundeswehr für verfassungsgemäß.
1998	Mit dem Amtsantritt der rot-grünen Bundesregierung unter Bundeskanzler Gerhard Schröder (SPD) endet die 16-jährige Ära Kohl.
2002	Der Euro wird offizielles Zahlungsmittel.
2003	Die „Agenda 2010" vollzieht einen tief greifenden Umbau des Sozialstaates
2005	Die Arbeitslosenzahl klettert auf über 5 Millionen.
	CDU/CSU und SPD bilden eine Regierung der Großen Koalition unter Bundeskanzlerin Angela Merkel (CDU).

1. Risse im kommunistischen Herrschaftssystem und die friedliche Revolution

Kritik und Unzufriedenheit Solange die DDR existierte, konnte sich ihre Führung der Loyalität der meisten ihrer Bürger nicht sicher sein. Deren Unzufriedenheit hatte viele Gründe: die immer wiederkehrenden Versorgungsmängel und das Zurückbleiben hinter dem westdeutschen Lebensstandard; die Reisebeschränkungen zum Westen für fast alle, die noch nicht im Rentenalter standen; die einseitige, oft unglaubwürdige Berichterstattung der Medien; die allseitige Bevormundung durch einen bürokratischen Staat und eine stets gegenwärtige Partei; die unaufhörliche Bespitzelung durch einen allgegenwärtigen Stasi-Apparat. Die Überzeugungskraft des Sozialismus und seiner marxistisch-leninistischen Ideologie schwand seit den späten 1970er-Jahren wegen des oft krassen Widerspruchs zwischen den offiziellen Versprechungen und den tatsächlichen Verhältnissen zusehends dahin. Daran vermochte auch die alles in allem komfortable soziale Sicherheit der Menschen wenig zu ändern.

Wirtschaftlicher Ruin Die Staats- und Parteiführung bekam die wirtschaftlichen Probleme nie richtig in den Griff. Bis in die 1980er-Jahre gab die DDR-Wirtschaft nach außen zwar ein relativ günstiges Bild ab, namentlich im Vergleich mit den anderen Ostblockländern. Aber ihre Fundamente waren keineswegs solide und das Leistungsgefälle gegenüber dem Westen wurde größer statt kleiner. Die Auslandsverschuldung stieg. Die hohen Kosten für die Stützung unrentabler Betriebe und die Aufrechterhaltung der niedrigen Preise für den Grundbedarf verschlangen die Mittel, die für die Sanierung und Modernisierung vieler Industriezweige so dringend benötigt wurden. Honeckers Wohlfahrtssozialismus war schließlich nicht mehr zu finanzieren.

Perestroika in der Sowjetunion Die sowjetische Führungsmacht, die mit noch größeren Problemen zu kämpfen hatte, war bald nach Michail Gorbatschows Machtantritt (1985) zu einer Politik von oben gelenkter Reformen übergegangen. Unter den schnell berühmt gewordenen Parolen der „Perestroika" (Umwandlung), „Glasnost" (Offenheit) und des „Neuen Denkens" wollten die Reformer die Sowjetbürger zu aktiver Mitwirkung im wirtschaftlichen und öffentlichen Leben bewegen, um Kräfte freizusetzen, die dem in bürokratischer Gängelung erstarrten System neue Energien zuführen sollten. Gorbatschow gestand die neuen Freiheiten auch den unter Leonid Breschnew (1964–1982) am kurzen Gängelband gehaltenen sozialistischen „Bruderstaaten" zu. Damit fand er vor allem in Polen, Ungarn und der ČSSR viel Widerhall.

Reformunwilligkeit der DDR-Führung Die SED-Spitze verhielt sich von Anfang an ablehnend. Mit viel Selbstgefälligkeit und Realitätsblindheit war sie vom insgesamt guten Zustand ihres Staates überzeugt. Der Kontrollapparat der Stasi produzierte zwar eine Unmenge von Informationen über das Geschehen und die Meinungen im Lande; vieles davon gelangte aber geschönt nach oben oder wurde hier in seiner Bedrohlichkeit unterschätzt. Bis zu seiner Entmachtung und seinem Tod knapp vier Jahre später wollte Honecker die wahren Gründe für das Debakel seines Regimes nicht wahrhaben; er zog es vor, die Schuld auf Verräter und Feiglinge zu schieben. Statt über Reformen nachzudenken, setzte die SED-Führung fast bis zum bitteren Ende auf die alten Rezepte: verschärfte Kontrolle und Unterdrückung, Abschiebung der unbequemen Kritiker, stärkere ideologische Bewusstseinsformung.

„Montagsdemonstration" am 9.10.1989 in der Leipziger Innenstadt mit über 50 000 Teilnehmern

DDR-Bürger wehren sich Nach den Kommunalwahlen im Mai 1989 machten Bürgergruppen erstmals gegen die seit Langem geübte Praxis der Partei Front, die Wahlergebnisse zu ihren Gunsten zu fälschen. Sie legten Beschwerde ein, erhielten überall statt Antworten nur Verwarnungen, wiederholten ihren Protest aber Monat für Monat. Seitdem rissen öffentliche Einsprüche und Diskussionen nicht mehr ab. Sie gingen vielfach von Einrichtungen der evangelischen Kirche aus. Entscheidende Anstöße zum sich anbahnenden Umsturz erfolgten in den Leipziger „Montagsdemonstrationen“: Seit September 1989 formierten sich im Anschluss an Andachten in der Nikolaikirche allwöchentlich Demonstrationszüge; sie zogen von Mal zu Mal mehr Menschen an, bis schließlich im Oktober und November Hunderttausende daran teilnahmen, die immer entschiedener durchgreifende Reformen verlangten.

Bürgerbewegungen Zu gleicher Zeit entstanden überall in der DDR Protest- und Bürgerbewegungen, lockere Zusammenschlüsse Gleichgesinnter, die auf demokratische Systemveränderungen drängten. Ihre Mannigfaltigkeit und Spontaneität war Stärke und Schwäche zugleich. Dass sie echte Basisvereinigungen waren, an denen jeder ohne große formelle Hürden teilnehmen konnte, gab ihnen Schwung; dass sie so wenig Wert auf straffe Organisation und Koordination ihrer Aktivitäten legten, minderte ihr politisches Gewicht. Den meisten ihrer Mitglieder ging es mehr um die Grundsatzfragen einer demokratischen und sozial gerechten Ordnung als um die politische Praxis hier und heute. Ihnen schwebte ein besserer, demokratisch reformierter Sozialismus vor; an eine Abschaffung der DDR dachte anfangs niemand.

Massenflucht Neben dem Protest der Straße und den Reformbestrebungen der Bürgerrechtler war es vor allem die Massenflucht, die das Regime unter Druck setzte. Nachdem die reformkommunistische Regierung in Ungarn, im September die Sperren und Kontrollen an der Grenze zu Österreich beseitigt hatte, flohen binnen drei Tagen 15 000 DDR-Bürger durch dieses Schlupfloch. In der Botschaft der Bundesrepublik in Prag sammelten sich 3000 DDR-Flüchtlinge und verlangten ihre Ausreise nach Westdeutschland. Das Politbüro sah schließlich keinen anderen Ausweg, als diese Menschen förmlich aus der DDR-Staatsbürgerschaft zu entlassen. Das spornte andere an, den gleichen Weg zu gehen, und der Flüchtlingsstrom schwoll immer weiter.

Gewaltanwendung oder Nachgiebigkeit? Die SED-Führung musste sich zwischen gewaltsamer Unterdrückung und weiterem Nachgeben entscheiden. Nachdem die Volkspolizei während der Feierlichkeiten zum 40-jährigen DDR-Jubiläum am 7. Oktober gegen Demonstranten brutal vorgegangen war, stand die Situation angesichts der nächsten Leipziger Montagsdemonstration am 9. Oktober auf des Messers Schneide. Als die in großer Zahl zusammengezogenen Sicherheitskräfte bei unklarer Befehlslage schließlich doch nicht gegen die mehr als 50 000 Teilnehmer des Protestmarsches einschritten, waren die Würfel gefallen: Die Führung trat den Rückzug an, die Volksbewegung gewann die Oberhand. Seitdem lief die SED den Ereignissen hinterher. Honeckers Amtsenthebung und die Ausbootung seiner engsten Gefolgsleute am 18. Oktober kamen genauso zu spät wie die Reformankündigungen des neuen Generalsekretärs Egon Krenz. Als mehr durch ein Versehen als aufgrund eines beherzten Entschlusses am 9. November die Grenzübergänge nach West-Berlin und zur Bundesrepublik sich öffneten, brachen alle Dämme. Ost- und Westdeutsche lagen sich in den Armen, ein Rausch des Wiederzusammenkommens ergriff vorübergehend die Gemüter.

Q 112 SED-Selbstkritik zu später Stunde

Aus dem Rechenschaftsbericht ehemaliger Mitglieder des Politbüros für den außerordentlichen (und zugleich letzten) SED-Parteitag im Dezember 1989:

Immer krasser wurde der Kontrast zwischen der „heilen Welt“, dem idyllischen Bild von der Eintracht zwischen Volk und Führung einerseits in den Spalten der Zeitungen, in den Sendungen des Fernsehens, des Rundfunks und den Erfahrungen der Werktätigen andererseits, die sich in der Produktion mit nicht gedeckten Plänen, mit Zulieferkalamitäten, aber auch mit zunehmenden Problemen in ihrem Alltag herumzuschlagen hatten. Dieser Widerspruch rief zunächst Skepsis, Ablehnung, zunehmend Ärger und schließlich heftige Empörung hervor. So wurde im Spiegel der Medien die Ignoranz der alten Führung gegenüber den Erfordernissen der Lage für viele Menschen erst offenbar. Die demokratische Volksbewegung wurde dadurch stimuliert. Sie hat schließlich dem unerträglichen Widerspruch zwischen Schein und Wirklichkeit ein Ende gesetzt. [...]

Generell muss eingeschätzt werden, dass die gesamte Parteiführung – einschließlich derer, die später die Wende in der Führung der Partei vollzogen – nicht auf den offenen Ausbruch der Konflikte und noch weniger auf die neuen Fragen der Gesellschaft vorbereitet waren. So sehr einzelne Mitglieder und Kandidaten des Politbüros und auch Mitglieder des ZK für sich in Anspruch nehmen können, in einzelnen Bereichen gewisse Alternativvorstellungen entwickelt und in die Diskussion eingebracht zu haben, so offen muss auch eingestanden werden, dass niemand in der Lage war, aus den alten Denkschemata grundsätzlich auszubrechen. Mit jedem Ansatz zur Kritik an der Führung des damaligen Generalsekretärs dem Verdacht ausgesetzt, die Gesamtpolitik der Partei anzugreifen und die Autorität Erich Honeckers untergraben zu wollen, brachte niemand den Mut auf, aus seinem inneren Widerspruch gegenüber dem zunehmenden absoluten Herrschaftsanspruch Erich Honeckers und Günter Mittags die persönlichen Konsequenzen zu ziehen und aus der Parteiführung auszuscheiden.

G. Schabowski: Das Politbüro. Reinbek b. Hamburg 1990, S. 188 f.

a) Welche Schuldzuweisungen nehmen die Berichterstatter vor?

b) Ergänzen Sie die Selbstkritik um weitere Gesichtspunkte.

Q 113 Die Staatsgewalt weicht zurück

Ein Teilnehmer über die Leipziger Montagsdemonstration am 9. Oktober 1989:

Jeder, der teilnahm, hat Angst überwunden. Diese Überwindung in so kaum erwarteter Entscheidung veränderte das Kräfteverhältnis; es hat am Ende auch die bewaffnete Macht veranlasst, sich gegenüber dem Politbüro zu verweigern, d. h. die Konfrontation mit dem Volk nicht zu suchen, sondern zu verhindern. Sie hätte in einer Tragödie geendet. Eine Blutschuld wollten die Verantwortungsträger nicht auf sich laden. Auch sie haben beim Zustandekommen dieser Sicherheitspartnerschaft Angst überwinden müssen.

Die Demonstration verlief friedlich, die Sicherheitskräfte griffen nicht ein. Wer konnte die geballte Staatsmacht, die demonstrativ in Leipzigs Zentrum aufgezogen war, zurückgezogen haben? [...] Die Entscheidung dürfte in den Stäben von Polizei und Armee gefallen sein. Letztlich aber siegte die Friedfertigkeit in ihrer Massenhaftigkeit auf den Straßen. Vor ihr ließ die innerlich brüchige Macht die Waffen sinken. Irgendetwas zerbrach an diesem Abend tief innen, und so fiel am Ende das Ganze wie ein Kartenhaus zusammen. [...] Bevor der Einzelne in den Massenruf „Wir sind das Volk!“ einstimmte, musste er die Straße betreten, und das bedeutete, vom „Bürgersteig“ auf die Fahrbahn gehen, sich in die nicht genehmigte Demonstration einreihen, in Kauf nehmen, dabei gesehen zu werden. Es gab viele, die am Straßenrand stehen blieben, zögerten, sich vielleicht sogar an der Diskriminierung der Straße durch die Macht beteiligten. [...] Wer in dem Menschenstrom auf dem Leipziger Ring mitgegangen ist an diesen Montagen seit dem 2. und dem 9. Oktober, begriff seine Schritte an der Seite der vielen anderen als Selbstbefreiung und den Wiedergewinn der eigenen Würde.

H. Zwahr: Ende einer Selbstzerstörung. Göttingen 1993, S. 99–102

a) Womit erklärt der Verfasser den Erfolg der friedlichen Revolution?

b) Vergegenwärtigen Sie sich, was in den Köpfen und Herzen der Demonstranten vorgegangen sein mag.

Q 114 Reform ohne Umsturz?

a) *Aus dem Gründungsaufruf des „Neuen Forum" vom 10. September 1989:*

In unserem Lande ist die Kommunikation zwischen Staat und Gesellschaft offensichtlich gestört. Belege dafür sind die weitverbreitete Verdrossenheit bis hin zum Rückzug in die private Nische oder zur massenhaften Auswanderung. [...] Auf der einen Seite wünschen wir uns eine Erweiterung des Warenangebots und bessere Versorgung, andererseits sehen wir deren soziale und ökologische Kosten und plädieren für die Abkehr von ungehemmtem Wachstum. Wir wollen Spielraum für wirtschaftliche Initiative, aber keine Entartung in eine Ellbogengesellschaft. Wir wollen das Bewährte erhalten und doch Platz für Erneuerung schaffen, um sparsamer und weniger naturfeindlich zu leben. Wir wollen geordnete Verhältnisse, aber keine Bevormundung. Wir wollen freie, selbstbewusste Menschen, die doch gemeinschaftsbewusst handeln. Wir wollen vor Gewalt geschützt sein und dabei nicht einen Staat von Bütteln und Spitzeln ertragen. Faulpelze und Maulhelden sollen aus ihren Druckposten vertrieben werden, aber wir wollen dabei keine Nachteile für sozial Schwache und Wehrlose. Wir wollen ein wirksames Gesundheitswesen für jeden, aber niemand soll auf Kosten anderer krankfeiern. Wir wollen an Export und Welthandel teilhaben, aber weder zum Schuldner und Diener der führenden Industriestaaten noch zum Ausbeuter und Gläubiger der wirtschaftlich schwachen Länder werden.

b) *Aus Stefan Heyms Ansprache auf der Berliner Protestdemonstration am 4. November 1989:*

Es ist, als habe einer die Fenster aufgestoßen, nach all den Jahren der Stagnation, der geistigen, wirtschaftlichen, politischen, den Jahren von Dumpfheit und Mief, von Phrasengewäsch und bürokratischer Willkür, von amtlicher Blindheit und Taubheit – welche Wandlung. Vor noch nicht vier Wochen die schön gezimmerte Tribüne hier um die Ecke. Mit dem Vorbeimarsch, dem bestellten. Vor den Erhabenen. Und heute, heute ihr, die ihr euch aus eigenem freien Willen versammelt habt für Freiheit und Demokratie und für einen Sozialismus, der des Namens wert ist. [...] Wir haben in diesen letzten Wochen unsere Sprachlosigkeit überwunden und sind jetzt dabei, den aufrechten Gang zu erlernen. Und das, Freunde, in Deutschland, wo bisher sämtliche Revolutionen danebengegangen. Und wo die Leute immer gekuscht haben, unter dem Kaiser, unter den Nazis und später auch. Aber sprechen, frei sprechen, gehen, aufrecht gehen, das ist nicht genug. Lasst uns auch lernen zu regieren. Diese Macht gehört nicht in die Hände eines Einzelnen oder ein paar weniger oder eines Apparates oder einer Partei. Alle müssen teilhaben an dieser Macht. Und wer immer sie ausübt und wo immer, muss unterworfen sein der Kontrolle der Bürger. Denn Macht korrumpiert und absolute Macht – das können wir heute noch sehen – korrumpiert absolut. Der Sozialismus, nicht der stalinsche, der richtige, den wir endlich erbauen wollen zu unserem Nutzen und zum Nutzen von ganz Deutschland. Dieser Sozialismus ist nicht denkbar ohne Demokratie.

Zitiert nach: C. Schüddekopf (Hg.): Wir sind das Volk. Reinbek b. Hamburg 1990, S. 29 f., S. 207 f.

a) Was wird dem SED-Regime zum Vorwurf gemacht?

b) Beschreiben Sie das hier entworfene Wunschbild der zukünftigen Gesellschaft und erörtern Sie, ob die Bundesrepublik diesem Bild entsprach.

Die massenhafte Abwanderung aus der DDR war ein Problem nicht nur für Ostberlin, sondern auch für Bonn. Sie zwang die Regierungen zu baldigen vertraglichen Regelungen.

2. Kurs auf die deutsche Einheit

„Wende in der Wende" Nach der Öffnung der Grenzen erlebten viele DDR-Bürgerinnen und -Bürger zum ersten Mal den wirtschaftlichen Wohlstand des Westens. Dieser „Westschock" führte ihnen sinnfällig vor Augen, was ihr Staat ihnen bislang vorenthalten hatte, und ließ fast über Nacht den Wunsch nach einem ähnlichen Lebensstandard übermächtig werden. Das anfänglich dominierende Zukunftsziel einer reformierten, aber eigenständigen DDR wich Schritt für Schritt dem Traum eines vereinigten Deutschland, in dem die Ostdeutschen auf westlichem Niveau leben könnten. Gegenüber solchen materiellen, wirtschaftlichen Hoffnungen der großen Mehrheit der DDR-Bevölkerung gerieten die Verfechter eines erneuerten DDR-Sozialismus bald ins Hintertreffen. Die Entwicklung ging über sie, die mehr als die meisten anderen am Sturz der SED-Herrschaft mitgewirkt hatten, unaufhaltsam hinweg.

Westliches Zögern Aber auch die westdeutschen Politiker hatten Mühe, mit der Entwicklung Schritt zu halten. Als die DDR-Flüchtlinge die Grenzen durchbrachen und die Demonstranten in den DDR-Städten auf die Straße gingen, war es die erste Sorge der Bundesregierung, den Flüchtlingsstrom einzudämmen und jede Eskalation der Gewalt zu verhindern. Darum suchte sie die Zusammenarbeit mit den DDR-Behörden und bot finanzielle und wirtschaftliche Hilfe an. Erst als die SED-Führung unerwartete Schwächen zeigte und die UdSSR völlige Zurückhaltung übte, ging Bonn in die Offensive. Die Regierung Kohl knüpfte ihre Hilfsangebote an die Bedingung rechtsstaatlicher und demokratischer Reformen in der DDR und verlangte freie Wahlen, die Beseitigung des Machtmonopols der SED, die Amnestierung der politischen Gefangenen, die Einführung marktwirtschaftlicher Verhältnisse.

Die Gunst der Stunde Während die anderen Parteien noch Mühe hatten, sich auf die jäh veränderte Lage einzustellen, tat Kohl – ohne sich vorher mit den Westalliierten abzustimmen – entscheidende Schritte nach vorn. In einem „10-Punkte-Programm", das auch Vorschläge des DDR-Ministerpräsidenten Hans Modrow aufgriff, schlug er vor, „konföderative Strukturen" zwischen den beiden deutschen Staaten zu schaffen und daraus eines späteren Tages die Einheit Deutschlands hervorgehen zu lassen. Er traf damit die Empfindungen und Wünsche breiter Bevölkerungskreise, vor allem in der DDR, aber zunehmend auch in der Bundesrepublik. Das wollten Teile der Opposition nicht wahrhaben: SPD-Politiker wie Egon Bahr oder Oskar Lafontaine warnten vor einem zu schnellen Tempo; viele Grüne oder etwa der Schriftsteller Günter Grass wollten überhaupt keine Wiedervereinigung, von der sie neuen nationalen Größenwahn (ein „Viertes Reich") befürchteten.

Umdenken in der SED Die im November umgebildete DDR-Regierung unter dem als Reformkommunist geltenden Hans Modrow suchte sich der neuen Lage anzupassen. Sie befürwortete eine „Vertragsgemeinschaft" zwischen den beiden deutschen Staaten, wollte aber an der Selbstständigkeit und dem sozialistischen Charakter der DDR nicht rütteln lassen. Aber diese Position war nicht lange zu halten. Die Volkskammer strich den Führungsanspruch der SED aus der Verfassung. Die Partei trennte sich von ihren alten Führungskräften, sprach sich für demokratische Reformen aus und bekräftigte ihren Erneuerungswillen durch den neuen Namen „Partei des demokratischen Sozialismus" (PDS). Im Dezember trat in Ostberlin ein „Runder Tisch" zusammen, an dem sich Vertreter der Oppositionsgruppen und der zuvor staatstragenden Parteien paritätisch gegenübersaßen. Der zentrale „Runde Tisch" – ähnliche Einrichtungen entstanden auf lokaler und regionaler Ebene im ganzen Land – entwickelte sich in den folgenden Wochen zu einem Nebenparlament, das die Regierung kontrollierte, die Grundzüge der neuen politischen Ordnung beriet und auf die Tagespolitik Einfluss nahm. Der Einfluss der alten Machtelite schwand immer mehr dahin.

Schritte der Zusammenführung Als um die Jahreswende 1989/90 deutlich wurde, dass die Regierung Modrow die Lage nicht in den Griff bekam, die Abwanderung aus der DDR sich unaufhörlich fortsetzte und die Produktion bedrohlich sank, war schnelles Handeln geboten. Die entscheidende Weichenstellung erfolgte, als Gorbatschow im Februar 1990 dem Bundeskanzler zusicherte, die Sowjetunion werde sich einer deutschen Vereinigung nicht widersetzen. Der erste und für den weiteren Einigungsprozess richtungweisende Schritt war die zwischen Bonn und Ostberlin ausgehandelte Wirtschafts-, Währungs- und Sozialunion, die am 1. Juli 1990 in Kraft trat. Buchstäblich über Nacht wurde das komplette Wirtschafts- und Sozialsystem der Bundesrepublik, einschließlich der DM-Währung, der DDR übergestülpt. Das kam einer Radikalkur für die ostdeutsche Wirtschaft gleich, die einer hoch überlegenen westdeutschen Konkurrenz ausgesetzt wurde und hoffnungslos ins Hintertreffen geriet. Die Folgen machten sich schnell bemerkbar: Zusammenbruch und Ausverkauf vieler Betriebe, hohe Arbeitslosigkeit, steigende Preise.

Umstellungs- und Anpassungsprobleme Der abrupte Übergang von der staatlich gelenkten Verwaltungs- zur freien, privatkapitalistisch organisierten Marktwirtschaft forderte den ostdeutschen Arbeitnehmern und Managern gewaltige Umstellungsleistungen ab. Misserfolg, Unsicherheit, Angst vor der Zukunft waren nahezu unvermeidlich. Ihnen standen aber auch ansehnliche Verbesserungen gegenüber. Die DDR-Bürger konnten großzügig bemessene Sockelbeträge ihrer Geldguthaben im Verhältnis 1 zu 1, den Rest nach einer 2-zu-1-Quote umtauschen – was auf eine Anhebung ihrer realen Kaufkraft hinauslief. Westdeutsche Finanzfachleute hatten vor dieser Umtauschquote gewarnt, weil sie dem realen Kaufkraftwert der ostdeutschen Währung nicht entsprach. Die politischen Entscheidungsträger setzten sich jedoch darüber hinweg: Sie wollten die großen Erwartungen der Ostdeutschen nicht enttäuschen und ihnen keine schmerzlichen finanziellen Einbußen zumuten. Die Renten wurden, zulasten der westdeutschen Sozialversicherung, fühlbar angehoben. Auch die beträchtlichen Löcher in den öffentlichen Kassen und in den Bilanzen vieler volkseigener Betriebe wurden mit hohen Milliardenbeträgen aus westdeutschen Steuergeldern gestopft. So gelang es, manche wirtschaftliche Härten, die letztlich aus dem Ruin der DDR-Misswirtschaft herrührten, einigermaßen abzumildern. Dennoch mussten sich die meisten Ostdeutschen als Verlierer empfinden. Millionen verloren ihren Arbeitsplatz; Industrie und Handel sahen sich einer übermächtigen westdeutschen Konkurrenz ausgesetzt; die Einheimischen mussten es hinnehmen, dass wichtige Führungspositionen von Bundesbürgern besetzt wurden.

Politischer Machtwechsel in der DDR Die schnelle Einführung des westdeutschen Wirtschaftssystems entsprach den Vorstellungen der neuen DDR-Regierung unter de Maizière (CDU), die nach den Volkskammerwahlen vom 18. März 1990 die Regierung Modrow abgelöst hatte. Der glänzende Wahlsieg, den die bürgerliche „Allianz für Deutschland" mit fast der Hälfte aller Stimmen errungen hatte, war in erster Linie ihrem entschiedenen Eintreten für eine baldige Wiedervereinigung, aber auch der massiven Unterstützung der Bonner Regierungskoalition zuzuschreiben. Die vielfach favorisierte SPD kam nur auf 22% der Mandate, beteiligte sich aber an der Regierung de Maizière. Dagegen sank die Bürgerbewegung des Herbstes 1989 mit einem Stimmenanteil von 3% zur Bedeutungslosigkeit herab. Die Wähler hatten ein unmissverständliches Mandat für die baldige Herstellung der deutschen Einheit erteilt.

Einigungsvertrag So geriet die neue Regierung, die sich zunächst bemühte, nichts zu überstürzen und die Interessen der DDR-Bevölkerung zu wahren, immer mehr unter Druck. Da sich die wirtschaftliche Lage ständig verschlechterte, wurde auch die Verhandlungsposition Ostberlins zusehends schwächer. So vermochte sich Bonn mit seiner Forderung durchzusetzen, die Vereinigung gemäß Art. 23 des Grundgesetzes als Beitritt der ostdeutschen Länder und nicht – wie es nach Art. 146 auch möglich war – als eine Neugründung aufgrund des Zusammenschlusses zweier souveräner Staaten zu vollziehen.

Im Juli 1990 besuchte Helmut Kohl Michail Gorbatschow in dessen Gästehaus in Archiz/Kaukasus. Die Aufnahme entstand im Garten. Am Tisch sitzend: Außenminister Genscher, Gorbatschow und Kohl (v.l.); stehend: Hans Klein, Theo Weigel, Raissa Gorbatschowa, UdSSR-Finanzminister Walentin Pawlow und Außenminister Eduard Schewardnadse.

Deshalb spielten sich die Regierungsverhandlungen über den Einigungsvertrag nicht als wechselseitiges Geben und Nehmen ab, sondern als die Einfügung der neuen Gebiete in eine bestehende Ordnung. Verändern musste sich ausschließlich die DDR, für die Bundesrepublik blieb fast alles beim Alten. Die ostdeutschen Verhandlungspartner mussten sich damit wohl oder übel abfinden. Weil niemand sicher sein konnte, dass die für eine Wiedervereinigung günstigen internationalen Rahmenbedingungen beliebig lange bestehen blieben und weil das Verlangen der ostdeutschen Bevölkerungsmehrheit nach einem schnellen Zusammenschluss einen enormen Druck darstellte, glaubten die politisch Verantwortlichen jegliche Verzögerung vermeiden zu müssen.

Außenpolitische Einbettung der deutschen Einheit Zeitgleich mit den deutsch-deutschen Verhandlungen regelten die vier Siegermächte zusammen mit den beiden deutschen Regierungen den internationalen Status Gesamtdeutschlands. In dem am 12. September 1990 in Moskau unterzeichneten Vertrag, der in seiner Wirkung einem Friedensvertrag gleichkam, erhielt das vereinigte Deutschland seine volle Souveränität und außenpolitische Handlungsfreiheit. Alle bis dahin gültigen Vorbehaltsrechte der Kriegsalliierten erloschen. Deutschland erkannte die bestehenden Grenzen als endgültig an (ein förmlicher Grenzvertrag mit Polen folgte am 14. November 1990). Es erklärte erneut seinen Verzicht auf jegliche Gewaltanwendung sowie auf die Herstellung und den Einsatz von ABC-Waffen; darüber hinaus versprach es die Verkleinerung der Bundeswehr von bislang 500000 auf höchstens 370000 Soldaten. Der sich lange sträubenden Sowjetunion wurde ihre Einwilligung zum Verbleib Deutschlands im westlichen Bündnissystem, vor allem der NATO, durch deutsche Zahlungen von mehr als 13 Milliarden DM erleichtert; dafür sagte Moskau den Abzug seiner Truppen aus Deutschland bis 1994 zu.

Q 115 Schritte zur Wiedervereinigung

a) *Aus dem 10-Punkte-Programm von Bundeskanzler Helmut Kohl (28. November 1989):*

(3) Ich habe angeboten, unsere Hilfe und unsere Zusammenarbeit umfassend auszuweiten, wenn ein grundlegender Wandel des politischen und wirtschaftlichen Systems in der DDR verbindlich beschlossen und unumkehrbar in Gang gesetzt wird. „Unumkehrbar" heißt für uns und vor allem für mich, dass sich die DDR-Staatsführung mit den Oppositionsgruppen auf eine Verfassungsänderung und auf ein neues Wahlgesetz verständigt. […]

(5) Wir sind aber auch bereit, noch einen entscheidenden Schritt weiter zu gehen, nämlich konföderative Strukturen zwischen beiden Staaten in Deutschland zu entwickeln, mit dem Ziel, eine Föderation, d. h. eine bundesstaatliche Ordnung in Deutschland zu schaffen. Das setzt aber eine demokratisch legitimierte Regierung in der DDR zwingend voraus. […]

Die bisherige Politik gegenüber der DDR musste sich angesichts der Verhältnisse im Wesentlichen auf kleine Schritte beschränken, mit denen wir vor allem versuchten, die Folgen der Teilung für die Menschen zu mildern und das Bewusstsein für die Einheit der Nation wachzuhalten und zu schärfen. Wenn uns künftig eine demokratisch legitimierte, d. h. frei gewählte Regierung als Partner gegenübersteht, eröffnen sich völlig neue Perspektiven. Stufenweise können neue Formen institutioneller Zusammenarbeit entstehen und ausgeweitet werden. Ein solches Zusammenwachsen liegt in der Kontinuität der deutschen Geschichte. […] Wie ein wiedervereinigtes Deutschland schließlich aussehen wird, das weiß heute niemand. Dass aber die Einheit kommen wird, wenn die Menschen in Deutschland sie wollen, dessen bin ich sicher.

Europa-Archiv. 44 (1989), D 732f.

b) *Aus der Regierungserklärung von DDR-Ministerpräsident Lothar de Maizière vom 19. April 1990:*

In den nächsten acht bis zehn Wochen wollen wir die Grundlagen für die Wirtschafts-, Währungs- und Sozialunion legen, damit diese vor der Sommerpause in Kraft treten kann. Dabei ist 1:1 der grundlegende Kurs. Dazu gehört die Sicherung der Eigentumsrechte aus der Bodenreform und aus Eigentumsübertragungen, die nach Treu und Glauben rechtens waren und daher auch rechtens bleiben müssen. […] Der Wählerauftrag, dem die Regierung verpflichtet ist, fordert die Herstellung der Einheit Deutschlands in einem ungeteilten, friedlichen Europa. Diese Forderung enthält Bedingungen hinsichtlich Tempo und Qualität. Die Einheit muss so schnell wie möglich kommen, aber die Rahmenbedingungen müssen so gut, so vernünftig, so zukunftsfähig sein wie nötig. Die Diskussion um die Währungsumstellung 1:1 oder 1:2 haben uns mit aller Deutlichkeit vor Augen geführt, dass hier ein Zusammenhang besteht und dass wir Bedingungen vereinbaren müssen, die sichern, dass die DDR-Bürger nicht das Gefühl bekommen, zweitklassige Bundesbürger zu werden. […] Wir erwarten Gemeinsamkeit und Solidarität. Die Teilung kann tatsächlich nur durch Teilen aufgehoben werden. Wir werden hart und gut arbeiten, aber wir brauchen auch weiterhin Ihre Sympathie und Solidarität, so wie wir sie im letzten Herbst spürten. Wir werden gefragt: Haben wir gar nichts einzubringen in die deutsche Einheit? Und wir antworten: Doch, wir haben! Wir bringen ein unser Land und unsere Menschen, wir bringen geschaffene Werte und unseren Fleiß ein, unsere Ausbildung und unsere Improvisationsgabe. Not macht erfinderisch. Wir bringen die Erfahrungen der letzten Jahrzehnte ein, die wir mit den Ländern Osteuropas gemeinsam haben. Wir bringen ein unsere Sensibilität für soziale Gerechtigkeit, für Solidarität und Toleranz. […] Wir bringen unsere bitteren und stolzen Erfahrungen an der Schwelle zwischen Anpassung und Widerstand ein. Wir bringen unsere Identität ein und unsere Würde. Unsere Identität, das ist unsere Geschichte und Kultur, unser Versagen und unsere Leistung, unsere Ideale und unsere Leiden. Unsere Würde, das ist unsere Freiheit und unser Menschenrecht auf Selbstbestimmung.

Regierungspressedienst DDR. Nr. 12, Berlin 1990

a) Vergleichen Sie Kohls Vorstellungen von der künftigen deutschlandpolitischen Entwicklung mit den tatsächlichen Abläufen und versuchen Sie die Diskrepanzen zu erklären.

b) Prüfen Sie de Maizières Aufzählung der DDR-Mitgift, indem Sie nach Möglichkeit auf konkrete Tatsachen zurückgreifen. Wie würden Sie die Mitgift der Bundesrepublik beschreiben.

Q 116 Die Währungs-, Wirtschafts- und Sozialunion

a) *Aus dem Vertrag vom 18. Mai 1990:*

Art. 1 (3) Grundlage der Wirtschaftsunion ist die Soziale Marktwirtschaft als gemeinsame Wirtschaftsordnung beider Vertragsparteien. Sie wird insbesondere bestimmt durch Privateigentum, Leistungswettbewerb, freie Preisbildung und grundsätzlich volle Freizügigkeit von Arbeit, Kapital, Gütern und Dienstleistungen; hierdurch wird die gesetzliche Zulassung besonderer Eigentumsformen für die Beteiligung der öffentlichen Hand oder anderer Rechtsträger am Wirtschaftsverkehr nicht ausgeschlossen, soweit private Rechtsträger dadurch nicht diskriminiert werden.

Art. 10 (5) [...] Löhne, Gehälter, Stipendien, Renten, Mieten und Pachten sowie weitere wiederkehrende Zahlungen werden im Verhältnis 1 zu 1 umgestellt. Alle anderen auf Mark der DDR lautenden Forderungen und Verbindlichkeiten werden grundsätzlich im Verhältnis 2 zu 1 auf DM umgestellt. [...] Guthaben bei Geldinstituten von natürlichen Personen mit Wohnsitz in der DDR werden auf Antrag bis zu bestimmten Betragsgrenzen im Verhältnis 1 zu 1 umgestellt, wobei eine Differenzierung nach dem Lebensalter des Berechtigten stattfindet. [...]

(6) Nach einer Bestandsaufnahme des volkseigenen Vermögens und seiner Ertragsfähigkeit sowie nach seiner vorrangigen Nutzung für die Strukturanpassung der Wirtschaft und für die Sanierung des Staatshaushalts wird die DDR nach Möglichkeit vorsehen, dass den Sparern zu einem späteren Zeitpunkt für den bei der Umstellung 2 zu 1 reduzierten Betrag ein verbrieftes Anteilsrecht am volkseigenen Vermögen eingeräumt werden kann.

Art. 28 (1) Die Bundesrepublik Deutschland gewährt der DDR zweckgebundene Finanzzuweisungen zum Haushaltsausgleich für das 2. Halbjahr 1990 von 22 Milliarden DM und für 1991 von 35 Milliarden DM. Außerdem werden zulasten des Bundeshaushalts als Anschubfinanzierung für die Rentenversicherung 750 Millionen DM für das 2. Halbjahr 1990 sowie für die Arbeitslosenversicherung 2 Milliarden DM für das 2. Halbjahr 1990 und 3 Milliarden DM für 1991 gezahlt.

Bundeszentrale für Politische Bildung (Hg.): Verträge zur deutschen Einheit. Bonn 1990, S. 8ff.

b) *Aus einem Zeitungsinterview des damaligen SPD-Kanzlerkandidaten Oskar Lafontaine:*

Spiegel: Man kann sich des Eindrucks nicht erwehren, dass Ihnen nach wie vor die Einheit suspekt ist, nicht nur das Tempo, mit dem Kohl sie anstrebt. Sie haben stets gesagt, die europäische Integration sollte Priorität haben.

Lafontaine: Es gibt Leute, die unter Einheit nur die staatliche Einheit verstehen. Die Sozialdemokraten verstehen darunter aber auch die Herstellung der Einheitlichkeit der Lebensverhältnisse. Die abrupte Einführung der DM ist der teuerste Weg für beide Teile Deutschlands. Den richtigen Weg haben Sachverständigenrat, Bundesbank, Bundeswirtschafts- und Bundesfinanzministerium vor dem 7. Februar gewiesen: Konvertibilität der Ostmark herstellen und einen festen Wechselkurs anpeilen, um sich des marktwirtschaftlichen Instruments [...] der außenwirtschaftlichen Anpassung nicht zu begeben. Was machen die ganzen Helden in Bonn, die den falschen Weg befürworten, wenn die Produktivität und die Löhne auseinanderdriften? Dann haben sie keine Antwort außer der, den deutschen Steuerzahler ständig zur Kasse zu bitten.

Spiegel: Das Modell des behutsamen Angleichens der Währungen ist durch den Druck aus der DDR-Bevölkerung überrollt worden.

Lafontaine: Was ökonomisch falsch ist, kann politisch nicht richtig sein. Der Bundeskanzler hat gegen die eigenen Ministerien und gegen den Rat der Sachverständigen und der Bundesbank entschieden. Auf welcher Grundlage, frage ich.

Spiegel: In der DDR sind alle Parteien, auch die SPD, für die Radikalkur.

Lafontaine: Ich kann eine Radikalkur nicht akzeptieren. [...] Sicherlich gibt es in der DDR große Erwartungen in die Einführung der DM, die im Wahlkampf leichtfertig geschürt wurden. Man kann einer Bevölkerung, die jahrzehntelang nicht im marktwirtschaftlichen System gelebt hat, nicht abverlangen, dass sie die Auswirkungen auf die Wettbewerbsfähigkeit ihrer eigenen Wirtschaft und damit ihrer Arbeitsplätze überblickt. Das wäre Aufgabe der verantwortlichen Politiker gewesen, die hier eklatant versagt haben.

„Der Spiegel" vom 28. Mai 1990

a) Wie denken Sie über die Bezeichnung der Wirtschafts- und Währungsunion als „Radikalkur"?

b) Was sprach für, was gegen die von Lafontaine empfohlene allmähliche Anpassung der DDR-Wirtschaft?

Q 117 Vereinigung oder Anschluss?

a) *Plakat bei einer Demonstration in Berlin*

b) *Aus dem Einigungsvertrag vom 31. August 1990:*

Die Bundesrepublik Deutschland und die Deutsche Demokratische Republik – [...] in dankbarem Respekt vor denen, die auf friedliche Weise der Freiheit zum Durchbruch verholfen haben, die an der Aufgabe der Herstellung der Einheit Deutschlands unbeirrt festgehalten haben und sie vollenden,

im Bewusstsein der Kontinuität deutscher Geschichte und eingedenk der sich aus unserer Vergangenheit ergebenden besonderen Verantwortung für eine demokratische Entwicklung in Deutschland, die der Achtung der Menschenrechte und dem Frieden verpflichtet bleibt,

in dem Bestreben, durch die deutsche Einheit einen Beitrag zur Einigung Europas und zum Aufbau einer europäischen Friedensordnung zu leisten, in der Grenzen nicht mehr trennen und die allen europäischen Völkern ein vertrauensvolles Zusammenleben gewährleistet, [...] sind übereingekommen, einen Vertrag über die Herstellung der Einheit Deutschlands mit den nachfolgenden Bestimmungen zu schließen:

Art. 3. Mit dem Wirksamwerden des Beitritts tritt das Grundgesetz für die Bundesrepublik Deutschland [...] in den Ländern Brandenburg, Mecklenburg-Vorpommern, Sachsen, Sachsen-Anhalt und Thüringen sowie in dem Teil des Landes Berlin, in dem es bisher nicht galt, [...] in Kraft. [...]

Art. 8. Mit dem Wirksamwerden des Beitritts tritt in dem in Art. 3 genannten Gebiet Bundesrecht in Kraft. [...]

Art. 17. Die Vertragsparteien bekräftigen ihre Absicht, dass unverzüglich eine gesetzliche Grundlage dafür geschaffen wird, dass alle Personen rehabilitiert werden können, die Opfer einer politisch motivierten Strafverfolgungsmaßnahme oder sonst einer rechtsstaats- und verfassungswidrigen gerichtlichen Entscheidung geworden sind. Die Rehabilitierung dieser Opfer des SED-Unrechts-Regimes ist mit einer angemessenen Entschädigungsregelung zu verbinden. [...]

Art. 23. (1) Mit dem Wirksamwerden des Beitritts wird die bis zu diesem Zeitpunkt aufgelaufene Gesamtverschuldung des Republikhaushalts der DDR von einem nicht rechtsfähigen Sondervermögen des Bundes übernommen, das die Schuldendienstverpflichtungen erfüllt. [...]

Art. 31. (1) Es ist Aufgabe des gesamtdeutschen Gesetzgebers, die Gesetzgebung zur Gleichberechtigung von Männern und Frauen weiterzuentwickeln.

Anlage III: Die Enteignungen auf besatzungsrechtlicher bzw. besatzungshoheitlicher Grundlage (1945 bis 1949) sind nicht mehr rückgängig zu machen. Die Regierungen der Sowjetunion und der DDR sehen keine Möglichkeit, die damals getroffenen Maßnahmen zu revidieren. Die Regierung der Bundesrepublik Deutschland nimmt dies im Hinblick auf die historische Entwicklung zur Kenntnis.

Bundeszentrale für Politische Bildung (Hg.): Verträge zur deutschen Einheit. Bonn 1990, S. 41 ff.

c) *Bundespräsident Richard von Weizsäcker in seiner Rede beim Staatsakt am 3. Oktober 1990:*

Für die Deutschen in der ehemaligen DDR ist die Vereinigung ein täglicher, sie ganz unmittelbar und persönlich berührender existenzieller Prozess der Umstellung. Das bringt oft übermenschliche Anforderungen mit sich. Eine Frau schrieb mir, sie seien tief dankbar für die Freiheit und hätten doch nicht gewusst, wie sehr die Veränderung an die Nerven gehe, wenn sie geradezu einen Abschied von sich selbst verlange. [...]

Bei den Menschen im Westen war die Freude über den Fall der Mauer unendlich groß. Dass aber die Vereinigung etwas mit ihrem persönlichen Leben zu tun haben soll, ist vielen nicht klar oder sogar höchst unwillkommen. So darf es nicht bleiben. Wir müssen uns zunächst einmal gegenseitig besser verstehen lernen. Erst wenn wir wirklich erkennen, dass beide Seiten kostbare Erfahrungen und wichtige Eigenschaften erworben haben, die es wert sind, in der Einheit erhalten zu bleiben, sind wir auf gutem Wege.

R. von Weizsäcker, Rede anlässlich des Staatsaktes am 3. Oktober 1990. Bonn 1990, S. 7

a) *Diskutieren Sie die Triftigkeit dieses Plakates.*

b) *Stellen Sie die Bestimmungen des Einigungsvertrages zusammen, die vornehmlich den Interessen der DDR entgegenkamen.*

c) *Vereinigung als „Abschied von sich selbst" für die Ostdeutschen: Erörtern Sie die Stichhaltigkeit dieser Aussage.*

Zur Diskussion: Gab es Alternativen im Vereinigungsprozess?

Die Wiedervereinigung von 1989/90 war ein Glücksfall unserer Geschichte. Sie war ein Geschenk der günstigen Konstellation der internationalen Politik, aber auch ein Verdienst der damals politisch handelnden Deutschen in Ost und West. Dass dabei auch Fehler unterliefen, die schmerzliche Opfer (vor allem für die Ostdeutschen) kosteten, war kein geringer Preis. Was bleibt als Bilanz: Zufriedenheit über das Erreichte oder Bedauern über verpasste Chancen?

Q 118 Vereinigung oder Kolonialisierung?

a) *Der westdeutsche Politikwissenschaftler Fritz Vilmar (2000):*

Durch die Verhinderung der im westdeutschen Grundgesetz ausdrücklich vorgesehenen Abstimmung über eine gesamtdeutsche Verfassung wurde die gleichberechtigte Mitwirkung der Ostdeutschen an der Konstitution eines vereinigten Deutschland verhindert. […]

In der DDR wurden nicht nur die politischen Führungskader des SED-Regimes aus ihren Ämtern und Funktionen entfernt, sondern auch ein großer Teil der akademischen Funktionseliten aus ihren Positionen in der Wirtschaft, der Verwaltung und – zu über 80 Prozent! – aus den wissenschaftlichen Einrichtungen. […]

Infolge der […] überstürzten Währungsunion ohne flankierende Stützungsmaßnahmen für die ostdeutsche Wirtschaft wurde deren finanzielle, Wettbewerbs- und insbesondere exportpolitische Basis weitgehend zerstört und damit die Deindustrialisierung Ostdeutschlands eingeleitet. […]

Die weitgehende Nichtzurkenntnisnahme, Leugnung oder sogar Herabwürdigung wissenschaftlicher, literarischer, künstlerischer, pädagogischer, gesundheits- und sportpolitischer wie auch – nicht zuletzt – sozialpolitischer Leistungen, die es in der DDR trotz der inhumanen Strukturen unter der SED-Herrschaft gab, haben Millionen von Bürgerinnen und Bürgern der DDR als Demütigung und Verletzung ihres Selbstbewusstseins erlebt. Nach sechs Jahren Vereinigungspolitik empfinden sich nachweislich noch vier Fünftel der Ostdeutschen als „Bürger zweiter Klasse". […]

Nach skrupulösen Erwägungen haben wir […] die Summe der Entscheidungen, die den politischen, ökonomischen und kulturellen Dominanzinteressen westdeutscher (Macht-)Eliten und der Übertragung von deren sozioökonomischen Strukturen auf die des dominierten Systems dienten, in dem Oberbegriff der strukturellen Kolonialisierung zusammengefasst.

F. Vilmar (Hg.): Zehn Jahre Vereinigungspolitik. Berlin 2000

b) *Der westdeutsche Historiker Gerhard A. Ritter (2007):*

Meines Erachtens gab es keine politisch realisierbare Alternative zu der Übernahme der westdeutschen Sozialordnung, obwohl es zum Beispiel […] in der Kinderbetreuung, in der in der Bundesrepublik bis heute fehlenden Kodifikation des Arbeitsrechts sowie in der Familien- und Frauenpolitik Institutionen und Normen gab, die durchaus erhaltenswert gewesen wären und weite Akzeptanz bei der Bevölkerung der DDR fanden.

Für eine Verschmelzung der beiden Systeme, bei der auch einige Elemente der Sozialordnung der DDR in einen gesamtdeutschen Sozialstaat eingegangen wären, fehlte zunächst einmal die Zeit. Angesichts der ungeheuren Dynamik des Einigungsprozesses und dessen notwendiger Abstimmung mit der außenpolitischen Absicherung der deutschen Einheit war es in dem […] deutschen politischen System nicht möglich, im Zusammenhang mit der Vereinigung grundlegende Veränderungen über die normale Gesetzgebung in den zur Verfügung stehenden wenigen Monaten durchzusetzen. Zudem fehlten die dafür notwendigen politischen Mehrheiten. Umgekehrt hätte auch die von der Bundesbank, dem Wirtschafts- und Finanzministerium und Teilen der Wirtschaft gewünschte, zunächst auf den Osten beschränkte rigorose Reduzierung des arbeitsrechtlichen Schutzes und der Leistungen für die soziale Sicherung die Akzeptanz der neuen Ordnung im Osten gefährdet und war sie politisch nicht durchsetzbar.

[…] Bei allen Fehlern der Sozialpolitik der Einigung sollte man allerdings auch deren Leistungen in den Jahren nach 1989 nicht unterschätzen. […] Sie hat trotz der Massenarbeitslosigkeit zur Verbesserung der Lebensverhältnisse, vor allem der Masse der Rentner, der Kriegsopfer, der Witwen und der Behinderten im Osten, geführt und den Umbruch sozial abgefedert.

Gerhard A. Ritter: Soziale und politische Probleme der deutschen Wiedervereinigung. In: Geschichte in Wissenschaft und Unterricht. 5/6 (2007). S. 323 ff.

a) Erläutern Sie den „westdeutschen Wohlstands- und Freiheitsstandard".

b) Nehmen Sie Stellung zu der These einer „strukturellen Kolonialisierung" der ehemaligen DDR.

c) Ritter betont den großen Zeitdruck beim Einigungsprozess. Für wie tragfähig halten Sie diese These?

Oral History

Ziele

Oral History, die mündlich erfragte und erzählte Geschichte, kann verschiedenen Zwecken dienen: Sie möchte von prominenten Akteuren Auskunft über bestimmte Vorgänge erhalten; sie will von Augen- und Ohrenzeugen Eindrücke von denkwürdigen Ereignissen gewinnen; oder sie sucht zu erfahren, wie „ganz gewöhnliche“ Menschen in bestimmten Milieus und wechselnden Zeitumständen ihr Leben gelebt haben.
Die letztgenannte Fragestellung ist der Interview-Methode besonders gemäß und verspricht den besten Erkenntnisgewinn. Nirgends kann man dem gewöhnlichen Alltag besser auf die Spur kommen.

Das Vorgehen

Es bieten sich zwei Methoden an: Entweder gibt man dem Zeitzeugen freie Hand zu erzählen, was er für wichtig hält; der Interviewer greift nur ein, wenn Unklarheiten auftreten. Oder man bittet den Zeugen, nur die Fragen seines Gegenübers zu beantworten und Abschweifungen zu vermeiden. In jedem Fall muss man die Ausführungen des Zeugen schriftlich festhalten, sei es in einem Stichwort-Protokoll oder in einer (teilweisen) Transkription einer Audio- oder Video-Aufzeichnung.
Mit der schriftlich vorliegenden Dokumentation ist wie mit einer gewöhnlichen Textquelle zu verfahren. Insbesondere kommt es darauf an, die Aussagen des Zeugen zum fachwissenschaftlichen Kenntnisstand in Beziehung zu setzen. Interessant sind die Abweichungen: Erweitern und verfeinern sie unser bisheriges Wissen oder sind sie offenkundig fehlerhaft? Die Grenzen des Glaubwürdigen sind oft fließend, da es sich in aller Regel um subjektiv erlebte Geschichte handelt. Aber gerade um sie geht es. Der Historiker möchte erkunden, wie die betroffenen Menschen ihre Geschichte wahrgenommen und verarbeitet haben. Die üblichen schriftlichen Dokumente sagen darüber zumeist wenig aus.

Ein Beispiel: Eine 27-jährige Kellnerin aus Ostberlin

„Aber heute is' det allet so, sag' ick mal, so verklemmt. Und diese komische Ellenbogenjesellschaft aus'm Westteil, die hat sich so was von durchjesetzt. Der Nachbar fährt det Auto, ick muss noch'n größeret; irgendwelche, weeß icke, Machtkämpfe, die sich da sozusagen unter den Leuten abspielen. Wat ick total idiotisch finde. Det merkt man an allem. Und wir war'n eben wie 'ne große Familie. Da hab' ick eben, weeß icke, obwohl ick noch keen Kind hatte, von der uff det Kind uffjepasst, damit die ooch mal weggehen konnten. Det war, wir war'n eben alle eens ... War einfach allet menschlicher, allet humaner.“
„Und ick sage mal, wenn man die Systeme vergleicht, sag' ick mal. Ick muss janz ehrlich sagen, ick weeß nich', weichet System schlimmer is'. Ick meine, ick sage mal so, ick brauchte nich' in'er Partei zu sein, um mich über irgendwen zu beschweren, und ick hab' Recht jekriegt. Heutzutage, ja Meinungsfreiheit, natürlich kannst allet sagen, aber da hängt denn dein Arbeitsplatz dran, mit der Begründung, da stehn denn doch die, diese oder jene draußen. Oder andersrum, det nimmt sich allet nischt. Und wer dann korrupter is', ick sage, na jut. Bei uns war mehr verboten, also war mehr korrupt. Aber, das meiste wird doch hier legalisiert, sag' ick mal. Die Kleenen werden jefangen, die Großen lässt man loofen, und det is' jenau die gleiche Tretmühle. Bloß, det Kind hat 'n andern Namen.“
Resümee: Pamela wuchs in der DDR auf, hat den Systemwechsel 1989/90 bewusst miterlebt und ist von den Folgen der Vereinigung tief enttäuscht und verunsichert. Die Erwartungen an die neue Gesellschaft sind nicht erfüllt worden – in materieller ebenso wie in psychosozialer Hinsicht. Die Enttäuschung äußert sich insbesondere in der vehementen Ablehnung der neuen Umweltstrukturen und einer teilweise emphatischen Beschwörung der alten DDR-Identität. [...] Aus ihrer Enttäuschung erwächst auch eine fatalistische Grundhaltung, die ... ihren Ausdruck in einem dichotomischen Gesellschaftsbild findet.
(Interview durchgeführt August 1993)

Rainer Zoll (Hg.): Ostdeutsche Biografien. Frankfurt a. M. 1999, S. 261, 265, 267

Die Arbeitsschritte im Überblick:

- **Im Vorfeld: Allgemeine Recherchen des Interviewers zur Lebenswelt der Zeitzeugen;**
- **eine Vorab-Verständigung zwischen dem Interviewer und dem Zeitzeugen über den Gegenstand und die Methode der Befragung;**
- **die Gesprächsdurchführung, die entweder mehr zu einem freien Erzählen oder einem strengen Frage-Antwort-Dialog tendiert;**
- **die Auswertung der verschriftlichten Erzähl- oder Gesprächstexte, die die Plausibilität des Vorgetragenen prüft und insbesondere die subjektive Perspektive der Wahrnehmung zu erfassen sucht;**
- **der Versuch, die Aussagen des Zeitzeugen mit dem fachlichen Kenntnisstand abzugleichen.**

Zeitzeugenbefragung im Stadtarchiv Nürnberg durch Schüler des Hans-Sachs-Gymnasiums, Sommer 2005

Erwin, geboren 1933, 1950 Mitglied der Kasernierten Volkspolizei, 1955 Eintritt in die SED, 1959 Arbeiter in einem staatlichen Forstbetrieb, 1991 Vorruhestand:
Ich will nich' gegen den Westen hetzen. Das ist Quatsch. Aber – wenn denn einer hierher kommt und dann so auftritt und so tut, Mensch, ihr seid ja selbst an allem schuld, äh ihr, ihr – warum habt ihr nich' mehr gearbeitet oder ihr – oder ihr habt schlecht gearbeitet und sonst dergleich was, oder wenn von uns welche nach'm Westen rübergegangen sind und ham dort Arbeit gesucht, dass sie dort äh – und da kenn' ich einige, die auch bei uns mal tätig waren, die jungen Menschen, die dort – ja, wollen wir ruhig so sagen, noch schlechter behandelt werden wie Ausländer. […]
Für mich is' freie Marktwirtschaft eine kapitalistische Wirtschaft, und das hab' ich unsern Kollegen – und da mußt' ich auch ganz schön böse Wörter einstecken, äh wenn ich gesagt hab', Leute, sag' ich, überlegt euch gut, was ihr wollt. Und es ist nicht nur das alles, was ihr im Westen in den Schaufenstern seht, alles glänzt, sag' ich, ihr werd' eure blauen Wunder erleben. Es kommt die Arbeitslosigkeit, sag', es kommt in sozialer Hinsicht einiges auch auf uns zu. […]
Ja, und heute, ja – stehen die Kollegen da, mit denen ich damals – die damals so diskutiert haben, ja, die sich mit'm Mal danach sehnen, ja hätten wir ma' bloß. Ich sag', das ist zu spät, sag' ich. Ihr habt diese Ordnung euch ausgesucht und ausgewählt, sag' ich, jetzt müsst ihr damit fertig werden.
(Interview durchgeführt Januar 1993)

R. Zoll (Hg.): Ostdeutsche Biografien. Frankfurt a. M. 1999, S. 69, 73, 74

Interpretieren Sie, nach dem vorliegenden Muster, die Aussage von „Erwin". Kennzeichnen Sie dabei insbesondere die politische Grundeinstellung des Zeugen. Für wie typisch oder untypisch halten Sie seine Ansichten?

3. Probleme der „inneren Einheit"

Vom Jubel zum Verdruss Am 3. Oktober 1990 war der „äußere" Vereinigungsprozess erfolgreich abgeschlossen. Ihm musste die „innere" Vereinigung folgen und diese erwies sich als viel schwieriger, als die meisten angenommen hatten. Die anfängliche Hochstimmung verflüchtigte sich bald und in Ost- wie Westdeutschland breiteten sich Enttäuschung und Verdruss aus. Viele Menschen, vor allem in den neuen Bundesländern, hatten sich der Illusion einer sofortigen Angleichung an die westlichen Lebensverhältnisse hingegeben. Nahezu alle hatten das Ausmaß des wirtschaftlichen Verfalls im Osten unterschätzt. Die Umstellung auf das marktwirtschaftliche Wettbewerbssystem stürzte viele ostdeutsche Betriebe in den Ruin und ihre Beschäftigten in die Arbeitslosigkeit. Die Deutschen in Ost und West mussten die leidige Erfahrung machen, dass sie sich in den 40 Jahren der staatlichen Teilung weit auseinander gelebt hatten. Nicht nur die politischen, gesellschaftlichen, wirtschaftlichen, kulturellen Zustände klafften auseinander, auch die Erfahrungen, Gefühle, Denk- und Verhaltensweisen der Menschen ließen sich nicht mehr ohne Weiteres auf einen Nenner bringen.

Ostdeutsche Selbstzweifel Der Zusammenbruch der DDR machte, so schien es vielen, die Westdeutschen zu den Siegern, die Ostdeutschen zu den Verlierern der Geschichte. Nicht wenige DDR-Bürger litten nach der „Wende" unter dem Empfinden, in einem „falschen" System gelebt und vieles versäumt zu haben. Das nagte am Selbstbewusstsein und verursachte erhebliche Zweifel an der eigenen Biografie. Jetzt mussten sie sich in einer neuen Welt zurechtfinden und in einer Konkurrenz bestehen, in der die Westdeutschen fast alle Vorteile auf ihrer Seite hatten. Die Ostdeutschen hatten nicht nur die Hauptlast der deutschen Teilung zu tragen gehabt, sondern mussten nun auch im Vereinigungsprozess das weitaus schwerere Los auf sich nehmen.

Westdeutsches Unbehagen Die Westdeutschen erlebten die Vereinigung zunehmend als drückende finanzielle Belastung. Weil ihnen anfänglich etwas anderes in Aussicht gestellt worden war, fiel es vielen schwer, die unerlässlichen Opfer zu bringen. Auch machte sich die Einstellung breit, die Ostdeutschen seien an der Misere ihres Staates durchaus mitschuldig gewesen, weil sie es an Anstrengungsbereitschaft und Zivilcourage hätten fehlen lassen; zudem zeigten die Ostdeutschen, so meinte mancher im Westen, zu wenig Dankbarkeit für die westlichen Hilfeleistungen und gefielen sich in Selbstmitleid, statt die Ärmel hochzukrempeln.

Abrechnung mit der SED-Diktatur Die Aufdeckung und Bestrafung der vom SED-Regime verübten Unrechts- und Gewalttaten beschäftigte die Deutschen, vor allem im Osten, in starkem Maße. Den meisten wurde erst jetzt der ganze Umfang der Bespitzelung, Verfolgung und Strafpraxis deutlich, mit dem die DDR-Machthaber jegliche Art von Abweichung unterdrückt hatten. Aber die Entlarvung und Bestrafung der dafür Verantwortlichen erwies sich als schwierig. Der zum Untergang verurteilte Machtapparat hatte in letzter Minute viele Spuren seiner Herrschaft zu verwischen verstanden: Die Regierung Modrow gab allen Betroffenen die Möglichkeit, belastende Eintragungen in ihren Personalakten zu tilgen; Stasi-Mitarbeiter tauchten in anderen Dienststellen unter.
Umstritten war, nach welchem Recht die Vergehen zu ahnden waren. Die DDR-Gesetze rechtfertigten manches, was in der Bundesrepublik strafbar war. Die Grenzsoldaten, die auf Flüchtlinge schossen, handelten auf Befehl; DDR-Richter wandten DDR-Recht an; DDR-Spione in der Bundesrepublik arbeiteten für ihren Staat und sahen in der Bundesrepublik den politischen Feind.
Die Gerichte berücksichtigten dies und legten in ihren Urteilen stets das zur Tatzeit in der DDR geltende Recht zugrunde. Soweit Grenzsoldaten angeklagt waren, die Flüchtlinge erschossen hatten, zogen die Richter aber auch internationale Vereinbarungen wie die UN-Menschenrechtscharta hinzu, die auch die DDR-Regierung unterschrieben hatte;

insofern galt auch in der DDR das „Gebot der größtmöglichen Schonung menschlichen Lebens“. Aus diesem Grunde wurden alle „Todesschützen“ verurteilt, aber nur zu Haftstrafen bis zu zwei Jahren, die (mit einer Ausnahme) allesamt zur Bewährung ausgesetzt wurden. Strafmildernd stellten die Richter in Rechnung, dass die seinerzeit übliche, ständige politische Indoktrination die jungen Menschen in ihrem moralischen Empfinden beeinträchtigt hätte. Die Hauptverantwortlichen – wie Honecker oder Stoph – entgingen wegen Krankheit oder hohen Alters einer Verurteilung. Nur Egon Krenz, Günther Kleiber und Günter Schabowski erhielten Haftstrafen zwischen sechseinhalb und drei Jahren, die sie aber nicht voll verbüßen mussten.
Insgesamt verlief die strafrechtliche Abrechnung mit dem SED-Regime milde. Von den vielen Tausend Ermittlungsverfahren der Staatsanwaltschaft blieben am Ende nur 600 Anklagen übrig. Sie führten zu 335 Verurteilungen, von denen 213 zur Bewährung ausgesetzt wurden.

Stasi-IM Ein besonders verwickeltes Problem war der Umgang mit den „Inoffiziellen Mitarbeitern“ (IM) des Ministeriums für Staatssicherheit. Die erhalten gebliebenen umfangreichen Aktenbestände des Ministeriums für Staatssicherheit (MfS) ermöglichten die Entlarvung vieler IM, die dann in aller Regel, soweit sie im Öffentlichen Dienst standen, mit ihrer Entlassung büßen mussten. Aufsehen erregte der Fall des 1990 zum brandenburgischen Ministerpräsidenten gewählten Manfred Stolpe, der als Jurist im Kirchendienst enge Kontakte zu der Stasi unterhalten hatte, teils mit Wissen und Billigung der Kirchenleitung, teils auf eigene Faust. Stolpe rechtfertigte seine Tätigkeit mit den vielerlei Vorteilen, die er dank dieser Verbindung für die Kirche und viele einzelne Menschen herausgeschlagen habe. Sein Fall zeigte, auf welch schmalem Grat jeder wandelte, der sich mit den SED-Mächtigen einließ, um Schlimmeres zu verhüten. Die Stasi-Unterlagen brachten die Allgegenwärtigkeit eines krakenhaften Kontrollapparates ans Licht, aber auch die Verstrickung vieler Menschen, von denen dies bis zu ihrer Entlarvung niemand vermutet hatte. Enttäuschung, Misstrauen, Rachewünsche belasteten seitdem private und öffentliche Beziehungen.
Insgesamt ging man gegen Träger und Nutznießer der SED-Herrschaft mit Strenge vor. Wer im SED-System Leitungspositionen bekleidet hatte, galt als politisch untragbar und verlor sein Amt. Das traf vor allem auf Hochschulen, die Justiz und das Militär zu. Nur jeder dritte Richter wurde übernommen, jeder fünfte Soldat, jeder vierte Professor. Vielfach rückten Westdeutsche in die frei gewordenen Stellen ein. Das schuf Ressentiments und Verbitterung.

Talfahrt der Wirtschaft Schlimme Einbrüche erlebten die Industrie und der Handel Ostdeutschlands. Dem Wettbewerb mit den westdeutschen Anbietern waren sie nicht gewachsen und die Absatzmärkte in Osteuropa fielen über Nacht fast vollständig aus. In den ersten drei Jahren nach der Vereinigung schrumpfte die ostdeutsche Industrieproduktion auf ein Drittel ihres früheren Volumens. Ein verhängnisvoller Kreislauf setzte ein. Millionen Menschen verloren binnen Kurzem ihren Arbeitsplatz oder mussten sich mit Kurzarbeit begnügen. Weil dadurch die Steuer- und Kaufkraft der Region sank, schwanden die Mittel und Anreize für Neuinvestitionen. Eine Deindustrialisierung griff um sich.

„Aufbau Ost“ Die Regierung setzte auf zwei Gegenstrategien: schnelle Privatisierung und West-Ost-Finanztransfers. Die Treuhand-Gesellschaft erhielt die Aufgabe, die überlebensfähigen DDR-Betriebe an Privatunternehmen zu verkaufen, die bankrotten aufzulösen und die vorerst unverkäuflichen, aber hinreichend leistungsfähigen am Leben zu erhalten. Bis 1994 machte die Treuhand zulasten der Bundeskasse Schulden in Höhe von 256 Milliarden DM; dem standen Verkaufserlöse von gerade einmal 67 Milliarden gegenüber. Damit sich überhaupt Käufer fanden, wurde ein Großteil der Betriebe unter Wert verkauft. Viele Käufer zogen aus diesen Geschäften erhebliche Vorteile, hielten aber ihre Investitionszusagen häufig nicht ein. So sah sich die Treuhand mancher Kritik ausgesetzt.

Es stellte sich die Frage, ob der Zusammenbruch vieler ostdeutscher Betriebe nicht zu verhindern gewesen wäre, wenn man sich mit der Privatisierung mehr Zeit gelassen und für eine Übergangsphase einen Teil der Staatsbetriebe fortgeführt hätte.
Gegen den manchmal geäußerten Verdacht einer Bereicherung der West- auf Kosten der Ostdeutschen sprachen freilich die 150 bis 200 Milliarden DM, die seit der Vereinigung jährlich als öffentliche Aufbauhilfe in die neuen Bundesländer flossen und die bis 2007 die enorme Summe von 1,4 Billionen Euro erreichten. Sie dienten sowohl den wirtschaftlichen Investitionen, vor allem für die Verbesserung der Infrastruktur (Verkehrsnetz, Energieversorgung, öffentliche Einrichtungen, Umweltschutz), als auch der sozialen Sicherung der Bevölkerung. Neben Arbeitsbeschaffungs- und Umschulungsmaßnahmen waren es vor allem die Erhöhungen der Renten und der Arbeitslosenunterstützung, die erhebliche Mittel verschlangen und von den westdeutschen Steuer- und Sozialversicherungszahlern mitfinanziert wurden. Obwohl die ostdeutschen Löhne noch lange deutlich unter den westdeutschen lagen (2002 betrug der Rückstand noch immer 16,5%), erreichte das durchschnittliche Realeinkommen ostdeutscher Haushalte ein entschieden höheres Niveau als zu DDR-Zeiten.

Eigentumsstreitigkeiten Ein großes Ärgernis waren die umstrittenen Eigentumsverhältnisse. Die im Einigungsvertrag besiegelte, vom Bundesverfassungsgericht gebilligte Unwiderruflichkeit der zwischen 1945 und 1949 in der SBZ vorgenommenen Enteignungen stieß auf den Protest der Betroffenen. Der Gesetzgeber ließ sich bis 2004 Zeit, ehe er bescheidene, aus Steuermitteln finanzierte Entschädigungen gewährte. Für die nach 1949 erfolgten Enteignungen in der DDR sollte der Grundsatz „Rückgabe vor Entschädigung" gelten, sofern nicht allgemein wirtschaftliche oder öffentliche Interessen entgegenstanden. Dies löste bei vielen Ostdeutschen Sorge und Ärger aus: Wohnungseigentümer, Mieter und andere Nutznießer solcher Liegenschaften fürchteten für ihre Zukunft und mancher sah sein in DDR-Zeiten geformtes Bild vom raffgierigen westdeutschen Kapitalisten bestätigt.

„Die neue Mauer", Karikatur von W. Hanel, „Der Spiegel" 1992

Q 119 West- und Ostdeutsche im Vergleich

a) *Arbeitsproduktivität im Verarbeitenden Gewerbe Ost (in v. H. des westdeutschen Niveaus):*

1996	2000	2003
63,8	72	77

b) *Netto-Arbeitnehmerverdienste Ost (in v. H. des Westniveaus)*

1991	1994	1997	2001
57	77	80	83

c) *Arbeitslosenquoten (in v. H.):*

	1993	1996	1999	2002	2005	8/2007
West	8,2	10,0	8,8	7,9	11,0	7,3
Ost	15,8	16,7	17,6	18,0	20,6	14,7

d) *Umfrage 2007: Last der Einheit*
Welchen Aussagen stimmen Sie zu? (in v. H. der Antworten)

Die Westdeutschen bemühen sich insgesamt zu wenig um Verständnis für die Ostdeutschen		
Wohnsitz	14- bis 24-jährige	35- bis 50-jährige
West	35	55
Ost	62	61

Es ist schon schlimm, dass nichts von dem geblieben ist, worauf man in der DDR stolz sein konnte.		
Wohnsitz	14- bis 24-jährige	35- bis 50-jährige
West	40	43
Ost	60	61

Der Sozialismus ist eine gute Idee, die bislang nur schlecht umgesetzt wurde.		
Wohnsitz	14- bis 24-jährige	35- bis 50-jährige
West	36	44
Ost	47	73

e) *Umfrage 2007: Stärken West – Stärken Ost (in v. H. der Antworten)*

Stärken West	14- bis 24-jährige		35- bis 50-jährige	
	West	Ost	West	Ost
Persönliche Freiheit	83	83	85	85
Lebensstandard	72	66	68	74
Wirtschaft	71	62	82	75

Stärken Ost	14- bis 24-jährige		35- bis 50-jährige	
	West	Ost	West	Ost
Soziale Absicherung	26	47	48	92
Schulsystem	29	57	46	79
Schutz vor Kriminalität	31	57	54	78

Fischer-Weltalmanach, 1999–2008; R. Geißler: Die Sozialstruktur Deutschlands. VS-Verlag 2006[4], S. 76. „Der Spiegel" 45 (2007), S. 74, 78

a) Wo klaffen west- und ostdeutsche Daten besonders stark auseinander? Versuchen Sie Erklärungen dafür.

b) Erläutern Sie die Unterschiede in den Antworten junger und im mittleren Lebensalter stehender Menschen.

Q 120 Aufarbeitung der DDR-Vergangenheit

a) *Aus der Bundestagsdebatte vom 12. März 1992:*

Willy Brandt (SPD): Mein besonderer Respekt [...] galt und gilt jenen Personen und Gruppen, die den Mut zur friedlichen, gleichwohl gefahrvollen Opposition aufbrachten. Dies kann freilich nicht das Verständnis für die vielen mindern, die aus ihren Nischen das Bestmögliche für sich und ihre Familien zu machen versuchten. Wir sollten uns miteinander hüten, den Stab über Landsleute zu brechen, die in die Maschen des Unrechtsregimes verstrickt wurden und es nun nicht immer ganz leicht haben, Vergangenes auf anständige Weise hinter sich zu bringen.

Gerd Poppe (Bündnis 90/Grüne): Nun ist festzustellen, dass sich durchaus eine Mehrheit in diesem Gefüge von Anpassung und Disziplinierung einrichtete. Wer will heute darüber richten? Zweifellos gelten in einer Diktatur andere Verhaltensnormen als in einer Demokratie. Aber gerade weil das so ist, wundere ich mich in diesen Tagen darüber, in welcher Weise Menschen in den alten Bundesländern über eigenes Anpassungsverhalten in Extremsituationen spekulieren und wie sie daraus mitunter mehr Verständnis für die kleinen und mittleren Täter ableiten als für die Opfer. Ich finde, das ist ein fragwürdiges Gedankenexperiment. Nicht die Selbstzweifel an der eigenen Widerstandsfähigkeit werden die Westdeutschen dazu bringen, die Ostdeutschen besser zu verstehen, sondern ganz im Gegenteil. Das eigentliche Phänomen, das letztlich auch den Herbst 1989 ermöglichte, ist die Widerstandsfähigkeit der Ostdeutschen trotz insgesamt 58 Jahren Diktatur, auch wenn sie vorwiegend nur in Form des privaten Rückzugs oder einer mühsam verschleierten Verweigerung bestand.

Heinz Eggert (CDU): Es ist kaum noch zu ertragen, wenn die sozialistischen Betriebsleiter von gestern auf einmal die marktwirtschaftlichen Geschäftsführer von heute sind, die den gleichen Personenkreis, den sie früher politisch bedrückten, jetzt wirtschaftlich erpressen und auf die Straße setzen. Es ist unerträglich, dass hauptamtliche Staatssicherheitsoffiziere, die auch weiterhin ihre frühere Desinformationspolitik betreiben […], als Kronzeugen gehört werden, ohne selbst strafrechtlich zur Verantwortung gezogen zu werden. […] Unerträglich ist es auch, dass frühere SED-Funktionäre, die wir im Osten Deutschlands aus dem öffentlichen Dienst entfernen, im Westen Deutschlands in den öffentlichen Dienst eingestellt und zu 100% bezahlt werden. Ich sage es ganz deutlich: Die Experten der DDR in den Bereichen Verwaltung und Ökonomie waren Experten für die DDR und sie sind keine Experten für die Bundesrepublik. Sie könnten es nur neu lernen.

Uwe Jens Heuer (PDS/Linke Liste) Die große Lüge der SED-Machthaber, dass das politische System auf einem tiefen, unerschütterlichen Vertrauensverhältnis zwischen der Partei, der Arbeiterklasse und dem Volk beruhe, wird ersetzt durch die ebenso große Lüge von der DDR-Geschichte als Horrorgeschichte von Repressionsakten und -mechanismen. […] Bewusst negiert wird, dass die DDR Vorbildliches auf den Gebieten der Sozialpolitik, der Kultur-, Wohnungs- und Bildungspolitik geleistet hat, dass es bei einer „halbierten deutschen Geschichte“ (Richard von Weizsäcker) bleibt, wenn wir dies unbeachtet lassen. Diese differenzierte und widersprüchliche Gesellschaft in der DDR wird reduziert auf eine Opfer-Täter-Struktur. Die wichtigste und gefährlichste Konsequenz dessen ist, dass, wer nicht Täter sein will, sich als Opfer darstellen muss und so Wendehälse, Heuchler und Karrieristen produziert werden. Zweitens wenden wir uns gegen das vor allem für die CDU/CSU charakteristische Bemühen, in das Zentrum der Aufarbeitung der DDR-Geschichte die Formel vom Unrechtsregime DDR zu platzieren, um von da aus den großen repressiven Rachefeldzug gegen alle, die sich mit der DDR verbunden fühlten, und mitunter sogar gegen alle, die in der DDR nicht aus politischen Gründen im Gefängnis saßen, zu rechtfertigen. […] Die DDR war ein völkerrechtlich souveräner Staat mit einem eigenen Rechtssystem.

„Das Parlament“ vom 20. März 1992

b) *Der ehemalige DDR-Bürgerrechtler Richard Schröder (2004):*

Erinnerung vergoldet. Das muss nicht unbedingt kritisiert werden. Es ist ein Gebot der Lebensklugheit, sich der angenehmen Stunden seines Lebens intensiver zu erinnern als der unangenehmen und schmerzlichen. Und natürlich gab es auch in der DDR „richtiges Leben“, Liebe und Trauer, Sorgen und Freuden, Freundschaft und Feindschaft, Erfolge und Niederlagen. Wer diese Elemente des richtigen Lebens unter verkehrten politischen Verhältnissen nicht anerkennen will, der hat entweder nicht in der DDR gelebt oder er ist ein Fanatiker.
Bedenklich wird es erst, wenn die erfreulichen Erinnerungen dazu missbraucht werden, auch die politischen und gesellschaftlichen Verhältnisse nachträglich zu vergolden. Und gefährlich wird es, wenn der Freiheitsgewinn verachtet wird, den uns das Ende der Diktatur gebracht hat. Man hört derzeit im Osten oft: Das und das „ist ja schlimmer als in der DDR“. Was so kritisiert wird, ist zumeist auch kritikwürdig, hat aber nie diese Kritik verdient. Sie kann auch nicht ganz ehrlich gemeint sein, denn im Ernst wünscht sich niemand, der sie erlebt hat, die DDR-Verhältnisse zurück, nicht einmal die PDS. Da braucht man sich nämlich nur genau zu erinnern, wie es wirklich war: zwar niedrige Mieten, aber verfallende Häuser, zwar sichere Arbeitsplätze, aber eine ineffektive Wirtschaft, zwar keine Rauschgiftprobleme, aber eine abgeriegelte Grenze und so weiter.

„Frankfurter Allgemeine Zeitung“ vom 31. August 2004, S. 6

a) An welchen Fragen scheiden sich die Geister?

b) Erörtern Sie die Grundsätze, von denen die Auseinandersetzung mit der DDR-Vergangenheit ausgehen sollte.

c) Was heißt „richtiges Leben unter verkehrten politischen Verhältnissen“?

4. Die „Berliner Republik"

Schlechte Wirtschaftslage Die ersten 15 Jahre nach der Wiedervereinigung standen unter keinem glücklichen Stern. Die „blühenden Landschaften" im Osten, die Helmut Kohl während der „Wende" versprochen hatte, waren vorerst nicht zu sehen. Die Animositäten zwischen Ost- und Westdeutschen nahmen zu; das innerdeutsche Klima verschlechterte sich zusehends.
Gegen die steigende Arbeitslosigkeit fand die Politik kein Rezept: sei es, weil sie auf die weltwirtschaftlichen Kräfteverhältnisse keinen Einfluss hatte oder weil sie sich vor schmerzlichen Einschnitten in das soziale Netz (das als Markenzeichen der geglückten deutschen Demokratie galt) scheute. So kam es zu einem vielbeklagten „Reformstau".
Die bis 1998 amtierenden bürgerlichen Regierungen unter Helmut Kohl setzten auf eine „neoliberale" Wirtschafts- und Sozialpolitik, die die Marktkräfte und den Wettbewerb stärken sowie den Staat „verschlanken" wollten, indem sie bürokratische Vorschriften abbauten (Deregulierung) und viele bisher von der öffentlichen Hand wahrgenommene Aufgaben privaten Unternehmen überließen (Privatisierung). Einige zaghafte Versuche, mit „Sparpaketen" die öffentlichen Kassen zu entlasten, indem man einige Sozialleistungen beschnitt, trafen auf den Widerstand der SPD und der Gewerkschaften. Als die Regierungsmehrheit im Bundestag 1996 gleichwohl eine mäßige Kürzung der Arbeitslosenhilfe und Lohnfortzahlung im Krankheitsfall sowie eine Lockerung des Kündigungsschutzes beschloss, brachte der DGB 350 000 Menschen zu einer Protestdemonstration auf die Beine.

Die alternde Gesellschaft Ein Versäumnis aller Parteien war, dass sie erst spät und zögernd auf die demografische Zeitbombe der alternden Gesellschaft reagierten. 1996 trat das Gesetz zur Pflegeversicherung in Kraft, das eine allgemeine Beitragspflicht festlegte. Da der Beitragssatz vergleichsweise niedrig bemessen wurde, war absehbar, dass die ständig steigenden Kosten für die Pflegebedürftigen damit nicht abzudecken waren. Der Einbau eines „demografischen Faktors", der den Anstieg der Altersrenten bremsen sollte, wurde von der rot-grünen Regierung sogar rückgängig gemacht, alsbald aber doch – wenn auch unter anderem Namen – wieder eingeführt.

Regierungswechsel Der rot-grüne Wahlsieg 1998 war nicht zuletzt ein Votum gegen die am Ende ziemlich ratlose Regierung Kohl. Aber auch die Regierung Schröder fand lange kein Mittel gegen Wirtschaftsflaute, Arbeitslosigkeit und Staatsverschuldung. Eine Senkung der Einkommen- und Unternehmenssteuern blieb ohne Wirkung, zumal die drastische Erhöhung der Ökosteuer auf Kraftstoffe die Konsumenten fühlbar belastete. Die von den Grünen durchgesetzte Vereinbarung mit den Betreibern deutscher Kernkraftwerke sah eine sukzessive Abschaltung vor, sodass nach spätestens 32 Jahren kein Atomstrom mehr produziert werden sollte. Das war eine Entscheidung, die angesichts der hohen Preise für Erdöl, Erdgas und Kohle sowie der von fossilen Brennstoffen verursachten Umweltbelastung bis heute höchst umstritten blieb.
Erst nach seiner Wiederwahl 2002 hatte Bundeskanzler Gerhard Schröder den Mut, die festgefahrene Arbeitsmarktpolitik mit einem rigiden Reformprogramm neu zu beleben. Die im März 2003 verkündete „Agenda 2010" verlangte den Arbeitnehmern, die traditionell das Gros der SPD-Wähler bildeten, erhebliche Einschränkungen der Sozialleistungen bei Arbeitslosigkeit ab. Damit riskierte der SPD-Kanzler einen Konflikt in seiner eigenen Partei. Als mehrere Landtagswahlen Rückschläge für die SPD und Erfolge für die Union zeitigten und im Frühjahr 2005 sogar in der sozialdemokratischen Hochburg Nordrhein-Westfalen eine CDU-FDP-Regierung ins Amt kam, trat Schröder die Flucht nach vorn an und setzte Neuwahlen durch. Wider Erwarten fiel die allgemein erwartete Wahlniederlage der SPD nur hauchdünn aus. So kam es am Ende zur Bildung einer Großen Koalition – mit der CDU-Bundeskanzlerin Angela Merkel, aber einer Parität beider Parteien bei der Besetzung der Ministerämter. Diese Regierung verschrieb sich einer Politik der strikten

Bundeskanzlerin Angela Merkel war schon zu DDR-Zeiten politisch aktiv. So war sie die Stellvertretende Sprecherin der letzten DDR-Regierung unter Lothar de Maizière. Auf der Aufnahme aus dem Januar 1990 von links nach rechts: Angela Merkel, Thilo Steinbach und Lothar de Maiziere.

Haushaltssanierung, erhöhte die Mehrwertsteuer von 16 auf 19 % und hielt an der Einschränkung der Sozialausgaben fest. Als 2006 ein kräftiger wirtschaftlicher Aufschwung einsetzte, verbuchte die Regierung dies als einen Erfolg ihrer konsequenten Sparpolitik. Die vielen Misserfolge bei der Bekämpfung der Arbeitslosigkeit, aber auch das weitverbreitete Unbehagen im Verhältnis zwischen den Ost- und den Westdeutschen ramponierten das Ansehen der Politiker und insbesondere der politischen Parteien. Die Politikverdrossenheit vieler Bundesbürger wurde zu einem ernsten Problem. Dennoch konnten die Rechtsradikalen, die hier eine Chance witterten, daraus kein Kapital schlagen. Ausländerfeindliche Parolen und Ausschreitungen stießen stets auf den Protest der großen Mehrheit, und einzelne Wahlerfolge der Rechtsparteien, etwa in Sachsen, blieben ohne jede Resonanz.

Dagegen vermochte sich die PDS im Kreis der regierungsfähigen Parteien zu etablieren. In den östlichen Bundesländern wurde sie die zweitstärkste politische Kraft; in Berlin und Mecklenburg-Vorpommern übernahm sie zeitweilig Regierungsverantwortung als Juniorpartner der SPD. Sie profitierte dabei von ihrem Image, wirkungsvollster Sachwalter der ostdeutschen Interessen zu sein. Die Partei strebt auf lange Sicht eine sozialistische Staats-, Wirtschafts- und Gesellschaftsordnung an, betonte aber stets ihre Loyalität zum Grundgesetz. Um ihre bislang schwache Präsenz in Westdeutschland zu stärken, schloss sie sich 2007 mit der links-sozialdemokratischen „Wahlinitiative Arbeit und soziale Gerechtigkeit" zu der neuen Partei „Die Linke" zusammen. Unter der Führung von Gregor Gysi und Oskar Lafontaine trat sie für eine Rückkehr zu einer großzügigen Sozialpolitik ein und ließ ihren Willen erkennen, zu einer ernsthaften Konkurrenz der SPD zu werden.

Q 121 Zwei Kanzler, eine Kanzlerin und drei Regierungserklärungen

a) *Helmut Kohl (1994)*

Alle diese Beispiele machen deutlich, dass der Einzelne und die Gemeinschaft der Bürger stärkere Mitverantwortung und Initiative für das eigene und damit für das Wohl Aller übernehmen müssen. Das geht aber nur, wenn der Staat dafür Freiräume schafft und sich auf seine eigentlichen Aufgaben konzentriert. Wir wollen weniger Staat. [...] Wir wissen, dass die Familie der Ort ist, wo über unsere Zukunft entschieden wird. Wir wissen, dass die überschaubaren Lebenskreise das menschliche Gesicht unseres Landes prägen. Deshalb kann es beispielsweise nicht darum gehen, die Familie an die Arbeitswelt anzupassen, sondern muss es darum gehen, die Arbeitswelt an die Familie anzupassen. [...]
Der Staat ist für den Bürger da. Er hat die Rechte der Bürger zu schützen. Er darf ihre Kräfte aber nicht durch ein Übermaß an Reglementierungen und Bürokratie fesseln. Wir sind in der Tat dabei, uns auf allen Ebenen – im Bund, aber auch in den Ländern und Gemeinden – in einem immer dichter werdenden Gestrüpp von bürokratischen Regelungen zu verfangen. [...]
Mit unserer Politik der Privatisierung und Überführung von Aufgaben in privatrechtliche Organisationsformen werden wir unbeirrt fortfahren. Die Zukunft Deutschlands kommt nicht aus dem Füllhorn staatlicher Wohltaten. Zukunftsgestaltung beginnt in den Köpfen der Menschen und nicht in der Kasse des Staates.

b) *Gerhard Schröder (1998)*

Die finanzielle Erblast, die uns hinterlassen worden ist, zwingt uns zu einem entschlossenen Konsolidierungskurs. Wir werden angesichts dessen, was wir vorgefunden haben, um strukturelle Eingriffe nicht herumkommen. Alle Ausgaben des Bundes müssen auf den Prüfstand. Der Staat muss zielgenauer und vor allem wirtschaftlicher handeln. Der Missbrauch staatlicher Leistungen muss eingedämmt werden. Subventionen und soziale Leistungen werden wir stärker als bisher auf die wirklich Bedürftigen konzentrieren.
Dieser Regierungswechsel ist auch ein Generationswechsel im Leben unserer Nation. [...] Schon ein Blick auf die Regierungsbank zeigt, was die große Mehrheit unter uns politisch geprägt hat. Es sind die Biografien gelebter Demokratie. Wir haben den kulturellen Aufbruch aus der Zeit der Restauration miterlebt und mitgemacht. Viele von uns waren in den Bürgerbewegungen der 70er- und 80er-Jahre engagiert. Die ehemaligen Bürgerrechtsgruppen aus der DDR, die gemeinsam mit den ostdeutschen Sozialdemokraten die friedliche Revolution mitgestaltet haben, sind an dieser Regierung beteiligt. Diese Generation steht in der Tradition von Bürgersinn und Zivilcourage. Sie ist aufgewachsen im Aufbegehren gegen autoritäre Strukturen und im Ausprobieren neuer gesellschaftlicher und politischer Modelle. Jetzt ist sie – und mit ihr die Nation – aufgerufen, einen neuen Pakt zu schließen, gründlich aufzuräumen mit Stagnation und Sprachlosigkeit, in die die vorherige Regierung unser Land geführt hat. An ihre Stelle setzen wir eine Politik, die die Eigenverantwortlichkeit der Menschen fördert und sie stärkt. Das verstehen wir unter der Politik der Neuen Mitte.

Deutscher Bundestag, Stenografische Berichte. 13/5, S. 38 B ff; 14/3, S. 47 D f.

c) *Angela Merkel (2005)*

Ich habe die neue Koalition eine „Koalition der neuen Möglichkeiten“ genannt. Wir wollen die Voraussetzungen schaffen, dass Deutschland in zehn Jahren wieder zu den ersten drei in Europa gehört. [...] Das Grundgesetz, die soziale Marktwirtschaft, die duale Berufsausbildung, all das waren Ideen, die die Menschen in der gesamten Welt inspirierten. In Deutschland wurde das erste Auto gebaut und der erste Computer, in Deutschland wurde das Aspirin entwickelt. Von diesen Innovationen zehren wir noch heute. Warum soll uns das, was uns früher und was uns zu Beginn dieser Bundesrepublik Deutschland, in den ersten Gründerjahren, gelungen ist, heute, in den zweiten Gründerjahren, nicht wieder gelingen? [...]
Bei allen Aufgaben, die wir vor uns haben, sollten wir nicht vergessen: Frühere Generationen hatten ungleich größere Probleme; denken wir an den Aufbau nach dem Krieg in West und Ost, denken wir an die historische Leistung der Ostdeutschen, friedlich eine Diktatur zu überwinden. Dagegen ist unsere heutige Lage beneidenswert. [...]
Lassen Sie uns die Wachstumsbremsen lösen! Schon die vergangene Regierung hatte Schritte eingeleitet, wodurch die Möglichkeiten, die unser Land hat, besser genutzt werden sollten. Ich möchte Bundeskanzler Schröder ganz persönlich dafür danken, dass er mit seiner Agenda 2010 mutig und entschlossen eine Tür aufgestoßen hat, eine Tür zu Reformen, und dass er die Agenda gegen Widerstände durchgesetzt hat.

Das Parlament 49/50 (2005), S. 19

a) Erkennen Sie Kontinuitäten und Gemeinsamkeiten in den Erklärungen über 11 Jahre hinweg?

b) Regierungserklärungen am Anfang einer neuen Legislaturperiode wollen Aufbruchstimmung verbreiten. Welche Akzente haben die drei Redner in dieser Hinsicht gesetzt?

Q 122 Opposition von links

a) *Der SPD-Bundestagsabgeordnete Ottmar Schreiner „Gegen die Entsozialdemokratisierung der SPD" (2007):*

Was haben wir in diesen schwierigen Zeiten getan, um unsere Gesellschaft zusammenzuhalten? Wir Sozialdemokraten haben die Steuerbelastung der Besserverdienenden verringert, Sozialleistungen gekürzt, öffentliche Güter privatisiert und die Märkte dereguliert. Alle steuerlichen Maßnahmen zugunsten der Unternehmen zusammengenommen rissen seit 1998 ein Loch von 12 Milliarden Euro im Jahr in den Staatshaushalt. Jetzt wirft ihnen ein sozialdemokratischer Finanzminister noch einmal 6 Milliarden hinterher. Die Senkung des Spitzensteuersatzes bei der Einkommensteuer um mehr als zehn Prozentpunkte hat lediglich die Portemonnaies einkommensstarker Haushalte gefüllt. Die Privatisierung von Lebensrisiken zerstört das Vertrauen in unsere sozialen Sicherungssysteme.

Hartz IV verwandelt die Arbeitslosenversicherung in eine reine Armutsfürsorge. Der Zwang zur Erwerbsarbeit, dessen Begrenzung einst ein zentrales Projekt der Sozialdemokratie war, wurde verschärft – getreu dem wirtschaftsliberalen Motto, sozial sei, was Arbeit schaffe. Die Arbeitsmarktreformen haben die deutschen Gewerkschaften empfindlich geschwächt. Der reale und sozialpsychologische Druck, der von der Zumutbarkeitsregelung ausgeht, schränkt ihre Mobilisierungsfähigkeit ein. Die Angst vor dem sozialen Absturz macht die Belegschaften erpressbar. […]

Für die Finanzierung eines modernen Sozialstaates benötigen wir eine breitere Einnahmebasis. Dafür müssen Gewinn- und Vermögenseinkommen steuerlich stärker herangezogen werden. Die 10 Milliarden Euro, die einflussreiche wirtschaftliche Interessengruppen an Subventionen erhalten, gilt es abzubauen. Die Sozialversicherungssysteme sollten zu einer Bürgerversicherung ausgebaut werden.

„Frankfurter Allgemeine Zeitung" (2007), Nr. 210, S. 11

Protest gegen die Hartz-IV-Reform am 2.10.2004. Demonstranten am Berliner Alexanderplatz mit FDJ-Uniform und Staatsfahne der DDR.

b) *Der Fraktionsvorsitzende der Linkspartei, Oskar Lafontaine, über „Freiheit durch Sozialismus" (2007):*

Die Linke versteht sich als demokratische Erneuerungsbewegung. Die politischen Entscheidungen müssen in Deutschland wieder den Interessen der Mehrheit Rechnung tragen. […] Deshalb fordert die Linke den politischen Streik, den Generalstreik, der in den meisten Staaten Europas Instrument der politischen Auseinandersetzung ist. Unsere Demokratie gerät in Gefahr, wenn, wie bei der Hartz-IV-Bewegung und den Protesten gegen die Rente mit 67 geschehen, große Demonstrationen stattfinden, die nichts bewirken. […]

Auch bei uns hat die Bevölkerung Gründe, sich zur Wehr zu setzen. Seit Jahren erlebt sie den Abbau des Sozialstaates, der ihr Halt und Sicherheit gab. Ein armutsfester Sozialstaat ist aber die Voraussetzung der Freiheit. Wer weiß, dass er, wenn er krank ist, gut versorgt wird, wer keine Angst hat, im Alter hungern zu müssen, und wer im Falle der Arbeitslosigkeit nicht mit einer deutlichen Verschlechterung seiner Lebensbedingungen rechnen muss, kann seine Zukunft planen.

„Frankfurter Allgemeine Zeitung" (2007), Nr. 156, S. 7

a) Erläutern Sie das linke Gegenmodell des Sozialstaates.
b) Entwerfen Sie eine Gegenposition.

4.1 Die Deutschen – eine kinderarme, alternde Gesellschaft

Die „verschlafene" Gefahr für unser Sozialsystem In den späten 1960er-Jahren bahnte sich ein folgenreicher, in seiner Tragweite zunächst sträflich unterschätzter demografischer Wandel an. Die Geburtenziffern gingen dramatisch zurück, und dieser Schwund setzte sich bis heute fort. Man nannte diesen Einschnitt gern den „Pillenknick" und sah seine wesentliche Ursache in den neu entwickelten, hochwirksamen Verhütungsmitteln. Das war nicht falsch, aber doch eine erhebliche Vereinfachung. Viel wichtiger waren veränderte Lebensmuster, die es nicht mehr wie früher als eine Selbstverständlichkeit erscheinen ließen, eine Familie zu gründen und Kinder zu bekommen. Immer mehr Frauen strebten eine gute Ausbildung und einen qualifizierten Beruf an. Er sollte so, wie es für die meisten Männer galt, einen wesentlichen Lebensinhalt und eine Chance zur Selbstverwirklichung darstellen, aber auch Unabhängigkeit und wirtschaftliche Sicherheit gewährleisten. Das war um so wichtiger, als die Scheidungsquoten fortwährend stiegen.
Beruf und Elternschaft zu vereinbaren, war nicht immer leicht. Wer Kinder großzuziehen hatte, musste manche Einschränkungen in Kauf nehmen. Das galt besonders für die berufstätigen Mütter. Wo die Arbeitswelt ihnen nicht half, die Doppellast zu tragen – durch Kinderbetreuungsplätze und Arbeitszeitverkürzungen zugunsten der Haushalts- und Familienarbeit –, waren sie oft überfordert. Erst 2007 packte die Große Koalition das Problem an. Sie beschloss, die Zahl der Krippenplätze mittelfristig auf das Dreifache zu erhöhen und einen Rechtsanspruch auf einen aus öffentlichen Mitteln finanzierten Betreuungsplatz gesetzlich zu verankern.
Auch mit der finanziellen Besserstellung von Familien mit Kindern tat sich die Politik schwer. Zwar gab es seit Langem die Steuerermäßigung des Kinderfreibetrags und auch das „Kindergeld", eine für jedes Kind, unabhängig vom elterlichen Einkommen, gezahlte Pauschale, sowie das „Erziehungsgeld", das nicht erwerbstätige Mütter für eine gewisse Zeit nach der Geburt ihres Kindes erhielten. Aber das reichte nicht hin, um die Besserstellung der Kinderlosen auszugleichen. Es bedurfte erst eines Ultimatums des Bundesverfassungsgerichts, um den Gesetzgeber zu nötigen, diese Schieflage abzubauen. Nunmehr wurden die Erziehungszeiten auf die Bemessung der Rente angerechnet und es wurde ein „Elterngeld" eingeführt, das dem Elternteil zustand, der nach der Geburt des Kindes für ein Jahr aus dem Beruf ausschied.

Die Fakten Wie verlässliche Prognosen ausweisen, dürfte die 2007 in Deutschland lebende Bevölkerung von rund 82 Millionen – eine gleichbleibende Kinderzahl von 1,3 vorausgesetzt – im Jahr 2050 auf etwa 50 Millionen zusammengeschrumpft sein; diese Zahl würde sich bei einer jährlichen Zuwanderung von 250 000 auf ca. 66 Millionen erhöhen.
Ob eine sinkende Bevölkerungszahl besorgniserregend wäre, ist umstritten. Blieben die Relationen zwischen Jungen und Alten, Erwerbstätigen und Nichtarbeitenden ungefähr gleich, müsste der Lebens- und Sozialstandard keineswegs leiden. Aber genau daran hapert es. Die gesunkenen Geburtenraten wären weniger fatal gewesen, wenn nicht zeitgleich die durchschnittliche Lebenserwartung unverhältnismäßig zugenommen hätte. Sie wuchs im 20. Jahrhundert um volle 30 Lebensjahre. Das verschob die Proportionen zwischen den Altersstufen. 1970, als der Geburtenrückgang gerade erst einzusetzen begann, waren 31 % der Bevölkerung unter 20 Jahre alt (also noch nicht erwerbsfähig), 50 % zwischen 20 und 60 (also im besten Erwerbsalter) und 19 % über 60 (also überwiegend nicht mehr erwerbstätig). 2010 werden die Verhältniszahlen 17 : 55 : 28 lauten und damit gerade noch verkraftbar sein. Für 2030 rechnet man mit Werten von 16 : 47 : 38, für 2050 mit 14 : 45 : 41. Die Last der jeweils mittleren Generation lässt sich aber nur schultern, wenn entweder das Rentenniveau sinkt oder wenn die Betroffenen schon im Erwerbsalter einen Teil ihres Einkommens für eine private Lebensversicherung abzweigen; dafür zahlte der Staat seit 2004 einen kleinen Zuschuss („Riester-Rente"), und 2006 trat ein Gesetz in Kraft, das die langsame Heraufsetzung des Renteneintrittsalters auf 67 vorsah.

Q 123 Das Verhältnis der Generationen

a) *Der Soziologe Franz-Xaver Kaufmann über den Konflikt zwischen Kinderlosen und Menschen mit Elternverantwortung (2004):*

Man kann niemandem vorwerfen, dass er keine Kinder aufzieht, und bekanntlich gibt es nicht wenige Menschen, für die Kinderlosigkeit eine persönliche Tragödie ist. Das Problem sind die institutionellen Regelungen, also die Folgen unserer Gesetzgebung. Sie bringen den Kinderlosen Vorteile und den Eltern Nachteile. Und man muss feststellen, dass diese strukturellen Rücksichtslosigkeiten gegenüber Menschen, die Elternverantwortung übernehmen, in Deutschland ausgeprägter sind als in vielen anderen Ländern.
Die wesentliche Ursache dieser strukturellen Rücksichtslosigkeiten – die individuelle Entlohnung nach Leistungskriterien, wobei als Leistung ausschließlich die Erwerbsarbeit gilt – lässt sich nicht ohne Schaden für Wirtschaft und Gesellschaft beseitigen. Nicht der produzierende Familienhaushalt, sondern der erwerbstätige Einzelne stellt die Wirtschaftseinheit dar, die für die Lebensführung entscheidend ist. Das schlägt sich auch im Steuer- und Abgabenrecht, ja selbst im sozialen Leistungsrecht nieder und ließe sich durchaus korrigieren. [...]
Hans-Werner Sinn, der Direktor des Ifo-Instituts, [...] plädiert dafür, die in Zukunft unumgänglichen Kürzungen der gesetzlichen Renten nur denjenigen aufzuerlegen, die weniger als zwei Kinder erziehen, und für ebendiese eine Vorsorge im Sinne der kapitalgedeckten Riester-Renten vorzuschreiben. [...] Transfers zwischen der Erwachsenen- und der Altengeneration müssten so verändert werden, dass die Leistung der Kindererziehung äquivalent zu einer höheren Sparrate der Kinderlosen gilt.

„Frankfurter Allgemeine Zeitung" (2004) Nr. 159, S. 7

b) *Der Bevölkerungswissenschaftler Herwig Birg über den „Generationenstress" (2004):*

Der demografisch bedingte Verteilungsstress ist das Kernproblem: Es gilt erstens, den Interessengegensatz zwischen alten und jungen Generationen bei der Verteilung der steigenden Versorgungslasten so zu regeln, dass die von der Verfassung garantierten Grundlagen des sozialen Rechtsstaats erhalten bleiben. Zweitens muss der demografische Interessenkonflikt zwischen den alten und den neuen Bundesländern bewältigt werden. Die Ost-West-Wanderungen (und die Zuwanderungen aus dem Ausland) führen mittelfristig noch zu einem Bevölkerungswachstum einiger wirtschaftlich prosperierender Regionen im Westen auf Kosten der demografischen Substanz der neuen Bundesländer. Eine dritte Konfliktlinie entsteht durch die wachsende Population der Zugewanderten bei gleichzeitig schrumpfender autochthoner Bevölkerung, wobei die Bevölkerung mit Migrationshintergrund bei den unter 40-jährigen in vielen Großstädten in etwa zehn Jahren die neue Mehrheit bilden wird.

„Frankfurter Allgemeine Zeitung" vom 2. April 2004. S. 29

c) *Der Soziologe Rainer Geißler über den „Generationenvertrag" (2006):*

Der immer größere Anteil älterer Menschen treibt nicht nur die Kosten für Gesundheit und Pflege weiter in die Höhe, sondern durchlöchert auch das demografische Fundament der Alterssicherung nach dem traditionellen sogenannten Generationenvertrag. Mit diesem Begriff wird der Sachverhalt bezeichnet, dass die erwerbstätige Generation über ihre Beiträge zur Rentenversicherung im Wesentlichen die Renten der Ruhestandsgeneration bezahlt. Diesem „Umlageverfahren" schmilzt zunehmend die demografische Basis weg, weil immer weniger Erwerbstätige immer mehr Rentner finanzieren müssen. [...]
Experten und Politiker sind sich einig, dass die Rentenversicherung reformiert und an die sich ändernde Altersstruktur angepasst werden muss. Neben der Alterssicherung über den Generationenvertrag soll eine zweite zusätzliche Säule entstehen, die auf individueller Eigenvorsorge gründet, z.B. auf Ersparnissen, Eigentum oder langfristigen privaten Anlagen im Finanzmarkt.

R. Geißler: Die Sozialstruktur Deutschlands. Wiesbaden 2006[4], S. 55f.

a) Worin besteht nach Ansicht Franz-Xaver Kaufmanns die strukturelle Bevorzugung der Kinderlosen? Äußern Sie sich zu dem hier beschriebenen Korrekturvorschlag.

b) Was versteht Herwig Birg unter dem „demografisch bedingten Verteilungsstress"? Kennen Sie noch andere Konfliktlinien, die sich aus der Alterung der Gesellschaft ergeben?

c) Warum reicht der „Generationenvertrag" allein nicht mehr hin?

4.2 Die Bundesrepublik – ein Einwanderungsland?

„Man rief Gastarbeiter, es kamen Menschen.“ Spätestens um die Jahrtausendwende setzte sich die Einsicht durch, Deutschland sei ein wirkliches Einwanderungsland, und nicht, wie man lange geglaubt hatte, eine Durchgangsstation für „Gastarbeiter“, die eines Tages wieder in ihre Heimat zurückkehrten. Jetzt konnte die Politik nicht länger der Frage ausweichen, welchen Platz diese Menschen auf Dauer in der deutschen Gesellschaft einnehmen sollten: Sollten sie sich vollständig der deutschen Mehrheitsgesellschaft angleichen oder aber eine Minderheit bleiben, die ihre eigene Lebensweise beibehielt?

Auf dem Weg zum Einwanderungsland Schon 1990 war es Ausländern freigestellt worden, die deutsche Staatsbürgerschaft zu erwerben, sofern sie seit mindestens 15 Jahren in Deutschland gelebt hatten, über genügend Deutschkenntnisse verfügten, sich zur deutschen Rechts- und Verfassungsordnung bekannten, nicht straffällig geworden waren und eine sichere Existenzgrundlage nachweisen konnten. Zwei Gesetzesänderungen von 2000 setzten die Mindestaufenthaltsdauer auf 8 Jahre herunter und verliehen allen nach dem 1. Januar 2000 geborenen Kindern ständig in Deutschland lebender ausländischer Eltern bis zu ihrem 23. Lebensjahr automatisch die deutsche Staatsbürgerschaft. Dann mussten sie sich entscheiden, ob sie weiterhin Deutsche bleiben oder die Staatsbürgerschaft ihrer Eltern annehmen wollten. Die Einbürgerungen nahmen nach dem Inkrafttreten der Gesetze zunächst zu, gingen aber später stetig zurück.

Die Aufgabe: Integration Am wenigsten kam die Integration der türkischen Minderheit voran. Das lag zum einen an der mangelnden Toleranz vieler Deutscher, die in den türkischen Mitbürgern Konkurrenten um die Arbeitsplätze, teure Kostgänger des Sozialstaates oder verkappte Islamisten sahen. Aber auch viele Türken sperrten sich, weil sie an ihrem gewohnten kulturellen Milieu festhalten wollten und sich vielfach von den Deutschen diskriminiert fühlten. Die „multikulturelle Gesellschaft“, auf die man viele Hoffnungen gesetzt hatte, begegnete zunehmender Skepsis. Eine Besserung stand nur zu erwarten – darüber waren sich alle Experten einig –, wenn der Bildungsrückstand der meisten Menschen mit „Migrationshintergrund“ abgebaut würde. Alle Statistiken wiesen aus, dass die Anpassung an die deutsche Mehrheitsgesellschaft umso besser gelang, je höher der Bildungsabschluss war. Junge Türken und Türkinnen mit Abitur oder einem Hochschulstudium verkehrten weitaus häufiger in deutschen Kreisen als solche, die die Hauptschule abgebrochen hatten.
Diese „bildungsferne“ Schicht wies besonders hohe Kriminalitätsraten auf. Das galt nicht zuletzt auch für die „Russlanddeutschen“. Während sich deren ältere Generation mit der Eingliederung in die deutsche Lebenswelt nur selten schwer tat, gab es unter den Kindern und Enkeln nicht wenige Problemfälle. Dies besonders dann, wenn es mit der deutschen Sprache haperte und die jungen Menschen sich fremd im fremden Land fühlten.

Das Asylrecht Auch der Zustrom von Asylbewerbern, die das im Grundgesetz verankerte Asylrecht für politisch Verfolgte nutzen wollten, bereitete zeitweise enorme Schwierigkeiten. Deutschland galt für Asylsuchende als besonders attraktiv, sodass auf dem Höhepunkt der Asylantenwelle 1992 440 000 Antragsteller ins Land drängten. Nur ein Bruchteil von ihnen waren politische Flüchtlinge; die Übrigen suchten dem wirtschaftlichen Elend ihrer Heimat zu entkommen. Diesem Missbrauch des Asylrechts schob eine gesetzliche Neuregelung 1993 einen Riegel vor. Asylbewerber aus „sicheren“ Herkunftsländern wurden fortan genau so abgewiesen wie Ankömmlinge, die zuvor in andere EU-Länder eingereist waren. Die Zahl an Asylsuchenden ging dadurch schlagartig zurück.

Q 124 Zuwanderung als Gewinn?

a) *Staatsministerin Maria Böhmer im Interview (2007):*

Frage: Haben Sie einen Integrationskurs besucht?

Antwort: Ja, mehrfach. Ich habe dort Menschen erlebt, die seit mehr als 15 Jahren in Deutschland leben und nur gebrochen Deutsch sprechen. Dabei fällt mir immer ein Satz von Wittgenstein ein: „Die Grenzen meiner Sprache sind die Grenzen meiner Welt." Das heißt, wer die deutsche Sprache nicht beherrscht, dem kann sich das Leben in Deutschland auch nicht erschließen. Deutsche und Migranten leben oftmals mehr nebeneinander als miteinander. Um das zu ändern, ist die deutsche Sprache eine Grundvoraussetzung. Genau so wichtig wie die Integrationskurse ist daher, dass Kinder im Kindergarten so gut Deutsch lernen, dass sie später dem Unterricht folgen können.

Frage: In den 90er-Jahren war doch klar, dass die Gastarbeiter in Deutschland bleiben würden?

Antwort: Der Traum von Multikulti, dem vor allem die Grünen nachgehangen haben, ist zerplatzt. Andererseits hat auch die CDU lange gebraucht anzuerkennen, dass Deutschland ein Einwanderungsland ist. Diese Erkenntnis ist aber Voraussetzung, um Integrationspolitik aktiv betreiben zu können. Unser Grundsatz heißt Fördern und Fordern. Eine entscheidende Weichenstellung ist, dass wir nicht mehr über Migranten reden, sondern mit ihnen. Migranten müssen sich nun selbst einbringen und auch Verantwortung übernehmen. Und sie wollen das auch!

b) *Migrationsforscher Klaus J. Bade im Interview (2007):*

Frage: Welches sind positive Aspekte der Zuwanderung?

Antwort: Geläufigerweise wird über hohe Arbeitslosenzahlen und Sozialtransfers bei der Zuwandererbevölkerung geklagt. Dabei wird vergessen, dass gerade die Pioniermigranten am Arbeitsmarkt ein entscheidender Faktor dafür gewesen sind, dass es das Wirtschaftswachstum des „Wirtschaftswunders" überhaupt geben konnte. Hinzu kommt der demografische Faktor: Die Deutschen würden in ihrer Bevölkerungsentwicklung bereits seit Anfang der [19]70er-Jahre rote Zahlen geschrieben haben, wenn es nicht entsprechende Zuwanderungsgewinne gegeben hätte. Sie haben das Durchschlagen der Folgen des Geburtenrückgangs auf unsere Sozialsysteme noch etwas aufgeschoben bzw. abgefedert. Diese Feder scheint nun zu brechen: Wir hatten im Jahr 2005 nur noch einen Zuwanderungsgewinn von 97 000, Tendenz weiter sinkend. Wir werden bald mit feuchten Augen an die Zeiten zurückdenken, in denen wir noch relativ hohe Zuwanderungsgewinne hatten.

Frage: Also brauchen wir in Zukunft mehr Zuwanderung?

Antwort: Wir brauchen vor allem die richtige Zuwanderung. Nach einem jahrzehntelang durch die Arbeitskräfteanwerbung organisierten und in Gestalt des anschließenden Familiennachzugs verstärkten Unterschichtenimport brauchen wir heute keine Zuwanderung von Unqualifizierten oder für die Wissensgesellschaft unzureichend Qualifizierten mehr, denn davon haben wir leider zu viele. […] Anwerben müssen wir vor allem hoch- und höchstqualifizierte Zuwanderer, zumal wir in diesem Bereich einen wachsenden Abstrom ins Ausland haben. Ein Beispiel: Bald werden wir in Deutschland unter einem gravierenden Ärztemangel leiden, dramatisch ist er bereits in den ländlichen Regionen der neuen Bundesländer. Dabei müsste das nicht sein. Wir haben zum Teil sogar schon geeignete Zuwanderer im Land, nur tun wir nicht genug für sie.

Das Parlament. 3 (2007), S. 2, 5

a) Worin sehen die Befragten die dringendsten Aufgaben der deutschen Einwanderungspolitik?

b) Erläutern Sie das Motto „Fördern und Fordern".

Integrationskurs / Deutschkurs an der Schule des TUH-Berlin e. V. (Türkische Unternehmer und Handwerker in Berlin e. V.) – 25. 1. 2008

4.3 Der „Wirtschaftsstandort" Deutschland im Sog der Globalisierung

Beschleunigte Globalisierung Die Globalisierung – die Verdichtung und Verstärkung internationaler Verflechtungen, die es im Prinzip schon seit dem Zeitalter der Entdeckungen gab – erfuhr seit den 1990er-Jahren einen kolossalen Schub. Zu den ihn auslösenden Faktoren zählten vor allem:
- das Scheitern der kommunistischen Staatswirtschaft, das ungeheure unternehmerische Energien freisetzte und starre Handelshindernisse beseitigte;
- die wachsende Konkurrenz der Niedriglohnländer in Osteuropa und Asien, die mit ihren billigen Waren die alten und wohlhabenden Industrieländer herausforderten;
- die von den führenden Industriestaaten durchgesetzte Liberalisierung des Welthandels und der Finanzmärkte und der damit einhergehende Abbau staatlicher Steuerung und Kontrolle im Zeichen der Deregulierung;
- die Revolution der Kommunikations- und Informationstechnologie, die zeitgleichen Austausch aller relevanten Daten über alle Entfernungen hinweg ermöglichte;
- und die historisch einmalige Kapazität der Transportmittel, die einer weltweiten Arbeitsteilung zugutekam.

Die Globalisierung machte die Staatsgrenzen durchlässig, indem sie Zölle und andere Handelshemmnisse ganz oder teilweise abschaffte. Sie gab den internationalen Zahlungsverkehr frei, sodass der Devisenhandel enorme Gewinnchancen eröffnete. Sie lockte ausländisches Kapital zu Investitionen in kapitalschwache Regionen, das aber jederzeit abgezogen werden konnte, wenn sich die Renditeerwartungen nicht mehr erfüllten.

Globalisierung und soziale Frage Die Globalisierung der jüngsten Zeit kam vor allem den Kapitaleignern und den multinationalen Unternehmen zugute und ging zumeist auf Kosten der Arbeitnehmer. Wollten diese eine Verlagerung ihres Betriebes an einen kostengünstigeren Ort und damit den Verlust ihrer Arbeitsplätze vermeiden, sahen sie sich häufig genötigt, in Lohnkürzungen und Arbeitszeitverlängerungen einzuwilligen. Nicht selten nutzten die Arbeitgeber dieses Dilemma ihrer Belegschaften, um ihre Gewinne überproportional zu steigern. Das forderte manche Kritik heraus. Zwei Drittel aller Deutschen zeigten sich 2006 in Umfragen über diese „Gerechtigkeitslücke" entrüstet.

Gleichwohl konnte Deutschland dem weltwirtschaftlichen Standortwettbewerb nicht ausweichen. Politik und Ökonomie mussten ein Interesse daran haben, den „Standort Deutschland" zu stärken: Sie mussten die Produktionskosten senken, die Steuer- und Abgabenbelastung niedrig halten, eine möglichst hohe Qualifikation der Arbeitskräfte gewährleisten, eine leistungsfähige Infrastruktur bereitstellen, für Währungsstabilität sorgen und die Bürokratiehürden abbauen. Diese von der Globalisierung erzwungene Strategie forderte Flexibilität und Reformbereitschaft und war nicht ohne Anstrengungen und Opfer durchzuhalten. Der einstmalige wirtschaftliche Vorsprung des Westens war nahezu eingebüßt, das weltwirtschaftliche Klima war rauer geworden. Das bekamen vor allem die Arbeitnehmer im vereinigten Deutschland zu spüren.

Die schlimmste Bürde war die Arbeitslosigkeit. Sie kletterte 2005 auf den höchsten jemals erreichten Stand und belief sich im Jahresdurchschnitt auf 4,86 Millionen Erwerbslose; das entsprach einer Quote von 9,9 % in West- und 18,8 % in Ostdeutschland. Die Lage entspannte sich seit dem Frühjahr 2006, und im Sommer 2007 sank die Zahl auf 3,5 Millionen. Besorgniserregend war aber der vergleichsweise hohe Anteil der Langzeitarbeitslosen und der älteren Arbeitsuchenden. Am meisten litten unter dem Arbeitsmangel die Ungelernten, von denen zeitweise ein knappes Drittel ohne Beschäftigung blieb. Dagegen waren nur 3,5 % aller Universitäts- und sogar nur 2,4 % aller Fachhochschulabsolventen ohne eine Anstellung.

Das moderne Berufsleben glich immer mehr einem „Patchwork-Muster". Dass man in seiner beruflichen Karriere zwei- oder dreimal seine Tätigkeitsfelder wechselte, war durchaus normal. Der Kenntnisstand, den man am Ende seiner Ausbildung erreicht hatte, reichte gewöhnlich nicht hin, um dem rasanten technologischen und arbeitsorganisatorischen

Die mit der Globalisierung in der Tat zu verbindende „soziale Frage“ wird auch zur populistischen Losung von Extremisten. So demonstrierte am 1.5.2007 auch die NPD gegen den G8-Gipfel in Heiligendamm. Es gibt eine Tradition des rechtsextremen Antikapitalismus, der zumindest in der Vergangenheit oftmals mit Antisemitismus gekoppelt wurde.

Wandel gewachsen zu sein. Wer sich nicht auf lebenslanges Lernen einstellte und fortwährend neue Qualifikationen erwarb, hatte schnell den Anschluss verpasst.
Dieser Wandel vollzog sich im Rahmen der seit den 60er-Jahren sichtbar werdenden Verschiebung von der Industrie- zur Wissens- und Dienstleistungsgesellschaft. Hatten sich 1950 die Beiträge der drei Wirtschaftssektoren Landwirtschaft/Bergbau, Industrie und Dienstleistungen zum gesamten Sozialprodukt noch im Verhältnis 10:49:40 Prozent bewegt, so betrugen die Relationen 2004 2,3:31:67. Die Verlierer dieser Entwicklung waren die Bauern, die sich in Westdeutschland mit drei Vierteln des Durchschnittseinkommens zufriedengeben mussten (während die leitenden Kräfte in Ostdeutschland mit seinen agrarischen Großbetrieben sogar in der Spitzengruppe der Einkommens-Tabelle rangierten).
Insgesamt gerieten die abhängig Beschäftigten gegenüber den Selbstständigen, die von ihrem Arbeitseinkommen Lebenden gegenüber denen ins Hintertreffen, die über eine Kapital- und Vermögensrendite verfügten. Selbst wer seinen Arbeitsplatz stets behalten hatte, konnte sein Nettoeinkommen im Jahrzehnt zwischen 1997 und 2007 so gut wie gar nicht steigern. Außerdem täuschten die statistischen Durchschnittswerte über die krassen Unterschiede im Lohngefüge hinweg. Zeitarbeit, Leiharbeit, Gelegenheitsarbeit und vor allem die niedrigen Tarife für einfache Tätigkeiten erlaubten selbst denjenigen, die mit voller Kraft arbeiteten, allenfalls einen Lebensstandard, der gerade einmal für das Nötigste reichte. Die immer dringlicher werdenden Forderungen nach einem gesetzlichen Mindestlohn hatten jedoch nur in wenigen Branchen Erfolg.
So blieb die Armut auch in der deutschen Wohlstandsgesellschaft eine ständige Erscheinung. Rechnete man zu den Armen alle, die mit einem Haushaltsbudget auskommen mussten, das weniger als 60% der durchschnittlich verfügbaren Summe betrug, so lag deren Anteil an der Gesamtbevölkerung 2003 im westlichen Deutschland bei 12%, im östlichen bei 19%. Von der Armut bedroht waren – in der Reihenfolge der Häufigkeit – Ein-Elternfarnilien, Arbeitslose, Familien mit drei und mehr Kindern, Migranten, getrennt lebende Paare, Personen ohne Schulabschluss, Kinder und Jugendliche.
Insgesamt nahmen seit den 90er-Jahren die Abstände im Einkommen und Vermögen stetig zu. Die Reichen wurden noch reicher, die einigermaßen Gutverdienenden hielten ihren Standard, die an der Armutsgrenze Lebenden mussten sich erheblich einschränken oder litten blanke Not. Insbesondere in Ostdeutschland empörte man sich über die „soziale Gerechtigkeitslücke“. Aber nicht nur hier kritisierte eine langsam wachsende Mehrheit die „Entsolidarisierung“ einer „Ellbogengesellschaft“, deren entfesseltes Profitstreben den sozialen Frieden bedrohe.

Q 125 Die Einkommensschere

Schichtspezifische Einkommensunterschiede (2006):

	West	Ost
Selbstständige ab 10 Mitarbeiter	170	115
Freie Berufe	146	162
Höhere Beamte und Angestellte	127	130
Selbständige bis 9 Mitarbeiter	109	99
Mittlere Beamte und Angestellte	105	105
Arbeiterelite (Meister, Poliere u. ä.)	92	95
Facharbeiter	86	89
Einfache Arbeiter und Angestellte	85	96
Ungelernte	77	79
Landwirte	73	63

Basis der Zahlenangaben ist eine Durchschnittswert von 100 (Westdeutschland: Monatseinkommen von 1083 Euro; Ostdeutschland von 816 Euro)

R. Geißler: Die Sozialstruktur Deutschlands. Wiesbaden 2006[4], S. 82

a) Suchen Sie Erklärungen für auffällige Unterschiede zwischen Ost- und Westdeutschland.

b) Diskutieren Sie das Problem der Einkommensgerechtigkeit.

Q 126 Globalisierung – Chance und Risiko

Aus dem Bericht der Enquete-Kommission des Deutschen Bundestages „Globalisierung der Weltwirtschaft" (2002):

Die Ausweitung und damit die Verschärfung des globalen Wettbewerbs war politisch gewollt. Entscheidende Triebkräfte waren und sind die verantwortlichen Akteure der Kapitalmärkte, die Regierungen der USA, Japans sowie der Mitgliedsstaaten der EU. Sie haben informell wie auch auf internationalen Gipfeltreffen die Weichen für eine Liberalisierung der Märkte und zur Zurückdrängung des öffentlichen Sektors gestellt. Doch der Einfluss der Parlamente als gewählte Volksvertretungen, geschweige denn der Bürger, auf diese Entscheidung ist bislang gering. […]

Die Wirtschaft vieler Länder ist durch die Öffnung ihrer Märkte für den internationalen Handel schneller gewachsen. Der Welthandel fördert die ökonomische Entwicklung, wenn die Exporte eines Landes die treibende Kraft seines Wirtschaftswachstums sind, wie die Erfolge der asiatischen „Tigerstaaten" zeigen.

Aber im Prozess der Globalisierung ist der erheblich höhere Wohlstand nicht allen Menschen gleichermaßen zugutegekommen. So hat der Abstand zwischen dem reichsten und dem ärmsten Fünftel aller Nationen (gemessen am Pro-Kopf-Einkommen) von 1:30 im Jahre 1960 auf 1:74 im Jahre 1998 zugenommen. […]

Doch die negativen Folgen der Globalisierung machen nicht an den Grenzen wohlhabender Länder halt. Im Gegenteil: Die Beschäftigten und ihre Familien bekommen den Druck des Weltmarktes genauso zu spüren. Arbeitsplätze werden abgebaut, Betriebe verlagert. In vielen Branchen – etwa am Bau – nimmt der Einfluss von Wanderarbeitern zu. Örtliche Tariflöhne werden damit zwangsläufig unterlaufen. Zwar profitieren Arbeitnehmer und Verbraucher auch durch die Warenvielfalt, Urlaubsreisen und einen inflationsdämpfenden hohen Konkurrenzdruck unter Waren- und Dienstleistungsanbietern von der Globalisierung. Aber mit der inzwischen beschleunigten Mobilität des Faktors Kapital, das sich jederzeit neue Anlageorte suchen kann, können Arbeitnehmer und ihre Familien nicht mithalten. Sie erleben Globalisierung als eine Auflösung von Sicherheiten, Garantien und Rechten, eine Gefährdung ihrer Arbeitsplätze und Einkommen. Nicht nur in großer Sorge um die Armut in der Dritten Welt, auch um ihrer eigenen Existenz willen steigt der politische Druck in der Bevölkerung. Die Menschen sind nicht Gegner der Globalisierung. Aber sie verlangen Mitsprache.

Aus Politik und Zeitgeschichte. 5 (2003), S. 37

a) Wie stellt sich hier die bisherige Bilanz der Globalisierung dar? Überwiegen die Vor- oder die Nachteile?

b) Wieso gelten allgemein die Arbeitnehmer als die von der Globalisierung am stärksten in Mitleidenschaft gezogene Bevölkerungsgruppe?

4.4 Krise und Umbau des Sozialstaats

Agenda 2010 Im März 2003 verkündete Bundeskanzler Gerhard Schröder vor dem Bundestag die Grundzüge der neuen Sozialpolitik, die als „Agenda 2010" zum Gegenstand heftiger Auseinandersetzungen werden sollte: „Wir werden Leistungen des Staates kürzen, Eigenverantwortung fördern und mehr Eigenleistung von jedem Einzelnen abfordern müssen." Damit leitete die rot-grüne Regierung, mit Unterstützung der CDU/CSU, FDP und des Arbeitgeberverbandes, aber gegen den erbitterten Widerstand der Gewerkschaften, der Linkspartei sowie vieler SPD-Mitglieder eine Wende vom „fürsorgenden" Wohlfahrts- zum „aktivierenden" Sozialstaat ein. Sie tat dies unter dem Druck der hohen Arbeitslosigkeit, der stagnierenden Wirtschaftsentwicklung, der alarmierenden Defizite der Sozialversicherungskassen und der Schuldenlast von Bund, Ländern und Gemeinden, mit der Deutschland schon seit mehreren Jahren gegen die Stabilitätskriterien der Europäischen Währungsunion verstoßen hatte.

Die Renten Dass der deutsche Sozialstaat die Grenzen seiner Leistungsfähigkeit längst überschritten hatte, war in den späten 1990er-Jahren allen Einsichtigen bewusst. Die großzügigen Regelungen, die in den Jahren des wirtschaftlichen Wohlstandes den Sozialversicherten gewährt worden waren – wie die „dynamische Rente", die in den 1970er-Jahren den Ruheständlern jährliche Steigerungsraten von mitunter 10% bescherten, die enorme Ausweitung der Versicherungsleistungen im Gesundheitswesen oder die flexible Altersgrenze im Rentenrecht – ließen sich in wirtschaftlich mageren Zeiten nicht mehr finanzieren. In den 1980er-Jahren beließ man es bei geringfügigen Leistungseinschränkungen, tastete aber das insgesamt hohe sozialstaatliche Niveau letztlich nicht an. Lieber nahm man die Erhöhung der Sozialabgaben in Kauf, die das Portemonnaie der Beschäftigten belasteten und die Arbeitskosten höherschraubten.
Auch in der – durch demografische Alterung, Arbeitslosigkeit, Globalisierung und den „Aufbau Ost" – angespannten Lage blieben entschiedene Reformschritte aus. Mit der Bindung der Renten an die Netto- statt an die Bruttolöhne bremste man 1992 zwar die Rentenzuwächse ein wenig, änderte aber kaum etwas an der Schieflage, die die Alten auf Kosten der Jüngeren begünstigte. Erst mit der neuen Rentenanpassungsformel von 2005 erfolgte ein nachhaltigerer Kurswechsel. Fortan hingen Rentenerhöhungen vom numerischen Verhältnis zwischen Rentenempfängern und Beitragszahlern ab: Je mehr sich diese Relation zulasten der Erwerbstätigen verschob, desto geringer fielen die Rentenzuwächse aus.

Gesundheitsreform Auch im Gesundheitswesen mutete man den Versicherten im neuen Jahrtausend Einschränkungen zu: Beim erstmaligen Arztbesuch innerhalb eines Quartals wurde eine Praxisgebühr fällig; bei vielen Medikamenten musste eine Zuzahlung geleistet werden; für Zahnersatz oder Krankentagegeld hatte man Extra-Beiträge zu entrichten. 2007 kam endlich eine umfassende Gesundheitsreform zustande. Sie erntete allerdings viel Kritik, weil sie die finanziellen Lasten hauptsächlich den Versicherten auflud, aber die Ärzte, Apotheker und Pharmahersteller weitgehend ungeschoren ließ. Anerkennung fand jedoch das Prinzip, das Kostenbewusstsein der Bürger zu steigern und damit überflüssige Ausgaben zu vermeiden.

Hartz-IV Den radikalsten Einschnitt stellte die Reform des Arbeitsmarktes dar, die vor allem als „Hartz-IV-Gesetze" bekannt und berüchtigt wurden. Dieses Regelwerk, das den Namen des federführenden Regierungsberaters trug, wollte den Wiedereintritt von Arbeitslosen in das Berufsleben beschleunigen und die Kosten der Arbeitslosigkeit senken, indem es die Unterstützungsleistungen drastisch kürzte. Gemäß diesen Absichten mussten Arbeitslose von den Arbeitsagenturen Stellen auch dann annehmen, wenn diese unter ihrem Qualifikationsniveau lagen und/oder schlechter bezahlt wurden; lehnten sie solche Angebote ab, wurden ihre Bezüge gekürzt, äußerstenfalls bis zur völligen

Neoliberalismus

Der Begriff bezeichnet die Wiederaufnahme von Ideen des „klassischen" Liberalismus unter den veränderten Bedingungen des späten 20. Jahrhunderts, hauptsächlich im Bereich der Wirtschaft.
Der „klassische Liberalismus" eines Adam Smith (1723–1790) war der wirtschaftstheoretische und -politische Hintergrund der Industrialisierung im 19. und frühen 20. Jahrhundert. Er forderte die Freiheit wirtschaftlichen Handelns von staatlicher Bevormundung und vertraute auf den Wettbewerb als den Motor des Wohlstands. Seine Blütezeit ging spätestens mit der 1929 beginnenden Weltwirtschaftskrise zu Ende. Jetzt war es wieder der Staat, dem die Lenkung und Kontrolle des Wirtschaftslebens und die Abwehr von Wirtschaftskrisen zufiel. Als sich die Weltwirtschaft nach 1945 langsam zu erholen begann, fanden zwar wieder, besonders in den USA, liberale Prinzipien Anerkennung. Aber die Überzeugung von der Pflicht des Staates, die soziale Sicherheit seiner Bürger zu gewährleisten, blieb weiterhin eine Richtschnur der Politik. Das westdeutsche Modell der „Sozialen Marktwirtschaft" galt als geglückte Synthese liberaler und sozialstaatlicher Elemente. Beginnend in den 1980er-Jahren in den USA und Großbritannien (Reagan und Thatcher) und sich nach dem Zusammenbruch des Sowjetsystems stark beschleunigend, verschob sich die Balance hin zum schrankenlosen Wettbewerb und weg vom Fürsorge- und Wohlfahrtsstaat. Es vollzog sich eine beispiellose Entfesselung der Marktkräfte, durch die das Kapital zur stärksten Kraft und der Profit zum eigentlichen Ziel allen Wirtschaftens wurde; das ging zumeist auf Kosten des Faktors Arbeit. Die Befürworter des Neoliberalismus berufen sich gern auf die wirtschaftlichen Zwänge, denen sich auch die Politik unterwerfen müsse. Das wird von seinen Kritikern bestritten: Diese erwarten, dass der aktive Staat der Wirtschaft eine Rahmenordnung vorgibt, die eine menschenwürdige Existenz aller Bürger und den sozialen Frieden zu sichern vermag.

Streichung. Wer seinen Arbeitsplatz verlor, hatte nicht mehr, wie bisher, 36 Monate lang einen Anspruch auf die Zahlung von Arbeitslosengeld (das rund zwei Drittel des bisherigen Nettoverdienstes ausmachte) , sondern nur noch für 12 (ältere Arbeitnehmer für 18) Monate. Danach erhielt er das „Arbeitslosengeld II", das den bisherigen Sozialhilfesätzen entsprach und für Alleinstehende rund 350 Euro betrug (mit Zuschlägen für Verheiratete, Kinder sowie Miet- und Heizkosten). Als besondere Zumutung empfand man, dass diese ohnehin geringen Leistungen gekürzt wurden, wenn Vermögen (etwa ein Haus, eine Eigentumswohnung, ein Sparguthaben) ab einem gewissen Wert vorhanden war.
Auf ebenso viel Protest wie „Hartz IV" stieß die von der Großen Koalition durchgesetzte Erhöhung des Renteneintrittsalters auf 67. Die Kritiker sahen darin eine verkappte Rentenkürzung, weil die meisten Arbeitnehmer nicht in der Lage seien, die für die volle Rente erforderliche Lebensarbeitszeit durchzustehen.
Die Sozialstaatsreform warf im Kern die Frage nach der „sozialen Gerechtigkeit" auf. Bestand sie in der eine Chancengleichheit voraussetzenden „Leistungsgerechtigkeit", die sich im Wettbewerb ergab – wie die (Neo-)Liberalen meinten? Verwirklichte sie sich als „Verteilungsgerechtigkeit", die vom Staat gesteuert wurde – wie die Sozialdemokratie glaubte? Oder war sie als „Bedarfsgerechtigkeit" zu verstehen, die jedem einen Anspruch auf einen menschenwürdigen Unterhalt sicherte – wie es die christlich-konservative Soziallehre forderte?

Q 127 Marktkonkurrenz und Gemeinwohl

Der Wirtschaftswissenschaftler Heinz-J. Bontrup (2007):
Die wesentliche Ideologie des heute gegebenen neoliberalen Regimes ist die Betonung des Wettbewerbsprinzips und die Forderung nach freien Märkten. Dies würde, ohne staatliche Interventionen und Steuerungen, für die größte ökonomische Effizienz sorgen. Alles müsse in einer Gesellschaft dem Wettbewerbsprinzip ausgesetzt werden – auch öffentliche Institutionen. Obwohl in der Wirtschaftswissenschaft seit Langem bekannt ist, welche immanenten Schwächen dem Wettbewerb anhaften, wird einseitig der einzelwirtschaftliche Effizienzvorteil hervorgehoben und regelmäßig nicht gesagt, dass dem auch beträchtliche gesamtwirtschaftliche Kosten gegenüberstehen; und schon gar nicht wird thematisiert, wer in der Gesellschaft eigentlich den arbeitsteilig generierten Effizienzvorteil erhält – womit die Verteilungsfrage gestellt ist. […]
Niemand wird bestreiten können, dass hinter jedem Wettbewerb das Motiv des Eigennutzes und kein altruistisches Motiv steht – während eine demokratische Gesellschaft vorrangig auf das Gemeinnützige und sogar auf das Solidarische setzt. Wettbewerb lebt von der Konkurrenz – ein demokratisches Gemeinwesen ganz entscheidend von der Kooperation. Wettbewerb schielt auf den kurzfristigen Erfolg – was wäre aber ein Staat wert, der es nicht als eine Pflicht betrachtet, stets die längerfristigen Interessen der gesamten Bevölkerung im Auge zu haben? […] Wettbewerb hält Ungleichheit aus, ja braucht sie als Antriebskraft – eine Gesellschaft jedoch bricht auseinander, wenn zu viel Ungleichheit herrscht. Wettbewerb ist gewinnorientiert – aber eine offene demokratische Gesellschaft, die Zukunft gestalten will, braucht Spielraum für das Neue, das Unsichere, das sich nicht sofort und kalkulierbar in Profit Niederschlagende – man denke nur an Bildung und Forschung.

Aus Politik und Zeitgeschichte, 13 (2007), S. 25

a) Entwerfen Sie eine Erwiderung aus (neo)liberaler Perspektive, die Argument für Argument zu „zerpflücken" sucht.

b) Wie stellt sich der vorliegende Text im Lichte der DDR-Erfahrungen dar?

Q 128 Dimensionen des deutschen Sozialstaates

Der Politikwissenschaftler Manfred G. Schmidt (2007):
Deutschlands Sozialpolitik wird nachgesagt, sie sei zu sehr auf die Lage von vollzeitbeschäftigten Arbeitnehmern zugeschnitten und vorrangig ein Arbeitnehmersozialstaat. Doch das ist verkürzt, weil die deutsche Sozialpolitik mittlerweile einer Staatsbürgerversicherung bzw. -Versorgung nahekommt. In ihr wirkt eine Vielzahl von Systemen der sozialen Sicherheit: Neben den Kernsystemen – gesetzliche Rentenversicherung, Kranken-, Arbeitslosen-, Unfall- und Pflegeversicherung – sind dies die separaten Sicherungssysteme beispielsweise für die Beamten, die Landwirte und die Beschäftigten im Bergbau. Ferner sind die Mitversicherung von Familienangehörigen (wie in der Krankenversicherung) und die Erweiterung der Rentenversicherung auch auf Witwen, Witwer und Waisen zu bedenken. Außerdem existieren spezielle sozialpolitische Programme wie das Wohngeld. Nicht zu vergessen sind die Grundversicherung für Alte und dauerhaft Erwerbsunfähige, die Sozialhilfe und seit „Hartz IV" das „Arbeitslosengeld II" und das „Sozialgeld". Das ist Deutschlands Grundsicherung für alle Einwohner einschließlich der Asylbewerber – Bedürftigkeit vorausgesetzt. […]
Die Sozialpolitik in der Bundesrepublik wurde weit ausgebaut. Davon zeugen die Höhe der Sozialausgaben und das große Heer der Bürger, die Sozialleistungen beziehen. […] Die Bürger, die ihren Lebensunterhalt ausschließlich oder überwiegend aus Sozialleistungen (wie Altersrenten, Pensionen, Leistungen der Arbeitslosenversicherung oder der Sozialhilfe) finanzieren, machen mittlerweile rund 40 Prozent der Wahlberechtigten aus. Sie sind als zahlenmäßig größte Wählergruppe […] strategisch günstig platziert.

M. Schmidt: Das politische System Deutschlands. München 2007, S. 393f.

a) Erläutern Sie den Unterschied zwischen Arbeitnehmer- und Staatsbürgerversicherung.

b) Inwiefern sind die Bürger, die Sozialleistungen beziehen, „strategisch günstig platziert"?

Zur Diskussion: Grundgesetz und Sozialstaat

In der wissenschaftlichen Literatur ist oft vom „Sozialstaatspostulat" unserer Verfassung die Rede. Wie dieser Ausdruck besagt, enthält der Verfassungstext mehrere Hinweise auf die Verbindlichkeit sozialstaatlicher Prinzipien, legt aber nicht definitiv fest, was das im Einzelnen bedeutet. Das eröffnet einen gewissen Auslegungsspielraum, wie dies die Voten zweier Richter am Bundesverfassungsgericht markieren.

Q 129 Auf der Suche nach dem „Sozialen"

a) *Hans-Jürgen Papier (2005):*

Das Grundgesetz geht von der Eigenverantwortung und der Selbstbestimmung des Menschen aus, sowohl als Grundlage seiner persönlichen Entfaltung als auch seiner sozialen Beziehungen. An der Spitze der Verfassung stehen deshalb das Bekenntnis zur Unantastbarkeit der Würde des Menschen sowie der Grundrechtekatalog mit seinen Gewährleistungen von Freiheits- und Menschenrechten. Auch die Funktion des Sozialstaats darf nicht losgelöst von dieser freiheitlichen Grundlage und Ausrichtung der Verfassung gesehen werden. Der Sozialstaat kann keine Vollversicherung und keinen Lebensplan bieten, weder für den Einzelnen noch für die Gesellschaft insgesamt. Der Sozialstaat muss dem Einzelnen diejenigen Risiken abnehmen, die der Einzelne allein nicht tragen kann; und das sind durchaus nicht wenige. Aber der Sozialstaat muss auch seine Grenzen erkennen. Staatliche Überregulierung kann auch im Bereich des Sozialen lähmend, erstickend oder bevormundend wirken. Eigenverantwortung und Sozialstaatlichkeit bilden bei alledem kein Gegensatzpaar. Sie verbinden sich vor allem in dem Prinzip der Chancengleichheit. Dieses geht von der freien Entfaltung der Bürger aus und akzeptiert Unterschiede etwa im beruflichen oder wirtschaftlichen Erfolg. Das Prinzip der Chancengleichheit erkennt aber auch an, dass Unterschiede im Erfolg nicht nur auf Unterschieden in der Leistung und Einsatzbereitschaft, sondern auch auf unterschiedlichen Ausgangsbedingungen beruhen können. Die Gewähr von Chancengleichheit verlangt deshalb einen gewissen Ausgleich in den Voraussetzungen, die für einen späteren Erfolg besonders wichtig sind, zum Beispiel Bildung und berufliche Ausbildung.

„Frankfurter Allgemeine Zeitung" (2005), Nr. 274, S. 8

b) *Udo Di Fabio (2006):*

Sozialstaatliche Politik scheint in einem magischen Viereck gefangen. Sie hat erstens die Existenzsicherung für Hilfsbedürftige zu gewährleisten, darf aber zweitens dafür in die Grundrechte auf wirtschaftliche Freiheit und Eigentum anderer nur schonend eingreifen. Der Sozialstaat steht drittens in der ausgeprägten Pflicht, das womöglich bereits messbar gesunkene Niveau der Chancengleichheit wieder anzuheben, aber er muss viertens zugleich die Kraft einer wettgewerblichen Leistungsgesellschaft erhalten und das heißt auch die Wirtschaft fördern.

Solche zum Teil widerstreitenden rechtlichen oder praktischen Anforderungen werden nur dann zu einer konsistenten Politik, wenn diese sich vom Prinzip der individuellen Freiheit leiten lässt. [...] Wer über den Sozialstaat oder soziale Gerechtigkeit redet, sollte dies nur in einem Kontext tun, der allen Faktoren des magischen Vierecks Aufmerksamkeit zollt. Wer lediglich aus nur einer Perspektive argumentiert, wer moralisiert oder Neid für seine Zwecke mobilisiert, disqualifiziert sich in der ernsthaften Debatte ebenso wie diejenigen, die mit marktradikalen Funktionsargumenten den sozialen Schutz- und Freiheitsauftrag des demokratischen Verfassungsstaates ignorieren.

„Frankfurter Allgemeine Zeitung" (2006), Nr. 251, S. 8

a) Inwieweit trägt Papiers Argumentation dem „magischen Viereck" Di Fabios Rechnung?

b) Wie würden Sie die Positionen beider Autoren im Spektrum der politischen Grundrichtungen verorten?

4.5 Bedrohte Umwelt

Das Bewusstsein einer Bedrohung Zwei Bücher alarmierten die Öffentlichkeit in den 1960er- und 1970er-Jahren. „Der stumme Frühling" von Rachel Carson prangerte die fatalen Auswirkungen der Pflanzenschutzmittel auf die Tierwelt an, und der Bericht „Die Grenzen des Wachstums" warnte vor den Folgen der rapide wachsenden Erschöpfung der natürlichen Lebensgrundlagen Boden, Wasser, Luft, Bodenschätze.
In Deutschland waren es zunächst die Naturschutzverbände, die sich des Problems annahmen, bevor mit der Partei der „Grünen" 1980 eine politische Kraft entstand, die den Umweltschutz zum Schwerpunkt ihres Programms machte. Dass sie damit, vor allem bei jungen Menschen, Resonanz fand, bewies ihr Einzug in den Bundestag 1983. Damals bewegten das „Waldsterben" und die „Anti-Atomkraft-Bewegung" viele Gemüter.
Hauptursache der vielen Waldschäden waren die giftigen Abgase aus Fabriken und Kraftwerken. Der Gesetzgeber reagierte verhältnismäßig schnell und verpflichtete die Industrie zur Reinigung dieser verderblichen Emissionen. Die Maßnahmen hatten Erfolg, und nach einiger Zeit konnten sich die Bewohner wieder über den „blauen Himmel über der Ruhr" und anderswo freuen.
Der Unfall im Atomkraftwerk Harrisburg (USA) 1979 löste in Deutschland eine Anti-Atomkraft-Bewegung aus, die bis heute nicht wieder zur Ruhe kam. Durch Aufklärung, vor allem aber durch – teilweise gewaltsame – Demonstrationen und Blockaden suchten die Protestierenden die Abschaltung der vorhandenen Atomkraftwerke zu erzwingen und den Bau neuer zu verhindern. Als dann 1986 im ukrainischen Tschernobyl tatsächlich ein Atomreaktor explodierte und die Umgebung radioaktiv verseuchte, sahen sich die warnenden Stimmen bestätigt. Die rot-grüne Regierung zog daraus 2000 die Konsequenz und setzte die stufenweise Außerbetriebnahme aller deutschen Atomkraftwerke bis 2032 durch.

Internationale Bemühungen Ein effizienter Umweltschutz war nur erreichbar, wenn alle Länder der Erde sich daran beteiligten. In Kyoto (Japan) unterzeichneten die Regierungsbevollmächtigten ein Protokoll, das die Länder verpflichtete, bis spätestens 2012 ihre Emissionen an den sogenannten „Treibhausgasen" (vor allem CO_2 und Methan) um 5,2 % zu senken. Bis 2007 ratifizierten 174 Staaten das Abkommen; dazu gehörten jedoch nicht die USA, China und Indien, die zu den Hauptverursachern der Luftverschmutzung zählten.
Ungewöhnlich heiße Sommer, Dürreperioden und Überschwemmungen, Orkane und abschmelzende Gletscher schienen untrügliche Symptome dafür zu sein, dass der prophezeite Klimawandel bereits eingesetzt hatte. Einig war man sich darin, dass nur eine drastische Senkung der klimaschädigenden Emissionen die fatale Entwicklung aufhalten könne. Das war jedoch umso schwieriger, als das enorme Wirtschaftswachstum in den bevölkerungsreichen Schwellenländern (China, Indien, Brasilien) den Energiebedarf (und damit die weitere Belastung der Erdatmosphäre) anschwellen ließ.

Deutschland: eine Zwischenbilanz Vor diesem düsteren internationalen Hintergrund nahm sich die Bilanz der deutschen Umweltpolitik relativ gut aus, war aber dennoch von dem Ziel eines ungefähren ökologischen Gleichgewichts weit entfernt. Der Anteil erneuerbarer Energien (Sonnenwärme, Wind- und Wasserkraft, Biomasse) am gesamten Verbrauch stieg zwischen 2000 und 2006 lediglich (oder immerhin?) von 2,6 auf 5,3 %. Der Staat unterstützte entsprechende Investitionen mit Zuschüssen und Steuernachlässen, belastete andererseits die Verbraucher, indem er die Einspeisung von Strom aus Sonnen-, Wind- und Wasserkraft in die Stromnetze vorschrieb, was die Preise für den Verbraucher deutlich anhob. Mit den hohen Steuern auf Heizöl, Erdgas, Benzin oder Elektrizität füllte er nicht nur die öffentlichen Kassen, sondern hielt auch seine Bürger zum sparsamen Umgang mit den Energieträgern an. Diese und andere Maßnahmen bewirkten, dass der Ausstoß der schädlichen Treibhausgase zwischen 1990 und 2006 um etwa 18 % zurückging.

Q 130 Ökologie als politisches Programm

Aus dem Bundesprogramm der „Grünen“ (1980):
Ausgehend von den Naturgesetzen und insbesondere von der Erkenntnis, dass in einem begrenzten System kein unbegrenztes Wachstum möglich ist, heißt ökologische Politik, uns selbst und unsere Umwelt als Teil der Natur zu begreifen. Auch das menschliche Leben ist in die Regelkreise der Ökosysteme eingebunden. [...]
Insbesondere stellt ökologische Politik eine umfassende Absage an eine Wirtschaft der Ausbeutung und des Raubbaus an Naturgütern und Rohstoffen sowie zerstörerische Eingriffe in die Kreisläufe des Naturhaushalts dar. [...]
Unsere Politik ist eine Politik der aktiven Partnerschaft mit der Natur und dem Menschen. Sie gelingt am besten in selbstbestimmten und selbstversorgenden überschaubaren Wirtschafts- und Verwaltungseinheiten. [...] Es geht um eine Gesellschaft, die demokratisch ist, in der die Beziehungen der Menschen untereinander und zur Natur zunehmend bewusster gehandhabt werden.
Um solche Veränderungen gegen die bestehenden Herrschaftsverhältnisse durchzusetzen, bedarf es einer politischen Bewegung, in der menschliche Solidarität und Demokratie untereinander und die Absage an ein von lebensfeindlicher Konkurrenz bestimmtes Leistungs- und Hierarchiedenken grundlegend sind.

Die Grünen: Das Bundesprogramm. Frankfurt a. M. 1981, S. 3

a) *Wie verstehen Sie eine „Politik der aktiven Partnerschaft mit der Natur„?*

b) *Welche politischen Strömungen der 70er-Jahre lassen sich in dem Programm erkennen?*

Q 131 Atomkraft- und Klimaängste – Realismus oder Hysterie?

a) *Der Industrielle Hans-Dieter Harig (1999):*
Die von Anfang an hohen Sicherheitsanforderungen der Kernenergie haben zu einer technischen Kultur geführt, die bis dahin nicht gekannte Qualitätsstandards gewährleistet. Damit hat die deutsche Industrie die wohl besten Kernkraftwerke der Welt gebaut. Eine solche Kultur und die darauf begründete internationale Wettbewerbsfähigkeit wird nur erhalten und weiterentwickelt, wenn Technik angewendet wird, nicht wenn man aus ihr aussteigt. Heute wird ein Drittel des Strombedarfs in Deutschland in Kernkraftwerken erzeugt. Diese Strommenge ist weder kurzfristig noch zu gleichen Kosten aus regenerativen Quellen [...] zu beschaffen. Zusätzliche Erzeugung in noch freier Leistung bei Kohle-, Gas- und Ölkraftwerken sowie der Neubau solcher Anlagen ist denkbar. Die Folgen wären höhere Emissionen von Kohlendioxid (CCL) und mögliche Einflüsse auf die Preise der fossilen Energieträger, die zu importieren wären.
Mit dem Ausstieg aus der Kerntechnik wäre Deutschland nicht atomstromfrei – er würde aus Nachbarländern importiert. Auch der Rest der Welt wäre nicht ohne Kerntechnik und würde der Deutschen wegen wohl auch nicht darauf verzichten. Dürfen wir wegen der Endlichkeit der heute wesentlich genutzten Energiequellen überhaupt auf eine funktionierende Alternative verzichten?

„Die Zeit“ vom 21. Januar 1999

b) *Der Biologe Josef Reichholf im Interview (2007):*
Frage: Haben Sie Angst vor der globalen Erwärmung?
Antwort: Nein, ich persönlich freue mich sogar auf mildere Zeiten. Aber auch die Menschheit als Ganzes wird keine großen Probleme damit bekommen.
Frage: Woher nehmen Sie Ihren Optimismus?
Antwort: Der allergrößte Teil der Menschen lebt heute schon unter wärmeren und oft erheblich extremeren Bedingungen als wir verwöhnten Mitteleuropäer. Der Homo sapiens ist die einzige biologische Art, die praktisch mit jeder Art von Klima auf der Erde zurechtkommt – von den Wüsten bis zu den Polgebieten, von den dauerfeuchten Tropen bis zu den Hochlagen der Anden.
Frage: In welchem Klima fühlt sich der Mensch denn am wohlsten?
Antwort: Biologisch gesehen sind wir Kinder der Tropen. Wo immer der Mensch lebt, schafft er sich auf künstlichem Wege tropische Lebensbedingungen. Wir tun dies durch warme Kleidung, durch beheizte Büros und Wohnungen. Unter unseren Hemden herrscht stets Tropenklima von ungefähr 27 Grad Celsius. [...]
Frage: Wieso ist es eigentlich zum Dogma geworden, dass wir uns vor wärmeren Zeiten fürchten müssen?
Antwort: Das ist mir auch ein Rätsel. Noch in den [19]60er-Jahren fürchteten sich die Menschen eher vor einer neuen Eiszeit – und das wäre auch eine große Gefahr für uns. Denn Zeiten mit Wetterverschlechterung waren die Katastrophenzeiten, nicht Phasen wärmeren Klimas. Gerade um eine wachsende Bevölkerung auf diesem Planeten zu ernähren, müssten wir uns ein wärmeres Klima wünschen. Denn in den warmen Regionen ist der Aufwand viel geringer, das Überleben zu sichern.

„Der Spiegel“, (2007) Nr. 19, S. 156 f.

a) *Was spricht für die Beibehaltung unserer Kernkraftwerke? Vergegenwärtigen Sie sich dazu auch die Argumente ihrer Gegner. Wem geben Sie recht?*

b) *Entwerfen Sie eine Gegenposition zu den Ausführungen des Biologieprofessors und berücksichtigen Sie dabei auch die im Interview nicht angesprochenen Sachverhalte.*

4.6 Deutschland in Europa und in der Welt

Die Berliner Republik – eine neue Position? Als dank der Wiedervereinigung 1990 die „neue" Bundesrepublik ihre europäischen Partner an Bevölkerungszahl und Wirtschaftspotenzial deutlich überragte, regten sich im Ausland hier und dort alte Ängste. Aber die Sorge, Deutschland könne erneut einem Großmachtehrgeiz erliegen, erwies sich als völlig unbegründet. Die „Berliner Republik" hielt sich weiter an die in den Jahrzehnten zuvor bewährten außenpolitischen Maximen und sie konnte sich dabei auf den Konsens aller demokratischen Kräfte verlassen. Nach wie vor verstand man sich als eine mittlere Macht, die eine „Kultur der Zurückhaltung" pflegte. Man sah sich als loyales Mitglied der internationalen Staatenwelt, das bereit war, um gemeinsamer Ziele willen Souveränitätsrechte abzugeben. Das galt insbesondere für die europäische Integration, deren Vorreiter die Bundesrepublik seit je gewesen war. Als in der Zeit der „Wende" etliche westliche Partnerländer die Einbindung der international starken Deutschen Mark in eine gemeinsame Euro-Währung anstrebten, stimmte die Regierung Kohl ohne Zögern zu, obwohl sie damit einige währungspolitische Nachteile in Kauf nahm.

Die Westbindung besteht fort Der diplomatische „Multilateralismus" Deutschlands schloss seine unbedingte Zugehörigkeit zum Westen keineswegs aus. Das zeigte sich eklatant an der Reaktion auf den 11. September 2001 und die Auseinandersetzung mit dem islamistischen Terrorismus, in der die Bundesrepublik vorbehaltlos zu seinen westlichen Verbündeten, nicht zuletzt den USA, stand. Einigkeit praktizierte Berlin auch gegenüber dem iranischen Nuklearprogramm, demgegenüber es sich konsequent für Sanktionen (aber auch für eine diplomatische Lösung) stark machte.
Diese westliche Solidaritätspolitik erweckte freilich auch Kritik. Sie richtete sich vor allem gegen die von den USA und der EU betriebene Handelspolitik, die die ohnehin Not leidenden Entwicklungsländer massiv benachteiligte. Indem der Westen die Dritte Welt mit billigen Agrarerzeugnissen aus der eigenen staatlich subventionierten Überproduktion überschwemmte, aber seine eigenen Märkte durch hohe Zollmauern abschirmte, behinderte er das wirtschaftliche Wachstum dieser Länder und raubte ihnen die Chance, ihren Rückstand gegenüber den Wohlstandsregionen ein Stück weit zu verringern. Auch verstummten niemals die Klagen über die unzureichende öffentliche Entwicklungshilfe, die ständig hinter den Vorgaben der UN zurückblieb. Auch wenn die Bundesrepublik im internationalen Vergleich relativ gut dastand, verfehlte sie deutlich das UN-Ziel von 0,7 Prozent des Bruttosozialproduktes – 2006 etwa mit 0,36 %.

Der eigenen Vergangenheit bewusst Zu den unverrückbaren Grundsätzen deutscher Außenpolitik gehörte schließlich, dass sie sich stets der deutschen Vergangenheitsschuld bewusst und um aktive Wiedergutmachung bemüht blieb. 2001 entstand die „Stiftung Erinnerung, Verantwortung und Zukunft", die, gemeinsam von der Wirtschaft und dem Bund finanziert, späte Entschädigungszahlungen für ausländische Zwangsarbeiter leistete, die während des Zweiten Weltkriegs rekrutiert worden waren. Irritationen und Spannungen zwischen Polen und Deutschen entstanden in jüngster Zeit, als der „Bund der Vertriebenen" ein „Zentrum für Vertreibungen" in Berlin plante, das nicht ausschließlich, aber doch wohl mit einem gewissen Schwerpunkt an die deutschen Vertreibungsopfer erinnern sollte. Vereinzelte Initiativen von Interessenschutzvereinigungen, für die Enteignungen deutscher Eigentümer in den ehemaligen deutschen Ostgebieten Schadenersatz zu verlangen, gossen neues Öl ins Feuer. Dass die deutsche Regierung sich von Anfang an von derartigen Bestrebungen distanzierte, konnte die Gemüter nicht beruhigen.

Der Irak-Krieg und die deutsche Rolle in den Konflikten der Gegenwart Einen heftigen innerdeutschen Streit löste 2003 der von der US-Regierung unter George W. Bush unter fadenscheinigem Vorwand begonnene Irak-Krieg aus. Im Unterschied zu wichtigen EU-Verbündeten wie Großbritannien, Italien oder Spanien verweigerte die rot-grüne Regie-

Bundeswehrsoldaten auf dem Balkan.
Nach friedenssichernden Militärmissionen in Mazedonien und der Demokratischen Republik Kongo 2003 sowie in Georgien 2004 leitet die EU seit Dezember 2004 auch die internationale Militärmission in Bosnien-Herzegowina.

rung die von Washington erwartete Unterstützung und war sich darin mit Frankreich und Russland einig. Bundeskanzler Schröder proklamierte einen „deutschen Weg“ und erklärte im Bundestag: „Über die existenziellen Fragen der deutschen Nation wird in Berlin entschieden und nirgendwo anders.“ Während die CDU/CSU-Opposition dies als ein bedenkliches Ausscheren aus dem transatlantischen Bündnis verurteilte und vor einer außenpolitischen Isolierung Deutschlands warnte, fand Schröder mit seinem Alleingang in der Bevölkerung vorwiegend Zustimmung.

Gleichwohl war auch der rot-grünen Regierung bewusst, dass Deutschland sich nicht der Verpflichtung zu internationalen, auch militärischen Engagements entziehen konnte, die dem Frieden und der humanitären Hilfe dienten. Erstmals hatte sich die Bundesrepublik 1993 an Überwachungsflügen über der Krisenregion Bosnien-Herzegowina beteiligt. Eine dagegen gerichtete Verfassungsklage der SPD- und FDP-Bundestagsfraktionen wiesen die Karlsruher Richter mit der Maßgabe ab, derartige Auslandseinsätze seien verfassungskonform, wenn ihnen eine Mehrheit des Bundestages zustimme. Damit wurde ein wichtiger Wandel in der Zweckbestimmung der Bundeswehr besiegelt: War sie bis dahin eine Verteidigungsarmee gewesen, die allein dem Schutz Deutschlands und der NATO-Partner diente, so wurde sie nun eine Einsatzarmee, die auch außerhalb dieser Gebiete („out of area“) operieren konnte.

Seitdem hat sich die Bundeswehr mehrmals an internationalen Einsätzen beteiligt: so etwa 1999 im Krieg der NATO gegen Serbien und bei der anschließenden Befriedung des Kosovo; oder seit 2002 in Afghanistan zur Beilegung des Bürgerkrieges. Wo immer möglich, leistete sie in erster Linie friedliche Aufbauarbeit, musste im Notfall aber auch militärische Mittel einsetzen. Ständig waren durchschnittlich 10 000 Soldaten (seit 2000 auch Soldatinnen) im Einsatz, der auch Todesopfer kostete und viel Geld verschlang.

Dem erklärten Ziel aller Bundesregierungen, in der EU zu einer gemeinsamen Außen- und Sicherheitspolitik zu gelangen, kam man bislang kaum näher. Immerhin entstand für den Krisenfall eine jederzeit einsatzbereite europäische „Response Force“, in der die nationalen Kontingente einem gemeinsamen Oberbefehl unterstehen. Aber im Übrigen galt, dass die Einzelstaaten, wo immer sie ihre nationalen Interessen berührt sahen, vor Alleingängen nie zurückscheuten.

Q 132 Europa und seine Nationalstaaten

Außenminister Joschka Fischer in einem Berliner Vortrag (2000):

Wie stellt man sich eigentlich einen Europäischen Rat mit 30 Staats- und Regierungschefs vor? Wie soll man bis zu dreißig Interessen ausgleichen, Beschlüsse fassen und dann noch handeln? Wie will man verhindern, dass die EU damit endgültig intransparent, die Kompromisse immer unfasslicher und merkwürdiger werden? [...] Fragen über Fragen, auf die es allerdings eine ganz einfache Antwort gibt: den Übergang vom Staatenverbund der Union hin zur vollen Parlamentarisierung in einer Europäischen Föderation. Und das heißt nichts Geringeres als ein europäisches Parlament und eine ebensolche Regierung, die tatsächlich die gesetzgebende und die exekutive Gewalt innerhalb der Föderation ausüben. [...]
Es wäre ein nicht wiedergutzumachender Konstruktionsfehler, wenn man die Vollendung der politischen Integration gegen die vorhandenen nationalen Institutionen und Traditionen und nicht unter deren Einbeziehung versuchen würde. [...] Die Vollendung der europäischen Integration lässt sich erfolgreich nur denken, wenn dies auf der Grundlage einer Souveränitätsteilung von Europa und Nationalstaat geschieht. [...] Auch in der europäischen Föderation werden wir also noch Briten und Deutsche, Franzosen und Polen sein. Die Nationalstaaten werden fortexistieren und auf europäischer Ebene eine wesentlich stärkere Rolle behalten, als dies die Bundesländer in Deutschland tun. Und das Prinzip der Subsidiarität wird in einer solchen Föderation künftig Verfassungsrang haben.

„Frankfurter Allgemeine Zeitung" (2000), Nr. 112, S. 15

a) Erläutern Sie die Begriffe „Souveränitätsteilung" und „Subsidiarität". Fallen Ihnen historische Parallelen ein?

b) Erörtern Sie die Konsequenzen einer „vollen Parlamentarisierung". Wie standen die anderen EU-Staaten dazu?

Q 133 Auslandseinsätze der Bundeswehr

a) *Verteidigungsminister Rudolf Scharping über die Rechtmäßigkeit des NATO-Krieges gegen Serbien (1999):*

Wer mit fanatischer Überzeugung Menschen systematisch mordet, vertreibt, vergewaltigt und ihrer elementaren Rechte beraubt, dem muss mit aller Macht in den Arm gefallen werden. [...] Unzählige Initiativen, Reisen von Unterhändlern und zuletzt massive Drohungen haben den jugoslawischen Präsidenten nicht davon abhalten können, seinen Plan von einem „Großserbien" blutig weiterzuverfolgen. Diese Spur zieht sich über Kroatien, die Krajina, nach Bosnien und nun in das Kosovo. [...] In der Schlussakte von Helsinki ist seit 1975 zu lesen, dass Menschenrechte nicht mehr allein innere Angelegenheit eines Staates sind. Die Regierungschefs der im UN-Sicherheitsrat vertretenen Nationen haben 1992 einmütig gesagt, dass zur Durchsetzung der Menschenrechte auch Einschränkungen der staatlichen Souveränität erforderlich sein können. Und schließlich hat das Europäische Parlament 1994 darauf hingewiesen, dass das Völkerrecht weiterzuentwickeln sei, um zum Schutz der Menschenrechte in extremen Notlagen auch begrenzte militärische Aktionen zuzulassen.

„Frankfurter Allgemeine Zeitung" vom 3. Mai 1999. S. 8

b) *Außenminister Frank-Walter Steinmeier über die Afghanistan-Intervention (2007):*

Erstens. Es waren die mörderischen Anschläge vom 11. September, die uns nach Afghanistan gebracht haben. – Zweitens. Erst mithilfe der gesamten internationalen Staatengemeinschaft ist es uns gelungen, das verbrecherische Regime der Taliban niederzuringen. Erst seither stellen wir uns jedes Jahr die Frage, wie wir verhindern können, dass sich Afghanistan erneut zum Rückzugsraum für Terroristen entwickelt.
Unsere Antwort lautete von Anfang an: Wir verhindern das, indem wir den Menschen in Afghanistan eine neue Perspektive, neue Hoffnung geben, indem wir sie dabei unterstützen, das Land wieder aufzubauen [...].
Aus meiner Sicht kann kein Zweifel daran bestehen, dass wir in Afghanistan einiges erreicht haben. Nach den jahrzehntelangen Kriegen bzw. Bürgerkriegen, durch die vieles in Trümmer gelegt wurde, ist die Wirtschaft etwas in Gang gekommen. Nach inzwischen sechs Jahren haben sich die staatlichen Institutionen etwas Freiraum erkämpft. Besonders im Norden, wo wir Verantwortung tragen, sind neue Schulen und neue Straßen gebaut sowie Brunnen gebohrt worden. Über sechs Millionen Kinder können dort wieder eine Schule besuchen. [...]
Es ist doch irrig zu glauben, wir könnten gerade in der derzeitigen Situation auf die militärische Komponente unseres Einsatzes völlig verzichten. Wer heute den Abzug unserer Truppen aus Afghanistan fordert, setzt all das aufs Spiel, was wir in den letzten Jahren dort aufgebaut haben.

Das Parlament, 39 (2007). Debattendokumentation S. I

a) Wie beurteilen Sie die völkerrechtliche Stichhaltigkeit der Argumente für die NATO-Luftangriffe auf Serbien? Ziehen Sie auch die UN-Charta heran.

b) Der frühere Verteidigungsminister Peter Struck sagte einmal, Deutschland werde auch am Hindukusch verteidigt. Beziehen Sie diese Worte auf Steinmeiers Plädoyer für den Afghanistan-Einsatz.

Zur Diskussion: Rot-grüne Amerikapolitik – Gewinn oder Risiko?

An der Haltung der rot-grünen Bundesregierung zu Bushs Irak-Krieg schieden sich die Geister. Lag die 2002 vollzogene Emanzipation Berlins vom Führungsanspruch Washingtons im deutschen Interesse oder beschwor sie neue Gefahren herauf?

Q 134 Selbstbewusstsein oder Eigensinn

a) *Der Erlanger Historiker Gregor Schöllgen (2005):*
Es war nicht nur die Absage an eine militärische Beteiligung Deutschlands im Irakkrieg; es war der selbstbewusste Ton, der jenseits des Atlantiks aufhorchen ließ. Offenbar wollte dieser Kanzler die Konsequenzen aus der radikal geänderten weltpolitischen Lage ziehen und sein Land aus der bedingungslosen, einseitigen Abhängigkeit von der amerikanischen Vormacht lösen. [...]
So nahm Deutschland im aufziehenden 21. Jahrhundert ganz selbstverständlich die Rolle ein, die ihm als Folge der weltpolitischen Umbrüche seit 1991 zugefallen war. Sie auszufüllen, setzte ein Selbstbewusstsein voraus, das dem Gewicht des Landes angemessen war, ohne zum Rückfall in alte Verhaltensweisen zu führen. Dass der deutschen Politik handwerkliche Fehler unterliefen, war eine Sache; dass man in Berlin grundsätzlich nichts anderes tat, als vom Recht eines souveränen, unter Partnern gleichrangigen Staates Gebrauch zu machen, war eine andere. [...]
So gesehen setzte Schröder die gewachsene außenpolitische Tradition der Bundesrepublik fort, erweiterte sie zugleich um eine den Gegebenheiten angepasste Dimension und führte die Deutschen so auf den Boden der neuen weltpolitischen Wirklichkeit. Auch deshalb steht dieser Kanzler in der von Konrad Adenauer eröffneten und von Willy Brandt sowie Helmut Kohl fortgesetzten außen- und sicherheitspolitischen Tradition.

Aus Politik und Zeitgeschichte, 32/33 (2005), S. 5, 8

b) *Der Bonner Politikwissenschaftler Christian Hacke (2005):*
Deutschland hat die amerikanische Stärke seit 1945 nie als Konkurrenz verstanden, sondern im Gegenteil, sie begründet Wohlstand und Demokratie der Bundesrepublik. Westdeutschland verdankte seine Identität und seine Sicherheit der engen Bindung an die USA. Wo sich der amerikanische Einfluss ausdehnte, ergaben sich auch neue Handlungsspielräume für Deutschlands Rolle in der Welt. Das galt als außenpolitisches Grundgesetz. Jetzt hat die rot-grüne Bundesregierung die Fronten gewechselt, hat gegenüber den USA Front bezogen und ist dabei zwischen alle Fronten geraten. Es gibt aber keinen Ersatz für die amerikanische Unterstützung Deutschlands in der Weltpolitik, schon gar nicht durch Moskau oder Peking. Die Idee einer multipolaren Weltordnung, die Schröder zusammen mit Chirac, Putin und der chinesischen Regierung gerne diskutiert, beleuchtet den zentralen Wertebruch des sogenannten „Emanzipationsprozesses", der in Wirklichkeit den außenpolitischen Handlungsspielraum Deutschlands schrumpfen lässt. [...] Schröder verhandelt mit autoritären Machthabern und irritiert dadurch die größte und stärkste Demokratie, die Deutschland über Jahrzehnte gestützt hat. Noch zeigen sich die USA lediglich von Deutschland irritiert, aber was passiert, wenn sich die USA von Deutschland tatsächlich distanzieren?

Aus Politik und Zeitgeschichte, 32/33 (2005), S. 13 f.

a) Welche Argumentation erscheint Ihnen plausibler? Begründen Sie Ihre Meinung.

b) Betrachten Sie Hackes Warnungen im Licht der weiteren Entwicklung seit 2005.

1. *Welche Probleme bewegten die „Berliner Republik" seit 1990?*
2. *Nehmen Sie Stellung zu der häufig zu hörenden Klage über die „Politikverdrossenheit" der Deutschen.*
3. *Diskutieren Sie die These vom „Generationenkonflikt".*
4. *Wie erklären Sie die viel beachteten Wahlerfolge der PDS/Die Linke?*
5. *Wie beurteilen Sie die Aussichten einer „multikulturellen Gesellschaft" in Deutschland?*
6. *Was ist Globalisierung? Erörtern Sie ihre Auswirkungen auf die deutschen Verhältnisse.*
7. *Äußern Sie sich zu der Diskussion um die Zukunft des deutschen Sozialstaates.*
8. *Wie kann man den Herausforderungen des Klimawandels begegnen?*
9. *Erläutern Sie die Maximen, die die Außenpolitik der Bundesrepublik seit Adenauer bestimmt haben.*

Literatur zur Vertiefung

A = allgemeinverständlich; **W** = wissenschaftlich anspruchsvoll; **T** = Taschenbuch

Nachschlagewerke

U. Andersen / W. Woyke (Hg.): Handwörterbuch des politischen Systems der Bundesrepublik Deutschland. Opladen 2003[5]

M. Behnen (Hg.): Lexikon der deutschen Geschichte 1945–1990. Stuttgart 2002

Die Fischer Chronik. Deutschland 1949–1999. Frankfurt a. M. 1999

Der Fischer Weltalmanach. Frankfurt a. M. 2000 ff.

O. W. Gabriel / E. Holtmann (Hg.): Handbuch Politisches System der Bundesrepublik Deutschland. München 2005[3]

B. Schäfers / W. Zapf (Hg.): Handwörterbuch zur Gesellschaft Deutschlands. Opladen 2001[2]

K. Schubert (Hg.): Handwörterbuch des ökonomischen Systems der Bundesrepublik Deutschland. Wiesbaden 2005

Quellensammlungen

U. Becher u. a. (Hg.): Deutschland und Polen im 20. Jahrhundert. Hannover 2001

M. Dennis / J.-D. Steinert (Hg.): Deutschland 1945–1990. Schwalbach 2005

Deutsche Geschichte in Quellen und Darstellung. Bd. 10: 1945–1969; Bd. 11: 1969–1990. Stuttgart 1998 f.

M. Judt (Hg.): DDR-Geschichte in Dokumenten. Berlin 1998

C. Kleßmann/G. Wagner (Hg.): Das gespaltene Land, 1945–1990. München 1993

Gesamtdarstellungen zur deutschen Geschichte 1945–1990

Deutsch-deutsche Geschichte

P. Bender: Episode oder Epoche. Zur Geschichte des geteilten Deutschland. München 1996 (A, T)

A. Birke: Nation ohne Haus. Deutschland 1945–1961. Berlin 1989 (W)

H. Glaser: Deutsche Kultur 1945–2000. Bonn 2000[2] (A)

P. Graf Kielmannsegg: Nach der Katastrophe. Eine Geschichte des geteilten Deutschland. Berlin 2000 (W)

C. Kleßmann: Die doppelte Staatsgründung. Deutsche Geschichte 1945–1955. Göttingen 1991[5] (A)

C. Kleßmann: Zwei Staaten, eine Nation. Deutsche Geschichte 1955–1970. Bonn 1997[2](A)

C. Kleßmann u. a. (Hg.): Deutsche Vergangenheiten – eine gemeinsame Herausforderung. Berlin 1999 (W)

W. Langenbucher u. a. (Hg.): Handbuch zur deutsch-deutschen Wirklichkeit, BRD/DDR im Kulturvergleich. Stuttgart 1988 (W)

H. Pötzsch: Deutsche Geschichte von 1945 bis zur Gegenwart. München 2006[2] (A, T)

R. Steininger: Deutsche Geschichte. 4 Bde. Frankfurt a. M. 2002 (A, T)

W. Weidenfeld / H. Zimmermann (Hg.): Deutschland-Handbuch. Eine doppelte Bilanz 1949–1989. Bonn 1989 (W)

H. A. Winkler: Der lange Weg nach Westen. Bd. II. München 2002[5] (A)

„Alte" Bundesrepublik

R. Morsey: Die Bundesrepublik Deutschland. Entstehung und Entwicklung bis 1969. München 2000[4] (W)

M. Görtemaker: Geschichte der Bundesrepublik Deutschland. München 1999 (A, T)

A. Rödder: Die Bundesrepublik Deutschland 1969–1990. München 2004 (W)

E. Wolfrum: Die geglückte Demokratie. Stuttgart 2006 (A)

DDR

R. Eppelmann u. a. (Hg.): Lexikon des DDR-Sozialismus. 2 Bde. Stuttgart 1997 (W)

G. Heydemann: Die Innenpolitik der Deutschen Demokratischen Republik. München 2003

U. Mählert: Kleine Geschichte der DDR. München 2004[4] (A, T)

A. Mitter / S. Wolle: Untergang auf Raten. München 1993 (A)

Neubert: Geschichte der Opposition in der DDR. Bonn 2000 (W)

J. Scholtyseck: Die Außenpolitik der DDR. München 2003 (W)

K. Schroeder: Der SED-Staat. München 1998 (W)

H. Weber: Die DDR 1945–1990. München 2006[4] (W)

H. Zimmermann u. a. (Hg.): DDR-Handbuch. Berlin 2000[3] (W)

Das vereinte Deutschland in der Welt
F. J. Brüggemeier: Tschernobyl. Die ökologische Herausforderung. München 2004 (A, T)
E. Francois/H. Schulze (Hg.): Deutsche Erinnerungsorte. 3 Bde. München 2002 (A)
H.-W. Fuchs / L. Reuter: Bildungspolitik in Deutschland. Opladen 2000 (A, T)
O. Gabriel u.a. (Hg.): Parteiendemokratie in Deutschland. Bonn 2001[2] (W)
R. Geißler: Die Sozialstruktur Deutschlands. Wiesbaden 2006[4] (W)
H. Haftendorn: Deutsche Außenpolitik 1945–2000. Stuttgart 2001 (W)
H. James: Rambouillet. Die Globalisierung der Wirtschaft. München 2002 (A, T)
K. Jarausch: Die unverhoffte Einheit. 1989/90. Frankfurt a. M. 1995 (A)
F.-X. Kaufmann: Schrumpfende Gesellschaft. Frankfurt a. M. 2003 (W,T)
K.-R. Korte / W. Weidenfeld (Hg.): Deutschland-Trendbuch. Opladen 2001 (W)
C. S. Maier: Das Verschwinden der DDR. Frankfurt a. M. 2000 (A, T)
P. Nolte: Riskante Moderne. München 2006 (A, T)
G. A. Ritter: Der Preis der Einheit. Die Wiedervereinigung und die Krise des Sozialstaats. München 2006 (W)
M. G. Schmidt: Das politische System Deutschlands. München 2007 (W,T)
K. Schroeder: Die veränderte Republik. Deutschland nach der Wiedervereinigung. München 2006 (W)
W. Süß (Hg.): Deutschland in den neunziger Jahren. Opladen 2002 (A)
W. Weidenfeld/K.-R. Korte (Hg.): Handbuch zur deutschen Einheit. Bonn 1999[3] (W)
M. Wolffsohn: Ewige Schuld? 40 Jahre deutsch-jüdisch-israelische Beziehungen. München 1989 (A, T)

Register

Halbfett gesetzte Seitenzahlen verweisen auf Grundbegriffe.

Personenregister

Sachregister

Bildnachweis

Cover: Getty-Images, Reportage, München
S. 7: ullstein bild (Voller Ernst/Jewgeni Chaldej), Berlin
S. 8: ullstein bild (Granger Collection/D. R. Fitzpatrick), Berlin
S. 11 links: ullstein bild (Keystone), Berlin; rechts: BPK, Berlin
S. 15 links: AKG, Berlin
S. 16 links: Haus der Geschichte, Bonn
S. 16 rechts: Berliner Verlag GmbH, Berlin
S. 21: ullstein bild (R. Clausen), Berlin
S. 25: ullstein bild (ADN-Bildarchiv), Berlin
S. 28 links: AKG, Berlin; rechts: Langewiesche-Brandt Verlag, Ebenhausen
S. 30: BPK (Herbert Fiebig), Berlin
S. 32: ullstein bild, Berlin
S. 34: Szewczuk-Zimmer, Ilona, Hamburg
S. 39: ullstein bild (Wolff & Tritschler), Berlin
S. 40: ullstein bild, Berlin
S. 42: ullstein bild, Berlin
S. 43: Konrad-Adenauer-Stiftung e.V., Archiv für Christlich-Demokratische Politik
S. 44: ullstein bild (Gardi), Berlin
S. 46: Picture-Alliance (dpa/Gerhard Rauchwetter), Frankfurt
S. 47: ullstein bild (dpa), Berlin
S. 49: ullstein bild (ddp), Berlin
S. 50: ullstein bild (dpa), Berlin
S. 52: ullstein bild (Horowitz), Berlin
S. 54: ullstein bild (Schraps), Berlin
S. 56: AKG, Berlin; ullstein bild, Berlin; Keystone, Hamburg; Presse- u. Inf. amt der Bundesregierung, Berlin; ullstein bild (KPA), Berlin; ullstein bild (BPA), Berlin; ullstein bild, Berlin; ullstein bild (Sven Simon), Berlin; ullstein bild (Boness/IPON), Berlin; ullstein bild (R. Janke), Berlin; ullstein bild (R. Janke), Berlin; ullstein bild (BPA), Berlin; ullstein bild (R. Janke), Berlin; ullstein bild (BPA), Berlin
S. 58: ullstein bild (Sven Simon), Berlin
S. 63: ullstein bild (AP), Berlin
S. 64: ullstein bild (Köhler-Kaeß), Berlin
S. 66: ullstein bild (dpa), Berlin
S. 71: ullstein bild (Sven Simon), Berlin
S. 74: ullstein bild (bpk/Enger), Berlin
S. 76: ullstein bild (Medium), Berlin
S. 78: laif (REA), Köln
S. 80: GLOBUS Infografik, Hamburg
S. 82: ullstein bild (R. Dietrich), Berlin
S. 84 links: Schöpper/CCC,www.c5.net, Pfaffenhofen a.d. Ilm
S. 84 rechts: GLOBUS Infografik, Hamburg
S. 89 a: ullstein bild, Berlin; b: Keystone, Hamburg; d: ullstein bild (Stark-Otto), Berlin; e: ullstein bild (Schillinger), Berlin
S. 91: Süddeutscher Verlag, München
S. 92: ullstein bild (Schwartz), Berlin
S. 97 links: Maria Scharlau, Münster; rechts: Picture-Alliance (gms/Glas), Frankfurt
S. 99 links: ullstein bild (dpa), Berlin; rechts: ullstein bild (Heinrich Christ), Berlin
S. 100: ullstein bild (Caro/Hechtenberg), Berlin
S. 101 links: GLOBUS Infografik, Hamburg; rechts: GLOBUS Infografik, Hamburg
S. 106: GLOBUS Infografik, Hamburg
S. 107: Erich Schmidt Verlag, Berlin
S. 109 links: ullstein bild, Berlin; rechts: ullstein bild (von der Becke), Berlin
S. 110: CCC, Hanel/www.c5.net, Pfaffenhofen a.d. Ilm
S. 112: ullstein bild (Klaus Rose), Berlin
S. 113: Picture-Alliance (dpa/Ossinger), Frankfurt
S. 114 links: GLOBUS Infografik, Hamburg; rechts: GLOBUS Infografik, Hamburg
S. 117: ullstein bild (dpa), Berlin
S. 119: ullstein bild (BPA), Berlin
S. 121: ullstein bild (dpa), Berlin
S. 122: Haus der Geschichte (Kurt Poltiniak), Bonn
S. 123 rechts: CCC, www.C5.net/Hanel, Pfaffenhofen a.d. Ilm
S. 127: Picture-Alliance (maxppp), Frankfurt
S. 128: ullstein bild (dpa), Berlin
S. 131: BPK, Berlin
S. 132: Picture-Alliance (AKG), Frankfurt
S. 133: ullstein bild (Sven Simon), Berlin
S. 137: ullstein bild (ADN-Bildarchiv), Berlin
S. 138: Picture-Alliance (Edgar Dahlberg), Frankfurt
S. 139: laif (Keystone France), Köln
S. 141: ullstein bild (Sobotta), Berlin
S. 143: AKG (Juergen Sorges), Berlin
S. 144: Picture-Alliance (ZB/Günter Gueffroy), Frankfurt
S. 145: AKG (Guenter Rubitzsch), Berlin
S. 148: Picture-Alliance (dpa), Frankfurt
S. 152: ullstein bild (BPA), Berlin
S. 153: ullstein bild (AKG Pressebild), Berlin
S. 156: Picture-Alliance (Berlin Picture), Frankfurt
S. 159: ullstein bild (vario images), Berlin
S. 160: ullstein bild (ADN-Bildarchiv), Berlin
S. 162: ullstein bild, Berlin
S. 163: ullstein bild (ADN-Bildarchiv), Berlin
S. 165: Bundesarchiv Koblenz (175-00118)
S. 166: AKG (Straube), Berlin
S. 169 links: Heinz Behling, Staatliche Bücher- und Kupferstichsammlung, Greiz
S. 169 rechts: Bundesarchiv Koblenz (175 H 511)
S. 174: DHM, Berlin
S. 177: Jürgens Photo, Berlin
S. 178: ullstein bild (DHM/Schwarzer), Berlin
S. 180: ullstein bild (Klöppel), Berlin
S. 181: CCC, H. J. Starke/www.C5.net, Pfaffenhofen a.d. Ilm
S. 187: ullstein bild (Gerstenberg), Berlin
S. 188: ullstein bild (Röhrbein), Berlin
S. 189: aus: „Der deutsche Eisenbahner", 20.05.1952
S. 191: ullstein bild (Probst), Berlin
S. 192: H. E. Köhler, Wilhelm-Busch-Gesellschaft e.V., Hannover
S. 193: Josef Blaumeiser/CCC, www.c5.net, Pfaffenhofen a.d. Ilm
S. 195: ullstein bild (BPA), Berlin
S. 199: ullstein bild (imagebroker.net/ Norbert Michal), Berlin
S. 200: ullstein bild (Unkel), Berlin
S. 201: ullstein bild (Reuters), Berlin
S. 204: Kohlbrenner/CCC, www.c5.net, Pfaffenhofen a.d. Ilm
S. 207: ullstein bild (dpa), Berlin
S. 210: Schoelzel, Andreas, Berlin
S. 213: List, Danièle, Nürnberg;
S. 216: CCC, www.c5.net, Pfaffenhofen a.d. Ilm;
S. 220: ullstein bild (Meldepress), Berlin
S. 222: ullstein bild (Boness/IPON), Berlin
S. 226: ullstein bild (ecopix), Berlin
S. 228: ullstein bild (Karwasz), Berlin
S. 237: ddp Deutscher Depeschendienst GmbH (Michael Kappeler), Berlin

Nicht in allen Fällen war es uns möglich, den Rechteinhaber der Abbildungen ausfindig zu machen. Berechtigte Ansprüche werden selbstverständlich im Rahmen der üblichen Vereinbarungen abgegolten.